# 와이즈만
## 과학
## 사전

**김형진**
연세대학교 대학원 대기과학과 박사 과정을 졸업했으며, 와이즈만 영재교육원에서 과학 교사와 연구원으로 활동했습니다.
현재는 과학 개념을 쉽게 이해하고 탐구 능력과 창의력을 키울 수 있는 초·중등 과학 교재를 개발하고 있습니다.

**윤용석**
한국교원대학교 화학교육과와 동 대학원 과학교육과를 졸업하고 초·중등용 과학 콘텐츠를 기획, 개발했습니다.
참여한 프로젝트로는 〈중등 과학 교과서〉, 〈눈높이 과학〉, 〈과학 개념 사전〉, 〈개념 교과서 과학 마스터〉,
〈교과서 실험 관찰〉, 〈과학이 좋아지는 STEAM〉, 초·중·고 관련 학습서 등이 있습니다.

**최희정**
동국대학교 생물학과를 졸업하고 초·중등용 과학 콘텐츠를 기획, 개발했습니다. 참여한 프로젝트로
〈중등 과학 교과서〉, 〈눈높이 과학〉, 〈과학이 좋아지는 STEAM〉, 초·중·고 관련 학습서 등이 있습니다.


## 와이즈만 과학사전

**1판 1쇄 발행**　　　　2014년 12월 3일
**개정증보판 1판 1쇄 발행**　　2025년 7월 20일

김형진 윤용석 최희정 **글** | 김석 송우석 **그림** | 와이즈만 영재교육연구소 **감수**

**발행처** | 와이즈만 BOOKs
**발행인** | 염만숙
**출판사업본부장** | 김현정
**책임편집** | 김형진
**편집** | 김예지 양다운 이지웅
**디자인** | ㈜올컨텐츠그룹
**마케팅** | 강윤현 백미영 장하라

**출판등록** | 1998년 7월 23일 제1998-000170
**주소** | 서울특별시 서초구 남부순환로 2219 방배나노빌딩 3층
**전화** | 마케팅 02-2033-8987 편집 02-2033-8983
**팩스** | 02-3474-1411
**전자우편** | books@askwhy.co.kr
**홈페이지** | books.askwhy.co.kr

저작권자 ⓒ 2025 ㈜창의와탐구
이 책의 저작권은 ㈜창의와탐구에게 있습니다.
저자와 출판사의 허락 없이 내용의 일부를 인용하거나 발췌하는 것을 금합니다.

와이즈만 BOOKs는 ㈜창의와탐구의 출판 브랜드입니다.
KC마크는 이 제품이 공통안전기준에 적합하였음을 의미합니다.

초등에서
중등 개념까지

# 와이즈만 과학사전

김형진·윤용석·최희정 글 | 김석·송우석 그림
와이즈만 영재교육연구소 감수

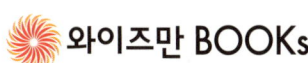

개정판을 내며

## 항상 옆에 두고 싶은 과학사전을 만들며

"선생님, 이게 무슨 뜻이에요?" 과학 선생님들이 수업 중에 가장 많이 받는 질문입니다. 학생들과 학부모, 교사들 모두 입을 모아 학생들이 올바른 과학 개념을 스스로 형성하는 데 도움이 되는 과학사전이 필요하다고 말했습니다. 〈와이즈만 과학사전〉 집필진들은 학생들에게 꼭 필요한 과학사전을 만들기 위해 고민을 거듭했고, 다음 3가지를 차별화했습니다.

첫째, 가나다순으로 표제어를 나열하여 사전 본연의 역할을 충실히 했습니다. 학생들이 교과 공부나 독서를 하다가, 텔레비전이나 인터넷을 보다가 궁금한 과학 용어를 만나면 언제든 쉽게 찾아볼 수 있는 사전입니다. 백과사전식 구성이나 교과 개념순 나열이 아니라 학생들이 원하는 단어에 바로 접근할 수 있습니다.

둘째, 국내 최다 표제어를 담고 있어 다양한 목적으로 활용할 수 있습니다. 학생들은 학교 시험 대비, 숙제나 수행 평가, 영재교육원 대비 등 여러 가지 이유로 과학 공부를 합니다. 이러한 다양한 목적에 도움이 되기 위해 현 교육과정 변화에 맞춘 초·중등 과학 교과의 용어를 추가하고 설명을 보완하였습니다. 또한 과학도서, 실생활에서 만날 수 있는 과학 용어들까지 폭넓게 포함하고 있습니다.

셋째, 핵심을 짚어 간결하게 설명하며, 개념을 확장·심화할 수 있게 구성하였습니다. 과학 공부를 시작하는 학생들도 쉽게 이해할 수 있는 기본 의미에서 시작하여, 페이지마다 풍부한 사진과 일러스트를 담아 개념 이해를 돕고 재미를 북돋웁니다. 또한, 각 표제어에 표시된 관련어를 통해 꼬리에 꼬리를 물고 과학 개념을 확장할 수 있으며, '잘못된 개념', '하나 더' 코너를 통해 과학 개념을 바르게 세우고 심화할 수 있습니다.

과학 공부를 재미있게 시작하고 싶은 학생부터 진지하게 과학을 알아가고 싶은 학생까지 항상 옆에 두고 이용할 수 있는 〈와이즈만 과학사전〉이 되기를 바랍니다.

김형진, 윤용석, 최희정

추천의 글

## 창의·융합형 학습에 꼭 필요한 과학사전으로
## 스스로 깨닫는 힘을 길러요!

매년 새롭게 변화하는 교육 정책과 교과서 개정으로 그 어느 때보다 교육의 방향과 맥락을 짚어내는 게 중요해진 때입니다. 새로운 교육과정에서는 미래 사회 역량을 함양할 수 있는 교육을 통해 '포용성과 창의성을 갖춘 주도적인 인간상'을 추구하고 있습니다. 이러한 자기 주도성을 갖춘 인재가 되기 위해서는 공부에 흥미와 재미를 느끼고 스스로 탐구하며 문제를 해결하는 '자기주도학습 습관'을 들이는 것이 선행되어야 합니다.

특히 과학의 경우, 공부하다가 모르는 것에 대해 스스로 찾아보는 습관을 어릴 때부터 들이는 것이 매우 중요합니다. 어려운 용어나 개념이 나왔을 때 자기 스스로 문제를 해결하려고 노력하면 기억에 훨씬 오래 남아서 학습 효과가 뛰어나고 더 발전적인 탐구 영역으로 확장시킬 수 있습니다. 이때 가장 필요한 것이 바로 '사전'입니다. 게다가 서술형 시험이 강조되고 다양한 영역을 융합해야 하는 교육 상황에서는 사전을 통해 '기초 개념 용어'를 바르게 알고 사용하는 능력이 중요합니다.

〈와이즈만 과학사전〉은 변화된 교육 환경과 개정된 교과서에 맞추어 기초 과학부터 응용 과학까지, 초등부터 중등 교과 과정까지 폭넓게 아우르며 꼭 필요한 개념어를 엄선하였고, 초등학생 눈높이에 딱 맞게 쉽고 간명한 풀이를 하고 있습니다. 무엇보다 같은 용어라도 국어사전이나 백과사전에서는 해소할 수 없었던 정확하고 과학적인 해설과 관련 단어의 연결성까지 두루 갖추었습니다. 또한 용어의 한자와 영문 표기도 함께하여 그 뜻을 더욱 분명히 이해하도록 돕고 있습니다.

와이즈만 영재교육의 과학교육 노하우를 바탕으로 만든 〈와이즈만 과학사전〉은 교과 학습은 물론 과학 상식을 넓히는 데도 가장 절친한 친구이자 든든한 교사가 되어줄 것입니다.

와이즈만 영재교육연구소 이미경 소장

## 이 책의 구성 및 특징

### 표제어
표제어는 초등학교와 중학교에서 다루어 주요 과학 용어 656개를 뽑았습니다. 과학 용어에 대한 이해를 돕기 위해 한자어와 영어를 병행해서 제시하였습니다.

### 핵심 요약
과학 용어에 대한 정확한 뜻을 바로 확인할 수 있도록 핵심 내용을 포함한 한 문장으로 제시하였습니다.

### 본문
과학 용어를 알기 쉽도록 풀어서 설명하였습니다. 개정된 교육 과정의 용어와 띄어쓰기를 적극 반영하였습니다.

### 그림
흥미와 호기심을 자극하면서, 본문 내용을 쉽게 이해할 수 있도록 직관적인 일러스트를 넣었습니다.

### 사진
내용에 대한 이해를 도울 수 있는 실험 기구, 동물, 식물, 자연 현상 등의 사진을 제시하였습니다.

### 정밀 그림
동물의 구조, 갯벌의 구조 등 사진이나 일반 일러스트로 표현할 경우 이해하기 어려운 내용은 정밀한 삽화로 표현을 하여 한눈에 이해할 수 있도록 하였습니다.

### 하나 더
표제어와 관련하여 확장, 심화된 추가 설명으로 이해의 폭을 넓힐 수 있게 하였습니다.

### 잘못된 개념
과학 용어와 관련하여 많은 학생들이 흔히 잘못 알고 있는 오류를 바로 잡도록 추가 설명을 덧붙였습니다.

## 일러두기

### ❶ 표제어 선정
초등학교 전학년 과학 교과서에서 다루는 모든 과학 용어를 뽑아 정리한 뒤, 연관된 중학교 과학 용어까지 뽑았습니다. 다음으로 과학 교과서에서 다루고 있는 추가적인 설명과 오개념을 수집하여 관련 용어에 배치하였습니다.

### ❷ 표제어 설명
표제어와 띄어쓰기는 '교과서 편수 자료'를 참고로 하여 2022년 개정 교육 과정에 의해 개발된 과학 교과서를 기준으로 하였습니다. 그 외 용어는 국립국어연구원을 기준으로 맞추었습니다.

### ❸ 과학 사전의 활용
항상 옆에 두고 필요할 때마다 찾아서 궁금증을 해결하고, 추가적으로 기록하고 싶은 내용이 있으면 해당 용어 옆에 적어 두어 나만의 용어 사전을 만들어 봅니다.

## 차례

### ㄱ

| | |
|---|---|
| 가속도 | 22 |
| 가시광선 | 23 |
| 가열 | 23 |
| 간 | 24 |
| 간수 | 24 |
| 간이 사진기 | 25 |
| 간이 정수 장치 | 25 |
| 갈변 | 26 |
| 감각기관 | 26 |
| 감염 | 27 |
| 감염병 | 27 |
| 강수량 | 28 |
| 강우량 | 28 |
| 갖춘꽃 | 29 |
| 개화 | 29 |
| 갯벌 | 30 |
| 거름(거르기) | 31 |
| 거름 장치 | 31 |
| 거름종이 | 32 |
| 거미 | 32 |
| 거울 | 33 |
| 거중기 | 34 |
| 건습구 습도계 | 35 |
| 검류계 | 36 |
| 겉보기 등급 | 36 |
| 겉보기 성질 | 37 |
| 겉씨식물 | 37 |
| 결정 | 38 |
| 경계색 | 38 |
| 경도 | 39 |
| 경쟁 | 40 |
| 계면 활성제 | 40 |
| 계절 | 41 |
| 계절풍 | 42 |
| 계통수 | 43 |
| 고기압 | 44 |
| 고도 정수 처리 | 44 |
| 고생물 | 45 |
| 고체 | 45 |
| 곡류 | 46 |
| 곤충 | 47 |
| 골격계 | 48 |

| | | | |
|---|---|---|---|
| 곰팡이 | 48 | 그물맥 | 68 |
| 공기 | 49 | 근육 | 69 |
| 공기 감염 | 50 | 금속 | 69 |
| 공기저항 | 51 | 금속 결합 | 70 |
| 공룡 | 52 | 기공 | 70 |
| 공변세포 | 54 | 기관 | 71 |
| 공생 | 54 | 기관(숨관) | 72 |
| 공전 | 55 | 기관계 | 72 |
| 공전 궤도면 | 56 | 기단 | 73 |
| 과냉각 물방울 | 57 | 기상 | 74 |
| 과산화 수소수 | 57 | 기생 | 74 |
| 과포화 용액 | 58 | 기압 | 75 |
| 관다발 | 59 | 기압계 | 76 |
| 관성 | 60 | 기온 | 77 |
| 관절 | 61 | 기체 | 78 |
| 광물 | 62 | 기화 | 79 |
| 광원 | 63 | 기후 | 80 |
| 광합성 | 63 | 기후 변화 | 81 |
| 괴혈병 | 64 | 기후 변화 협약 | 81 |
| 교토 의정서 | 64 | 꽃 | 82 |
| 구름 | 65 | 꽃가루받이 | 83 |
| 구심력 | 66 | 꽃샘추위 | 84 |
| 규화목 | 66 | 끓음 | 84 |
| 균류 | 67 | 끓는점 | 85 |
| 균사 | 67 | | |
| 그림자 | 68 | | |

## ㄴ

| | |
|---|---|
| 나노 기술 | 86 |
| 나란히맥 | 87 |
| 나침반 | 87 |
| 난생 | 88 |
| 날개돋이 | 88 |
| 남반구 | 89 |
| 남중 | 89 |
| 내진 설계 | 90 |
| 네온 | 91 |
| 녹는점 | 91 |
| 녹말 | 92 |
| 녹조현상 | 93 |
| 농도 | 93 |
| 뇌 | 94 |
| 뉴턴 운동 법칙 | 95 |

## ㄷ

| | |
|---|---|
| 단백질 | 96 |
| 단성화 | 97 |
| 단열 | 98 |
| 단열 변화 | 99 |
| 단층 | 100 |

| | |
|---|---|
| 달 | 101 |
| 달의 위상 | 102 |
| 담수 | 102 |
| 대기 | 103 |
| 대류 | 104 |
| 대륙 이동설 | 104 |
| 도르래 | 106 |
| 도체 | 106 |
| 동맥 | 107 |
| 동물 | 108 |
| 두족류 | 109 |
| 드라이아이스 | 110 |
| 등속 원운동 | 110 |
| 등속 직선 운동 | 111 |
| 등압선 | 112 |
| 디엔에이(DNA) | 113 |
| 땀샘 | 114 |
| 떡잎 | 115 |

## ㄹ

| | |
|---|---|
| 라디오존데 | 116 |
| 렌즈 | 117 |
| 로켓 | 118 |
| 루페 | 118 |

리트머스 종이 ..... 119

## ㅁ

마그마 ..... 120
마찰력 ..... 121
만유인력 ..... 122
말초신경 ..... 123
맛봉오리 ..... 123
망원경 ..... 124
매머드 ..... 125
매염제 ..... 125
매질 ..... 126
맨틀 ..... 126
먹이그물 ..... 128
먹이사슬 ..... 129
먹이피라미드 ..... 129
메틸 오렌지 용액 ..... 130
면역 ..... 130
멸종 ..... 131
무게 ..... 132
무기질 ..... 133
무성생식 ..... 134
무중력 ..... 134
무척추동물 ..... 135

물관 ..... 136
물리 변화 ..... 137
물시계 ..... 138
물의 순환 ..... 139
물질 ..... 140
물체 ..... 141
미생물 ..... 141
미토콘드리아(마이토콘드리아) ..... 141
밀도 ..... 142
밀물 ..... 143
밑씨 ..... 143

## ㅂ

바늘구멍 사진기 ..... 144
바다 ..... 144
바람 ..... 145
바이러스 ..... 145
바이메탈 ..... 146
바이오에탄올 ..... 147
반도체 ..... 148
발광 다이오드(LED) ..... 148
발아 ..... 149
발열 반응 ..... 149
발전 ..... 150

| | | | |
|---|---|---|---|
| 발전소 | 151 | 부피 | 167 |
| 발화점 | 152 | 부화 | 167 |
| 발효 | 153 | 북극성 | 168 |
| 배설 | 154 | 북반구 | 168 |
| 배설기관 | 155 | 분류 | 169 |
| 백신 | 155 | 분변토 | 169 |
| 백엽상 | 156 | 분자 | 170 |
| 버섯 | 156 | 분해자 | 171 |
| 번데기 | 157 | 분화구 | 172 |
| 번식 | 158 | 불꽃 반응 | 172 |
| 베르누이 정리 | 158 | 불연재 | 173 |
| 변성암 | 159 | 불완전 연소 | 173 |
| 별 | 160 | 불완전탈바꿈 | 174 |
| 별자리 | 160 | 불투명 | 174 |
| 병원체 | 161 | 불포화 용액 | 175 |
| 병합설 | 161 | 브이자곡 | 175 |
| 보일 법칙 | 162 | 비말 감염 | 176 |
| 보호색 | 162 | 비생물요소 | 176 |
| 복사 | 163 | 비열 | 177 |
| 복족류 | 163 | 비전해질 | 178 |
| 볼록 렌즈 | 164 | 비중 | 178 |
| 볼타 전지 | 164 | 비타민(바이타민) | 179 |
| 부도체 | 165 | 비티비 용액 | 180 |
| 부력 | 165 | 빗면 | 180 |
| 부영양화 | 166 | 빙산 | 181 |
| 부족류 | 166 | 빙정설 | 182 |

| | | | |
|---|---|---|---|
| 빙하 | 183 | 상대 속도 | 199 |
| 빛 | 184 | 상태 변화 | 200 |
| 빛에너지 | 185 | 상피세포 | 201 |
| 빛의 굴절 | 185 | 생명과학 | 201 |
| 빛의 반사 | 186 | 생물 | 201 |
| 빛의 직진 | 187 | 생물다양성 | 202 |
| 뼈 | 188 | 생물요소 | 203 |
| 뿌리 | 189 | 생물학적 산소요구량(BOD) | 203 |
| | | 생산자 | 203 |
| | | 생식 | 204 |
| | | 생장점 | 205 |
| | | 생체모방 | 205 |

## ㅅ

| | | | |
|---|---|---|---|
| 사막 | 190 | 생태계 | 206 |
| 사막화 | 190 | 샤를 법칙 | 207 |
| 사암 | 191 | 서식지 | 207 |
| 사육 상자 | 191 | 석유 | 208 |
| 산 | 192 | 석출 | 208 |
| 산성 | 193 | 석탄 | 209 |
| 산성도 | 194 | 석회 동굴 | 209 |
| 산성비 | 195 | 석회수 | 210 |
| 산성 용액 | 196 | 석회암 | 210 |
| 산소 | 196 | 선상지 | 211 |
| 산화 | 197 | 선태식물 | 211 |
| 삼각주 | 197 | 성단 | 212 |
| 삼엽충 | 198 | 성운 | 213 |
| 삼투현상 | 198 | 성충(어른벌레) | 213 |

| | | | |
|---|---|---|---|
| 세균 | 214 | 순물질 | 232 |
| 세포 | 215 | 순환기관 | 232 |
| 세포막 | 216 | 스피커 | 233 |
| 세포벽 | 216 | 습곡 | 233 |
| 세포핵 | 216 | 습도 | 234 |
| 소리 | 217 | 승화 | 235 |
| 소비자 | 218 | 시간기록계 | 236 |
| 소수성 | 218 | 식물 | 237 |
| 소음 | 219 | 식충식물 | 238 |
| 소행성 | 219 | 신경계 | 239 |
| 소화 | 220 | 신기루 | 240 |
| 소화 | 220 | 신장 | 241 |
| 소화기 | 222 | 신재생 에너지 | 241 |
| 소화기관 | 223 | 심장 | 242 |
| 속도 | 224 | 쌍떡잎식물 | 243 |
| 속력 | 225 | 썰물 | 244 |
| 속씨식물 | 226 | 쓸개 | 244 |
| 수경 재배 | 227 | 씨 | 245 |
| 수소 | 227 | | |
| 수술 | 228 | | |
| 수압 | 229 | | |
| 수용액 | 229 | | |
| 수인성 전염병 | 229 | 아가미 | 246 |
| 수정 | 230 | 아르곤 | 246 |
| 수증기 | 231 | 아이오딘 | 247 |
| 수평 | 231 | 아이오딘-아이오딘화 칼륨 | 247 |

| | | | |
|---|---|---|---|
| 안갖춘꽃 | 248 | 연금술 | 265 |
| 안개 | 248 | 연소 | 265 |
| 알짜힘 | 249 | 연체동물 | 266 |
| 암모나이트 | 250 | 열 | 266 |
| 암술 | 250 | 열기구 | 267 |
| 암석 | 251 | 열량 | 267 |
| 암염 | 252 | 열매 | 268 |
| 압력 | 252 | 열변성 | 268 |
| 앙금 생성 반응 | 253 | 열섬 현상 | 269 |
| 앙페르 법칙 | 253 | 열팽창 | 269 |
| 애벌레 | 254 | 열평형 | 270 |
| 액체 | 254 | 염기 | 270 |
| 액화 | 255 | 염기성 | 271 |
| 양력 | 256 | 염기성 용액 | 271 |
| 양서류 | 256 | 엽록소 | 272 |
| 양성화 | 257 | 엽록체 | 272 |
| 양치식물 | 257 | 영구 자석 | 273 |
| 양팔저울 | 258 | 영양생식 | 273 |
| 어는점 | 258 | 영양소 | 274 |
| 어류 | 259 | 오목 렌즈 | 275 |
| 에너지 | 260 | 오일펜스 | 275 |
| 에너지 전환 | 261 | 오존 | 275 |
| 엑스선 | 262 | 오존층 | 276 |
| 여러해살이식물 | 263 | 온도 | 276 |
| 역암 | 264 | 온도계 | 277 |
| 역학적 에너지 | 264 | 온실 효과 | 278 |

| | | | |
|---|---|---|---|
| 옴의 법칙 | 278 | 원자 | 293 |
| 완전 연소 | 279 | 원자핵 | 293 |
| 완전탈바꿈 | 279 | 월식 | 294 |
| 외떡잎식물 | 280 | 위 | 294 |
| 용매 | 280 | 위도 | 295 |
| 용수철 | 281 | 위성 | 296 |
| 용수철저울 | 281 | 위성 항법 장치(GPS) | 297 |
| 용암 | 282 | 위치 에너지 | 298 |
| 용액 | 283 | 유대류 | 299 |
| 용액의 진하기 | 283 | 유산균(젖산균) | 299 |
| 용존산소량 | 284 | 유선형 | 300 |
| 용질 | 284 | 유성 | 300 |
| 용해 | 284 | 유성생식 | 301 |
| 용해도 | 285 | 유전자 변형 식품(GMO) | 301 |
| 우각호 | 285 | 유체 | 301 |
| 우량계 | 286 | 육지 | 302 |
| 우주 정거장 | 286 | 육풍 | 302 |
| 우주복 | 287 | 융털 | 303 |
| 운동 | 288 | 융해 | 303 |
| 운동기관 | 288 | 은하 | 304 |
| 운동 에너지 | 289 | 음력 | 305 |
| 운반 작용 | 289 | 응결 | 306 |
| 운석 | 290 | 응고 | 306 |
| 원생생물 | 291 | 응집력 | 307 |
| 원소 | 291 | 응회암 | 307 |
| 원심력 | 292 | 의태 | 307 |

| | |
|---|---|
| 이끼 | 308 |
| 이산화 탄소 | 309 |
| 이슬 | 309 |
| 이암 | 309 |
| 이온 | 210 |
| 이자 | 311 |
| 인공 강우 | 311 |
| 인공위성 | 312 |
| 인화성 물질 | 312 |
| 일 | 313 |
| 일교차 | 313 |
| 일기도 | 314 |
| 일기 예보 | 315 |
| 일식 | 316 |
| 일정 성분비 법칙 | 317 |
| 일주 운동 | 318 |
| 입자 | 318 |
| 잎 | 319 |

## ㅈ

| | |
|---|---|
| 자극 | 320 |
| 자기력 | 320 |
| 자기 부상 열차 | 321 |
| 자기장 | 321 |
| 자석 | 322 |
| 자석의 극 | 323 |
| 자외선 | 323 |
| 자웅동체(암수한몸) | 324 |
| 자유 낙하 운동 | 324 |
| 자유 전자 | 325 |
| 자전 | 326 |
| 자전축 | 327 |
| 자화 | 327 |
| 작용 반작용 법칙 | 328 |
| 작은창자 | 328 |
| 잠망경 | 329 |
| 잠수병 | 329 |
| 장력 | 330 |
| 재결정 | 330 |
| 저기압 | 331 |
| 저울 | 331 |
| 적외선 | 332 |
| 적응 | 332 |
| 적정 기술 | 333 |
| 적조 현상 | 333 |
| 전구 | 334 |
| 전기 | 334 |
| 전기 저항 | 335 |
| 전기 회로 | 336 |
| 전도 | 337 |

| | |
|---|---|
| 전동기 · · · · · · · · · · · · · · · · 338 | 주기율표 · · · · · · · · · · · · · · · · 355 |
| 전류 · · · · · · · · · · · · · · · · · · · 339 | 줄기 · · · · · · · · · · · · · · · · · · · 356 |
| 전류계 · · · · · · · · · · · · · · · · · · 339 | 중금속 · · · · · · · · · · · · · · · · · · 356 |
| 전선 · · · · · · · · · · · · · · · · · · · 340 | 중력 · · · · · · · · · · · · · · · · · · · 357 |
| 전압 · · · · · · · · · · · · · · · · · · · 341 | 중성 · · · · · · · · · · · · · · · · · · · 358 |
| 전압계 · · · · · · · · · · · · · · · · · · 341 | 중성자 · · · · · · · · · · · · · · · · · · 358 |
| 전염 · · · · · · · · · · · · · · · · · · · 342 | 중수도 · · · · · · · · · · · · · · · · · · 358 |
| 전자 · · · · · · · · · · · · · · · · · · · 342 | 중추신경 · · · · · · · · · · · · · · · · · 359 |
| 전자석 · · · · · · · · · · · · · · · · · · 343 | 중탕 · · · · · · · · · · · · · · · · · · · 359 |
| 전자저울 · · · · · · · · · · · · · · · · · 344 | 중화 반응 · · · · · · · · · · · · · · · · 360 |
| 전자 현미경 · · · · · · · · · · · · · · · 344 | 증류 · · · · · · · · · · · · · · · · · · · 361 |
| 전지 · · · · · · · · · · · · · · · · · · · 345 | 증류수 · · · · · · · · · · · · · · · · · · 361 |
| 전지의 병렬연결 · · · · · · · · · · · · 346 | 증발 · · · · · · · · · · · · · · · · · · · 362 |
| 전지의 직렬연결 · · · · · · · · · · · · 346 | 증발 장치 · · · · · · · · · · · · · · · · 362 |
| 전하 · · · · · · · · · · · · · · · · · · · 347 | 증산 작용 · · · · · · · · · · · · · · · · 363 |
| 전해질 · · · · · · · · · · · · · · · · · · 347 | 지각 변동 · · · · · · · · · · · · · · · · 363 |
| 절기 · · · · · · · · · · · · · · · · · · · 348 | 지구 온난화 · · · · · · · · · · · · · · · 364 |
| 절대 온도 · · · · · · · · · · · · · · · · 349 | 지구 자기장 · · · · · · · · · · · · · · · 364 |
| 절지동물 · · · · · · · · · · · · · · · · · 349 | 지동설 · · · · · · · · · · · · · · · · · · 366 |
| 점성 · · · · · · · · · · · · · · · · · · · 349 | 지레 · · · · · · · · · · · · · · · · · · · 367 |
| 정맥 · · · · · · · · · · · · · · · · · · · 350 | 지문 · · · · · · · · · · · · · · · · · · · 368 |
| 정전기 · · · · · · · · · · · · · · · · · · 351 | 지방 · · · · · · · · · · · · · · · · · · · 369 |
| 조류 · · · · · · · · · · · · · · · · · · · 351 | 지시약 · · · · · · · · · · · · · · · · · · 370 |
| 조석 · · · · · · · · · · · · · · · · · · · 352 | 지열 발전 · · · · · · · · · · · · · · · · 371 |
| 조직 · · · · · · · · · · · · · · · · · · · 353 | 지진 · · · · · · · · · · · · · · · · · · · 372 |
| 종자식물 · · · · · · · · · · · · · · · · · 354 | 지진계 · · · · · · · · · · · · · · · · · · 373 |

| | |
|---|---|
| 지진파 · · · · · · · · · · · · · · · · · · · 374 | 천적 · · · · · · · · · · · · · · · · · · · · 390 |
| 지질 시대 · · · · · · · · · · · · · · · · 375 | 천체 · · · · · · · · · · · · · · · · · · · · 390 |
| 지층 · · · · · · · · · · · · · · · · · · · · 376 | 체관 · · · · · · · · · · · · · · · · · · · · 391 |
| 지하수 · · · · · · · · · · · · · · · · · · 377 | 체온 · · · · · · · · · · · · · · · · · · · · 391 |
| 지형 · · · · · · · · · · · · · · · · · · · · 377 | 초음파 · · · · · · · · · · · · · · · · · · 392 |
| 진공 · · · · · · · · · · · · · · · · · · · · 377 | 촉매 · · · · · · · · · · · · · · · · · · · · 393 |
| 진동 · · · · · · · · · · · · · · · · · · · · 378 | 추출 · · · · · · · · · · · · · · · · · · · · 393 |
| 진동수 · · · · · · · · · · · · · · · · · · 379 | 충돌 구덩이(운석 구덩이) · · · · · · · 394 |
| 진자 · · · · · · · · · · · · · · · · · · · · 380 | 층리 · · · · · · · · · · · · · · · · · · · · 395 |
| 진화 · · · · · · · · · · · · · · · · · · · · 381 | 침식 작용 · · · · · · · · · · · · · · · · 396 |
| 질량 · · · · · · · · · · · · · · · · · · · · 382 | 침엽수 · · · · · · · · · · · · · · · · · · 397 |
| 질소 · · · · · · · · · · · · · · · · · · · · 382 | 침전 · · · · · · · · · · · · · · · · · · · · 397 |
| 짝짓기 · · · · · · · · · · · · · · · · · · 383 | |

## ㅊ

## ㅋ

| | |
|---|---|
| | 코로나19 · · · · · · · · · · · · · · · · 398 |
| 창자 · · · · · · · · · · · · · · · · · · · · 384 | 콩팥 · · · · · · · · · · · · · · · · · · · · 398 |
| 척추 · · · · · · · · · · · · · · · · · · · · 384 | 크로마토그래피 · · · · · · · · · · · · · 399 |
| 척추동물 · · · · · · · · · · · · · · · · · 385 | 큰창자 · · · · · · · · · · · · · · · · · · 399 |
| 천구 · · · · · · · · · · · · · · · · · · · · 386 | |
| 천동설 · · · · · · · · · · · · · · · · · · 387 | |
| 천문단위 · · · · · · · · · · · · · · · · · 388 | ## ㅌ |
| 천문학 · · · · · · · · · · · · · · · · · · 388 | |
| 천연가스 · · · · · · · · · · · · · · · · · 389 | 탄성 · · · · · · · · · · · · · · · · · · · · 400 |
| 천연 지시약 · · · · · · · · · · · · · · · 389 | 탄소 · · · · · · · · · · · · · · · · · · · · 400 |

| | |
|---|---|
| 탄소 발자국 · · · · · · · · · · · · · · · · · · · 401 | 포식자 · · · · · · · · · · · · · · · · · · · · · · · 418 |
| 탄수화물 · · · · · · · · · · · · · · · · · · · · · 402 | 포유류 · · · · · · · · · · · · · · · · · · · · · · · 419 |
| 태생 · · · · · · · · · · · · · · · · · · · · · · · · · · 402 | 포자 · · · · · · · · · · · · · · · · · · · · · · · · · · 419 |
| 태양 · · · · · · · · · · · · · · · · · · · · · · · · · · 403 | 포화 용액 · · · · · · · · · · · · · · · · · · · · · 420 |
| 태양계 · · · · · · · · · · · · · · · · · · · · · · · · 404 | 표면 장력 · · · · · · · · · · · · · · · · · · · · · 420 |
| 태양 고도 · · · · · · · · · · · · · · · · · · · · · 405 | 표준시 · · · · · · · · · · · · · · · · · · · · · · · · 421 |
| 태양의 남중 고도 · · · · · · · · · · · · · 406 | 표피세포 · · · · · · · · · · · · · · · · · · · · · · 422 |
| 태풍 · · · · · · · · · · · · · · · · · · · · · · · · · · 407 | 풍화 작용 · · · · · · · · · · · · · · · · · · · · · 423 |
| 테라리엄 · · · · · · · · · · · · · · · · · · · · · 408 | 퓨즈 · · · · · · · · · · · · · · · · · · · · · · · · · · 424 |
| 토양 산성화 · · · · · · · · · · · · · · · · · · 408 | 프리즘 · · · · · · · · · · · · · · · · · · · · · · · · 424 |
| 퇴적물 · · · · · · · · · · · · · · · · · · · · · · · · 409 | 플라나리아 · · · · · · · · · · · · · · · · · · · 425 |
| 퇴적암 · · · · · · · · · · · · · · · · · · · · · · · · 410 | 피식자 · · · · · · · · · · · · · · · · · · · · · · · · 425 |
| 퇴적 작용 · · · · · · · · · · · · · · · · · · · · · 411 | |
| 퇴화 · · · · · · · · · · · · · · · · · · · · · · · · · · 412 | |
| 투명 · · · · · · · · · · · · · · · · · · · · · · · · · · 413 | |

**ㅎ**

| | |
|---|---|
| | 하이브리드 자동차 · · · · · · · · · · · 426 |
| | 학명 · · · · · · · · · · · · · · · · · · · · · · · · · · 427 |
| | 한살이 · · · · · · · · · · · · · · · · · · · · · · · · 427 |

**ㅍ**

| | |
|---|---|
| 파동 · · · · · · · · · · · · · · · · · · · · · · · · · · 414 | 한해살이식물 · · · · · · · · · · · · · · · · · 428 |
| 파충류 · · · · · · · · · · · · · · · · · · · · · · · · 415 | 항생제 · · · · · · · · · · · · · · · · · · · · · · · · 428 |
| 판막 · · · · · · · · · · · · · · · · · · · · · · · · · · 415 | 항성 · · · · · · · · · · · · · · · · · · · · · · · · · · 429 |
| 판 구조론 · · · · · · · · · · · · · · · · · · · · · 416 | 해류 · · · · · · · · · · · · · · · · · · · · · · · · · · 430 |
| 페놀프탈레인 용액 · · · · · · · · · · · 417 | 해륙풍 · · · · · · · · · · · · · · · · · · · · · · · · 431 |
| 폐 · · · · · · · · · · · · · · · · · · · · · · · · · · · · 417 | 해부 · · · · · · · · · · · · · · · · · · · · · · · · · · 432 |
| 포도당 · · · · · · · · · · · · · · · · · · · · · · · · 418 | 해수 · · · · · · · · · · · · · · · · · · · · · · · · · · 432 |

| | |
|---|---|
| 해수 담수화 · · · · · · · · · · · · · · · · · · · · 433 | 화석 · · · · · · · · · · · · · · · · · · · · · · · · · · · 453 |
| 해수면 · · · · · · · · · · · · · · · · · · · · · · · · · 433 | 화석 연료 · · · · · · · · · · · · · · · · · · · · · · · 454 |
| 해시계 · · · · · · · · · · · · · · · · · · · · · · · · · 434 | 화성암 · · · · · · · · · · · · · · · · · · · · · · · · · 455 |
| 해일 · · · · · · · · · · · · · · · · · · · · · · · · · · · 435 | 화학 변화 · · · · · · · · · · · · · · · · · · · · · · · 456 |
| 해캄 · · · · · · · · · · · · · · · · · · · · · · · · · · · 436 | 화학 에너지 · · · · · · · · · · · · · · · · · · · · · 457 |
| 해풍 · · · · · · · · · · · · · · · · · · · · · · · · · · · 436 | 화학적 산소요구량(COD) · · · · · · · · · 457 |
| 행성 · · · · · · · · · · · · · · · · · · · · · · · · · · · 437 | 화학 전지 · · · · · · · · · · · · · · · · · · · · · · · 458 |
| 허물벗기 · · · · · · · · · · · · · · · · · · · · · · · 438 | 화합물 · · · · · · · · · · · · · · · · · · · · · · · · · 458 |
| 헬륨 · · · · · · · · · · · · · · · · · · · · · · · · · · · 438 | 환원 · · · · · · · · · · · · · · · · · · · · · · · · · · · 459 |
| 현무암 · · · · · · · · · · · · · · · · · · · · · · · · · 438 | 활엽수 · · · · · · · · · · · · · · · · · · · · · · · · · 460 |
| 현미경 · · · · · · · · · · · · · · · · · · · · · · · · · 439 | 황도 · · · · · · · · · · · · · · · · · · · · · · · · · · · 460 |
| 현미경표본 · · · · · · · · · · · · · · · · · · · · · 442 | 황사 현상 · · · · · · · · · · · · · · · · · · · · · · · 461 |
| 혈관 · · · · · · · · · · · · · · · · · · · · · · · · · · · 442 | 효모 · · · · · · · · · · · · · · · · · · · · · · · · · · · 461 |
| 혈액 · · · · · · · · · · · · · · · · · · · · · · · · · · · 443 | 흡열 반응 · · · · · · · · · · · · · · · · · · · · · · · 462 |
| 형상 기억 합금 · · · · · · · · · · · · · · · · · · 444 | 희토류 · · · · · · · · · · · · · · · · · · · · · · · · · 462 |
| 형성층 · · · · · · · · · · · · · · · · · · · · · · · · · 445 | 힘 · · · · · · · · · · · · · · · · · · · · · · · · · · · · · 463 |
| 형질 · · · · · · · · · · · · · · · · · · · · · · · · · · · 445 | |
| 혜성 · · · · · · · · · · · · · · · · · · · · · · · · · · · 446 | |
| 호화 · · · · · · · · · · · · · · · · · · · · · · · · · · · 446 | |
| 호흡 · · · · · · · · · · · · · · · · · · · · · · · · · · · 447 | |
| 호흡기관 · · · · · · · · · · · · · · · · · · · · · · · 447 | |
| 혼합물 · · · · · · · · · · · · · · · · · · · · · · · · · 448 | |
| 화강암 · · · · · · · · · · · · · · · · · · · · · · · · · 449 | |
| 화산 · · · · · · · · · · · · · · · · · · · · · · · · · · · 450 | |
| 화산 분출물 · · · · · · · · · · · · · · · · · · · · · 451 | |
| 화산 활동 · · · · · · · · · · · · · · · · · · · · · · · 452 | |

# 가속도 加速度 acceleration

속도가 시간에 따라 변한 정도를 나타내는 값

$$\text{가속도} = \frac{\text{나중 속도} - \text{처음 속도}}{\text{속도가 변하는 데 걸린 시간}}$$

가속도는 속력과 방향을 모두 포함하는 개념이기 때문에 둘 중 하나만 변해도 가속도가 있다고 한다. 단위는 속도를 시간으로 나눈 것인 $m/s^2$을 쓴다. $1m/s^2$은 1초 동안에 $1m/s$의 비율로 속도가 변한다는 뜻이다. 속도가 변하는 이유는 물체가 힘을 받기 때문이다. 물체가 힘을 많이 받을수록 가속도는 커진다. 정지해 있거나 같은 속도로 움직이는 물체의 가속도는 0이다. 단, 등속 원운동과 같이 속력은 같아도 이동 방향이 바뀌었다면 물체의 속도가 변한 것이므로 가속도가 있다.

🔗 등속 원운동, 속도, 속력, 힘

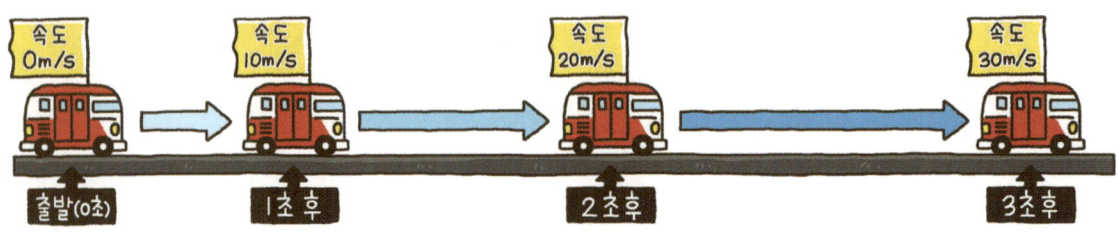

[가속도가 $10m/s^2$인 자동차의 운동]

# 가시광선 可視光線 visible light

**사람의 눈으로 볼 수 있는 빛의 영역**

태양 빛에는 가시광선, 자외선, 적외선 같은 여러 가지 빛이 들어 있다. 태양 빛 중 가시광선은 눈으로 볼 수 있지만 자외선과 적외선은 볼 수 없다. 태양 빛을 프리즘에 통과시키면 가시광선에 들어 있는 여러 색을 볼 수 있다. 흔히 가시광선은 7가지 무지개색이라고 생각하기 쉬우나 가시광선의 색은 셀 수 없이 많다.

🔗 빛, 자외선, 적외선, 프리즘

[가시광선 스펙트럼]

# 가열 加熱 heating

**물질에 열을 가하는 것**

물질에 열을 가하면 부피가 변하거나 물질의 상태가 변한다. 예를 들어 물을 가열하면 물의 부피가 늘어나고, 끓으면서 액체에서 기체인 수증기로 상태가 변한다.

🔗 끓는점, 상태 변화, 액체

## 간 肝 liver

**쓸개즙을 만들고 해로운 물질의 작용을 없애 주는 몸속 기관**

배의 오른쪽 윗부분에 있으며 무게는 약 1~1.5kg이다. 양 손바닥을 합친 정도의 크기로 붉은색이다. 간은 음식의 소화에 직접 관여하지 않고 지방의 분해를 도와주는 쓸개즙을 만들어 소화를 돕는다. 에너지 저장 물질인 글리코겐을 합성하고, 적혈구를 분해하며, 호르몬을 만들어 내어 우리 몸에서 일어나는 거의 모든 일에 관여한다.

🔗 기관, 소화, 지방

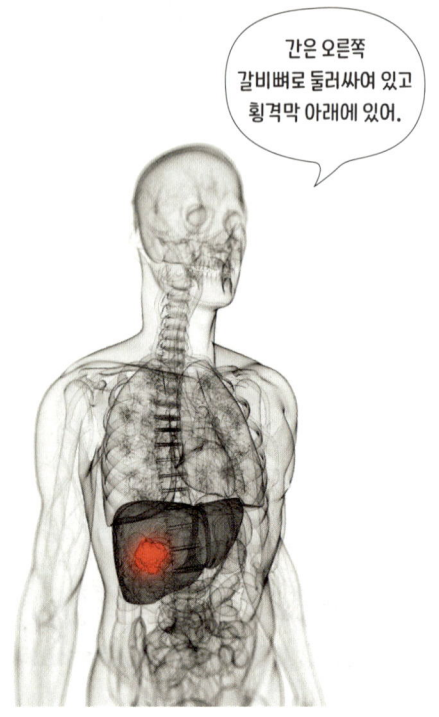

간은 오른쪽 갈비뼈로 둘러싸여 있고 횡격막 아래에 있어.

## 간수 bittern

**천연 소금이 공기 중의 수증기를 흡수해 저절로 녹아 흐르는 짜고 쓴 물**

간수는 천연 소금에 들어 있는 염화 마그네슘이 공기 중의 습기(수증기)를 흡수해서 녹는 성질 때문에 생긴다. 단백질을 굳게 하는 성질이 있어 옛날에는 두부를 만들 때 꼭 썼는데, 요즘은 깨끗한 간수가 귀해졌다. 그래서 간수에서 불순물을 없애고 가루로 만든 것을 쓴다.

🔗 단백질

**하나 더! 두부 만들기**

불린 콩을 갈아 물과 섞은 뒤 끓인다.

끓인 콩물을 헝겊으로 걸러 낸다.

걸러 낸 콩물에 간수를 넣고 약한 불로 가열하면서 천천히 젓는다.

덩어리가 생긴 콩물을 헝겊을 깐 그릇에 넣고 무거운 것으로 누른다.

완성된 두부

# 간이 사진기 簡易寫眞機

**물체에서 반사된 빛을 겉 상자에 있는 볼록 렌즈로 모아 물체의 모습이 속 상자의 기름종이에 나타나게 하는 간단한 사진기**

겉 상자와 속 상자로 이루어져 있다. 겉 상자에는 볼록 렌즈를, 속 상자에는 기름종이를 붙인다. 간이 사진기를 물체가 있는 곳으로 향한 다음, 속 상자나 겉 상자를 움직여 기름종이에 물체의 모습이 나타나게 한다. 볼록 렌즈가 빛을 굴절시켜 기름종이에 상하좌우가 바뀐 물체의 모습이 나타난다. 렌즈를 사용한다는 점이 바늘구멍 사진기와 다르다.

🔗 볼록 렌즈, 바늘구멍 사진기

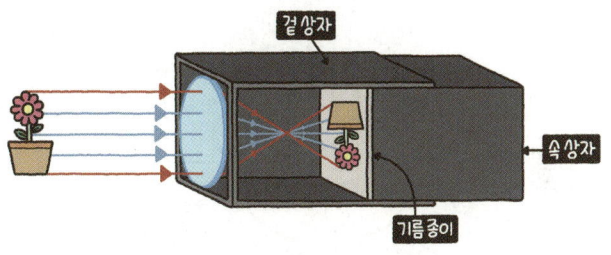

[간이 사진기의 구조]

# 간이 정수 장치
## simple water purifying device

**페트병, 자갈, 모래, 숯, 솜, 활성탄 등으로 물속의 불순물을 거를 수 있게 만든 장치**

간이 정수 장치는 페트병을 잘라 주둥이를 솜과 거즈로 감싸고 고무줄로 묶은 후 뭉친 솜, 활성탄, 잘게 부순 숯, 고운 모래, 굵은 자갈의 순서로 넣어서 만든다.

🔗 거름

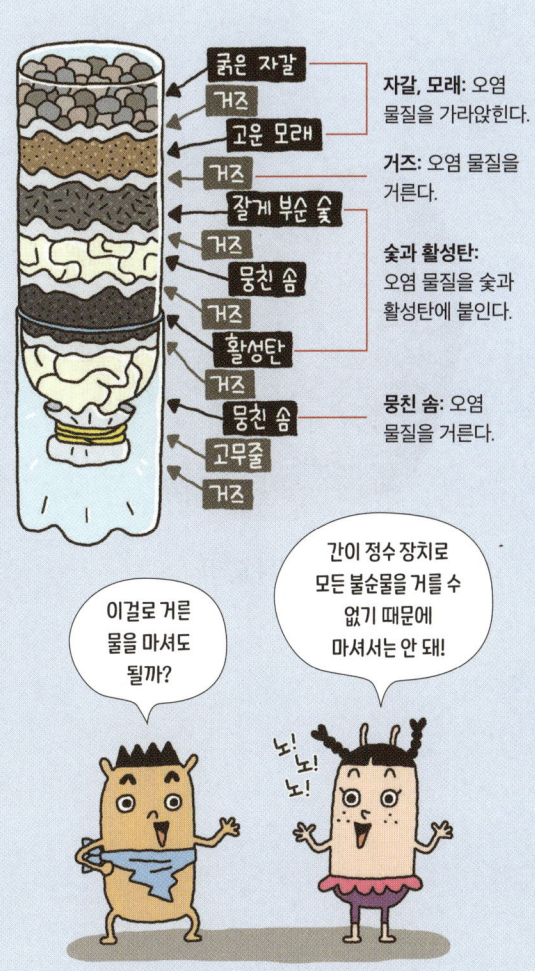

25

# 갈변 褐變 browning

**어떤 물질의 색이 갈색으로 바뀌는 현상**

우리 주변에서는 과일이나 채소 같은 식품의 갈변 현상을 쉽게 관찰할 수 있다. 사과, 바나나, 양상추 등을 잘라두면 잘린 부분이 갈색으로 변한다. 갈변은 산소와 만나서 일어나는 산화 반응의 한 종류이다. 따라서 갈변을 막으려면 산소와 만나지 않게 진공 포장을 하거나 설탕물, 소금물 등에 담가두면 된다.

🔗 산화

[사과의 갈변]

# 감각기관
感覺器官 sensory system

**자극을 느끼고 받아들이는 기관**

눈, 코, 혀, 귀, 피부와 같은 감각기관에서 빛, 냄새, 맛, 소리, 온도, 압력 같은 자극을 받아들인다. 받아들인 자극이 뇌로 전달되면 빛, 냄새, 맛, 소리, 촉감을 느낄 수 있다.

🔗 기관, 뇌, 자극

# 감염 感染 infection

인간이나 동식물의 몸에 바이러스, 세균, 곰팡이, 기생충과 같은 병원체가 들어와 그 수가 갑자기 늘어나는 현상

감염이 진행되면 피로를 느끼거나 식욕과 몸무게가 줄고, 열이 많이 날 수 있다. 또한 통증을 느끼기도 하며 결국 감염병에 걸리게 된다.

🔗 감염병, 전염, 공기 감염, 병원체, 비말 감염

### ➕ 하나 더! 감염을 예방하려면?

감염을 예방하기 위해서는 손을 자주 깨끗이 씻고, 씻지 않은 손으로 눈, 코, 입을 만지지 않아야 한다. 또한 사람이 많은 곳을 피하고 외출할 때는 마스크를 착용해야 한다.

30초 이상 비누를 이용해 손 씻기

씻지 않은 손으로
눈, 코, 입 만지지 않기

외출할 때 마스크 착용하기

# 감염병 感染病 infectious diseases

바이러스, 세균, 곰팡이, 기생충 등의 병원체가 우리 몸에 들어와 걸리는 질병

감염병은 전염성이 있는 질환과 전염성이 없는 질환을 모두 포함한다. 병원체에 오염된 음식물을 먹었을 때 걸리는 콜레라, 환자와 접촉하거나 영향을 받아 걸리는 인플루엔자, 동물과의 접촉으로 걸리는 광견병 등이 있다. 코로나19도 전 세계적으로 유행한 감염병이다.

🔗 감염, 병원체, 전염, 코로나19

# 강수량 降水量 precipitation amount

**비, 눈, 우박이 땅으로 떨어진 물의 양을 모두 더한 값**

일정한 모양의 원통 안에 고인 물의 깊이를 잰다. 눈이나 우박은 녹여서 물의 높이를 재거나, 무게를 잰 뒤 물의 양으로 바꾸어 나타내며 단위는 mm이다. 🔗 우량계

우리나라의 일 년 강수량은 50~60%가 여름철에 집중돼. 가을부터 봄까지는 강수량이 적어 가뭄이 생기기도 하지.

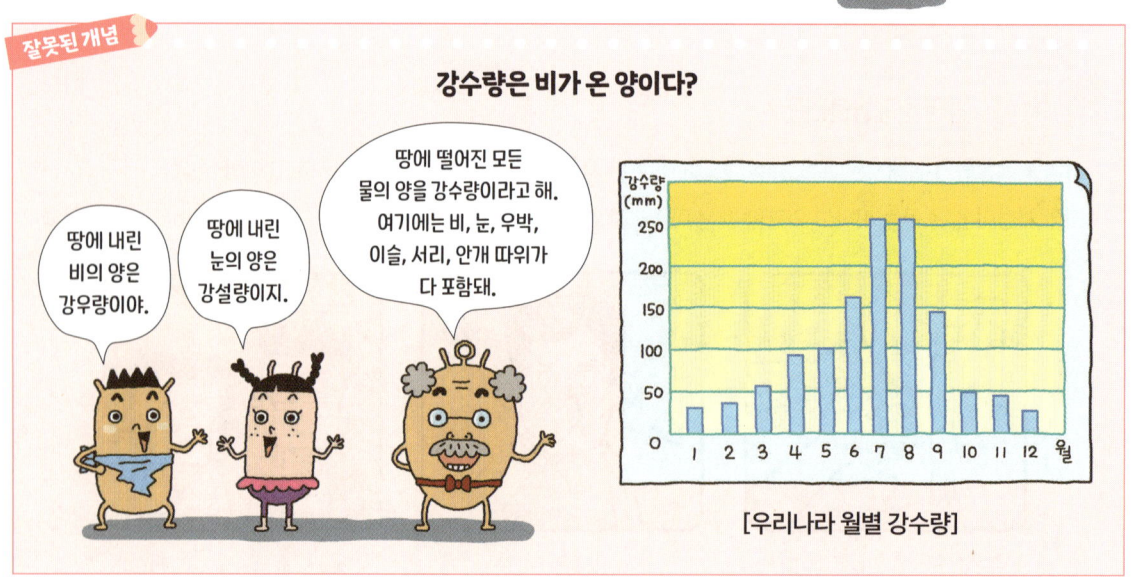

**잘못된 개념**

**강수량은 비가 온 양이다?**

- 땅에 내린 비의 양은 강우량이야.
- 땅에 내린 눈의 양은 강설량이지.
- 땅에 떨어진 모든 물의 양을 강수량이라고 해. 여기에는 비, 눈, 우박, 이슬, 서리, 안개 따위가 다 포함돼.

[우리나라 월별 강수량]

# 강우량 降雨量 rainfall amount

**일정한 지역에 내린 비의 양**

우량계에 비를 담아 높이를 재서 측정한다. 강수량은 강우량뿐 아니라 눈, 우박 등으로 내린 물의 양을 모두 더한 것이다. 강우량의 단위는 강수량과 마찬가지로 mm이다. 우리나라의 강우량은 여름철에 집중되어 있다.

🔗 강수량, 우량계

내일 전국에 비가 내리겠습니다. 예상 강우량은 5~40mm입니다. 우산을 꼭 준비하세요.

# 갖춘꽃 complete flower

**암술, 수술, 꽃잎, 꽃받침을 모두 가지고 있는 꽃**

식물의 꽃을 구성하는 꽃잎, 꽃받침, 암술, 수술을 모두 갖추고 있는 꽃이다. 이 중 하나라도 없으면 안갖춘꽃이다. 갖춘꽃에는 백합, 장미, 복숭아꽃, 강낭콩꽃, 해바라기, 민들레 같은 꽃이 있다.

🔗 꽃, 안갖춘꽃, 암술, 수술

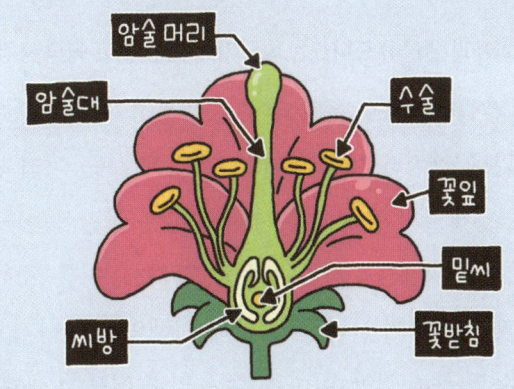

# 개화 開花 anthesis

**풀이나 나무의 꽃이 피는 것**

씨를 만들어 번식하는 식물이 열매를 맺기 위해 반드시 거쳐야 하는 단계이다. 개화가 되면 암술과 수술 등이 밖으로 드러나고 비로소 꽃가루받이가 일어날 수 있다. 식물의 종류에 따라 개화 시기는 다르지만 많은 식물이 봄에 개화한다.

🔗 꽃, 꽃가루받이, 씨, 열매

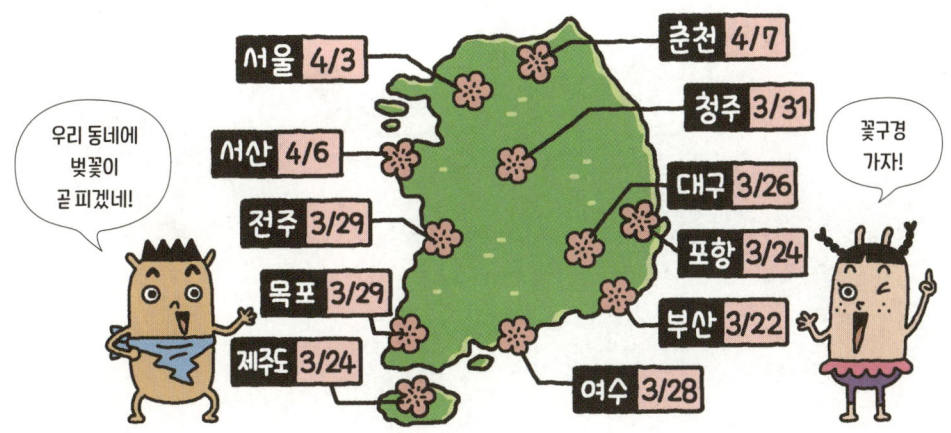

# 갯벌 mud flat

**밀물과 썰물이 드나드는 바닷가에 있는 넓고 평평한 검은 땅**

강에서 바다로 운반되어 온 알갱이와 작은 흙이 밀물과 썰물 때문에 바닷가에 쌓여서 갯벌이 된다. 갯벌에 사는 여러 생물은 오염 물질을 분해하고, 갯벌의 알갱이들 사이 수많은 공간에는 물이 스며들며 홍수가 조절된다. 미생물부터 연체동물, 갑각류, 어류, 조류 같은 다양한 생물이 생태계를 이루며 산다. 우리나라 서해안은 캐나다 동부 해안, 미국 동부 해안, 유럽 북해 연안, 아마존 강 유역과 더불어 세계 5대 갯벌로 꼽힌다.

🔗 조석

# 거름(거르기) filtration

고체 물질이 물에 녹는 정도의 차이를 이용해서 체나 헝겊, 거름종이로 혼합물을 분리하는 방법

소금과 모래가 섞인 혼합물을 물에 녹이면 소금은 녹지만 모래는 녹지 않는다. 이 혼합 용액을 거름종이에 천천히 부으면 물에 녹지 않은 모래는 거름종이에 걸러지고, 물에 녹은 소금은 거름종이를 통과한다. 모래는 거름종이의 구멍보다 크고, 물에 녹은 소금 알갱이는 거름종이의 구멍보다 작기 때문이다.

🔗 용액, 용해도, 증발, 혼합물

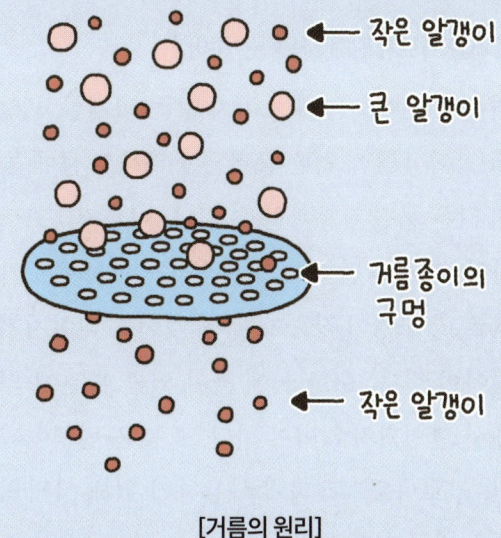

[거름의 원리]

# 거름 장치 filter apparatus

물에 녹는 물질과 물에 녹지 않는 물질의 혼합물을 분리하는 장치

일반적으로 거름종이와 깔때기를 이용한다. 거름종이에 물을 묻히면 깔때기에 잘 붙는다. 물에 녹는 물질과 물에 녹지 않는 물질의 혼합물을 물에 녹여 거름 장치를 통과시키면 된다. 이때 거르고자 하는 액체 혼합물이 유리 막대를 타고 천천히 흐르도록 부어야 한다. 이렇게 하면 물에 녹지 않는 물질이 거름종이 위에 남아서 분리된다.

🔗 거름, 거름종이

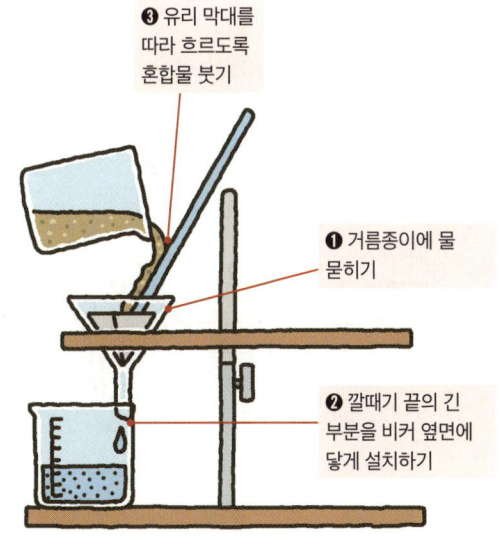

# ㄱ

## 거름종이 filter paper

**물체를 거르기 위해 사용하는 종이**

거름종이에는 눈에 보이지 않는 미세한 구멍이 있어서 물에 녹은 물질은 통과하고 물에 녹지 않은 물질은 통과할 수 없다. 여과지라고도 한다. 물체를 잘 거르기 위해서는 거름 속도가 빠르고, 구멍이 작으며, 물에 젖어도 찢어지지 않아야 한다. 또한 물에 녹아 있는 물질에 의해서 변형되지 않아야 한다. 보통은 원형이지만, 크로마토그래피에 사용하기 위해 사각형으로 만든 것도 있다.

🔗 거름, 거름 장치, 크로마토그래피

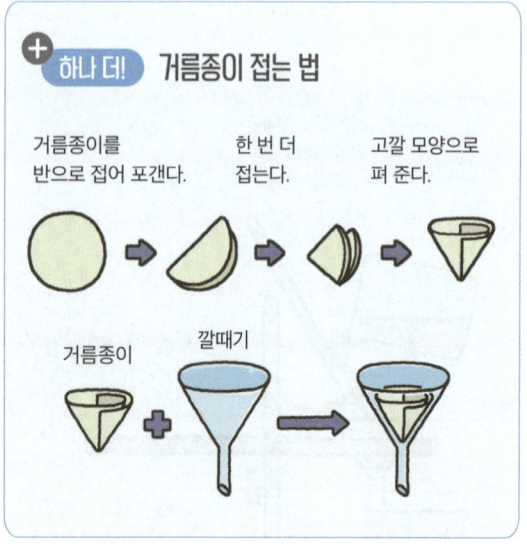

**하나 더! 거름종이 접는 법**

거름종이를 반으로 접어 포갠다. → 한 번 더 접는다. → 고깔 모양으로 펴 준다.

거름종이 + 깔때기 →

## 거미 spider

**몸이 머리가슴과 배로 나뉘며 날개와 더듬이가 없는 절지동물**

네 쌍의 다리가 머리가슴의 옆쪽에 붙어 있으며, 앞쪽에 더듬이 구실을 하는 더듬이다리 한 쌍이 붙어 있다. 눈은 홑눈만 가지고 있고 대부분 땅에서 살지만 물속에서 사는 종류도 있다. 파리, 모기, 바퀴벌레, 해충을 잡아먹어 인간에게 도움을 주고 있다. 큰 종류의 거미는 작은 새나 개구리, 물고기를 잡아먹기도 한다. 잡은 먹이는 이빨로 찌른 다음 소화액으로 녹여 먹는다.

🔗 곤충, 절지동물

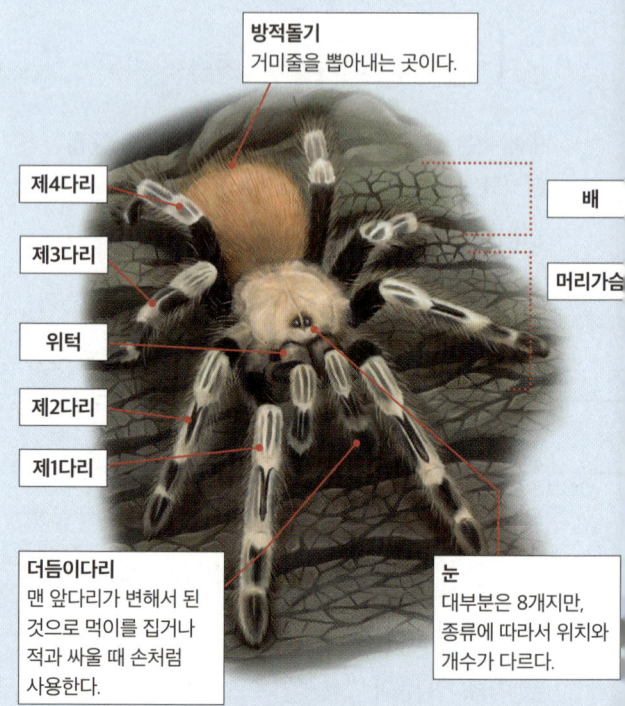

**방적돌기**: 거미줄을 뽑아내는 곳이다.
제4다리
제3다리
위턱
제2다리
제1다리
**더듬이다리**: 맨 앞다리가 변해서 된 것으로 먹이를 집거나 적과 싸울 때 손처럼 사용한다.
배
머리가슴
**눈**: 대부분은 8개지만, 종류에 따라서 위치와 개수가 다르다.

# 거울 mirror

**빛을 반사해 물체의 모양을 비추는 도구**

거울에 비친 물체는 좌우가 바뀌어 보인다. 표면이 평평한 평면거울, 가운데가 오목하게 들어간 오목 거울, 가운데가 볼록하게 튀어나온 볼록 거울이 있다. 오목 거울에 가까이 있는 물체는 실제보다 크고 똑바로 선 모양으로, 멀리 떨어져 있는 물체는 거꾸로 뒤집어진 모양으로 보인다. 볼록 거울에 비친 물체는 실제보다 항상 작고 똑바로 선 모양이다.

🔗 렌즈, 빛

오목 거울은 손전등의 반사경, 현미경의 반사경, 화장용 거울로 이용돼.

볼록 거울은 가게의 도난 방지용 거울, 굽은 도로의 안전 거울, 자동차 후사경에 이용돼.

# 거중기 擧重機

정약용이 무거운 물건을 쉽게 들어올리려고 만든 기계

움직도르래 4개와 고정 도르래 4개로 이루어져 있어 실제 드는 힘은 $\frac{1}{8}$로 줄어든다. 중국 책 《기기도설》을 참고해 개발했다. 수원 화성을 쌓는 데 이용해 공사 기간을 줄이고 공사비를 줄일 수 있었다.

🔗 도르래

## 하나 더! 녹로와 유형거

정약용은 수원 화성을 짓기 위해 거중기 이외에도 녹로 2대와 유형거 10대를 새로 만들었다.

녹로는 거중기와 비슷하게 무거운 돌을 들어 올리는 장비다. 고정 도르래를 이용하기 때문에 드는 힘은 같지만 여덟 사람이 함께 얼레를 돌렸기 때문에 무거운 돌도 들 수 있었다.

유형거는 기존 수레의 단점을 보완해 개량한 것이다. 기존 수레는 바퀴가 너무 커서 돌을 싣기 어렵고, 바퀴살이 약해 부서지기 쉬우며 만드는 데 비용이 많이 든다는 단점이 있었다. 정약용은 바퀴를 튼튼하면서도 작게 만들고 수레의 무게중심이 잘 잡히도록 만들었다. 현재 유형거의 모습은 남아 있지 않다.

거중기를 만들기 전에는 순전히 사람의 힘으로만 무거운 돌을 옮겼다고 하는군. 수원 화성을 짓는 데 10년이 걸릴 거라 생각했는데, 거중기 덕분에 2년 반 만에 끝낼 수 있었지.

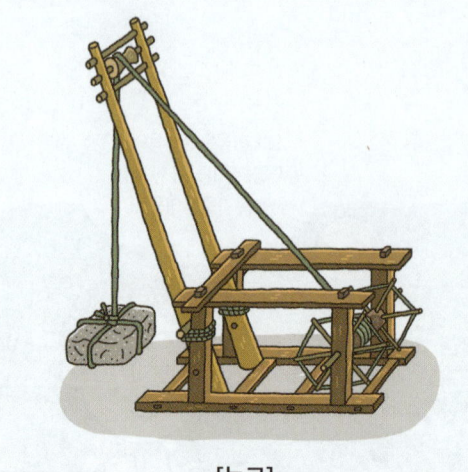

[녹로]

# 건습구 습도계
乾濕球濕度計 psychrometer

습구 온도계와 건구 온도계의 온도 차이를 이용해 습도를 재는 장치

보통 온도계인 건구 온도계와 둥근 부분을 젖은 헝겊으로 감싼 습구 온도계의 온도를 측정하고, 두 온도의 차이를 이용해서 습도를 알아낸다. 습구 온도계의 젖은 헝겊에서 증발이 일어나면서 주위의 열을 흡수하기 때문에 습구 온도는 건구 온도보다 낮다. 온도계의 온도 차이가 클수록 증발이 잘 일어나므로 습도가 낮다.

🔗 습도

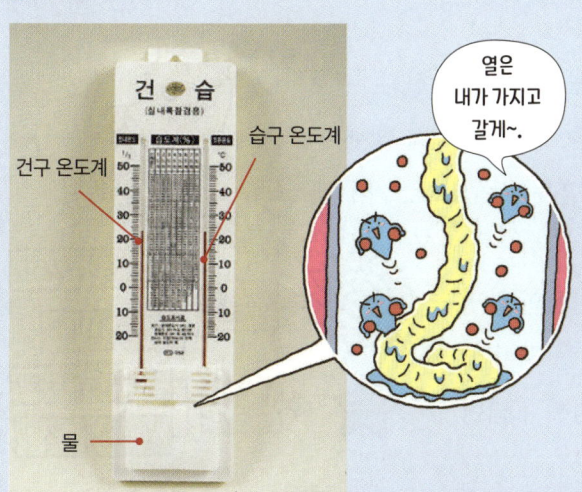

### 하나 더! 건습구 습도계로 습도를 읽는 방법

❶ 건습구 습도계에서 건구 온도와 습구 온도를 읽는다.
❷ 습도표 왼쪽 세로줄에서 건구 온도를 찾는다.
❸ 습도표 위쪽 가로줄에서 건구와 습구의 온도 차를 찾는다.
❹ 찾은 두 값의 교차점이 상대 습도에 해당한다.

습구 온도가 18℃이고, 건구 온도가 20℃라면 온도 차가 2℃이니까 습도는 83%야.

건구 온도계와 습구 온도계가 가리키는 온도가 같으면 습도는 100%야.

상대 습도(%)

| 건구 온도 (℃) | 건구와 습구 온도 차(℃) | | | |
|---|---|---|---|---|
| | 0 | 1 | 2 | 3 |
| 22 | 100 | 92 | 83 | 76 |
| 21 | 100 | 91 | 83 | 75 |
| 20 | 100 | 91 | 83 | 74 |
| 19 | 100 | 91 | 82 | 74 |

# 검류계 檢流計 galvanometer

**아주 약한 전류를 측정할 수 있는 장치**

전류계나 꼬마전구를 이용하면 회로에 전류가 흐르는지 알 수 있다. 그러나 회로에 흐르는 전류의 세기가 아주 약할 때는 꼬마전구에 불이 켜지지 않고, 전류계의 바늘이 움직이지 않는다. 이처럼 아주 작은 전류의 흐름을 확인하거나 그 값을 측정할 때 쓴다. 단순히 전류의 흐름을 확인할 때도 쓸 수 있다. 검류계의 바늘이 움직이는 방향으로 전류의 방향도 알 수 있다.

🔗 전기 회로, 전류, 전류계

[검류계]

# 겉보기 등급 apparent magnitude

**눈에 보이는 별의 밝기를 등급으로 매긴 것**

실제 별까지의 거리는 무시한 등급으로, 실시 등급이라고도 한다. 겉보기 등급은 기원전 2세기경 그리스의 과학자 히파르쿠스가 처음 정했다. 히파르쿠스는 맨눈으로 보아 가장 밝게 보이는 별을 1등급으로, 겨우 볼 수 있는 별을 6등급으로 정했다. 한 등급의 밝기 차이는 약 2.5배로 1등급은 6등급에 비해 100배 밝다. 망원경의 발명으로 1등급보다 더 밝은 별과 6등급보다 더 어두운 별이 발견되면서 -1등급, 0등급, 7등급, 8등급 등으로 범위가 넓어졌다. 겉보기 등급과는 달리 모든 별을 32.6광년 되는 거리에 놓았을 때의 밝기를 절대 등급이라고 한다. 이것이 별의 실제 밝기에 해당한다.

🔗 항성

# 겉보기 성질
apparent property

색깔, 냄새, 맛, 촉감, 굳기와 같은 겉으로 드러난 물질의 성질

🔗 물질

**색깔**
고체의 색깔은 그대로 관찰하고, 용액의 색깔은 뒤에 흰 종이를 대고 관찰한다.

**냄새**
몸에 해로울 수 있으므로 손바람을 일으켜 적은 양의 냄새만 맡는다.

**맛**
조금만 물에 녹여 종이에 적셔서 맛을 보지만, 모르는 물질이면 몸에 해로울 수 있으므로 맛을 보아서는 안 된다.

**굳기**
굳기는 두 물체를 마찰시켜 긁히는 정도로 비교한다.

# 겉씨식물 gymnosperm

밑씨가 씨방에 싸여 있지 않고 겉으로 드러나 있는 식물

꽃이 피는 식물은 밑씨가 씨방 속에 있는 속씨식물과 겉으로 드러나 있는 겉씨식물로 나뉜다. 겉씨식물은 암술만 있는 암꽃과 수술만 있는 수꽃이 따로 피는 단성화이고, 꽃받침과 꽃잎이 없으며 주로 바람의 힘으로 수정된다. 잣나무, 전나무, 소나무, 은행나무 들이 있다.

🔗 꽃, 속씨식물

## 결정 結晶 crystal

**물질을 이루는 알갱이들이 가지런히 쌓여 모양을 이루고 있는 고체**

물질에 따라 결정 모양이 다르기 때문에 이를 이용해 물질을 구별하기도 한다. 세상에 있는 대부분의 광물과 금속은 결정으로, 소금 결정은 정육면체 모양, 황산구리 결정은 기울어진 육각기둥 모양, 백반 결정은 정팔면체 모양이다.

물질 전체가 규칙적인 배열로 이루어져 있는 결정을 단결정(수정, 다이아몬드)이라 하고, 여러 단결정이 서로 얽혀 있는 것을 다결정(대부분의 금속)이라 한다. 또한 알갱이의 모양과 크기가 일정하지 않은 유리나 엿, 고무, 플라스틱 같은 고체는 비결정이라 한다.

🔗 고체, 광물, 금속

[소금 결정]

[황산구리 결정]

[백반 결정]

## 경계색 警戒色 alarming coloration

**눈에 띄는 몸 빛깔이나 모양으로 적을 위협해 자신을 보호하는 방법**

독이나 나쁜 냄새로 적이 되는 다른 동물들이 자신을 다시 잡아먹지 않게 한다. 벌, 털벌레, 독뱀, 독개구리, 무당벌레, 독버섯이 경계색을 가지고 있다.

🔗 보호색

[독화살개구리]

[무당벌레]

# 경도 經度 longitude

**지구 위의 위치를 나타내는 좌표의 세로선**

영국 그리니치 천문대를 지나는 세로선을 경도 0°로 정했다. 그리니치 천문대의 동쪽에 있는 경도는 동경, 서쪽에 있는 경도는 서경이라 한다. 동경과 서경은 각각 180°까지 있다. 지구는 24시간 동안 360°를 자전하므로 경도 15°당 1시간 차이가 난다. 따라서 경도는 시간을 정하는 기준으로도 사용된다.

🔗 위도, 표준시

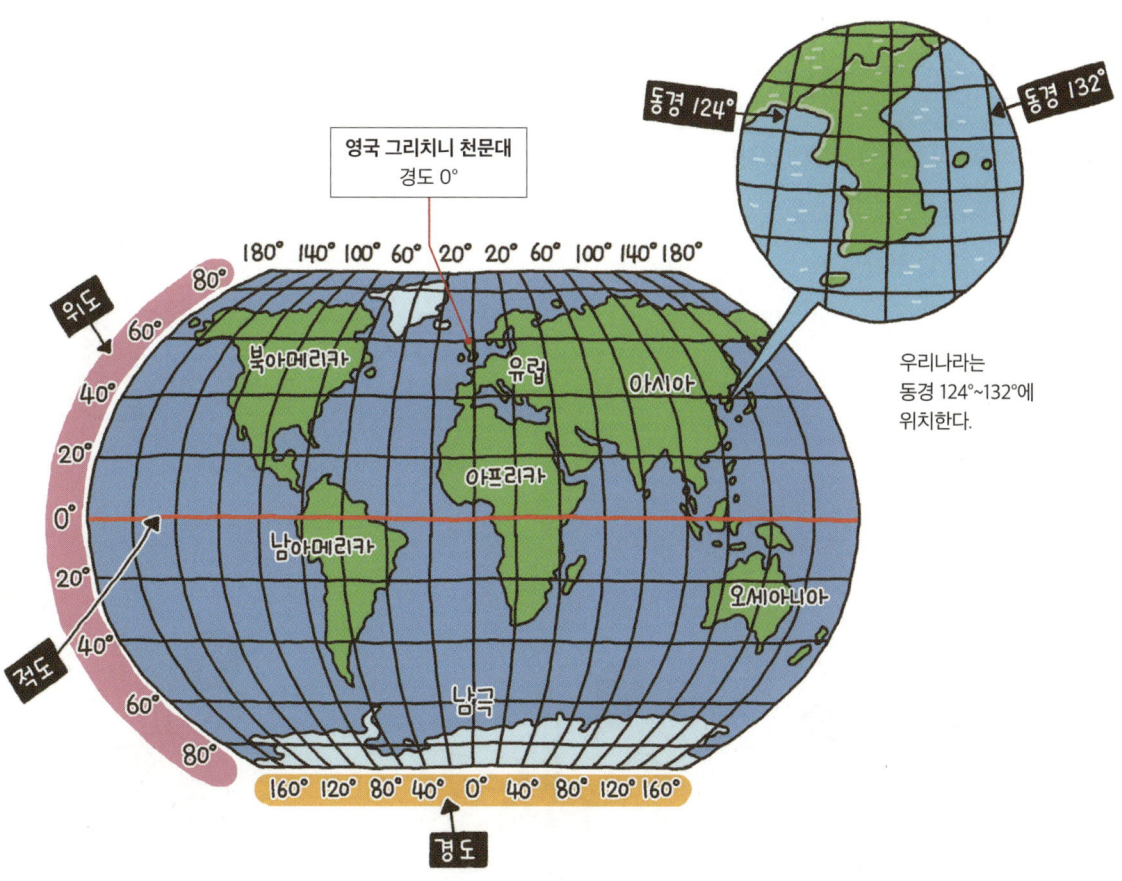

# 경쟁 競爭 competition

**생물들이 먹이, 공간, 짝을 차지하려고 벌이는 싸움**

생물은 먹이, 사는 곳, 짝이 부족해지면 같은 종류끼리 또는 다른 종류하고도 살아남기 위해 서로 경쟁한다. 같은 종류의 생물끼리는 힘에 따라 서열을 정하거나, 일을 나누어서 하는 사회 생활로 경쟁을 피하기도 한다.

[암컷을 차지하기 위한 수컷의 경쟁]

# 계면 활성제 界面活性劑 surfactant

**묽은 용액 속에서 물체의 표면에 달라붙어 표면 장력을 약하게 만드는 물질**

계면 활성제의 한쪽은 물과 잘 섞이고, 다른 한쪽은 기름과 잘 섞인다. 대표적인 것이 비누로, 비누가 물에 녹으면 기름과 잘 섞이는 부분이 기름기가 있는 때에 붙어 둘러싸고, 물과 잘 섞이는 다른 부분에 의해 때가 물로 떨어져 나온다. 비누가 물의 표면에 잘 모이는 것도 비누의 기름 성질이 있는 부분이 물에 의해 표면으로 밀리기 때문이다.

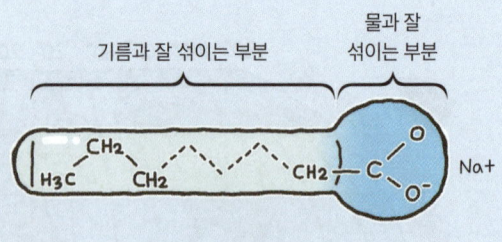

[계면 활성제의 구조]

🔗 용액, 표면 장력

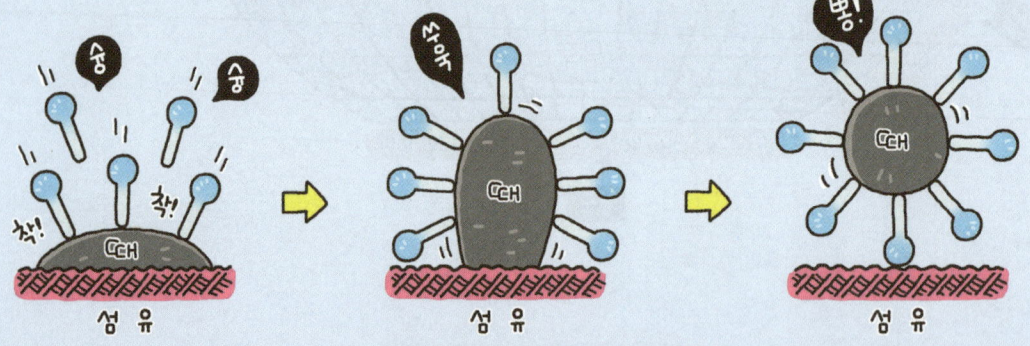

[비누에 의해 옷에서 때가 빠지는 과정]

# 계절 季節 season

**기후 변화에 따라 일 년을 구분한 것**

보통 봄, 여름, 가을, 겨울 4계절로 구분한다. 우리나라와 같은 중위도 지방은 봄, 여름, 가을, 겨울이 모두 나타난다. 대체로 3~5월은 봄, 6~8월은 여름, 9~11월은 가을, 12~2월은 겨울이다. 적도 지방은 일 년 내내 기온이 높기 때문에 비가 많이 오는 우기와 비가 많이 오지 않는 건기 두 계절로 구분하며, 극지방은 겨울과 여름만 있다. 북반구와 남반구는 계절이 반대로 나타난다. 계절이 생기는 까닭은 지구가 자전축이 기울어진 채로 태양 주위를 돌고 있기 때문이다.

🔗 기온, 기후

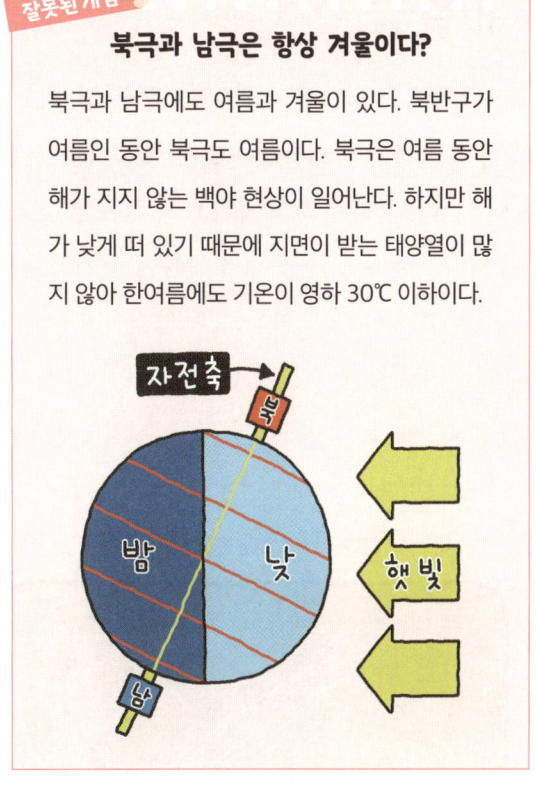

**잘못된 개념**

**북극과 남극은 항상 겨울이다?**

북극과 남극에도 여름과 겨울이 있다. 북반구가 여름인 동안 북극도 여름이다. 북극은 여름 동안 해가 지지 않는 백야 현상이 일어난다. 하지만 해가 낮게 떠 있기 때문에 지면이 받는 태양열이 많지 않아 한여름에도 기온이 영하 30℃ 이하이다.

# 계절풍 季節風 monsoon

**대륙과 해양 사이에서 1년 동안 방향이 반대로 바뀌면서 부는 바람**

여름에는 대륙이 해양보다 온도가 높아서 대륙에 저기압, 해양에 고기압이 생긴다. 따라서 해양에서 대륙 쪽으로 계절풍이 분다. 겨울에는 대륙이 해양보다 온도가 낮아서 대륙에 고기압, 해양에 저기압이 생긴다. 따라서 대륙에서 해양 쪽으로 계절풍이 분다. 바닷가에서 낮에는 해풍이, 밤에는 육풍이 부는 것과 같은 원리이다.

🔗 계절, 기압, 육풍, 해풍

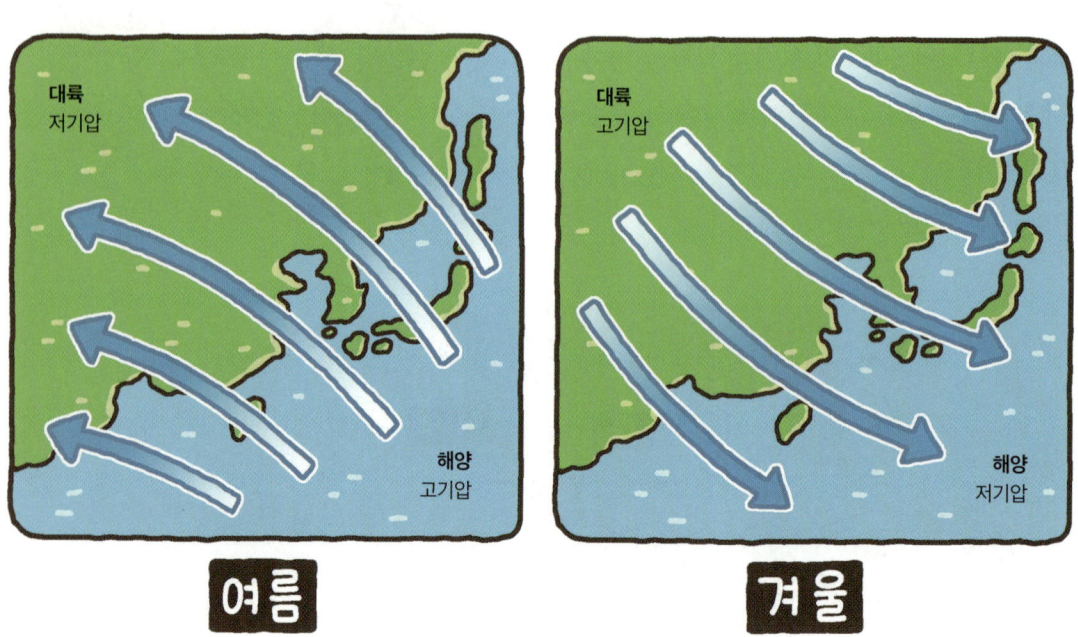

# 계통수 系統樹 phylogenetic tree

## 생물이 조상 때부터 진화해 온 과정을 나무 모양으로 나타낸 것

다양한 종을 비교해 계통이 관련 있는 것끼리 묶어 정리한 것이다. 생물의 진화 과정을 계통이라고 하며, 지금 살고 있는 생물들은 계통에 따라 조상과 연결되어 있다. 옛날에는 생물을 동물계와 식물계의 2계로 나누었지만, 현미경의 발달로 식물과 동물, 생물과 무생물의 구분이 어려운 다양한 종이 발견되자 3계, 4계, 5계로 분류하기도 한다. 계통수를 보면 생물 사이의 관계와 진화 과정을 한눈에 알 수 있다. 예를 들어 계통수의 한 가지에 있고, 같은 가지에서 갈라진 생물일수록 같은 조상에서 진화된 것임을 알 수 있다.

🔗 생물, 조류, 진화, 파충류

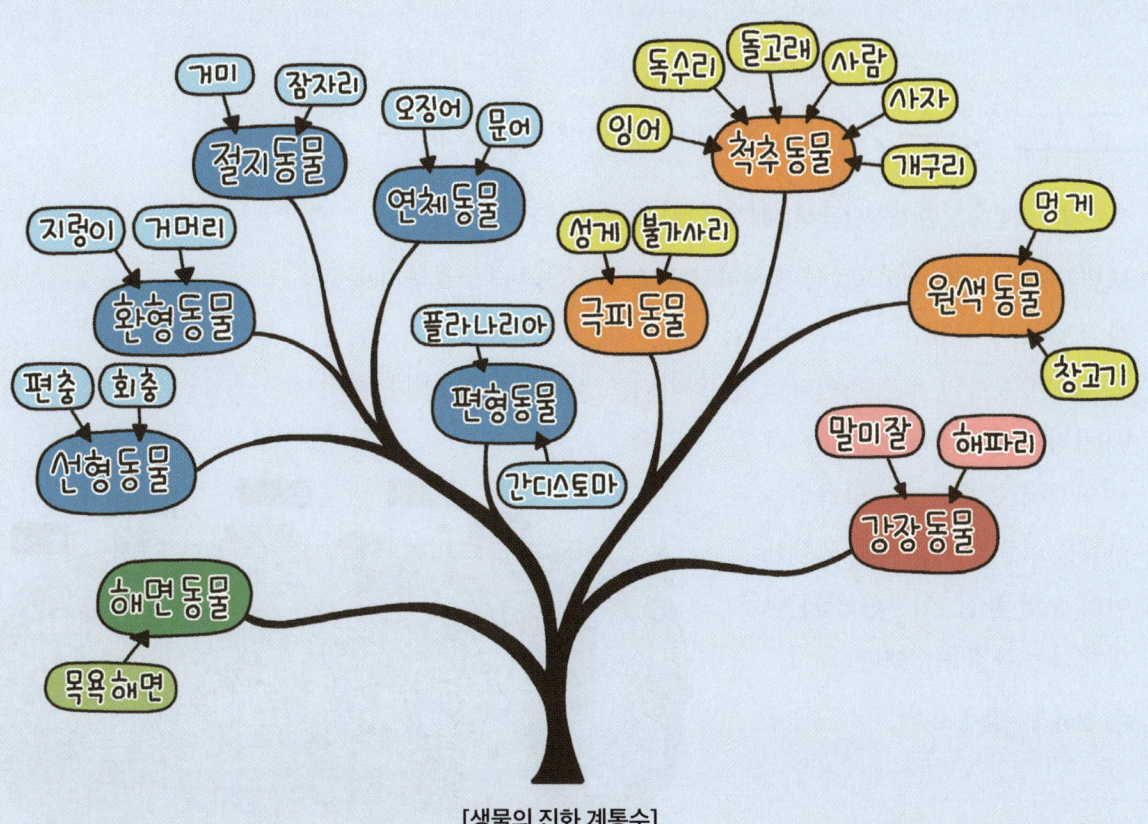

[생물의 진화 계통수]

## 고기압 高氣壓 high pressure

**주위보다 기압이 높은 곳**

고기압을 결정하는 기준이 정해져 있는 것은 아니다. 주위보다 기압이 높으면 고기압이다. 따라서 고기압을 찾을 때는 주위 기압을 함께 살펴보아야 한다. 지표면에서 고기압은 주위보다 온도가 낮은 곳에 생긴다. 주위보다 온도가 낮으면 공기가 아래쪽으로 하강하면서 지표면 부근에 공기가 많이 몰리고, 상대적으로 공기가 무거워져 고기압이 된다. 공기가 하강하는 고기압 지역에서는 구름이 생기기 어렵고, 대체로 맑은 날씨가 나타난다.

🔗 기압, 바람, 저기압

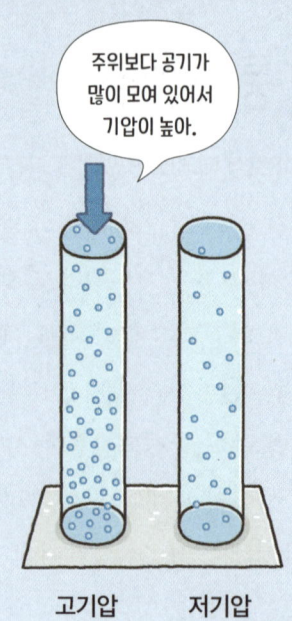

## 고도 정수 처리 高度淨水處理 tertiary treatment

**정수 처리 과정에 오존, 활성탄을 이용해 물을 깨끗하게 하는 방법**

보통의 정수 처리 과정으로는 깨끗하고 안전한 수돗물을 공급하지 못하게 되었을 때 사용한다. 오존 처리는 세균과 바이러스를 죽이는 오존을 이용하며, 물속의 세균, 바이러스, 철, 망가니즈, 색, 냄새를 없앤다. 활성탄 처리는 활성탄 내부에 있는 많은 구멍에 오염 물질이 달라붙는 성질을 이용하며, 농약을 포함한 여러 오염 물질, 이상한 맛과 냄새가 나는 물질을 없앤다.

🔗 간이 정수 장치, 오존

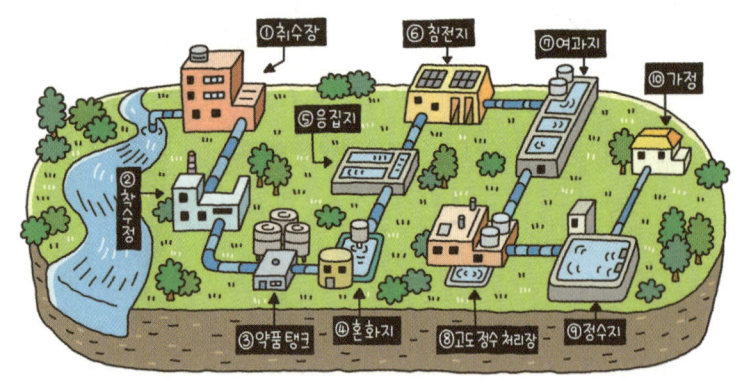

[정수 처리 과정]

# 고생물 古生物 ancient life

**과거 지질 시대에 살았던 생물**

고생물은 주로 화석의 형태로 발견된다. 과학자들은 화석으로부터 고생물을 알아내고, 지구의 생물이 어떻게 변해왔는지를 연구한다. 각 지질 시대를 대표하는 고생물로는 고생대의 삼엽충과 갑주어, 중생대의 공룡과 암모나이트, 신생대의 화폐석과 매머드가 있다.

🔗 공룡, 삼엽충, 암모나이트, 매머드, 지질 시대, 화석

# 고체 固體 solid

**담는 그릇에 따라 모양과 부피가 변하지 않는 물질**

기체, 액체와 함께 물질의 세 가지 상태 중 하나로, 일정한 모양이 있다. 고체를 이루고 있는 분자들은 서로 강한 힘으로 잡아당기고 가지런히 배열되어 있기 때문에 제자리에서 진동 운동만 한다. 고체에 열을 가하면 분자들이 활발히 움직여 부피가 늘어나는데 여름철에 전봇대 위의 전선이 축 늘어지는 것도 전선을 이루는 금속의 부피가 늘어났기 때문이다.

🔗 기체, 액체

### 잘못된 개념
### 가루 물질은 고체가 아니다?

모래 같은 가루 물질을 여러 가지 모양의 그릇에 담으면 그릇의 종류에 따라 모양이 달라지는 것처럼 보인다. 하지만 그것은 가루 물질 전체를 하나의 덩어리로 생각했기 때문이다. 돋보기를 이용해 모래를 관찰해 보면 알갱이 하나의 모양은 어느 그릇에 담더라도 변하지 않기 때문에 가루 물질은 고체다.

# 곡류 曲流 meander

**강의 중·하류에서 나타나는 구불구불한 강줄기**

강의 중·하류에서는 강바닥의 경사가 완만해지기 때문에 강물의 흐름이 약해진다. 이 경우 물이 흐르는 바깥쪽은 물의 흐름이 빨라서 침식 작용이 활발히 일어나고, 안쪽은 물의 흐름이 느려서 퇴적 작용이 일어난다. 따라서 처음에 조금 굽은 강 모양은 시간이 흐르면서 점점 더 S자 모양으로 바뀐다. 뱀이 기어가는 모습을 닮아서 사행천이라고도 한다.

🔗 우각호, 침식 작용, 퇴적 작용

[곡류]

# 곤충 昆蟲 insect

**몸이 머리, 가슴, 배 세 부분으로 되어 있고, 다리 세 쌍을 가진 절지동물**

몸의 겉은 단단하며, 머리에 더듬이 한 쌍, 겹눈 한 쌍이 있다. 보통 날개는 두 쌍이지만 파리처럼 날개 한 쌍이 없어져 흔적만 남은 것도 있고, 개미처럼 날개가 없는 것도 있다.

🔗 절지동물

> ### ➕ 하나 더! 곤충의 한살이
>
> 곤충이 자라면서 모습을 바꾸는 것을 탈바꿈이라고 한다. 탈바꿈을 할 때 번데기 과정을 거치면 완전탈바꿈, 거치지 않으면 불완전탈바꿈이라고 한다.
>
> [완전탈바꿈]
>
> [불완전탈바꿈]

**머리 / 가슴 / 배**

**마디**: 다리와 몸에 마디가 있어 절지동물에 속한다.

**더듬이**: 더듬이 두 개로 진동을 느끼고 냄새를 맡는다.

**겹눈**: 수많은 홑눈이 모여 벌집 모양으로 생겼다.

**다리**: 다리는 여섯 개로, 가슴 부위에 달려 있다.

**날개**: 날개는 한 쌍만 발달하고 나머지 한 쌍은 퇴화되었다.

[파리의 생김새]

# 골격계 骨格系 skeletal system

뼈, 관절, 인대로 이루어져 있으며, 몸을 지탱하고 내장을 보호하며, 움직일 수 있게 하는 기관

뼈는 사람의 골격을 이루는 가장 단단한 조직으로 몸을 지탱하는 부분이다. 뼈와 뼈가 만나는 관절 부위에는 물렁뼈인 연골이 있어서 뼈끼리 부딪치지 않게 한다. 인대는 뼈와 뼈 사이를 연결해 뼈가 어긋나는 것을 막는다. 🔗 관절, 뼈

# 곰팡이 fungi

실 모양의 균사로 이루어져 있고 포자로 번식하는 생물

햇빛이 비치지 않고 습기가 많은 곳에서 산다. 광합성을 할 수 없어 스스로 양분을 만들지 못하므로 식물이 아니고, 균류로 따로 분류한다. 씨앗을 만들지 못해 포자(홀씨)로 번식한다. 포자는 공기 중에 떠다니다가 적당한 조건을 만나면 균사를 내어 곰팡이가 된다. 곰팡이를 보면 붉은색, 검은색, 푸른색, 흰색이 있는데, 이것은 곰팡이의 포자 색깔 때문이다.

🔗 광합성, 효모

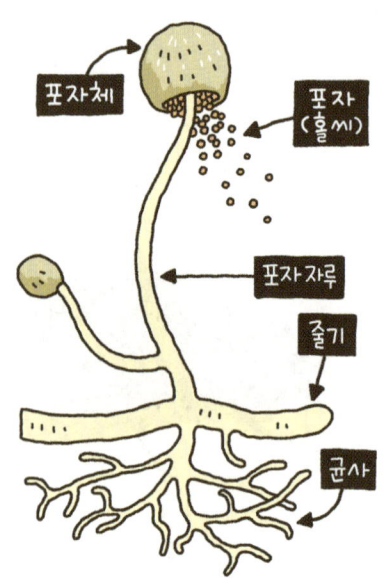

## 잘못된 개념
### 곰팡이는 사람에게 해롭기만 하다?

곰팡이 때문에 음식이 썩고, 옷감이 상하고, 생물들은 병에 걸린다. 하지만 약을 만드는 데 쓰이는 푸른곰팡이, 간장이나 된장을 만드는 데 이용되는 누룩곰팡이는 우리에게 이로움을 준다. 또 죽은 생물을 분해하여 자연의 청소부 몫도 한다.

[푸른곰팡이] 푸른곰팡이로 페니실린이라는 항생제를 만들어 많은 사람들의 생명을 구했어.

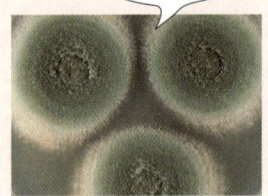

[누룩곰팡이] 메주에 누룩곰팡이가 생겨야 된장을 만들 수 있어.

# 공기 空氣 air

**지구를 둘러싸고 있는, 색깔과 냄새가 없는 기체 혼합물**

대부분 대기권의 아랫부분에 있고, 질소 약 78%, 산소 약 21%, 아르곤, 이산화 탄소, 그 밖의 여러 기체 약 1%의 비율로 섞여 있다. 공기는 눈에 보이지 않지만 숨을 쉬거나 바람을 통해 느낄 수 있다. 만약 공기가 없다면 숨을 쉴 수도 없고, 바람이 불지 않아 깃발이 날리지도 않는다.

🔗 기체, 산소, 이산화 탄소, 질소

### 잘못된 개념
### 공기는 무게가 없다?

우리 몸은 항상 공기 속에 있기 때문에 공기의 무게를 느끼지 못한다. 하지만 전자저울을 이용해 공기를 넣기 전과 후 공의 무게를 측정하면 공기를 넣은 공이 더 무거운 것을 알 수 있다. 실제로 150m³ 크기의 교실 안에 들어 있는 공기의 무게는 200kg 정도라고 한다.

[공기를 넣기 전 공의 무게: 97.4g]   [공기를 넣은 후 공의 무게: 98.2g]

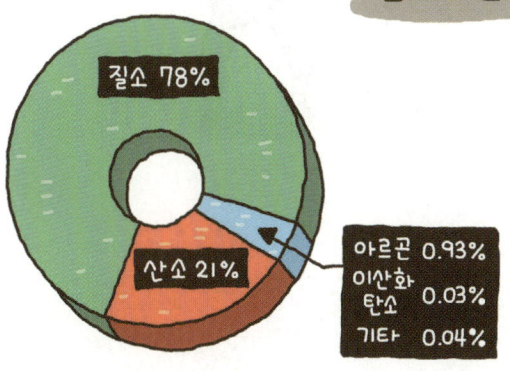

[공기의 구성]

# 공기 감염 空氣感染 aerial infection

**병원체가 공기 중에 떠다니다가 사람들이 숨을 쉴 때 몸속으로 들어가 호흡기로 감염되는 현상**

병원체를 포함한 5㎛(=0.000005m) 이하의 작은 입자들에 의해 일어난다. 이러한 입자는 비말 감염을 일으키는 입자보다 훨씬 더 멀리까지 전달될 수 있다. 감염된 환자가 말을 하거나 기침, 재채기를 할 때 병원체를 포함한 분비물이 공기 중에 떠 있다가 주변 사람들이 숨을 쉴 때 공기와 함께 폐에 들어가 감염된다. 공기 감염으로 전염되는 대표 질환은 결핵, 홍역, 수두가 있다.

🔗 감염, 감염병, 비말 감염

# 공기저항 空氣抵抗 air resistance

**물체의 움직임을 방해하는 공기의 힘**

움직이는 물체에는 운동하는 방향과 반대로 공기저항력이 생긴다. 공기저항력은 물체의 속도가 빠를수록, 물체의 단면적이 클수록 커진다. 빠르게 움직여야 하는 비행기와 자동차, 고속철도는 공기저항을 줄이기 위해 몸체를 매끄러운 유선형으로 만든다.

이와는 반대로 낙하산은 공기저항을 많이 받도록 만들어졌다. 단면적이 넓은 낙하산을 이용하면 공기저항을 많이 받으므로 땅으로 천천히 내려온다. 스카이다이빙을 할 때에도 몸을 활짝 펼쳐 단면적을 크게 하면 공기저항이 커져 떨어지는 속도를 늦출 수 있다.

🔗 공기, 힘

# 공룡 恐龍 dinosaur

약 2억 4,000만 년 전에서 약 6,500만 년 전에 육상에 살았던 파충류의 한 종류

엉덩이뼈의 모양에 따라 파충류를 닮은 용반류와 새를 닮은 조반류로 구분한다. 용반류는 티라노사우루스, 알로사우루스, 메갈로사우루스 같이 대부분 육식 공룡이고, 조반류는 캄프토사우루스, 이구아노돈, 스테고사우루스, 트리케라톱스와 같이 대부분 초식 공룡이다. 지구의 역사 중 중생대에 공룡이 가장 많이 살았으며, 약 6,500만 년 전에 모두 멸종했다. 멸종 원인으로 가장 설득력 있는 것은 운석 충돌설이다. 지름 10km 정도의 운석이 지구에 떨어지면서 생긴 먼지가 하늘을 뒤덮고 햇빛을 차단해 지구 표면의 온도가 낮아졌으며, 식물의 광합성이 감소하고 먹이가 부족해져 공룡이 멸종했다는 것이다. 그 밖에도 해수면의 변화, 대규모 화산 분출 따위의 여러 가지 원인으로 멸종했다는 주장들도 있다.

🔗 조류, 파충류

**잘못된 개념**

## 익룡과 어룡도 공룡이다?

중생대에 살았던 대형 파충류들은 서식지에 따라 공룡(육상), 어룡(바다), 익룡(하늘)으로 분류한다. 그러므로 '익룡은 날아다니는 공룡이고, 어룡은 헤엄치는 공룡이다.'는 말은 틀렸다.

[조반류]    [용반류]

## 하나 더! 대표적인 공룡

### 티라노사우루스

대표적인 육식 공룡으로, 성질이 매우 사납다. 육식 공룡 중 몸집이 가장 큰 것은 아니지만 힘은 가장 센 것으로 추측된다. 약 1.35m의 튼튼한 상자 모양의 머리에, 길이가 16cm인 이빨이 60개나 있다. 턱에는 강력한 근육이 발달해 있어 1.2m까지 입을 벌릴 수 있었으며, 한번에 200kg 이상의 고기를 물어뜯을 수 있다.

### 트리케라톱스

초식 공룡으로, 코 위에 짧은 뿔이 하나 있고 이마에 1m 정도 되는 큰 뿔이 두 개 있다. 또 목덜미를 덮는 2.5m 이상 길이의 큰 주름이 있다. 뿔이나 주름은 육식 공룡의 공격을 방어하기 위해 사용하거나, 짝짓기를 할 때 수컷끼리 겨루기 위해서도 사용한 것으로 보인다.

### 아파토사우루스

네 발로 걷고 성질이 온순한 초식 공룡이다. 매우 큰 공룡 중 하나로 두껍고 긴 목을 가지고 있으며, 다리는 크고 곧으며 꼬리는 긴 채찍 모양이다.

### 스테고사우루스

'스테고'란 등줄기를 따라 나 있는 골판을 가리키는 말이다. 서로 엇갈리게 배열된 골판을 방어 수단으로 사용했거나, 골판의 혈관으로 체온을 조절했을 것으로 추측된다. 초식 공룡으로 주둥이가 좁고, 작고 약한 이빨을 가지고 있다.

# 공변세포 孔邊細胞 guard cell

**식물의 기공을 열고 닫는 일을 하는 세포**

표피 세포가 변해서 된 세포로, 주로 잎의 뒷면에 있으며 안에 엽록체가 있어 광합성을 한다. 공변세포는 두 개가 서로 붙어 있는데, 두 공변세포 사이의 빈 공간이 기공이다. 공변세포는 기공을 열고 닫으면서 수증기, 이산화 탄소, 산소의 출입을 조절한다.

🔗 기공, 엽록체, 증산 작용

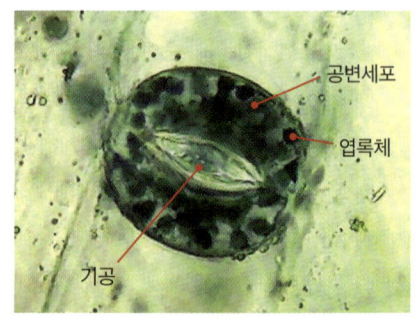

# 공생 共生 symbiosis

**종류가 다른 생물이 서로 영향을 주고받는 관계**

둘다 이익을 얻으면 상리 공생, 한쪽만 이익이 되면 편리 공생이라고 한다. 악어와 악어새는 상리 공생이다. 악어새가 악어 이빨에 있는 찌꺼기를 먹으면, 악어에게는 입안이 청소가 되므로 서로 돕는 관계이다. 이 밖에도 개미와 진딧물, 집게와 말미잘이 상리 공생이다. 상어와 빨판상어는 편리 공생인데 빨판상어는 상어의 몸에 붙어 다니면서 상어가 먹다 놓친 부스러기를 주워 먹고 상어와 함께 빠르게 이동하므로 이익을 얻지만, 상어는 이익도 피해도 받지 않는다. 이 밖에 해삼과 숨이고기, 고래와 따개비도 공생 관계이다.

🔗 경쟁, 기생

[악어와 악어새 - 상리 공생]

[상어와 빨판상어 - 편리 공생]

# 공전 公轉 revolution

**한 천체가 다른 천체의 주위를 도는 운동**

지구는 태양 주위를, 달은 지구 주위를 공전하고 있다. 지구가 태양을 한 번 공전하는 데 걸리는 시간은 1년(약 365일)이고, 달이 지구를 한 번 공전하는 데 걸리는 시간은 1달(약 27.3일)이다.

🔗 자전, 태양

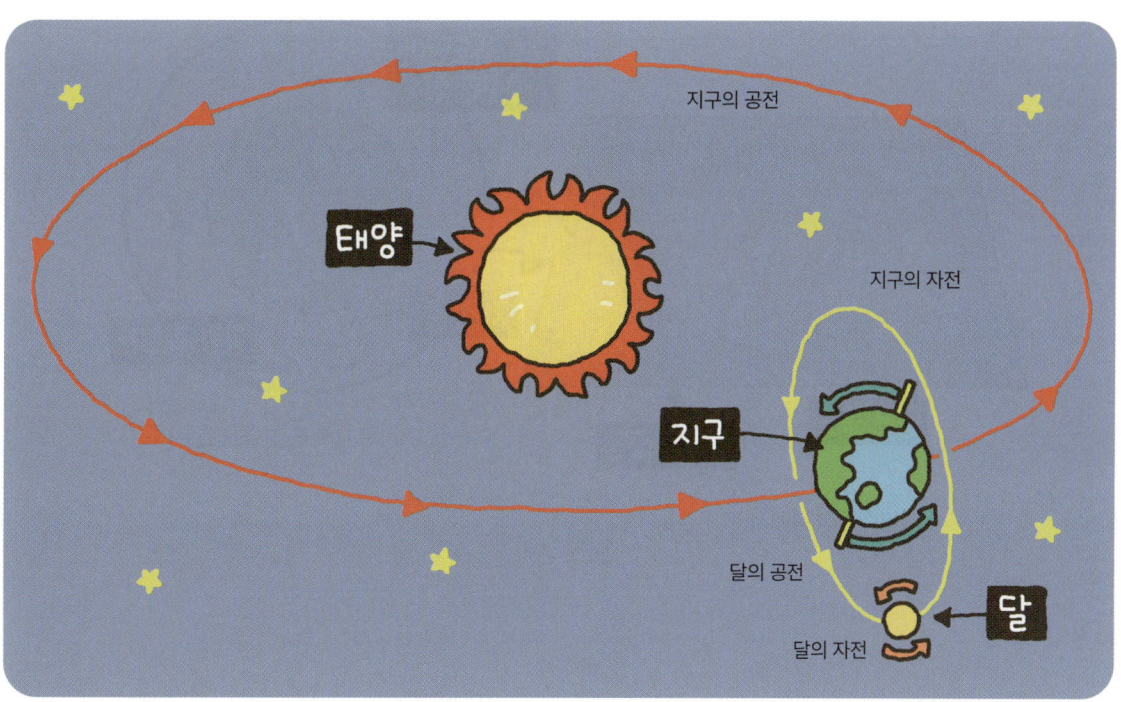

# 공전 궤도면 公轉軌道面 orbital plane

**천체의 공전 궤도가 포함된 평면**

지구는 태양 주위를 공전하고 있는데, 지구의 자전축은 공전 궤도면에 똑바로 서 있지 않고 기울어 있다. 지구의 자전축은 공전 궤도면에 수직인 선과 약 23.5°를 이룬다.

🔗 공전, 자전축

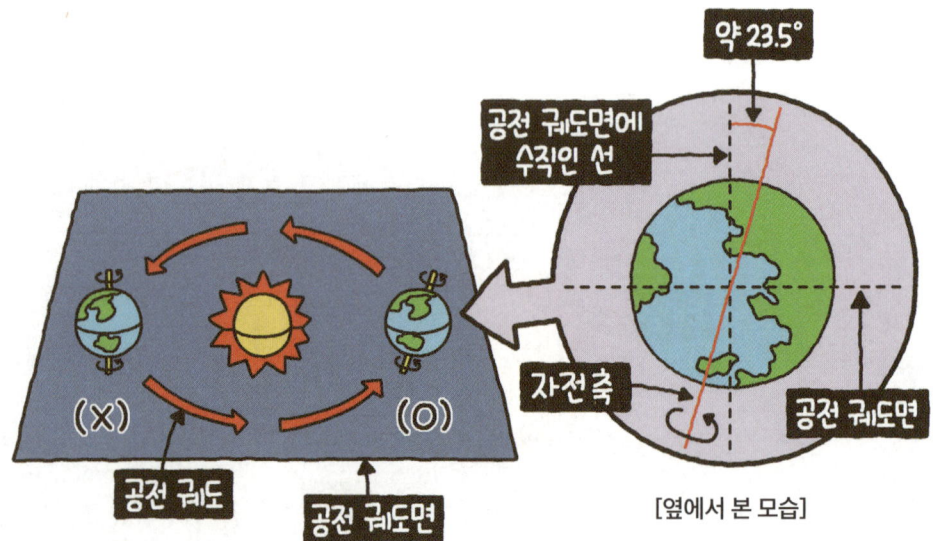

[비스듬히 위에서 본 모습]

[옆에서 본 모습]

# 과냉각 물방울
## supercooling water droplet

**영하의 온도에도 얼지 않은 액체 상태인 물방울**

물을 아주 천천히 냉각시키면 영하의 온도에서 얼지 않고 액체로 남아 있을 수 있다. 과냉각 물방울은 매우 불안정한 상태이기 때문에 아주 작은 충격을 받아도 갑자기 얼음으로 변한다. 자연 상태에서는 구름을 이루는 물방울 중에 과냉각 물방울이 있다.

 구름

# 과산화 수소수
## 過酸化水素水 oxygenated water

**색깔이 없고 물보다 산소 알갱이를 하나 더 가지고 있는 수소와 산소로 이루어진 액체**

1818년 프랑스의 화학자 테나르가 처음 만든 물질로, 물에 2~3% 정도의 비율로 섞어 소독약으로 쓴다. 분해될 때 산소를 발생시키는 성질이 있고, 옷에 묻은 커피, 주스 등의 얼룩을 없앨 때도 쓴다. 진한 과산화 수소수는 피부를 상하게 하고, 금속과 섞이면 폭발할 위험이 있으니 조심해야 한다.

산소

[상처 소독에 사용되는 과산화 수소수]

햇빛이나 열에 의해 쉽게 분해되기 때문에 불투명한 병에 넣어 차갑고 어두운 곳에 보관해야 해!

# 과포화 용액 過飽和溶液 supersaturated solution

일정한 온도에서 용질이 용매에 녹을 수 있는 한도 이상으로 녹아 있는 용액

용질이 최대한 녹아 있는 포화 용액을 천천히 식히거나 용매를 서서히 증발시켜서 만든다. 이 상태는 매우 불안정해서 가볍게 젓거나 용질의 알갱이를 넣으면 녹아 있던 물질이 고체 상태의 결정이 되어 바닥에 가라앉는다.

🔗 용매, 용액, 용질, 포화 용액

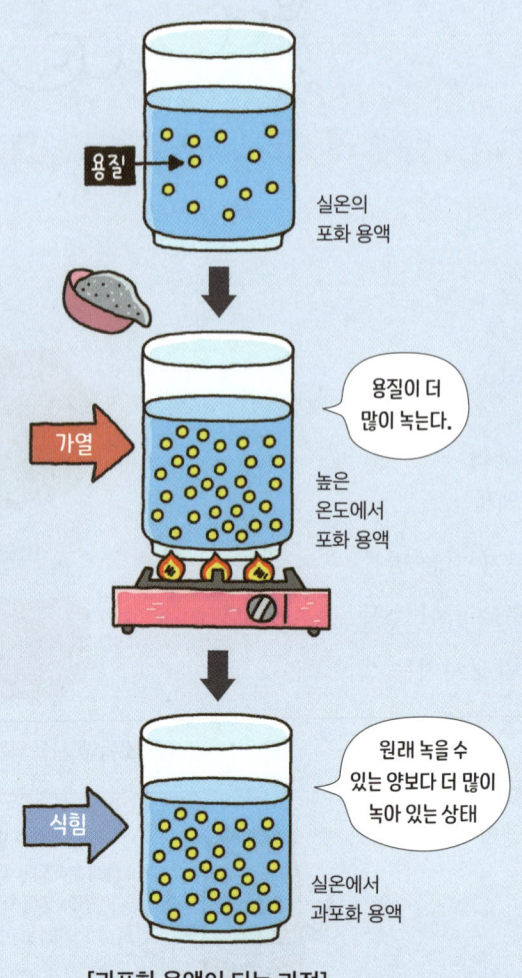

[과포화 용액이 되는 과정]

# 관다발 vascular bundle

**식물체 내에서 물과 양분이 이동하는 통로**

주로 물관과 체관으로 이루어져 있다. 뿌리에서 흡수된 물은 물관, 잎에서 만들어진 양분은 체관을 통해 이동한다. 쌍떡잎식물은 물관과 체관 사이에 형성층이 있어 줄기가 굵게 자란다. 관다발은 뿌리 끝에서 줄기를 거쳐 잎맥까지 연결된다.

🔗 물관, 쌍떡잎식물, 외떡잎식물, 체관

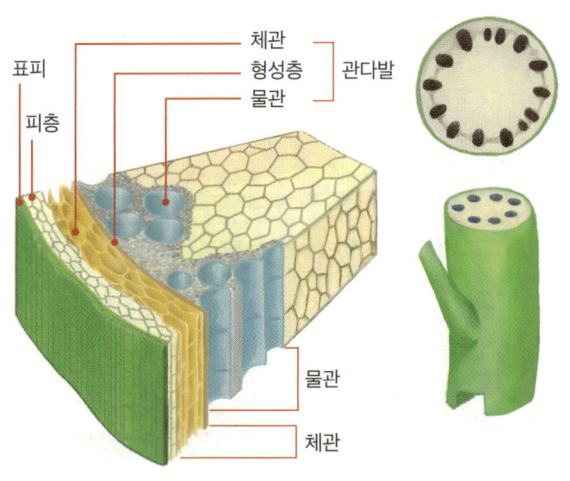

[쌍떡잎식물(봉숭아)의 관다발]

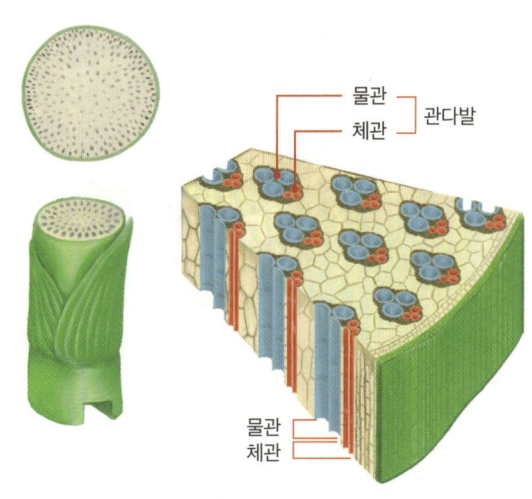

[외떡잎식물(옥수수)의 관다발]

# 관성 慣性 inertia

**물체가 현재의 운동 상태를 계속 유지하려는 성질**

외부에서 작용하는 힘이 없을 때, 움직이는 물체는 계속 움직이려 하고, 정지해 있는 물체는 계속 정지해 있으려는 관성을 가지고 있다. 물체의 질량이 클수록 관성은 크며, 외부에서 힘이 주어지면 관성이 깨져 물체의 속력이나 운동 방향이 변한다. 뉴턴이 이 개념을 정리해 운동 제1법칙(관성 법칙)으로 제시했다.

🔗 뉴턴 운동 법칙, 등속 직선 운동, 알짜힘

[버스가 출발할 때]

식탁보를 힘껏 빼면 접시와 컵은 관성 때문에 식탁 위에 남아 있다.

[버스가 멈출 때]

달리기를 하다가 돌부리에 걸리면, 몸은 계속 앞으로 나아가려는 관성이 있으므로 앞으로 몸이 쏠리면서 넘어진다.

# 관절 關節 joint

**두 개 이상의 뼈가 서로 맞닿아 연결되어 있는 부분**

우리 몸은 관절이 있어 몸을 굽히고 펼 수 있다. 관절을 이루는 연골과 미끈액은 뼈끼리 마찰되지 않도록 보호해 주며, 인대는 뼈와 뼈를 연결해 준다. 관절은 부위에 따라서 머리뼈처럼 움직일 수 없는 관절, 척추처럼 부분적으로 움직일 수 있는 관절, 손가락, 무릎처럼 자유롭게 움직일 수 있는 관절이 있다. 관절의 연골이 닳아서 없어지면 염증이 생겨 움직이기 힘들어지는데 이러한 병을 관절염이라고 한다.

🔗 뼈

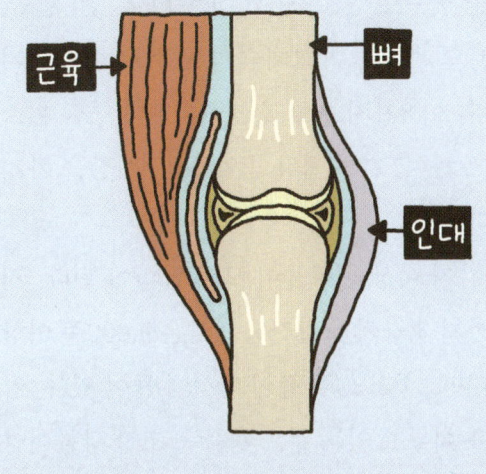

# 광물 鑛物 mineral

**암석을 이루고 있는 고체 물질**

광물은 주로 산소, 규소, 알루미늄, 철, 칼슘, 나트륨, 칼륨, 마그네슘의 원소로 이루어져 있다. 이 8가지 원소를 지각의 8대 구성 원소라고 하며, 전체 질량의 약 98% 이상을 차지한다.

한 가지 이상의 광물이 모여 암석이 된다. 지금까지 지구에서 발견된 광물은 4,000종 이상이지만, 그중 20여 종이 암석에 들어 있다. 암석을 이루고 있는 주요 광물을 조암 광물이라고 하며 석영, 장석, 흑운모, 각섬석, 휘석, 감람석이 이에 속한다. 석영, 장석은 밝은색을 띠며 흑운모, 각섬석, 휘석, 감람석은 어두운 색을 띤다.

🔗 암석, 원소

[석영] [장석]

[흑운모] [각섬석]

[휘석] [감람석]

## 광원 光源 light source

**빛을 내는 물체 또는 장치**

태양처럼 스스로 빛을 내는 물체뿐만 아니라, 전등처럼 인공적인 빛을 내는 장치도 광원이다. 인공 광원 중 태양 빛에 가장 가까운 것은 백열 전등이다.

 빛

[태양]

## 광합성 光合成 photosynthesis

**식물이 햇빛과 물, 이산화 탄소를 이용해 양분과 산소를 만드는 활동**

식물이 뿌리에서 빨아올린 물과 잎의 기공으로 들어온 이산화 탄소, 햇빛을 이용해 포도당과 산소를 만드는 활동이다. 광합성은 식물의 엽록체에서 일어나며, 식물은 광합성으로 생긴 포도당을 이용해서 성장하고 호흡하며 필요한 에너지를 얻는다. 식물이 쓰고 남아 저장한 양분을 동물이 먹고 살며, 광합성으로 생긴 산소는 생물이 호흡하는 데 쓰인다.

🔗 기공, 녹말, 산소, 엽록체, 호흡

[식물의 광합성 과정]

## 괴혈병 壞血病 scurvy

**비타민(바이타민) C가 부족하여 몸의 각 기관에서 피가 나는 병**

괴혈병은 비타민 C를 적게 먹거나, 장에서 비타민 C를 잘 흡수하지 못할 때, 또는 세균에 감염되어 몸에서 비타민 C가 많이 필요할 때 걸린다. 괴혈병이 생기면 입맛이 없어지고 온몸이 나른하며 졸음이 온다. 이어서 잇몸이나 살갗에서 피가 난다. 더 심해지면 근육, 뼈, 내장에서도 피가 난다. 비타민 C가 많이 들어 있는 채소와 과일, 영양제를 먹으면 예방과 치료를 할 수 있다.

🔗 비타민

[괴혈병 예방에 도움이 되는 과일들]

## 교토 의정서 京都議定書 Kyoto protocol

**기후 변화에 관한 국제연합의 협약에 따라 작성된 지구 온난화에 관한 국제 협약서**

1997년 일본 교토에서 만들어 교토 의정서라고 한다. 지구 온난화에 영향을 미치는 이산화 탄소, 메테인, 이산화 질소 같은 온실 가스 배출을 줄이는 노력을 하기로 정했다. 미국, 일본, 유럽 연합 등 선진국은 제 1차 감축 공약 기간인 2012년까지 온실 가스 총배출량을 1990년에 비해 평균 5.2% 줄이기로 하였다. 이 기간에는 의무적으로 배출량을 지켜야 했으며, 정해진 기준을 넘어 온실 가스를 배출하면 다른 나라의 온실 가스 배출권을 사서 배출량을 맞추었다. 제 2차 감축 공약 기간인 2013년부터 2020년까지는 온실 가스 총배출량을 1990년에 비해 25~40% 줄이기로 하였다. 유럽 연합, 오스트레일리아 등 37개국이 참여하며, 미국과 러시아를 비롯한 일부 국가들은 자국의 산업 보호를 위해 탈퇴하였다. 제 2차 감축 공약 기간은 여러 나라들 간의 자발적인 약속으로, 의무적인 것은 아니다.

🔗 기후, 기후 변화 협약, 지구 온난화

# 구름 cloud

**수증기가 작은 물방울이나 얼음 알갱이로 변해 공중에 떠 있는 현상**

공기 덩어리가 높이 올라가면 부피가 팽창하면서 기온이 낮아져 포함할 수 있는 수증기 양이 줄어든다. 따라서 공기 덩어리 안에 있던 수증기가 물방울로 변한다. 공기 덩어리가 더 높이 올라가서 기온이 영하로 떨어지면 수증기가 얼음 알갱이로 변하기도 한다. 이렇게 생긴 작은 물방울이나 얼음 알갱이가 하늘 높이 떠 있는 것이 구름이다. 구름은 모양에 따라서 수직으로 발달하는 적운형 구름과 수평으로 발달하는 층운형 구름으로 나눈다. 생기는 위치에 따라서 상층운, 중층운, 하층운, 수직운으로 나누기도 한다.

🔗 기온, 단열 변화, 병합설, 빙정설, 수증기, 응결

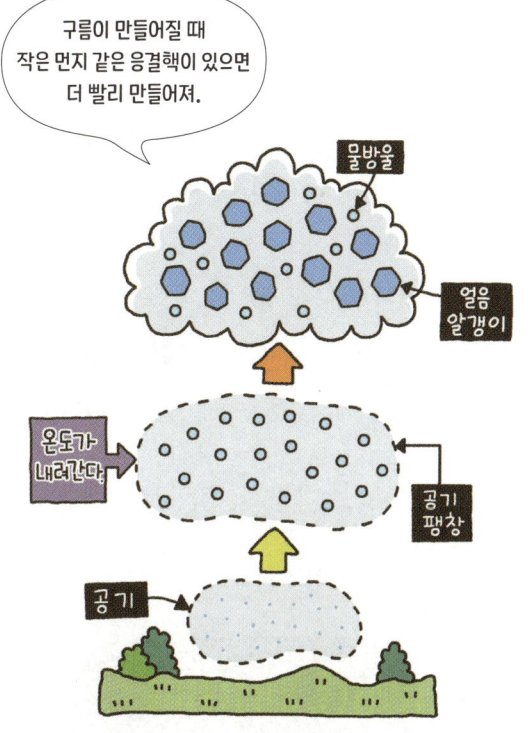

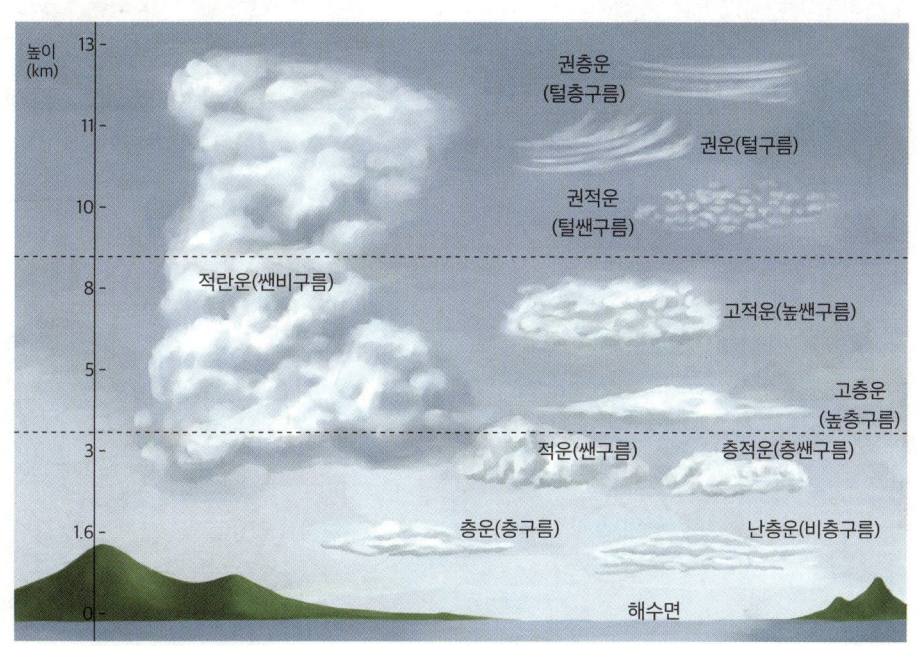

[구름의 종류]

## 구심력 求心力 centripetal force

**원운동하는 물체에 원의 중심 방향으로 작용하는 힘**

원의 중심 방향으로 작용하여 원운동을 일으키고 유지한다. 줄에 공을 매달아 원운동을 시킬 때 줄이 공을 잡아당기는 힘이 구심력이다. 인공위성이 지구를 중심으로 돌 수 있는 것은 중력이 구심력 역할을 하기 때문이다. 구심력이 없으면 물체는 원운동을 할 수 없다. 해머를 돌리다가 손에서 놓으면 해머는 더 이상 원운동을 하지 않고 운동 방향으로 날아간다.

🔗 등속 원운동, 원심력, 힘

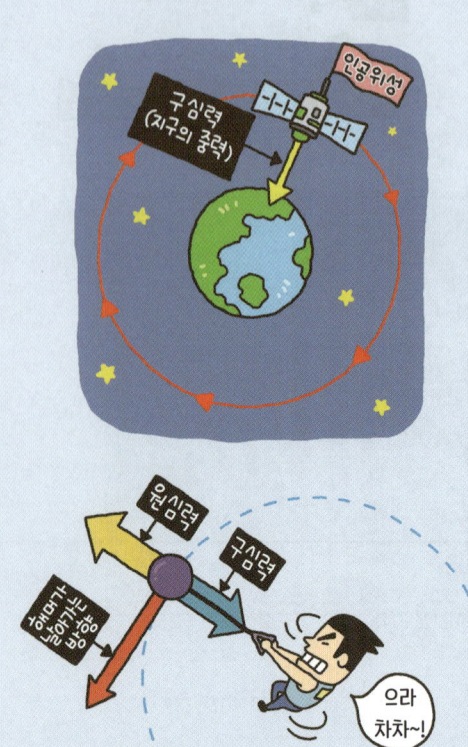

## 규화목 硅化木 silicified wood

**나무가 땅속에 묻힌 뒤, 나무 속으로 광물이 스며들어 생긴 화석**

나무의 원래 모양뿐만 아니라 나이테 같은 구조도 그대로 남아 있다. 나무의 세포를 이루는 성분은 녹아서 빠져 버리고 광물이 세포 하나하나에까지 스며들어 그 자리를 채웠기 때문에 현미경으로 관찰하면 나무의 세포 구조까지 볼 수 있다.

🔗 광물, 화석

[규화목의 단면]

## 균류 菌類 fungi

**버섯이나 곰팡이처럼 균사로 이루어져 있는 미생물**

세균과 이름이 비슷하지만 전혀 다른 미생물이다. 균류의 세포가 세균에 비해 조금 더 복잡하다. 균류를 이루는 균사가 모여서 덩어리를 만들면 맨눈으로도 볼 수 있다. 버섯에서 우리가 먹는 부분도 균사가 모인 커다란 덩어리이다. 균류는 스스로 양분을 만들지 못하고 주로 죽은 생물의 몸이나 살아 있는 생물의 몸에서 만들어진 물질을 먹고 살며, 포자를 만들어 번식한다.

🔗 곰팡이, 균사, 버섯, 포자

## 균사 菌絲 hypha

**균류를 이루는 가늘고 긴 실 모양의 구조**

복잡한 구조의 세포 여러 개가 길게 이어져 균사를 이룬다. 균사가 서로 빽빽이 얽혀 덩어리를 이룬 것을 균사체라 한다. 균사 하나하나는 맨눈으로 볼 수 없으며, 현미경으로 확대해야 볼 수 있다.

🔗 균류

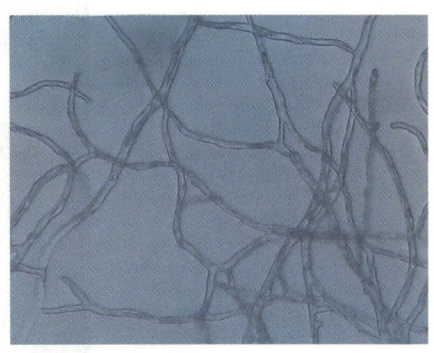

[현미경으로 본 균사]

# 그림자 shadow

**물체가 빛을 받을 때 물체의 뒤쪽에 나타나는 검은 그늘**

빛의 직진 때문에 생긴다. 광원에서 나와 직진하는 빛이 물체에 막혀 물체를 통과하지 못하면 물체 뒤쪽에 그림자가 생긴다. 불투명한 물체는 빛이 통과하지 못해 진한 그림자가 생기고, 투명한 물체는 빛이 대부분 통과해 연한 그림자가 생긴다. 그림자의 모양은 물체의 모양과 비슷하지만, 같은 물체라도 빛의 방향과 물체가 놓인 모습에 따라 그림자의 모양은 달라질 수 있다.

🔗 광원, 불투명, 빛의 직진, 투명

# 그물맥 reticulately veined

**쌍떡잎식물의 잎에서 볼 수 있는 그물 모양의 잎맥**

🔗 나란히맥, 잎

# 근육 筋肉 muscle

**뼈와 함께 몸의 모양을 이루고
몸을 움직이게 하는 조직**

근육에는 마음대로 움직임을 조절할 수 있는 근육과 움직임을 조절할 수 없는 근육이 있다. 뼈에 붙어 있는 근육은 우리가 마음대로 움직임을 조절할 수 있지만, 내장과 심장을 이루는 근육은 마음대로 조절할 수 없다. 팔에 붙어 있는 근육은 팔을 굽혔다 폈다 할 때 안쪽과 바깥쪽 근육이 오므라들고 펴지면서 팔의 움직임을 조절한다.

🔗 뼈, 심장

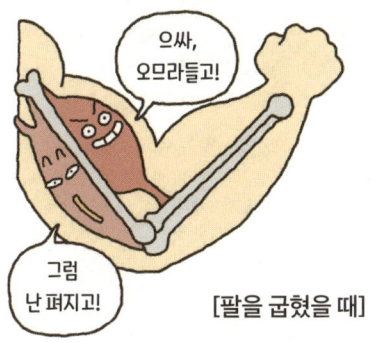
[팔을 굽혔을 때]

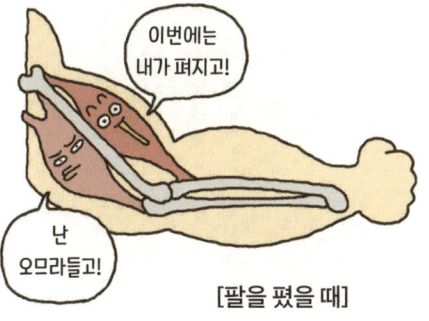
[팔을 폈을 때]

# 금속 金屬 metal

**전기와 열을 잘 전달하며 광택을 가진 물질**

잘 펴지고 늘어나는 성질이 있어 얇은 판 모양으로 펼 수 있고, 가는 실로 뽑을 수도 있다. 인류가 사용하는 금속의 약 절반 이상이 철이며, 수은을 제외한 모든 금속은 실온에서 고체 상태이다. 순수한 상태 그대로 쓰이기도 하지만 다른 물질을 섞어서 더 단단하게 만들거나 녹슬지 않게 만들기도 한다. 이러한 금속을 합금이라고 한다.

🔗 고체, 금속 결합

# 금속 결합
金屬結合 metallic bond

**금속 양이온과 자유 전자가 서로 잡아당기는 힘 때문에 결합하는 것**

금속 원자는 (+) 성질을 가진 원자핵과 (−) 성질을 가진 전자로 이루어져 있다. 금속의 일부 전자는 자유 전자가 되고, 전자를 잃어버린 금속 원자는 양이온이 된다. 이 상태에서 자석의 N극과 S극이 서로 잡아당기는 것처럼 자유 전자와 양이온 사이에 서로 잡아당기는 힘이 생겨 금속 전체가 결합을 한다. 자유 전자가 금속 양이온 사이를 자유롭게 다닐 수 있기 때문에 전기와 열을 잘 전달하고 알루미늄 포일처럼 얇게 펴거나 철사처럼 가늘게 뽑을 수 있다.

🔗 금속, 원자, 전자

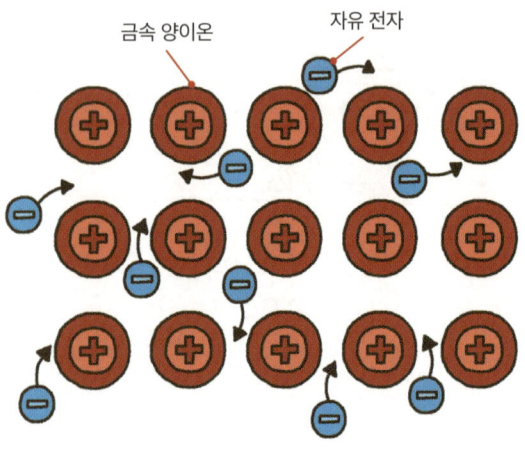

[금속 결합]

# 기공
氣孔 stomata

**식물의 공변세포 사이에 있는 작은 구멍**

기공은 광합성에 필요한 이산화 탄소와 광합성으로 생긴 산소가 드나드는 구멍이다. 또, 잎에 있는 물을 수증기로 내보내는 증산 작용도 한다. 기공은 주로 잎의 뒷면에 많으며 식물에 따라 개수와 모양이 다르다.

🔗 공변세포, 광합성, 잎, 증산 작용

낮
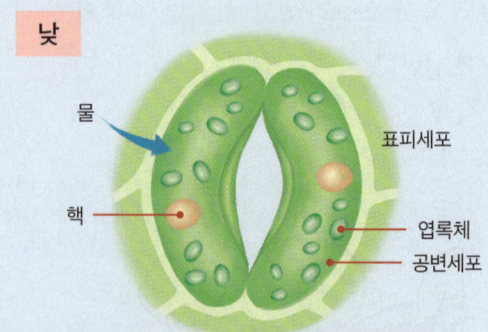

엽록체가 광합성을 하면 공변세포의 농도가 높아져 삼투현상으로 주변 세포로부터 물이 들어온다. 이로 인해 2개의 공변세포가 팽창하면서 기공이 열린다.

밤

광합성이 멈추면 공변세포의 농도가 낮아지고 주변 세포로 물이 빠져나가 수축하면서 기공이 닫힌다.

# 기관 器官 organ

**몇 개의 조직이 모여서 일정한 형태를 가지고 맡은 일을 하는 생물체의 한 부분**

동물의 기관에는 눈, 코, 입 같은 감각기관과 위, 소장 같은 소화기관, 심장과 같은 순환기관, 코, 폐와 같은 호흡기관, 콩팥, 요도 같은 배설기관이 있다. 식물의 기관에는 뿌리, 줄기, 잎과 같은 영양기관과 꽃, 열매와 같은 생식기관이 있다.

🔗 기관계, 꽃, 배설, 뿌리, 소화, 잎, 줄기, 혈관, 호흡

[식물의 기관]

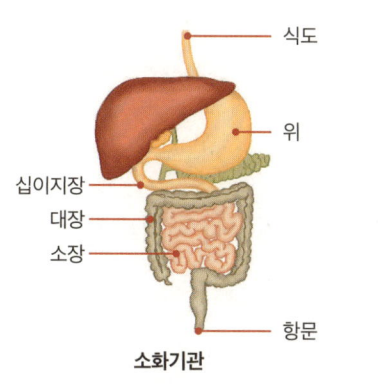
소화기관

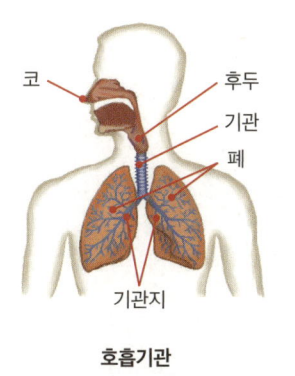
호흡기관

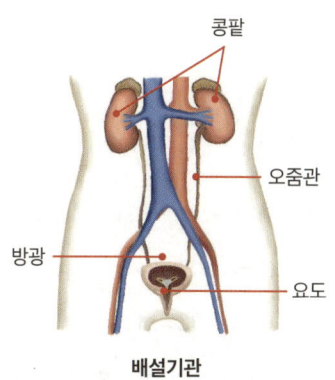
배설기관

[사람의 기관]

# 기관(숨관) 氣管 trachea

**목구멍에서 폐까지 공기가 지나가는 관 모양의 통로**

굵기는 엄지손가락 정도이며, 길이는 10.5cm 정도이다. 안쪽의 점액과 작은 털이 먼지나 세균을 걸러 깨끗한 공기가 폐로 들어가게 한다. 기관이 갈라지면서 기관지(숨관가지)가 된다.

🔗 폐, 호흡

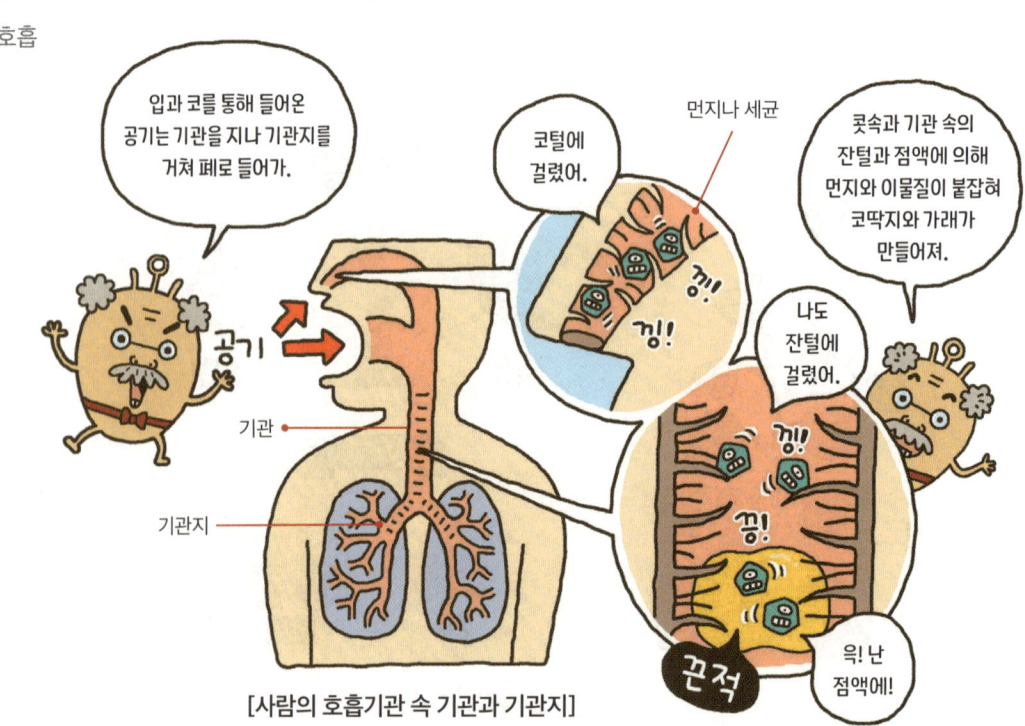

[사람의 호흡기관 속 기관과 기관지]

# 기관계 器官系 organ system

**특정한 기능을 맡고 있는 기관들의 모임**

기관계는 동물에서만 볼 수 있는 구성 단계로 몇 개의 기관이 협동하여 작용한다. 기관계가 모여 하나의 동물을 이룬다. 소화계, 순환계, 호흡계, 배설계, 감각계, 신경계, 생식계가 있다.

🔗 기관

# 기단 氣團 air mass

**기온과 습도가 일정한 커다란 공기 덩어리**

공기 덩어리가 한 장소에 오랫동안 머물면 그 장소의 특성을 닮은 기단이 생긴다. 대륙에서 생긴 기단은 건조하고, 바다에서 생긴 기단은 습하다. 또한 저위도에서 생긴 기단은 따뜻하고, 고위도에서 생긴 기단은 차갑다. 우리나라의 봄, 가을은 양쯔강 기단, 여름에는 북태평양 기단, 겨울에는 시베리아 기단의 영향을 받는다. 그리고 초여름에는 오호츠크해 기단과 북태평양 기단이 만나 장마 전선을 만든다. 적도 기단은 여름과 초가을에 태풍을 몰고 와서 많은 비를 내리게 한다.

🔗 공기, 꽃샘추위, 전선

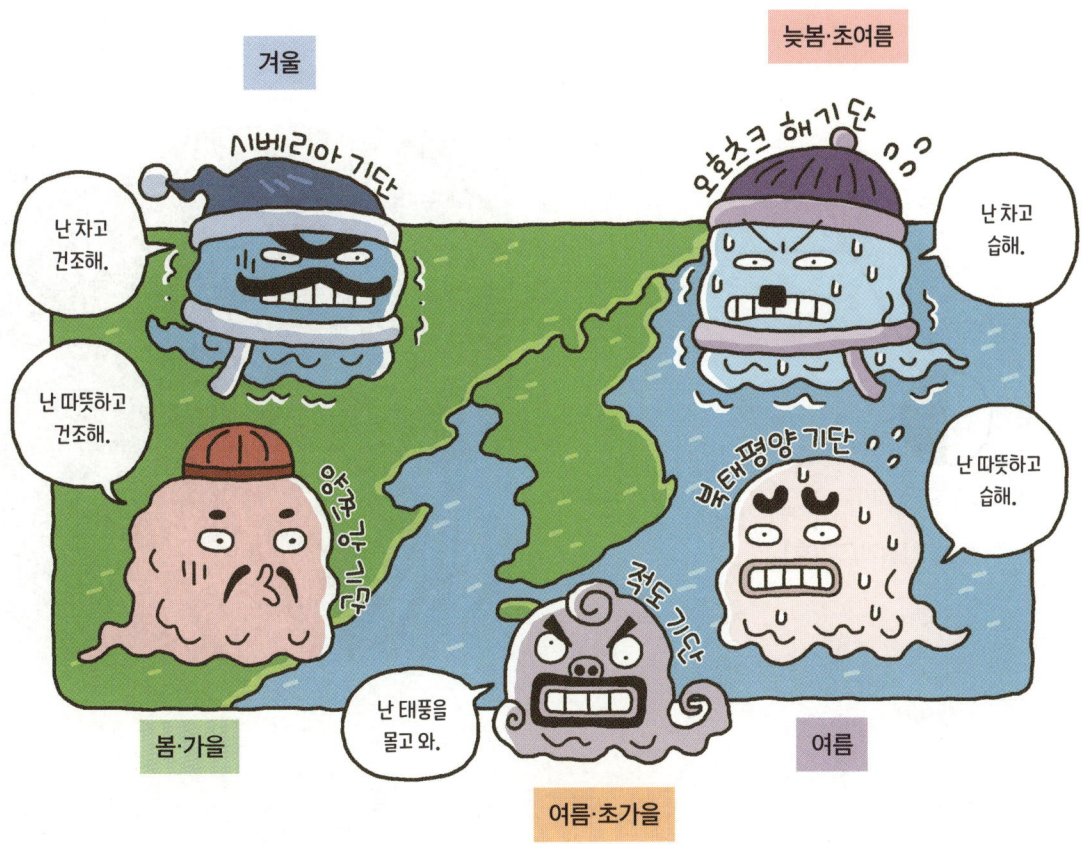

# 기상 氣象
meteorological phenomena

**대기 중에서 일어나는 여러 가지 대기 현상**

일기나 날씨라는 뜻도 있다. 기상 현상으로 바람, 구름, 비, 눈, 더위, 추위 따위가 있고, 이러한 현상을 측정하는 기상 요소에는 풍향, 풍속, 구름의 양, 강수량, 기온, 기압, 습도 등이 있다. 날씨는 이런 여러 가지 기상 현상을 종합한 것이다.

🔗 강수량, 구름, 기압, 기온, 습도

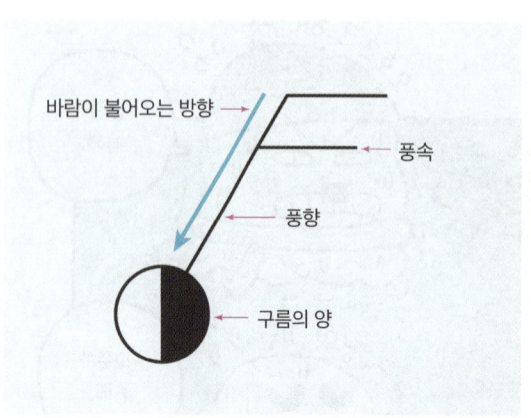

[일기도 기호]

# 기생 寄生 parasitism

**어떤 생물이 다른 종류의 생물체 속이나 표면에 살며 해를 끼치는 것**

영양분을 빼앗으며 이익을 받는 생물을 기생 생물이라 하고, 해를 입는 생물을 숙주라고 한다. 기생 생물에는 사람이나 가축에 기생하는 각종 기생충, 곤충에 기생하는 기생벌과 기생파리, 다른 식물에 붙어 기생하는 기생식물, 동식물에 기생하는 각종 균류와 세균, 바이러스가 있다.

🔗 공생, 바이러스

[나무에 기생하는 겨우살이]

# 기압 氣壓 barometric pressure

**공기의 압력**

기압은 높이에 따라 다르므로 해수면을 기준으로 잰다. 대기압이라고도 한다. 단위는 hPa(헥토파스칼), mmHg(수은주밀리미터), cmHg(수은주센티미터)가 있다. mmHg나 cmHg는 수은 기둥의 높이로 기압을 나타낸 것이다.

🔗 공기, 압력

> 1기압 = 1,013hPa = 76cmHg = 760mmHg

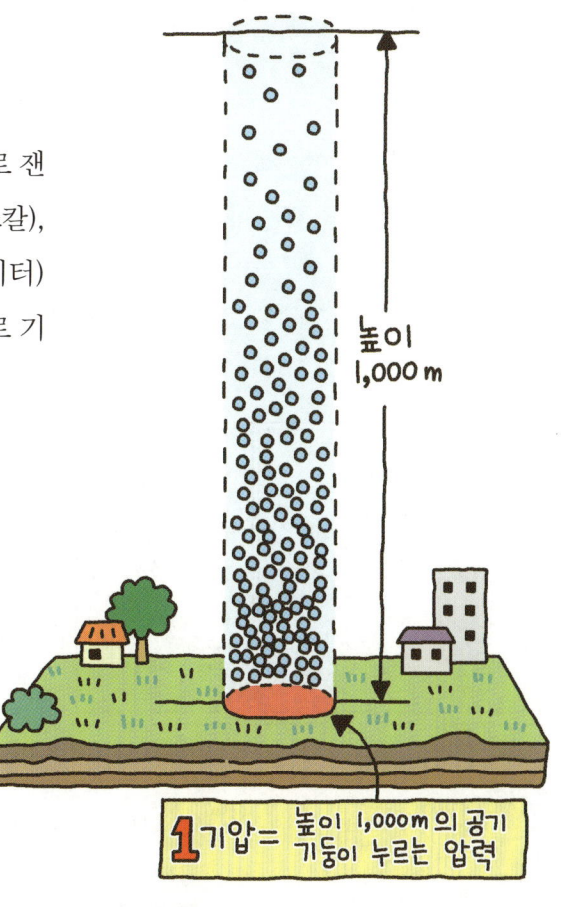

## ➕ 하나 더! 고기압과 저기압

주변보다 공기가 많이 모여 있어서 기압이 높은 곳을 고기압, 공기가 적어 기압이 낮은 곳을 저기압이라고 한다. 공기는 기압이 높은 곳에서 낮은 곳으로 움직이기 때문에 바람은 고기압에서 저기압으로 분다. 고기압과 저기압의 위치는 한 지역의 기압으로는 정확히 알 수 없고, 여러 지역에서 잰 기압 값을 이용해 기압이 높은 곳과 낮은 곳을 찾는다.

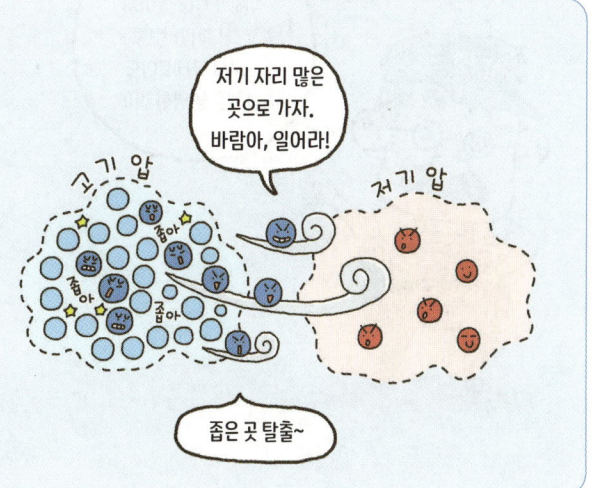

# 기압계 氣壓計 barometer

**공기의 압력을 재는 장치**

수은 기둥의 높이를 이용해 기압을 재는 수은 기압계, 진공 상태의 금속 상자를 이용해 기압을 재는 아네로이드 기압계가 있다.

🔗 기압

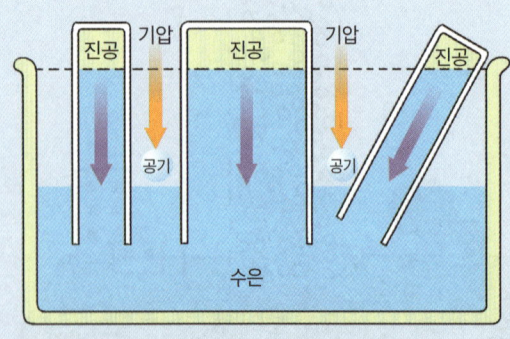

[수은 기압계]

같은 기압에서는 관의 굵기와 기울기에 상관없이 수은 기둥의 높이는 같다.

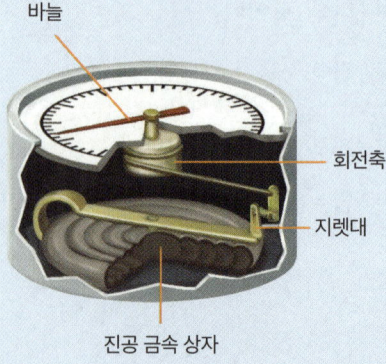

[아네로이드 기압계]

기압계 속의 금속 상자는 주변 기압이 높으면 수축하고 주변 기압이 낮으면 부풀어 오른다. 금속 상자의 수축과 팽창에 따라 회전하는 바늘을 달아서 기압을 읽는다.

수은 기압계에는 액체가 들어 있어서 갖고 다니기가 불편해. 그래서 아네로이드 기압계를 발명한 거야.

# 기온 氣溫 air temperature

**땅에서 약 1.5m 높이에서 측정한 공기의 온도**

태양에서 온 에너지가 땅을 가열하고, 땅은 그 위의 공기를 가열해 기온이 올라간다. 따라서 태양 에너지가 없는 밤 동안은 땅이 계속 식기 때문에 해 뜨기 직전의 기온이 하루 중 가장 낮다. 날이 밝으면 태양이 떠 있는 높이가 높아짐에 따라 기온이 올라간다. 하지만 지표면이 가열되는 데 시간이 걸리기 때문에 태양이 가장 높게 떠 있는 낮 12시 30분이 아닌 오후 2시 30분 즈음에 기온이 가장 높다.

기온은 계절에 따라서도 달라지는데, 태양이 높게 뜨는 여름은 기온이 높고, 태양이 낮게 뜨는 겨울은 기온이 낮다.

🔗 백엽상, 온도, 일교차

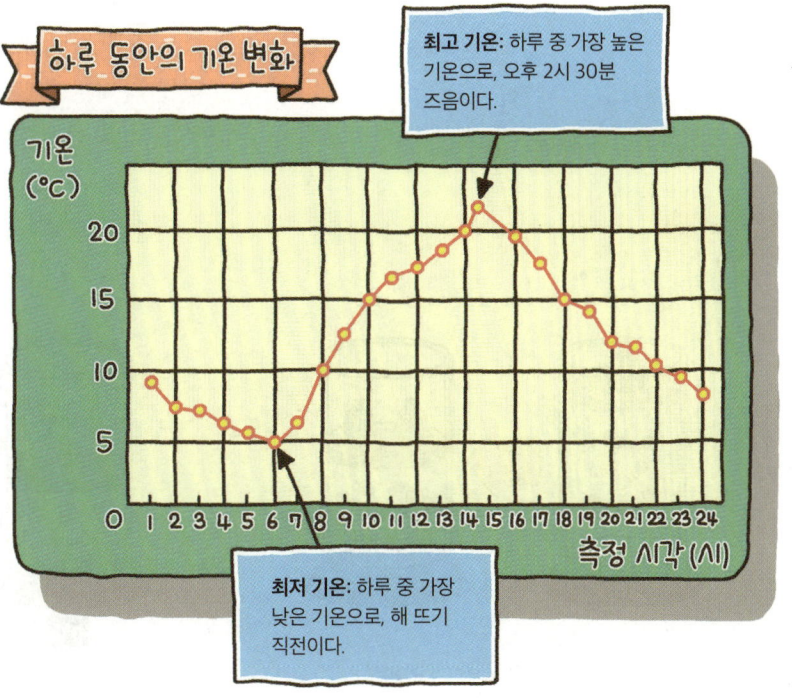

하루 동안의 기온 변화

**최고 기온**: 하루 중 가장 높은 기온으로, 오후 2시 30분 즈음이다.

**최저 기온**: 하루 중 가장 낮은 기온으로, 해 뜨기 직전이다.

# 기체 氣體 gas

**담는 그릇에 따라 모양과 부피가 변하는 물질의 상태**

기체를 이루고 있는 분자 사이의 거리가 멀고 서로 잡아당기는 힘이 약해 자유롭게 움직일 수 있다. 온도가 높아지면 부피가 늘어나고, 압력이 높아지면 부피가 줄어드는 성질이 있다. 겨울철보다 여름철에 자동차 바퀴에 공기를 적게 넣고, 찌그러진 탁구공을 따뜻한 물에 넣으면 다시 펴지는 것도 온도에 의한 기체의 부피 변화 때문이다. 또한 기체마다 물에 녹는 양이 다르며, 같은 기체라도 온도가 낮고 압력이 높을수록 잘 녹는다.

🔗 고체, 액체

물의 온도가 높은 여름에는 물속에 산소가 적어서 숨쉬기가 힘들어!

➕ **하나 더!** 기체를 모으는 여러 가지 방법

- **수상 치환**: 물에 잘 녹지 않는 기체를 모으는 방법이다. 집기병에 물을 가득 채우고 물이 담긴 수조에 넣은 뒤 기체를 발생시키면 집기병 속의 물이 빠져나오고, 모으려고 하는 기체가 채워진다.

- **상방 치환**: 물에 잘 녹고 공기보다 가벼운 기체를 모으는 방법이다. 집기병을 뒤집은 다음 모으고자 하는 기체를 넣으면 집기병 속의 공기는 빠져나오고, 모으려고 하는 기체가 채워진다.

- **하방 치환**: 물에 잘 녹고 공기보다 무거운 기체를 모으는 방법이다. 집기병을 똑바로 세워서 모으고자 하는 기체를 넣으면 집기병 속의 공기는 빠져나오고, 모으려고 하는 기체가 채워진다.

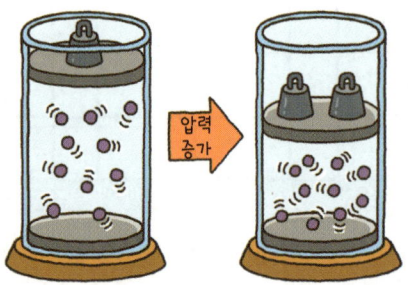

압력이 높아지면 기체의 부피가 줄어든다. (온도는 일정)

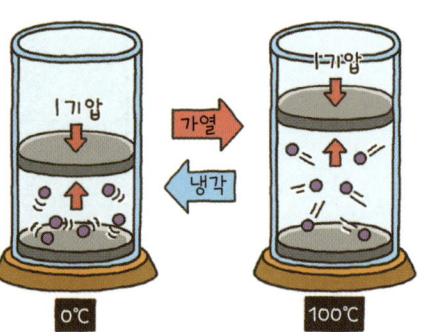

온도가 높아지면 기체의 부피가 늘어난다. (압력은 일정)

# 기화 氣化 vaporization

**액체가 열을 흡수해 기체가 되는 현상**

액체를 데우면 액체 분자의 운동이 점점 활발해진다. 액체의 온도가 계속 올라가 끓는점에 도달하면, 액체 분자끼리 잡아당기는 힘이 약해지면서 흩어져서 자유로운 상태인 기체가 된다. 이 과정을 기화라고 하며, 기화할 때 주위에서 흡수한 열을 기화열이라고 한다. 액체가 끓지 않고도 표면에서 기체로 변하는 현상을 증발이라고 하는데, 증발도 기화에 속한다.

🔗 기체, 액체, 액화, 증발

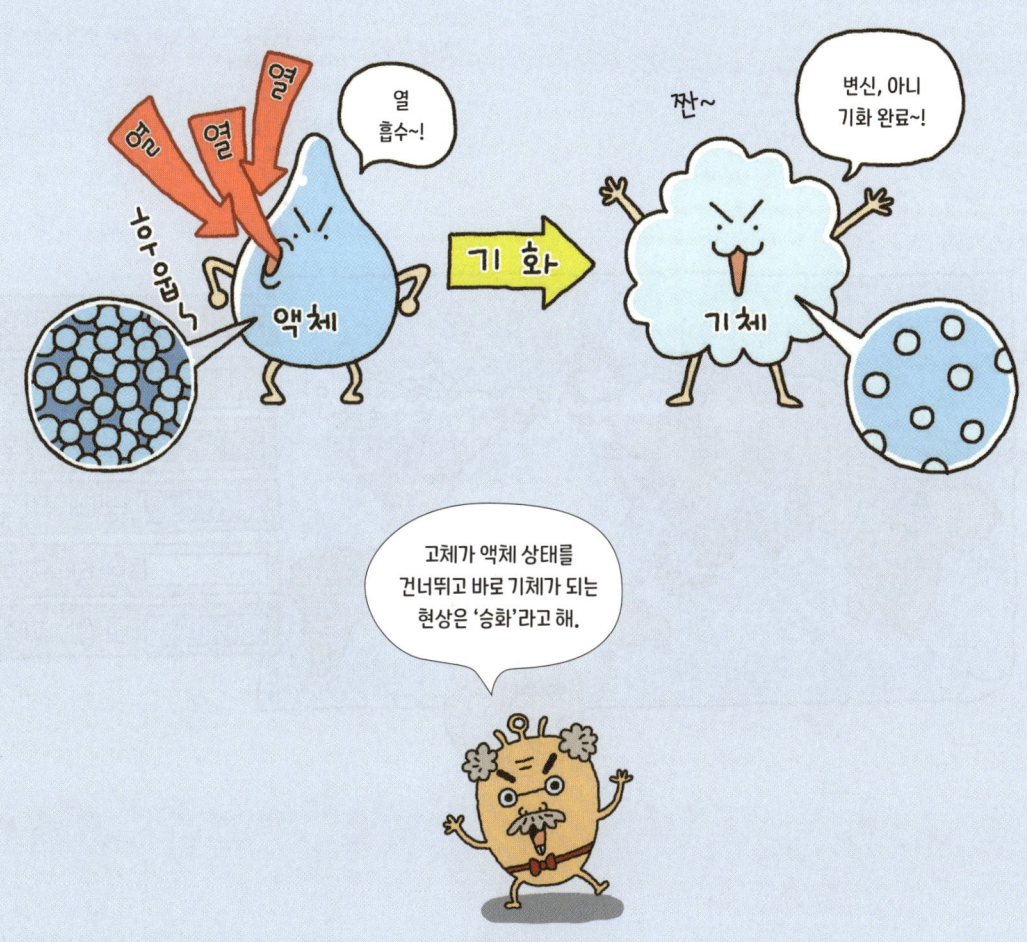

# 기후 氣候 climate

**한 지역에서 해마다 반복되는 기온, 강수량, 바람의 평균 상태**

날씨는 시시각각 변하는 대기의 현상이며, 기후는 오랜 기간의 날씨 정보를 종합한 것이다. 보통 30년 동안 평균한 값을 쓴다. 기후는 장소에 따라 달라지지만 한 장소에서는 일정하다. 기후는 크게 열대 기후, 건조 기후, 온대 기후, 냉대 기후, 한대 기후, 고산 기후로 나눈다.

🔗 강수량, 기온

| 기후 | 특징 |
|---|---|
| 열대 기후 | 매우 덥고 비가 많이 내린다. |
| 건조 기후 | 강수량보다 증발량이 많아 수분이 부족하다. |
| 온대 기후 | 열대 기후와 냉대 기후의 중간 기후이다. 사계절이 뚜렷하다. |
| 냉대 기후 | 겨울에 몹시 춥고 연교차가 크다. 북반구에서만 나타난다. |
| 한대 기후 | 북극과 남극 근처에 있어 매우 춥고 식물이 자라기 힘들다. |
| 고산 기후 | 높은 산 정상 지역에서 나타난다. 무척 춥고 기온 변화가 거의 없다. |

# 기후 변화 氣候變化 climate change

**기후가 시간에 따라 변하는 현상**

기후는 태양 활동의 변화, 화산 활동, 지구 공전 궤도의 변화 등에 의해 자연적으로 변할 수 있다. 그러나 최근 수십 년 동안 인간의 활동으로 자연적인 변화보다 더 빠르고 더 큰 규모로 기후가 변하고 있다. 즉, 화석 연료 사용에 의한 온실 가스의 배출, 농경지 확대, 도시화, 열대 우림 훼손 등으로 대기 성분과 지표면의 모습이 변하면서 기후가 빠르고 큰 규모로 변하는 것이다. 특히 온실 가스의 증가로 인한 지구 온난화는 기후 변화에 큰 영향을 준다. 기후 변화로 기온, 강수량 등이 과거에 비해 크게 높거나 낮은 현상이 자주 나타나고 있다. 또한 기록적인 가뭄과 폭염, 폭우와 홍수, 대형 산불 등이 더 자주 발생하기도 한다. 기후 변화는 인간뿐 아니라 동식물에게도 영향을 주어 많은 동식물이 멸종 위기에 처하고 있다.

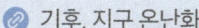 기후, 지구 온난화

[기후 변화 현상]

# 기후 변화 협약
氣候變化協約 the Climate Change Convention

**온실 가스에 의한 지구 온난화를 방지하기 위한 국제 협약**

1992년 국제연합(UN)에서 맺은 협약으로 우리나라는 1993년에 가입했다. 이 협약은 지구 기온을 높이는 온실 가스의 배출을 줄여 지구 온난화로 인한 피해를 막기 위해 만들었다. 기후 변화 협약에 따라서 1997년 교토 의정서가 채택되었다.

교토 의정서, 지구 온난화

# 꽃 flower

**씨를 만들어 번식하는 식물의 생식기관**

꽃은 암술, 수술, 꽃잎, 꽃받침 네 부분으로 되어 있다. 수술은 꽃가루를 만들고, 암술은 수술에서 꽃가루를 받아 열매를 맺는다. 꽃잎과 꽃받침은 암술과 수술을 보호한다. 꽃이 피는 까닭은 식물이 씨를 만들어 자손을 퍼뜨리려는 것이다.

🔗 갖춘꽃, 수술, 수정, 암술

### 잘못된 개념
**식물이 번식하기 위해서는 반드시 꽃이 있어야 한다?**

꽃이 피는 식물은 씨를 만들어 번식하지만 꽃이 피지 않는 고사리, 이끼 같은 식물은 포자로 번식한다. 이외에도 식물은 씨나 포자가 아닌 뿌리, 줄기, 잎을 이용해 자손을 만든다. 딸기는 기는줄기의 마디에서 뿌리를 내려 번식하고, 대나무는 땅속줄기가 옆으로 뻗어 나가면서 번식한다.

[고사리의 포자낭]

[딸기의 기는줄기]

[대나무의 땅속줄기]

# 꽃가루받이 pollination

**꽃가루가 암술머리에 옮겨지는 일**

수분이라고도 한다. 식물이 씨를 만들려면 수술에 있는 꽃가루가 암술머리에 붙은 다음 암술대를 거쳐 씨방 속의 밑씨와 만나 수정이 이루어져야 한다. 수술과 암술은 서로 떨어져 있기 때문에 곤충, 바람, 새, 물이 꽃가루를 옮겨 주는데, 꽃가루가 옮겨지는 방법에 따라 충매화(곤충이 옮기는 꽃), 조매화(새가 옮기는 꽃), 풍매화(바람이 옮기는 꽃), 수매화(물이 옮기는 꽃)로 나눌 수도 있다.

🔗 수술, 수정, 암술

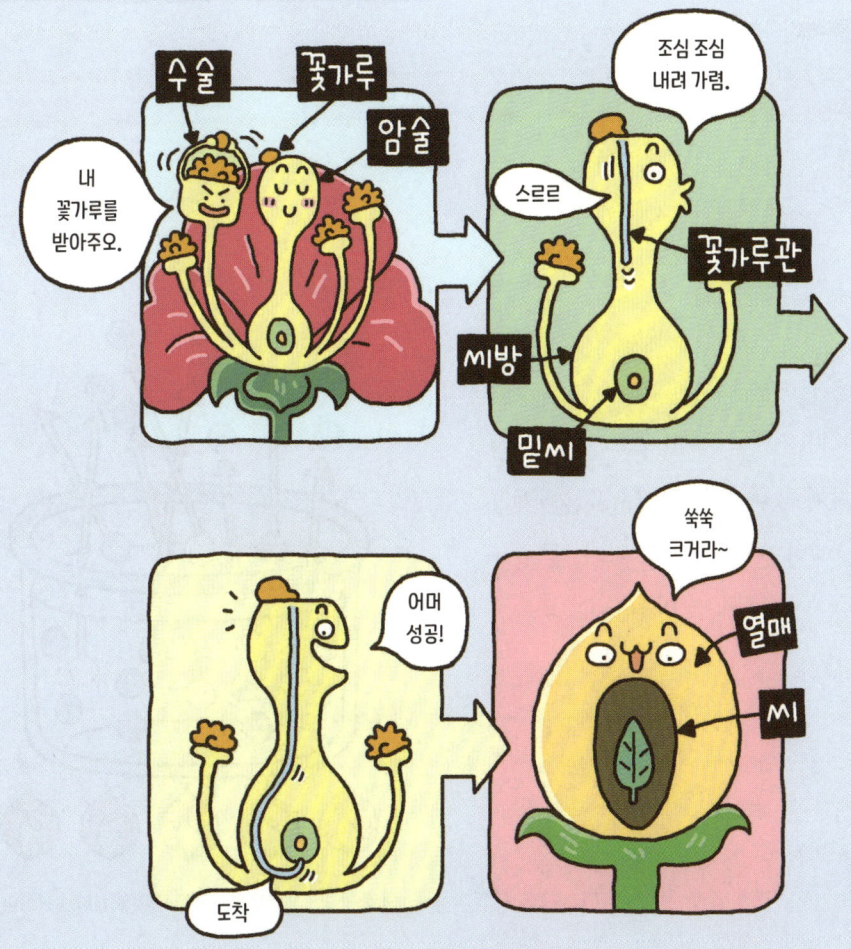

[씨가 만들어지는 과정]

# 꽃샘추위 spring colds

**이른 봄철의 날씨가 한동안 갑자기 추워지는 현상**

겨울철 우리나라 기후에 영향을 미치는 시베리아 기단이 북쪽으로 물러가고 양쯔강 기단이 우리나라에 들어오면서 봄이 시작된다. 하지만 봄철에 잠깐 시베리아 기단의 세력이 강해지기도 하는데 이때 날씨가 추워지는 꽃샘추위가 나타난다. 꽃샘추위라는 이름은 추운 날씨가 마치 꽃이 피는 것을 시샘하는 것 같다고 하여 붙은 이름이다.

 계절, 기단

# 끓음 boiling

**액체에서 기포가 생기며 기체로 변하는 현상**

끓음은 액체가 기체로 변하는 현상으로, 액체가 끓는점에 도달해야만 일어날 수 있다. 증발은 액체의 표면에서만 기체로 변하므로 끓음과는 다르다.

 끓는점, 증발

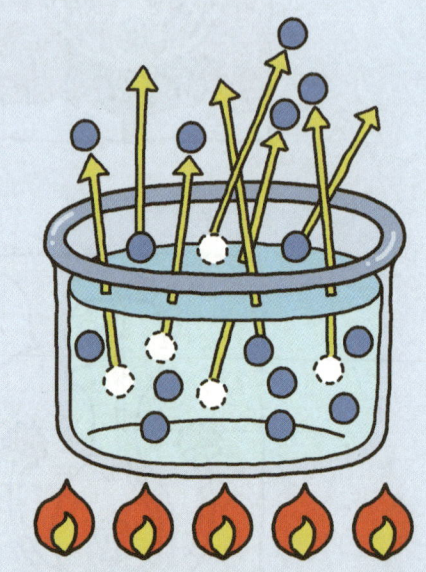

액체의 표면과 내부에서 모두 기체로 변하는 현상이다.

# 끓는점 boiling point

**액체에서 기포가 생기면서 끓기 시작하는 온도**

액체의 종류에 따라 다르며 끓는 동안은 온도가 변하지 않는다. 외부의 압력이 커지면 끓는점이 높아지고, 압력이 낮아지면 끓는점도 낮아진다. 따라서 액체의 끓는점을 나타낼 때는 반드시 기압을 같이 표시해 주어야 한다. 일반적으로 1기압일 때 액체의 끓는 온도를 그 액체의 기준 끓는점이라고 하며 물의 기준 끓는점은 100℃이다.

🔗 끓음, 압력, 용액, 증발

| 물질 | 끓는점(℃) |
|---|---|
| 수은 | 356.8 |
| 물 | 100 |
| 벤젠 | 80 |
| 에탄올 | 78.3 |
| 암모니아 | -33.4 |
| 산소 | -183 |

[여러 가지 물질의 끓는점(1기압)]

### 잘못된 개념
#### 물은 항상 100℃에서 끓는다?

물의 기준 끓는점은 100℃이지만 높은 산처럼 기압이 낮은 곳에서는 액체가 기체로 바뀌기 쉬워지므로 물이 100℃보다 낮은 온도에서 끓는다. 압력 밥솥은 솥의 수증기가 빠져나가지 않도록 해서 내부 압력이 높아지도록 만들었기 때문에 끓는점이 높아져 음식물이 더 빨리 익는다.

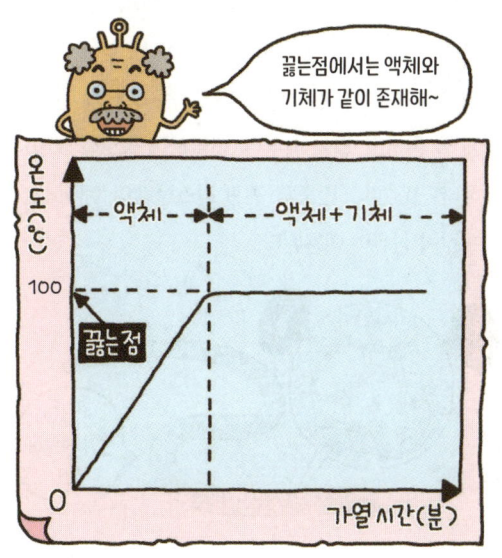

# 나노 기술 nano technology

**10억 분의 1만큼의 길이, 크기 등
극히 작은 영역을 다루는 과학 기술**

나노(nano)는 난쟁이를 뜻하는 고대 그리스어 나노스(nanos)에서 유래한 말로 작다는 뜻이다. 나노의 기호는 n으로, 1nm는 0.000000001m이다. 1959년 미국의 노벨물리학상 수상자인 리처드 파인만 교수가 사전 24권을 하나의 핀 머리에 모두 기록할 수 있다는, 당시로는 꿈같은 이야기를 주장해 처음 나노 시대를 예견했다. 원자 현미경은 나노 기술을 활용한 대표적인 예로, 나노 크기를 측정하면서 자르고, 끊고, 옮기는 도구로도 이용할 수 있다. 또한 컴퓨터 반도체에 나노 단위로 회로를 넣으면 아주 작은 공간에 많은 정보를 저장할 수 있기 때문에 기술이 발전함에 따라 컴퓨터가 더욱 얇고 작아지게 된다. 그 외 에어컨, 세탁기의 은나노와 같이 가전제품에도 응용되고 있다.

연잎의 나노 돌기를 흉내낸 물에 젖지 않는 섬유

나노 기술을 활용한 반도체가 들어 있는 컴퓨터

전기 소모가 적고 선명한 유기물 발광소자(OLED)

나노 복합 소재를 사용해서 만든 튼튼한 테니스 라켓

[생활 속 나노 기술]

### 하나 더! 탄소나노튜브

탄소 6개로 이루어진 육각형들이 서로 연결되어 관 모양을 이루고 있는 새로운 소재로 1991년 일본의 이지마 스미오 박사가 발견하였다. 관의 지름이 수십 나노미터에 불과해 '탄소나노튜브'라는 이름이 붙었다. 탄소나노튜브는 구리처럼 전기가 잘 통하고, 열을 매우 잘 전달하며 철보다 100배나 단단하다. 반도체, 평판 디스플레이, 배터리, 초강력 섬유에 이용된다.

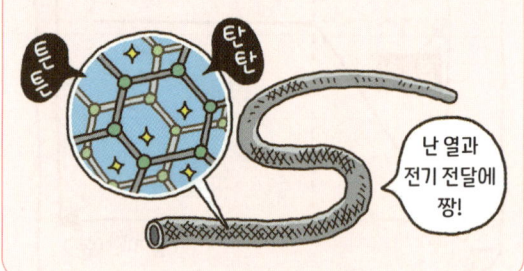

# 나란히맥 parallel vein

대나무, 벼, 보리와 같은 외떡잎식물에서 볼 수 있는 나란한 모양의 잎맥

🔗 그물맥, 잎

[자주달개비 잎의 나란히맥]

# 나침반 羅針盤 compass

**자석의 성질을 이용해 방위를 알 수 있도록 만든 기구**

나침반의 자침은 자석으로, S극은 지구의 남쪽을 가리키고, N극은 북쪽을 가리킨다. 나침반이 남쪽과 북쪽을 가리키는 이유는 지구도 거대한 자석이기 때문이다. 기원전부터 중국에서는 나침반을 썼다고 한다. 그 후 아랍을 거쳐 유럽으로 전파되었다. 나침반을 쓰면서 먼 거리로 항해를 떠날 수 있게 되었다.

🔗 자석, 자화

지구의 북극은 S극, 남극은 N극이야. 그래서 나침반의 N극이 북극을, S극이 남극을 가리키는 거지.

나침반을 사용하기 전에는 별과 바람을 이용해서 방위를 짐작했어.

이 방법은 정확하지 않아서 배가 바다 위에서 길을 잃는 경우가 종종 있었지. 나침반 덕분에 길을 잃지 않고 멀리멀리 항해할 수 있게 된 거야!

뭐야? 저 거지배는?

### ➕ 하나 더! 간이 나침반 만들기

❶ 자석의 한쪽 극을 사용해 바늘을 한 방향으로만 여러 번 문지른다.
❷ 물 위에 띄운 나뭇잎 위에 자화된 바늘을 올린다.
❸ 바늘이 완전히 멈추면 바늘이 가리키는 방향을 확인한다.

## 난생 卵生 oviparity

**동물이 알을 낳아 새끼를 번식하는 방법**

알 속에는 새끼가 껍질을 깨고 나올 때까지 필요한 양분이 들어 있다. 새끼는 알 속에 있다가 때가 되면 껍질을 깨뜨리거나 찢어서 밖으로 나온다. 알에서 나온 새끼를 돌보는 새들은 알을 적게 낳지만, 알에서 나와 스스로 살아가야 하는 곤충, 개구리, 거북 같은 동물은 한 번에 알을 많이 낳는다. 어류, 양서류, 파충류, 조류가 알을 낳아 번식한다.

🔗 어류, 양서류, 조류, 파충류

## 날개돋이 emergence

**곤충의 애벌레나 번데기가 성충으로 변하는 것**

우화(羽化)라고도 하며, 잠자리는 애벌레가 물에서 나와 성충이 되고, 누에는 고치 속에서 번데기가 된 다음 성충이 된다. 그리고 나비나 파리는 번데기 속에서 다 자란 성충이 나온다. 곤충은 날개돋이 후에 더 이상 자라지 않는다.

🔗 곤충, 번데기

표면이 투명해진다.

등이 갈라지고, 머리와 가슴이 나온다.

날개와 배 등 몸 전체가 빠져나온다.

날개를 천천히 펼치고, 다 마르면 날 수 있다.

[배추흰나비의 날개돋이 과정]

# 남반구

南半球 southern hemisphere

**적도를 중심으로 지구를 둘로 나누었을 때의 남쪽 부분**

오스트레일리아, 뉴질랜드, 남극 등이 속해 있는 반구로, 전체 인구의 10% 정도가 살고 있다. 북반구와 남반구의 계절은 서로 반대로 나타난다. 즉, 북반구가 여름일 때 남반구는 겨울, 북반구가 겨울일 때 남반구는 여름이다. 예를 들어 7월에 북반구는 여름, 남반구는 겨울이고 12월에 북반구는 겨울, 남반구는 여름이다.

🔗 북반구

# 남중

南中 meridian transit

**천체가 정남쪽에 위치하는 것**

태양이 정확히 남쪽에 있을 때 태양이 남중했다고 표현한다. 태양이 남중했을 때 하루 중 태양이 가장 높이 떠 있다. 우리나라에서는 낮 12시 30분 무렵에 태양이 남중한다.

🔗 태양 고도, 태양의 남중 고도

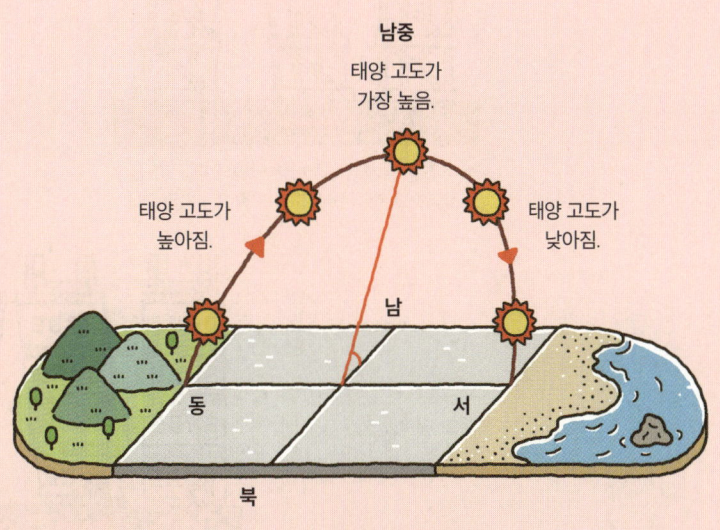

[하루 동안 태양의 움직임]

# 내진 설계 耐震設計 earthquake-resistant design

**건물이나 시설물이 지진을 견딜 수 있게 한 설계**

건물을 튼튼하게 세우지 않으면 지진이 일어났을 때 무너질 수 있다. 내진 설계는 지진이 났을 때 예상되는 피해를 최소한으로 줄이는 것이 목적이지만, 건물을 불안정하게 지었을 때 생기는 손해를 막으려는 뜻도 있다.

🔗 지진

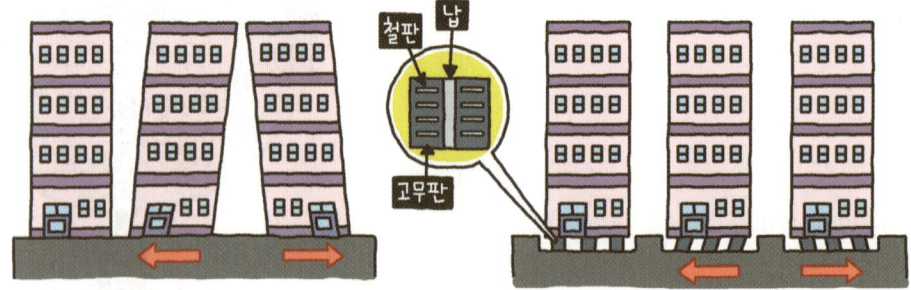

기둥이나 벽으로 건물을 튼튼하게 만드는 방법: 건물이 기울어지지만, 쓰러지지는 않는다.

건물을 땅에서 띄우는 방법: 건물은 기울어지지 않고, 그대로 옆으로 이동한다.

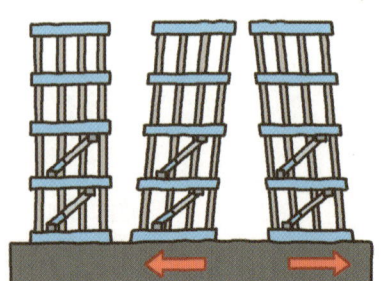

충격 흡수 장치를 설치하는 방법: 건물은 조금 기울어지고, 충격 흡수 장치의 길이가 달라진다.

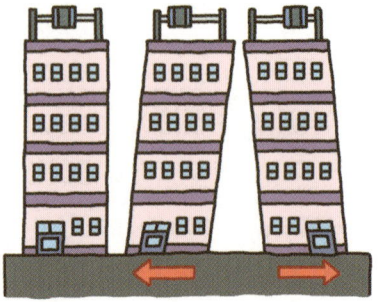

건물 위에 추를 설치하는 방법: 건물이 기울더라도 쓰러지지 않도록 추가 중심을 잡아 준다.

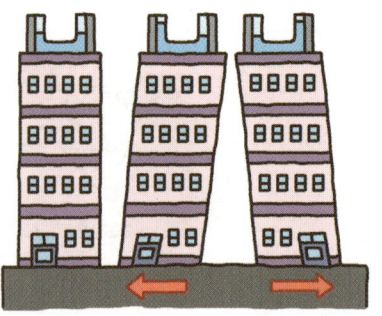

건물 위에 물이 담긴 U자관을 설치하는 방법: 건물이 기울면 U자관에 담긴 물이 움직여 건물의 중심을 잡아 준다.

# 네온 neon

**색깔과 냄새가 없지만 전기가 흐르면 주홍색 빛을 내는 기체**

공기 중에 0.00182% 정도 포함되어 있는 매우 가벼운 기체로, 유리관에 넣어 네온사인으로 광고나 장식에 많이 쓰인다. 네온사인은 1874년 영국의 크룩스가 발명했으며, 유리관에 넣는 기체의 종류에 따라 색깔이 달라진다(수은 - 청록색, 산소 - 오렌지색, 질소 - 노란색). 네온은 새롭다는 뜻의 그리스어인 neos에서 유래했다.

[네온사인]

🔗 기체

# 녹는점 melting point

**고체가 액체로 상태가 바뀔 때의 온도**

고체에 열을 가하면 분자의 움직임이 활발해지면서 가지런한 배열이 깨져 액체가 된다. 이때의 온도를 물질의 녹는점이라고 한다. 압력과 물질의 종류에 따라 녹는점이 다르다. 고체가 녹는 동안에는 열이 고체 분자의 결합을 끊는 데 쓰이므로 온도가 더 이상 오르지 않고 일정하게 유지된다. 녹는점은 액체가 얼기 시작하는 어는점과 같으며 1기압에서 얼음의 녹는점은 0℃이다.

🔗 고체, 액체, 어는점

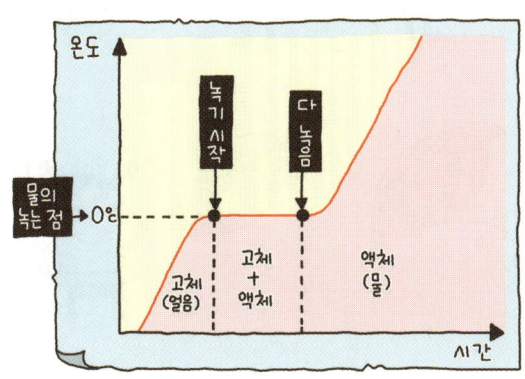

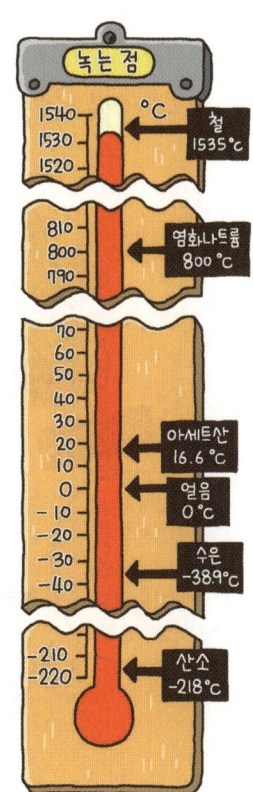

ㄴ

# 녹말 綠末 starch

**식물이 광합성을 해서 만든 영양 물질**

탄수화물의 한 종류로, 생명체에 꼭 필요한 에너지원이다. 광합성으로 만들어진 녹말은 씨, 뿌리, 줄기, 열매에 저장된다. 옥수수, 밀, 쌀, 보리와 같은 곡식이나 고구마, 감자, 칡, 바나나에 많이 들어 있고 음식물 속의 녹말은 우리가 살아가는 데 필요한 에너지가 된다.

광합성, 탄수화물

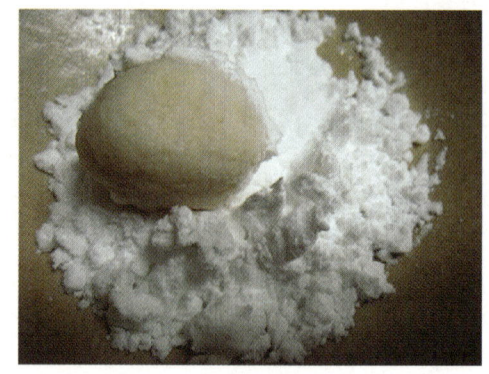

[감자 녹말]

## 하나 더! 식물 잎의 녹말 검출하기

❶ 식물 잎의 일부에 알루미늄 포일을 씌우고 햇빛을 충분히 받게 한다.

❷ 잎을 떼어 알코올에 넣고 중탕해서 끓인다.

❸ 잎에 아이오딘-아이오딘화칼륨 용액을 떨어뜨리고 색깔 변화를 관찰한다.

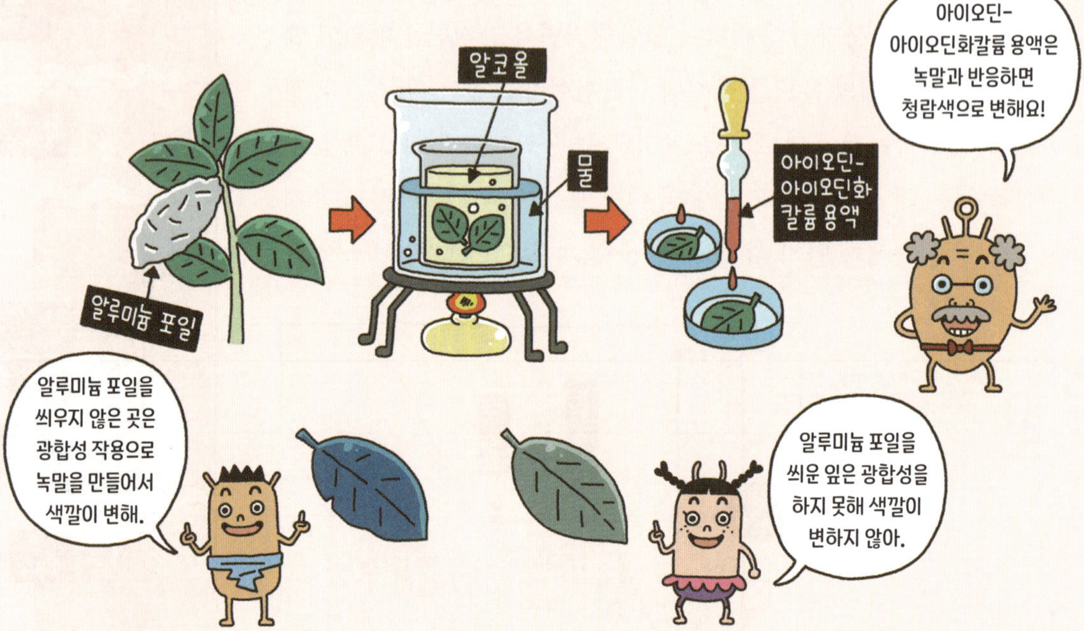
알루미늄 포일
알코올
물
아이오딘-아이오딘화칼륨 용액
아이오딘-아이오딘화칼륨 용액은 녹말과 반응하면 청람색으로 변해요!
알루미늄 포일을 씌우지 않은 곳은 광합성 작용으로 녹말을 만들어서 색깔이 변해.
알루미늄 포일을 씌운 잎은 광합성을 하지 못해 색깔이 변하지 않아.

# 녹조현상

綠潮現狀 green tide phenomena

**오염 물질 때문에 녹조류가 많이 번식해서 물이 초록색을 띠는 현상**

민물이나 얕은 바다에는 초록색을 띠는 식물인 녹조류가 산다. 호수나 바다에 오염 물질이 흘러 들어오면 녹조류가 오염 물질을 먹고 급격히 번식해 물이 초록색을 띤다. 많아진 녹조류가 물속의 산소를 다 써 버려서 물고기와 다른 생물들이 물속에서 죽고 물이 썩게 되어 생태계가 파괴된다. 녹조현상을 예방하려면 생활 하수를 충분히 정화해서 오염 물질이 강이나 바다로 흘러들어가지 않게 해야 한다.

🔗 부영양화, 적조 현상

녹조현상으로 초록색으로 변한 호수다.

# 농도

濃度 concentration

**용액의 진한 정도**

색깔과 맛, 비중계를 보고 알 수 있다. 같은 양의 용액에 들어 있는 용질의 양이 많을수록 농도가 높다. 농도가 높은 용액은 밀도도 커서 용액 속에 담긴 물체를 더 잘 뜨게 한다. 용액 전체 질량에 대한 용질의 질량을 백분율로 나타내는 퍼센트 농도(%)를 많이 사용한다.

🔗 밀도, 용액, 용액의 진하기, 용질

$$\text{퍼센트 농도}(\%) = \frac{\text{용질의 질량(g)}}{\text{용액의 질량(g)}} \times 100$$

# 뇌 腦 brain

신경을 통해 감각기관에서 얻은 정보를 가지고 필요한 명령을 내리는 기관

단단한 머리뼈에 둘러싸여 있는 뇌는 둥글고 표면에 주름이 매우 많다. 크게 대뇌, 중간뇌, 소뇌, 간뇌, 연수로 이루어져 있다. 무게는 보통 1.4kg정도이고, 갓난아기의 뇌 무게는 360g정도이다. 뇌는 혈관이 그물처럼 퍼져 있고, 에너지를 많이 쓴다. 뇌는 감각기관과 신경계를 통해 우리 몸의 내부와 외부에서 일어나는 정보를 재빨리 받아들여 분석한 뒤 다시 신경을 통하여 신호를 보내 신체의 모든 기능과 활동을 조절하는 일을 한다.

🔗 감각기관, 신경계, 자극

### 잘못된 개념

**뇌가 무거울수록 똑똑하다?**

뇌의 무게와 주름진 정도는 지능과 상관이 없다. 20세기 최고의 과학자인 아인슈타인의 뇌는 정상 어른의 뇌보다도 가벼웠다고 하며 고래와 코끼리의 뇌는 사람보다 더 무겁고 크다. 또한 사람보다 훨씬 지능이 낮은 돌고래의 뇌에 주름이 더 많다.

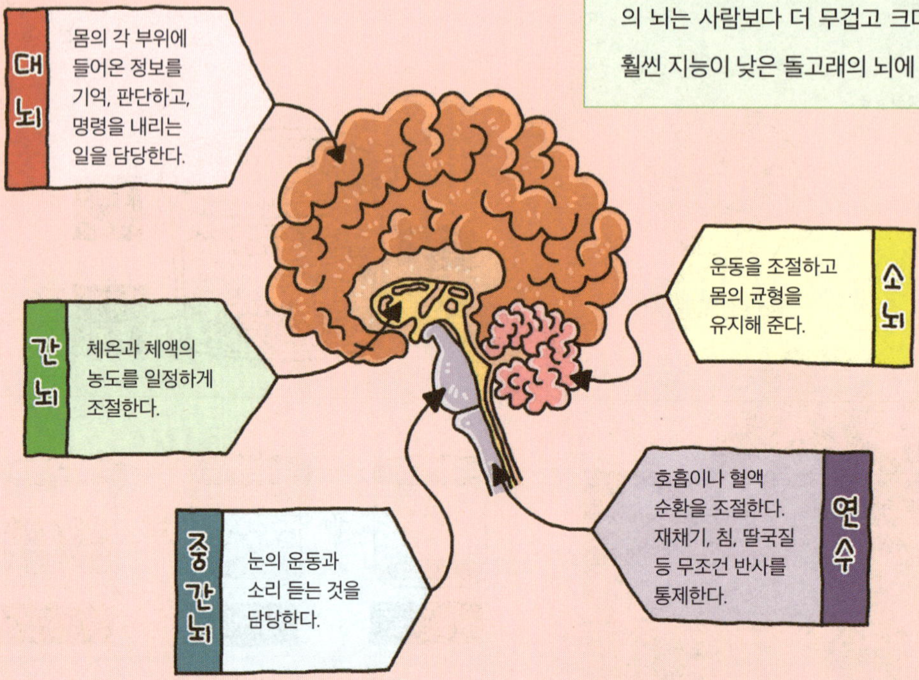

**대뇌**: 몸의 각 부위에 들어온 정보를 기억, 판단하고, 명령을 내리는 일을 담당한다.

**간뇌**: 체온과 체액의 농도를 일정하게 조절한다.

**중간뇌**: 눈의 운동과 소리 듣는 것을 담당한다.

**소뇌**: 운동을 조절하고 몸의 균형을 유지해 준다.

**연수**: 호흡이나 혈액 순환을 조절한다. 재채기, 침, 딸꾹질 등 무조건 반사를 통제한다.

# 뉴턴 운동 법칙
Newton's law of motion

**물체의 운동을 설명하기 위해 뉴턴이 정리한 세 가지 법칙**

운동 제1법칙은 관성 법칙, 운동 제2법칙은 가속도 법칙, 운동 제3법칙은 작용 반작용 법칙이다. 뉴턴은 1687년 《프린키피아》라는 책에서 이 세 가지 법칙을 발표했다.

🔗 가속도, 관성, 작용 반작용 법칙, 질량, 힘

| 운동 제1법칙 | 관성 법칙 |

외부에서 힘이 주어지지 않으면, 움직이는 물체는 계속 움직이려고 하고 정지해 있는 물체는 계속 정지해 있으려 한다.

| 운동 제2법칙 | 가속도 법칙 |

물체에 힘을 주면 힘의 방향으로 가속도가 생기며, 가속도의 크기는 주어진 힘의 크기에 비례하고 물체의 질량에 반비례한다.

| 운동 제3법칙 | 작용 반작용 법칙 |

두 물체 사이의 힘은 항상 쌍으로 작용하며, 작용과 반작용은 크기가 같고 방향은 반대이다.

# 단백질 蛋白質 protein

**아미노산으로 이루어진, 생물의 몸을 구성하는 물질**

탄수화물, 지방과 함께 3대 영양소의 하나로 생물체의 몸을 구성하는 주요 성분이며, 탄수화물이나 지방이 부족할 때는 에너지원으로 쓰이기도 한다. 단백질은 아미노산이라는 작은 단위로 이루어져 있다. 우리 몸에는 20가지의 아미노산이 충분히 공급되어야만 하는데, 이 아미노산 중에서 11가지는 몸속에서 스스로 만들 수 있지만, 9가지 필수 아미노산은 몸속에서 만들어지지 않으므로 반드시 음식으로 섭취해야 한다.

🔗 지방, 탄수화물

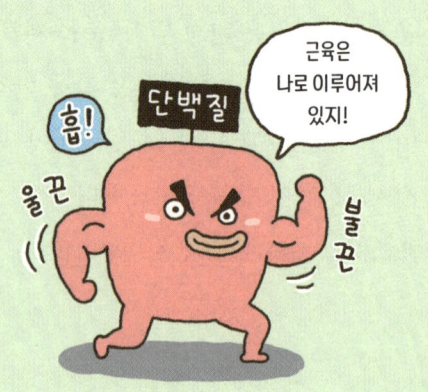

[단백질이 많이 든 음식]

# 단성화 單性花 unisexual flower

**같은 꽃에 수술이나 암술 중 하나만 있는 꽃**

암술과 수술이 모두 있지만 수술 또는 암술의 기능을 잃은 꽃도 단성화라고 한다. 단성화는 암술과 수술 중 한 가지만 가지고 있기 때문에 안갖춘꽃이다. 암술을 가진 꽃을 암꽃, 수술을 가진 꽃을 수꽃이라고 한다. 소나무, 오이, 호박, 옥수수처럼 암꽃과 수꽃이 한 식물체에서 함께 피는 것을 암수한그루라 하고, 은행나무, 소철, 시금치, 버드나무처럼 암꽃과 수꽃이 각각 다른 식물체에서 피는 것을 암수딴그루라고 한다. 이와 비교되는 것은 양성화이다.

🔗 안갖춘꽃, 양성화

[소나무 꽃(암수한그루)]

[은행나무(암수딴그루)]

# 단열 断熱 adiabatic

**두 물체 사이에서 열의 이동을 줄이거나 막는 것**

열은 항상 온도가 높은 곳에서 낮은 곳으로 이동하며, 두 물체의 온도가 조금이라도 다르면 열이 이동한다. 따라서 물체의 온도를 유지해야 하는 경우 열의 이동을 막는 단열이 꼭 필요하다. 겨울철 실내 온도나 체온, 음식 온도 등을 유지할 때 단열이 잘 되는 재료를 사용한다. 금, 은, 구리 같은 금속은 단열이 잘 안되고, 나무, 종이, 스타이로폼, 공기를 넣은 에어캡 등은 단열이 잘 되는 재료이다.

🔗 온도, 열

# 단열 변화

斷熱變化 adiabatic change

**외부와 열이 차단된 상태에서 공기의 부피 변화 때문에 온도가 변하는 현상**

외부와 열 출입이 없는 상태에서 공기 덩어리의 부피가 갑자기 늘어나면, 공기 덩어리가 주위 공기를 미는 일을 한 것과 같은 효과가 나타난다. 그 과정에서 열에너지를 사용하기 때문에 공기 덩어리의 온도가 내려간다. 이처럼 공기의 부피가 늘어나면서 온도가 낮아지는 것을 단열 팽창이라고 한다. 구름이 만들어질 때 땅 위의 공기 덩어리가 위로 올라가면서 단열 팽창을 한다. 반대로 공기 덩어리에 압력을 가해 부피가 빠르게 줄어들면서 온도가 올라가는 것은 단열 압축이라고 한다.

🔗 구름, 열

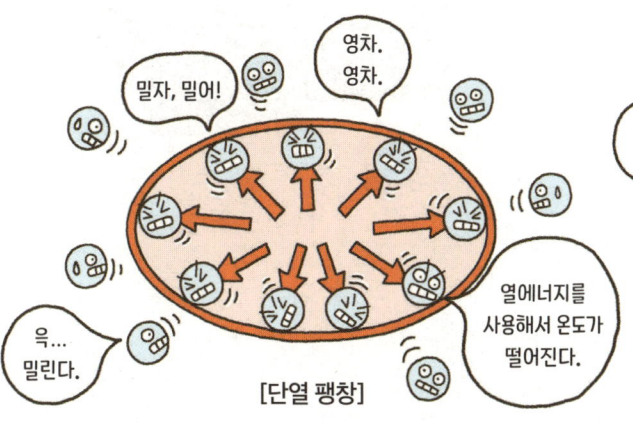

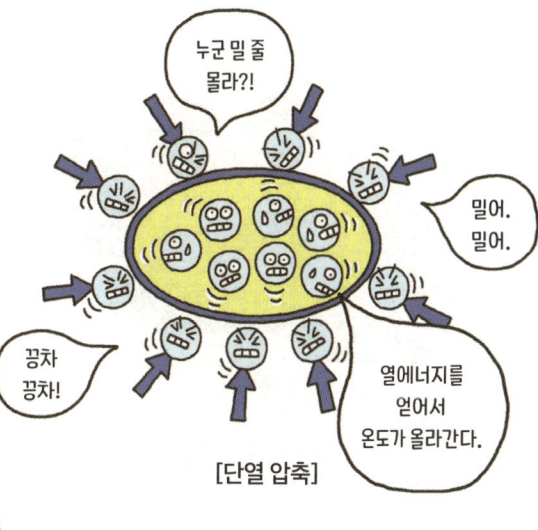

# 단층 斷層 fault

**지층이 힘을 받아 끊어져 이동한 지질 구조**

단층을 일으키는 지구 내부의 힘에는 양쪽에서 잡아당기는 장력, 양쪽에서 미는 횡압력, 아래 방향으로 작용하는 중력 등이 있다. 단층면을 기준으로 위에 있는 지각을 상반, 아래에 있는 지각을 하반이라 한다.

🔗 습곡

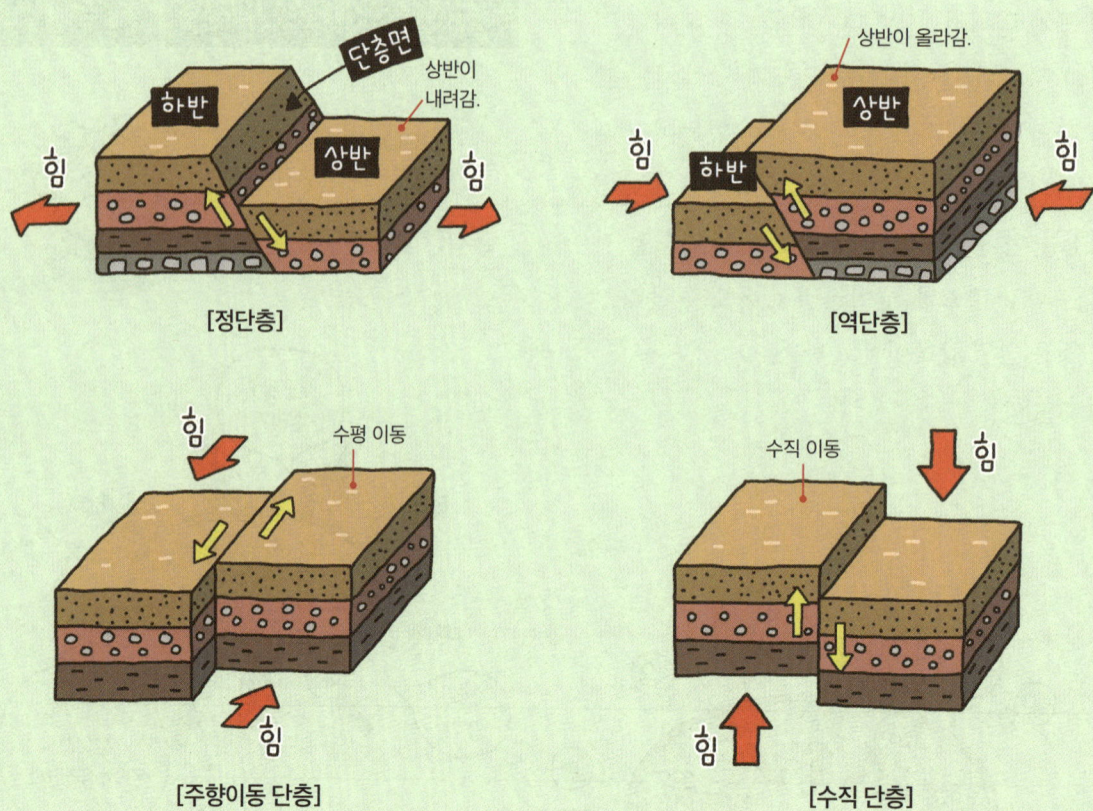

# 달 moon

**지구 주위를 돌고 있는 위성**

지구에서 가장 가까운 천체이다. 지구 둘레를 공전하는 데 약 한 달이 걸린다. 달은 자전 주기와 공전 주기가 같아서 지구에서는 달의 한쪽 면밖에 볼 수 없다. 달이 지구를 공전하는 동안 지구도 태양을 공전하기 때문에 달에 의해 태양이 가려지는 일식 현상과 지구 그림자에 의해 달이 가려지는 월식 현상이 나타난다. 달의 표면은 어두운 암석으로 이루어진 바다와 밝은 색을 띠는 육지로 나뉜다. 또한 달 표면에는 운석의 충돌로 생긴 충돌 구덩이가 많다.

🔗 위성, 음력

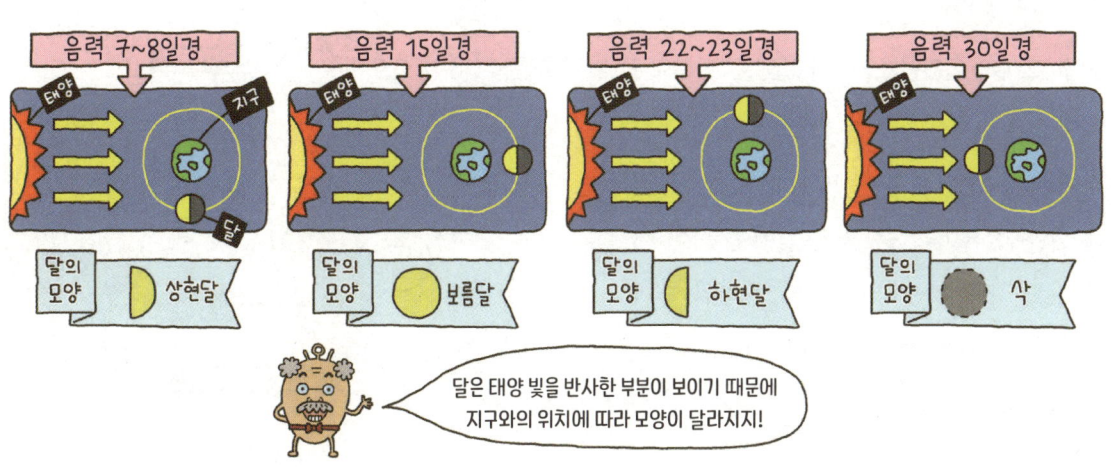

# 달의 위상 phase of the Moon

**밤하늘에 보이는 달의 여러 가지 모양**

여러 날 동안 밤하늘의 달을 관찰하면, 달의 모양은 약 30일 주기로 매일 달라진다. 달은 모양에 따라 여러 가지 이름으로 불린다. 먼저 눈썹처럼 생긴 달은 오른쪽이 보이면 초승달, 왼쪽이 보이면 그믐달이다. 반달은 오른쪽 절반이 보이면 상현달, 왼쪽 절반이 보이면 하현달이라고 한다. 또 완전히 둥근 모양의 달은 보름달이라 부른다. 달의 모양은 초승달, 상현달, 보름달, 하현달, 그믐달 순서로 반복해서 변한다.

🔗 달, 음력

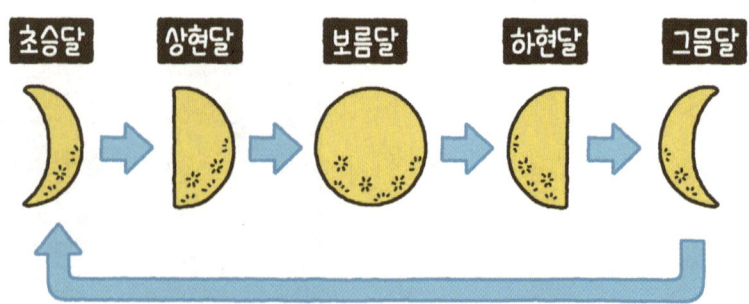

[달의 위상 변화]

# 담수 淡水 fresh water

**강이나 호수의 물처럼 소금기가 없는 물**

바닷물은 짠맛과 쓴맛을 내는 여러 가지 물질이 녹아 있어 짜고 쓴 맛이 난다. 이에 비해 담수는 녹아 있는 물질이 매우 적어 아무 맛도 나지 않는다. 그래서 우리가 마시는 물을 비롯해 다양한 곳에 쓰인다.

🔗 해수, 해수 담수화

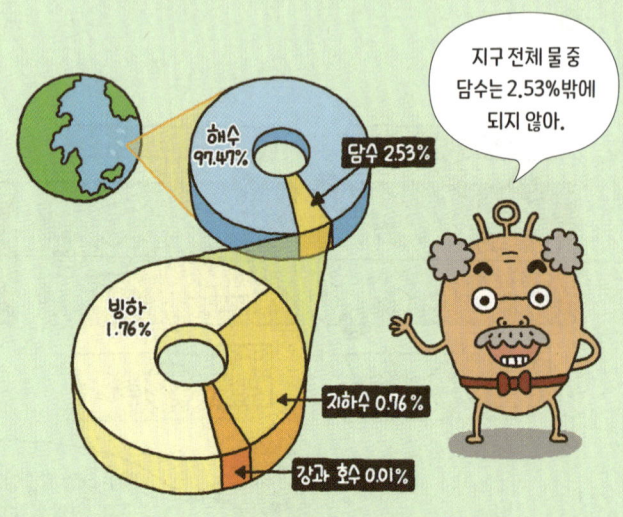

[지구의 물 분포]

# 대기 大氣 atmosphere

**지구를 둘러싸고 있는 공기**

지구 대기에는 여러 기체들이 섞여 있다. 그중 질소가 약 78%, 산소가 약 21% 들어 있다. 나머지 약 1%는 아르곤(0.93%), 이산화 탄소(0.03%) 따위다. 대기의 높이는 지상에서 약 1,000km인데, 이 구간을 대기권 또는 기권이라 한다. 대기권은 높이에 따른 기온 변화를 기준으로 대류권, 성층권, 중간권, 열권으로 구분한다. 대기는 우리가 호흡할 수 있는 산소를 포함하며, 우주에서 지구로 들어오는 자외선 등을 막아 준다. 생물이 살 수 있을 정도로 지구의 온도를 유지해 주며, 지구를 순환하면서 물과 에너지를 골고루 나누어 준다.

🔗 공기

## 대류 對流 convection

**액체나 기체가 직접 움직이면서 열을 전달하는 방법**

온도가 높은 액체는 주변 액체보다 밀도가 작기 때문에 위로 올라가고, 온도가 낮은 액체는 주변 액체보다 밀도가 크기 때문에 아래로 내려오면서 열이 이동한다. 따라서 액체의 한쪽만 가열해도 액체 전체의 온도가 올라간다. 기체인 공기에서도 대류 현상이 일어난다. 태양열로 뜨거워진 땅바닥 근처의 공기는 위로 올라가고 위쪽의 차가운 공기는 아래로 내려오면서 대류가 일어난다. 이때 공기 중의 수증기가 함께 움직이면서 구름 같은 기상 현상을 일으킨다.

🔗 밀도, 복사, 유체, 전도

## 대륙 이동설 大陸移動說 continental drift theory

**과거 대륙이 하나로 붙어 있다가 갈라져 지금의 대륙 분포를 이루게 되었다는 이론**

과거에 하나로 붙어 있던 거대한 대륙을 판게아라고 한다. 대륙이 이동한 증거는 해안선의 일치, 고생물 화석의 분포, 빙하의 흔적과 이동 방향, 지질 구조의 연속성이 있다. 독일의 과학자 베게너는 1915년 이와 같은 증거를 이용해 대륙 이동설을 주장했다. 하지만 대륙이 이동하는 힘을 설명할 수 없어서 인정을 받지 못했다. 이후 맨틀 대류에 의해 대륙이 이동한다는 것이 밝혀지면서 대륙 이동설은 판 구조론으로 발전했다.

🔗 맨틀, 판 구조론

## 해안선의 일치

남아메리카와 아프리카 대륙의 해안선이 서로 일치할 뿐 아니라, 북아메리카 동부 해안선과 아프리카 서북부 해안선, 유럽의 서부 해안선도 일치한다.

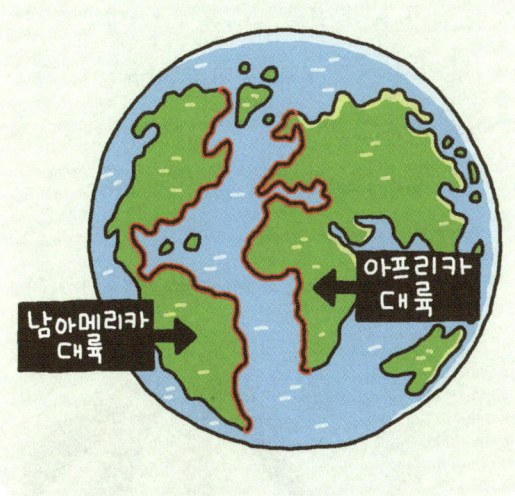

## 고생물 화석의 분포

남반구의 대륙들에서 같은 종의 화석(글로소프테리스, 메소사우루스)들이 발견되는데, 이는 대륙들이 지금처럼 나뉘어 있었다면 불가능한 것이다.

## 빙하의 흔적과 이동 방향

남반구의 여러 대륙과 적도 지방의 대륙에서 발견되는 빙하의 흔적들로 대륙들을 합쳐 보면 하나의 거대한 빙하로 연결된다.

## 지질 구조의 연속성

멀리 떨어진 두 대륙 해안에 있는 지층의 퇴적 구조가 같다. 이것은 지질 구조의 연속성을 보여 주는 것이며, 두 대륙이 붙어 있었다는 것을 알려 준다.

[대륙 이동설의 증거]

# 도르래 pulley

**힘의 방향을 바꾸거나, 작은 힘으로 큰 힘을 내는 장치**

고정 도르래는 도르래 바퀴가 벽이나 천장에 고정되어 있어서 힘의 방향만 바뀌고 힘의 크기는 변하지 않는다. 하지만 물체를 들 때 위로 들어 올리는 것이 아니라 아래로 잡아당기면 되므로 편리하다. 움직도르래는 도르래 바퀴가 고정되어 있지 않아서 힘의 방향은 바뀌지 않지만 힘의 크기를 줄일 수 있다. 대신 줄을 잡아당기는 거리가 늘어난다.

🔗 일, 힘

[고정 도르래]

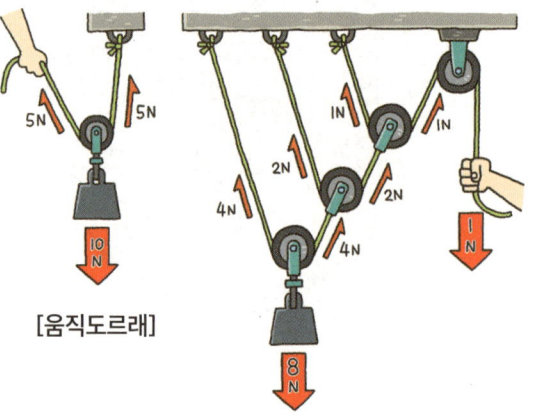

[움직도르래]

# 도체 導體 conductor

**전기가 잘 통하는 물체**

은, 구리, 금, 철, 알루미늄 같은 대부분의 금속은 도체이다. 흑연은 금속은 아니지만 도체이다. 도체에 전기가 잘 통하는 이유는 전기 저항이 작기 때문이다.

🔗 부도체, 전기 저항

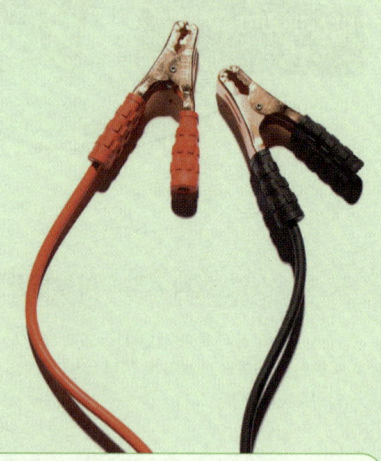

[도체가 이용되는 전선]

### ➕ 하나 더! 최고의 도체

은과 구리는 전기 저항이 작은 금속이다. 하지만 은은 너무 비싸기 때문에 흔히 사용하는 전선을 만드는 데는 적합하지 않다. 그래서 주로 구리를 이용해 전선을 만든다.

# 동맥 動脈 artery

**심장에서 나가는 혈액이 흐르는 혈관**

심장이 온몸으로 혈액을 내보낼 때에는 큰 압력으로 혈액을 밀어내기 때문에 동맥은 압력에 견딜 수 있도록 두껍고 탄력이 좋다. 동맥의 종류에는 심장에서 온몸으로 나가는 혈액이 흐르는 대동맥과 심장에서 폐로 나가는 혈액이 흐르는 폐동맥이 있다.

🔗 심장, 정맥, 혈관, 혈액

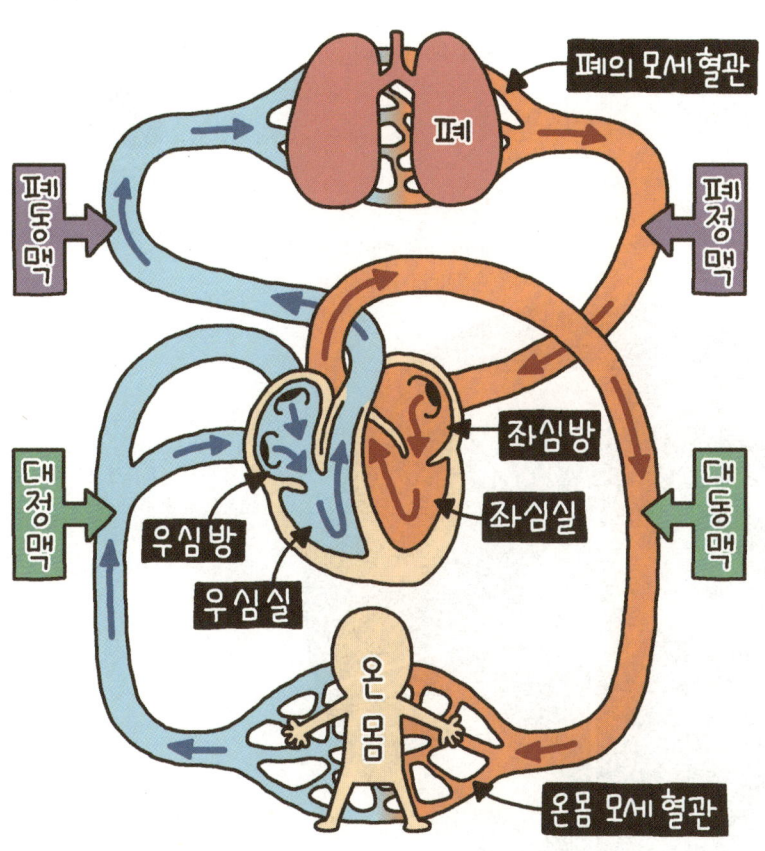

# 동물 動物 animal

**스스로 움직일 수 있으며, 다른 생물에게서 양분을 얻어 살아가는 생물**

생물은 크게 동물과 식물로 나눌 수 있다. 식물과 달리 동물은 동물체를 구성하는 단계 중 기관이 모인 기관계가 있다. 동물은 다리나 날개가 있어 자유롭게 움직일 수 있지만 스스로 양분을 만들지 못해 다른 생물을 먹어야 살아갈 수 있다. 지구 상의 동물은 약 100만 종이 넘으며, 동물은 크게 등뼈가 있는 척추동물과 등뼈가 없는 무척추동물로 나눈다. 척추동물에는 어류, 양서류, 파충류, 조류, 포유류가 있고, 무척추동물에는 해면동물, 강장동물, 연체동물, 환형동물, 절지동물이 있다. 동물의 생김새는 사는 곳이나 종류에 따라 매우 다양하며, 주변 환경에 적응하며 살아간다.

🔗 기관계, 식물, 양서류, 어류, 연체동물, 절지동물, 조류, 파충류, 포유류

동물은 척추동물과 무척추동물로 나눌 수 있어.

[척추동물의 종류와 특징]

[무척추동물의 종류와 특징]

# 두족류 頭足類 cephalopods

**연체동물의 한 무리로 머리 부분에 다리가 달린 동물**

연체동물 중 가장 발달했으며 물에서 헤엄치기에 적합한 구조다. 몸은 몸통, 머리, 다리 세 부분으로 되어 있으며, 좌우대칭 형태이다. 위급할 때에는 먹물주머니에서 먹물을 내뿜어 주위를 흐리게 하여 몸을 숨긴다. 전 세계적으로 600여 종이 있으며, 오징어, 문어, 낙지, 꼴뚜기, 앵무조개가 여기에 속한다.

🔗 연체동물

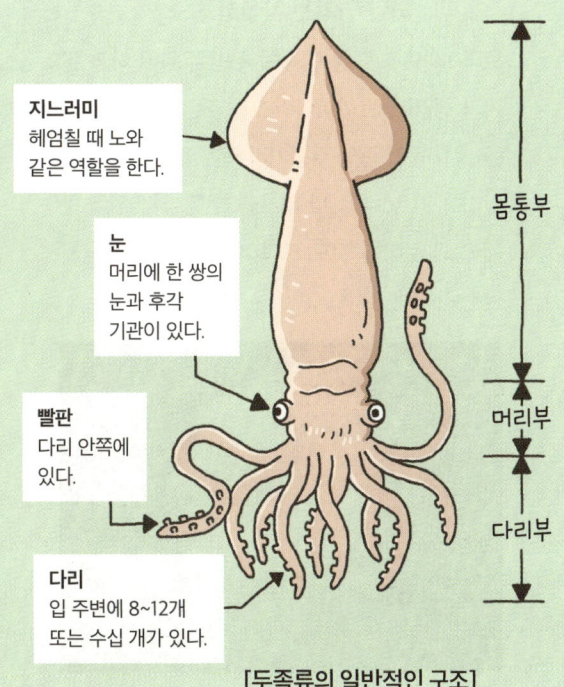

[두족류의 일반적인 구조]

109

# 드라이아이스 dry ice

**이산화 탄소를 압축하고 얼려서 고체로 만든 것**

드라이아이스는 온도가 -78℃로 매우 차가워 만지면 동상에 걸릴 수 있기 때문에 장갑을 끼고 다루어야 한다. 또한, 녹으면 액체로 되지 않고 바로 기체가 되는 성질이 있다. 이때 주위의 열을 흡수하기 때문에 아이스크림과 같은 냉동 식품을 보관할 때 쓴다.

🔗 기체, 승화

### 잘못된 개념
**드라이아이스 주위의 하얀 연기는 이산화 탄소?**

드라이아이스를 공기 중에 두면 주위에 하얀 연기가 생긴다. 드라이아이스가 주변 공기의 온도를 낮춰 공기 중의 수증기가 작은 물방울로 변한 것이다. TV 쇼 무대나 행사를 할 때 무대 위에 안개 같이 보이는 것도 드라이아이스를 이용해서 만든 것이다.

# 등속 원운동
等速圓運動 uniform circular motion

**일정한 속력으로 원을 그리며 움직이는 운동**

직선을 따라 움직이는 물체에 이동 방향과 수직인 힘을 주면 물체의 운동 방향이 변한다. 이 힘을 매 순간 주면 물체는 원을 그리며 운동을 한다. 이때 물체의 속력은 일정하지만 운동 방향은 매 순간 변한다. 이러한 운동을 등속 원운동이라 한다. 등속 원운동을 하는 물체로는 시계의 분침과 시침, 놀이공원의 관람차와 회전목마가 있다.

🔗 구심력, 등속 직선 운동, 원심력

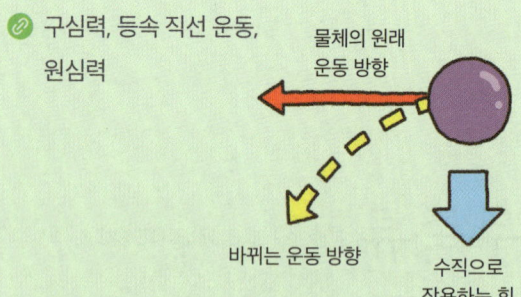

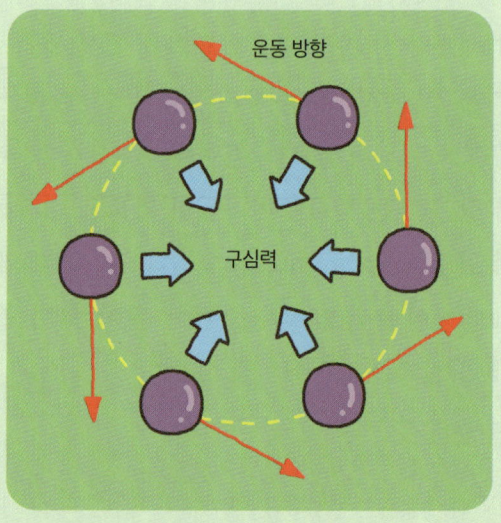

# 등속 직선 운동
等速直線運動 uniform motion of straight line

**일정한 속력으로 직선을 따라 움직이는 운동**

움직이고 있는 물체에 작용하는 알짜힘이 0이면, 물체의 속력과 운동 방향은 변하지 않고 일정하다. 물체가 등속 직선 운동을 하면 이동한 거리는 시간에 따라 일정하게 늘어난다. 등속 직선 운동의 예로는 무빙워크, 에스컬레이터, 컨베이어벨트가 있다.

🔗 등속 원운동, 알짜힘

[무빙워크]

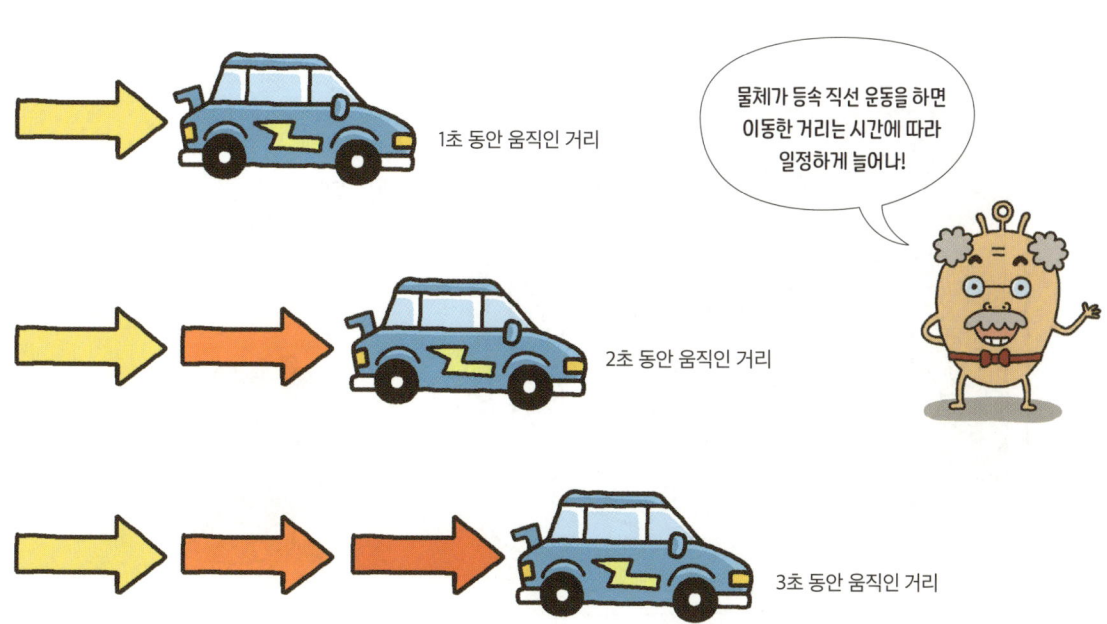

# 등압선 等壓線 isobar

**일기도에서 기압이 같은 지점을 연결한 선**

여러 관측소에서 측정한 기압을 해수면 높이의 값으로 바꾸어 지도에 곡선으로 표시한다. 등압선의 간격이 좁으면 기압 변화가 크고, 간격이 넓으면 기압 변화가 작다. 등압선을 그리면 고기압과 저기압의 위치를 알 수 있다. 또한 바람은 고기압에서 저기압으로 불기 때문에 바람의 방향도 알 수 있다. 등압선 간격이 좁게 그려진 곳은 기압 차가 크므로 바람이 강하게 부는 곳이다.

🔗 기압, 일기도

> **하나 더!** 등압선 그리는 방법
> ❶ 1,000hPa(헥토파스칼)을 기준으로 그린다.
> ❷ 보통 4hPa 간격으로 그린다.
> ❸ 중간에 만나거나 끊어지지 않아야 한다.
> ❹ 기압이 없는 곳은 거리 비례로 어림하여 그린다.

등압선의 간격은 기압의 변화와 관련되어 있어.

# 디엔에이(DNA)
deoxyribonucleic acid

**생물의 유전 정보를 담고 있는 물질**

생물의 세포 속에 있으며 인산, 당, 염기로 이루어져 있다. 염기는 아데닌, 구아닌, 사이토신, 티민의 네 종류가 있으며, 네 가지 염기의 배열 순서에 따라 디엔에이의 유전 정보가 달라진다. 또한 생명 활동에 필요한 단백질을 구성하는 아미노산의 순서와 배열을 결정한다. 1953년 미국의 왓슨과 크릭이 디엔에이의 염기 서열을 밝혔고, 이 성과로 두 사람은 노벨상을 받았다.

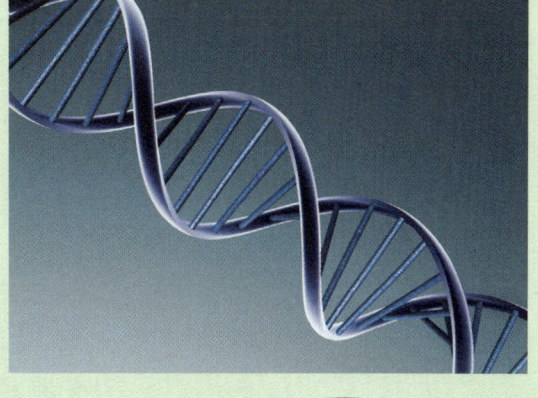

# 땀샘 sweat gland

**땀을 만들어 몸 밖으로 내보내는 곳**

땀샘에서 만들어진 땀이 몸 밖으로 나오면 땀이 마르면서 열을 빼앗아 체온을 내린다. 땀의 99%는 물이고 소금, 요소, 크레아틴, 칼륨 등이 들어 있으며, 오줌과 성분이 비슷하지만 농도는 오줌보다 매우 낮다. 하루에 분비되는 땀의 양은 약 500~700mL이지만, 한여름에 힘든 운동을 하면 거의 10L가 나오기도 한다.

🔗 농도, 배설, 혈액

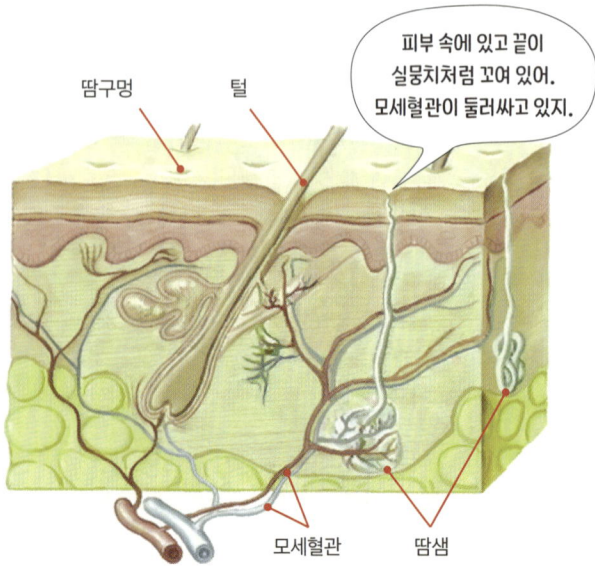

피부 속에 있고 끝이 실뭉치처럼 꼬여 있어. 모세혈관이 둘러싸고 있지.

땀구멍 · 털 · 모세혈관 · 땀샘

[땀샘의 구조]

운동을 하면 땀이 더 많이 난다고!

# 떡잎 cotyledon

**씨앗의 싹이 틀 때 작은 잎처럼 생긴 부분**

씨앗이 싹이 트면 제일 먼저 뿌리가 나오고, 떡잎이 나온 후, 떡잎 사이로 본잎이 나온다. 본잎이 나올 때쯤이면 떡잎의 양분을 다 써서 시들고, 새로 나온 본잎이 광합성을 하여 필요한 양분을 스스로 만들어 살아간다. 쌍떡잎식물은 떡잎이 두 장 마주난다. 외떡잎식물은 한 장의 떡잎이 있지만 씨앗 밖으로 나오지 않고, 실제로 밖으로 나오는 것은 떡잎싸개이다. 떡잎의 모양은 식물의 종류에 따라 다르다. 식물에 따라 싹이 튼 후에 땅 위에서 퍼지는 것과 땅속에 그대로 머물러 있는 것이 있다. 땅 위에 퍼지는 떡잎은 초록색을 띠며, 광합성을 할 수 있다. 땅속의 떡잎은 두껍고, 양분이 많이 저장되어 있다.

🔗 광합성, 쌍떡잎식물, 외떡잎식물

[쌍떡잎식물의 떡잎]

# 라디오존데 radiosonde

**대기 상층의 기압, 기온, 습도를 관측해 지상으로 전송하는 장치**

기압계, 온도계, 습도계를 기구에 달아 상층 대기로 올려보내고, 관측한 값을 전파를 이용해 지상으로 전송한다. 지상에서는 레이더를 이용해 라디오존데의 위치를 추적한다. 라디오존데는 최대 37km 높이까지 올라간다. 그보다 높이 올라가면 기압 차이 때문에 기구가 터지며 측정 기구들은 낙하산에 매달린 채 땅으로 떨어진다. 우리나라에서는 포항, 제주, 백령도, 속초, 흑산도에서 날마다 2회씩 라디오존데를 이용해 기상 관측을 하고 있다.

🔗 대기, 일기도

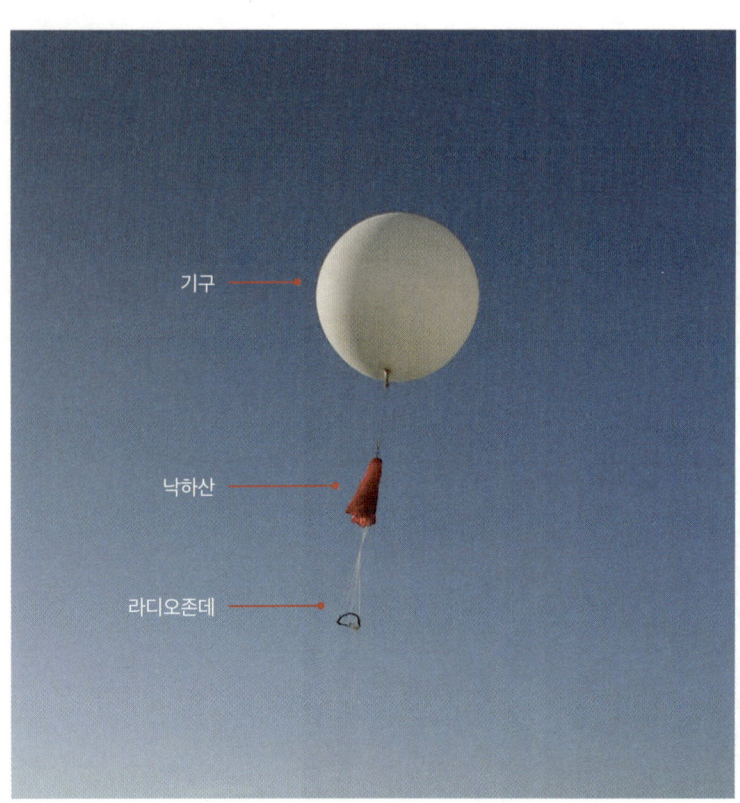

라디오존데를 하늘 높이 띄워 올리기 위해 기구를 달았어.

[라디오존데]

# 렌즈 lens

**빛을 모으거나 퍼지게 하기 위해 유리 같은 투명한 물질의 표면을 갈아서 만든 물체**

빛이 렌즈를 통과할 때 두꺼운 쪽으로 방향이 꺾이는 성질을 이용한다. 볼록 렌즈와 오목 렌즈가 있다. 볼록 렌즈는 가운데가 볼록하고 빛을 모은다. 가까이 있는 물체는 크고 바로 선 모양, 멀리 떨어진 물체는 뒤집어진 모양으로 보인다. 돋보기, 현미경, 망원경, 사진기 등에 쓰인다. 오목 렌즈는 가운데가 오목한 모양이고, 빛을 퍼지게 한다. 가까이 있는 물체와 멀리 있는 물체 모두 작고 바로 서 있는 모양으로 보인다. 근시경에 쓰인다.

🔗 거울, 볼록 렌즈, 빛, 오목 렌즈

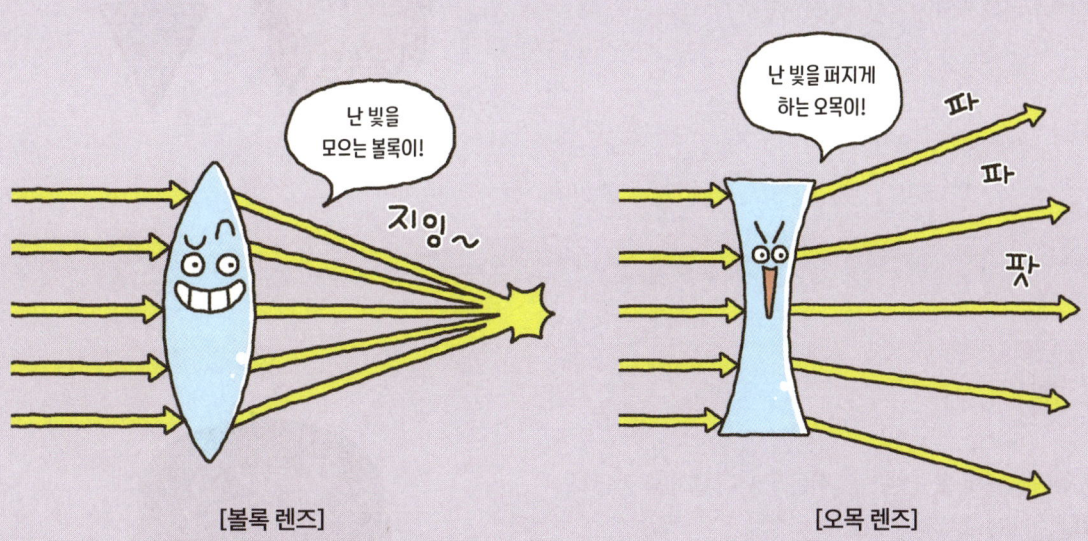

[볼록 렌즈]  [오목 렌즈]

# ㄹ

## 로켓 rocket

우주 공간을 비행할 수 있는 추진기관을 가진 비행체

로켓은 연료를 태워서 생기는 기체를 아래로 내뿜으면서 위로 올라간다. 로켓이 기체를 빠르게 내보내면 그 반작용으로 위로 나아가는 힘을 얻는다. 로켓과 기체 사이의 작용 반작용을 통해 로켓이 지구의 중력을 벗어날 수 있을 정도로 큰 힘을 얻을 수 있으며, 공기가 없는 우주 공간에서도 날 수 있다. 사용하는 원료에 따라 고체로켓, 액체로켓, 혼합로켓 등이 있다.

🔗 작용 반작용 법칙

## 루페 lupe

10~20배 배율의 볼록 렌즈로, 작은 글씨나 물체를 간단히 관찰할 수 있는 확대경

개미와 같이 잘 움직이는 작은 생물을 가두고 관찰하기에 편리하다. 관찰할 대상을 루페에 넣고 한쪽 눈으로 관찰하고, 관찰한 것을 그리거나 정리한다.

🔗 렌즈

# 리트머스 종이
litmus paper

용액이 산성인지 염기성인지 알아내는 데 쓰이는 종이. 리트머스 이끼라는 식물에서 얻은 리트머스 용액을 알코올에 녹인 다음 거름종이에 흡수시켜 말린 것이다. 리트머스 알코올 용액에 산성 용액을 넣어 만들면 붉은색 리트머스 종이가 되고, 염기성 용액을 넣어 만들면 푸른색 리트머스 종이가 된다.

🔗 산성, 염기성, 용액, 지시약

[리트머스 이끼]

## 하나 더! 천연 지시약

붉은 양배추, 나팔꽃, 붓꽃, 피튜니아, 장미, 검은콩과 같은 식물의 꽃이나 열매에는 빨강, 파랑, 초록, 자주색 등의 빛깔을 내는 안토사이아닌이라는 색소가 들어 있어서 지시약으로 쓸 수 있다. 붉은 양배추는 산성과 염기성의 세기에 따라 색깔이 변하기 때문에 지시약으로 흔히 쓰인다.

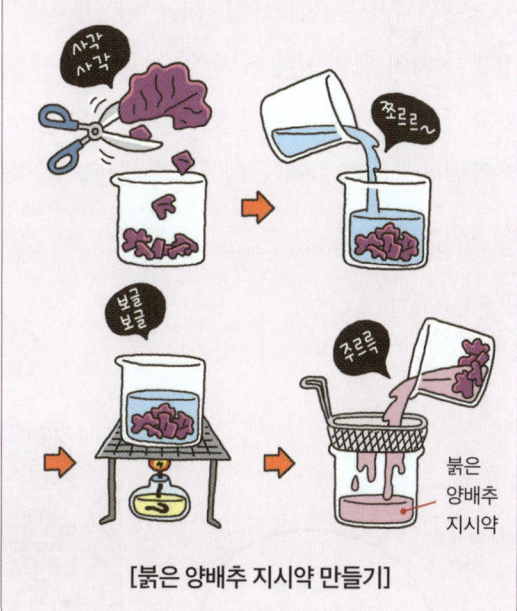

[붉은 양배추 지시약 만들기]

[붉은색 리트머스 종이의 색깔 변화]

[푸른색 리트머스 종이의 색깔 변화]

# 마그마 magma

**지구 내부에서 암석이 뜨거운 열을 받아 녹은 것**

지하 약 50~200km에서 만들어지며 주위의 암석보다 가벼워서 서서히 상승한 뒤, 10~20km 깊이에서 마그마굄을 이루었다가 지표로 분출된다. 마그마가 지표의 약한 곳을 뚫고 나와 땅 위로 흐르고 기체 성분이 빠져나간 것을 용암이라고 한다.

마그마의 주성분은 규산염 광물이다. 마그마의 점성과 온도는 규산염을 포함한 정도에 따라 달라진다. 규산염 광물을 많이 포함한 유문암질 마그마는 점성이 높고, 규산염 광물이 적은 현무암질 마그마는 점성이 낮다. 마그마의 온도는 유문암질에서는 약 650℃, 현무암질에서는 약 1,300℃이다.

🔗 용암, 화산

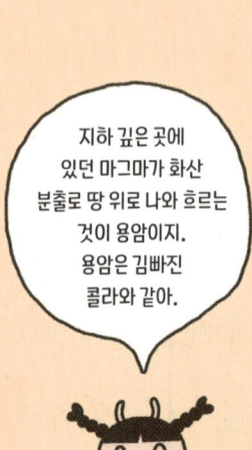

지하 깊은 곳에 있던 마그마가 화산 분출로 땅 위로 나와 흐르는 것이 용암이지. 용암은 김빠진 콜라와 같아.

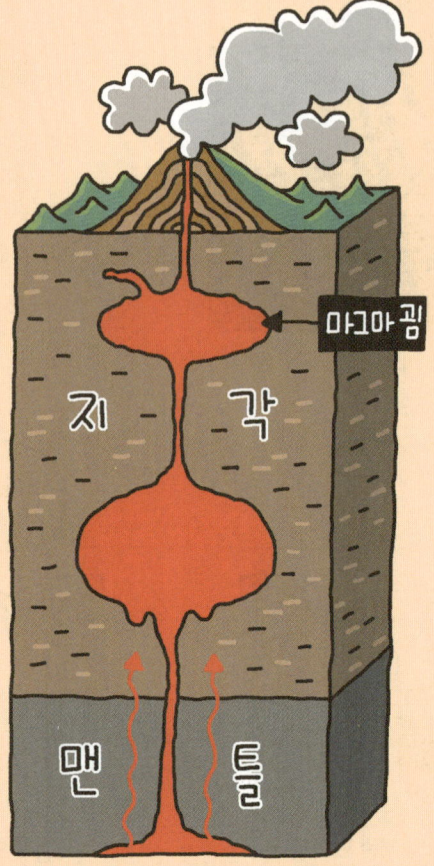

# 마찰력 摩擦力 frictional force

**물체의 운동을 방해하는 힘**

마찰력은 두 물체가 맞닿아 있을 때 두 물체 사이에 작용하는 힘으로, 물체에 주어진 힘과 반대 방향으로 작용한다. 표면이 거칠수록, 물체가 무거울수록 마찰력은 커진다.

🔗 힘

**잘못된 개념**

**마찰력은 닿는 면적에 따라 커진다?**

닿는 면적이 달라져도 무게는 달라지지 않기 때문에 마찰력은 닿는 면적과는 관계가 없고 닿는 면을 누르는 힘과 관계가 있다.

[마찰력을 작게 하는 경우]

닿는 면에 기름칠을 하면 마찰력이 작아져 기계 손상이 줄어든다.

[마찰력을 크게 하는 경우]

신발 바닥은 마찰력이 큰 고무로 만든다.

# 만유인력
萬有引力 universal gravitation

**우주에 있는 모든 물체들이 서로를 끌어당기는 힘**

질량이 있는 모든 물체들은 서로를 끌어당긴다. 이러한 힘을 만유인력이라 한다. 만유인력은 두 물체의 질량이 클수록, 거리가 가까울수록 커진다.

🔗 중력, 힘

# 말초신경

末梢神經 peripheral nerve

**뇌와 척수에서 갈라져 나와 몸 전체에 나뭇가지 모양으로 퍼져 있는 신경**

말초신경은 외부 자극을 받아들여 뇌와 척수로 전달하고 뇌와 척수의 명령을 반응 기관으로 전달하는 일을 한다. 감각신경, 운동신경, 자율신경이 있으며 감각신경은 몸 여러 곳에서 나온 신호, 즉 눈, 코, 입, 귀, 피부에서 받은 자극을 뇌로 보낸다. 운동신경은 뇌에서 내리는 운동 명령을 몸의 여러 곳으로 보낼 때 쓴다. 자율신경은 뇌의 아랫부분과 척수에서 나와 심장, 내장, 폐, 혈관에 퍼져 있으며, 뇌의 명령 없이 스스로 판단해 호흡, 소화, 심장 박동을 조절한다.

🔗 신경계, 중추신경

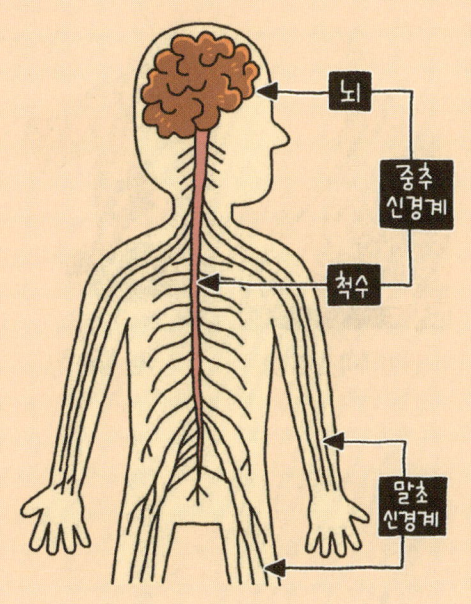

# 맛봉오리 taste bud

**혀에서 맛을 느끼는 감각 세포가 퍼져 있는 기관**

혀의 표면에 돋아 있는 유두라는 돌기에 들어 있다. 침과 섞인 액체 상태의 물질이 맛봉오리를 통해 맛세포에 닿아 맛을 느낀다. 사람을 포함하여 육상 동물의 맛봉오리는 혀 표면뿐만 아니라 입안 전체에 있어 입안 어디서든 맛을 느낄 수 있다. 어린아이는 목구멍까지 맛봉오리가 들어 있어 성인보다 더 다양한 맛을 느낄 수 있다.

> **잘못된 개념**
> 
> **떫고 매운맛은 혀에서 느끼는 미각이다.**
> 
> 떫은맛은 혀에 있는 부드럽고 끈끈한 막이 오그라들면서 느껴지는 감각으로, 미각이 아니라 피부를 누르는 감각이다. 매운맛도 미각이 아니라 입안에서 느끼는 아픈 감각이다.

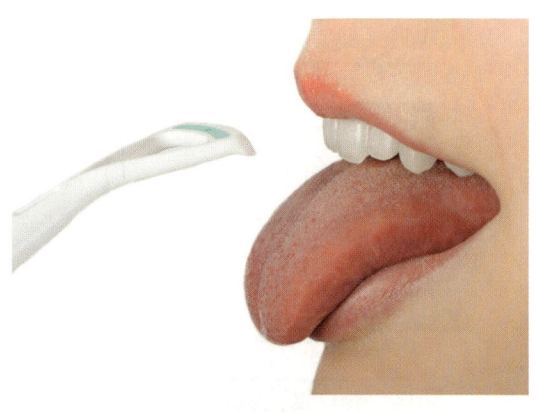

[맛봉오리]

# 망원경 望遠鏡 telescope

**렌즈나 거울을 여러 개 사용하여 멀리 있는 물체를 크게 보이도록 만든 장치**

대물렌즈와 접안렌즈로 이루어져 있다. 대물렌즈는 관찰하려는 물체 쪽에 있는 렌즈로 물체에서 오는 빛을 모은다. 접안렌즈는 관찰자 쪽에 있는 렌즈로 물체의 상을 크게 보여 준다. 대물렌즈로 볼록 렌즈를 사용한 망원경을 굴절 망원경, 오목 거울을 사용한 망원경을 반사 망원경이라 한다.

🔗 거울, 렌즈, 빛의 굴절

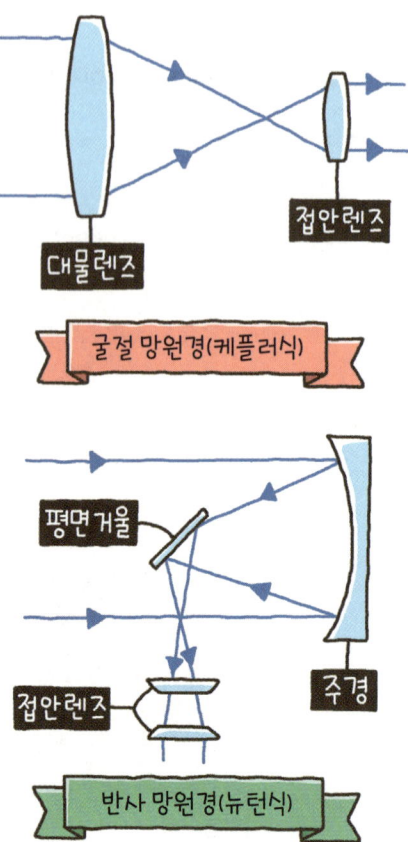

## 하나 더! 망원경의 역사와 종류

최초의 망원경은 1608년 네덜란드 안경사였던 리퍼세이가 만들었다. 이 소식을 들은 이탈리아의 과학자 갈릴레이는 1609년 볼록 렌즈(대물렌즈)와 오목 렌즈(접안렌즈)를 이용해 망원경을 만들었다. 갈릴레이 망원경은 물체가 확대되는 정도는 작았지만 위아래가 바뀌지 않는 상을 볼 수 있다. 갈릴레이는 이 망원경을 이용해 태양의 흑점, 목성의 위성, 달의 표면을 관측했다.

1611년에는 독일의 케플러가 접안렌즈와 대물렌즈에 모두 볼록 렌즈를 사용한 굴절 망원경을 만들었다. 갈릴레이 망원경보다 물체가 확대되는 정도가 크지만 위아래가 바뀐 상이 맺힌다.

1688년에는 영국의 뉴턴이 대물렌즈로 볼록 렌즈 대신 오목 거울을 사용한 반사 망원경을 만들었다. 반사 망원경은 굴절 망원경에서 일어나는 색 번짐 현상이 없어 행성이나 별을 더욱 정확하게 관측할 수 있다.

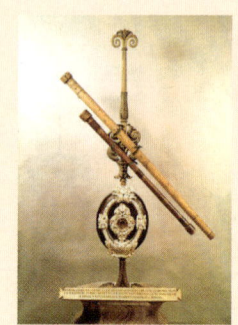
[갈릴레이 망원경]

[뉴턴 망원경]

# 매머드 mammoth

**코끼리과에 속하는 멸종 동물**

지금으로부터 약 500만 년 전에 등장해 현재는 멸종한 동물로, 오늘날의 코끼리와 생김새가 비슷하다. 하지만 코끼리보다 엄니가 더 길고 많이 휘어 있는 것이 특징이다. 시베리아 지역의 차가운 땅에서 피부와 털 등이 그대로 보존된 매머드 화석이 발견되어 살아 있을 때의 모습을 거의 완전하게 알 수 있다.

🔗 고생물, 멸종, 화석

# 매염제 媒染劑 mordant

**염료가 천이나 실에 잘 달라붙을 수 있도록 도와주는 약품**

손톱에 봉숭아 물을 들이기 위해 사용하는 백반이 바로 매염제이다. 우리나라 전통 매염제로는 잿물, 철장, 명반이 있다. 잿물은 여러 가지 식물의 재에 물을 섞은 것이며, 철장은 녹슨 철에서 금속 성분을 떼어 낸 것이다. 명반은 하얀 알갱이로 가장 많이 쓰이는 매염제이다. 최근에는 알루미늄, 구리 같은 금속 성분이 든 화학 약품을 매염제로 쓴다.

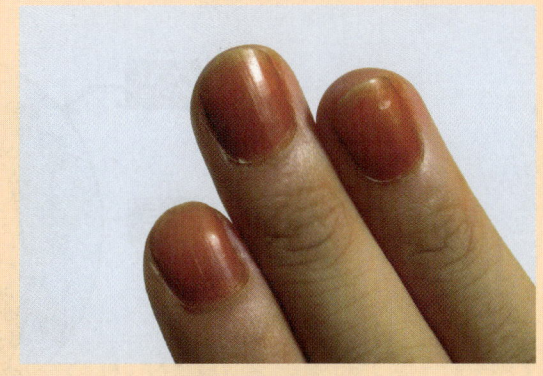

[봉숭아 물을 들인 손톱]

# 매질 媒質 medium

**파동을 전달하는 물질**

파도의 매질은 바닷물, 지진파의 매질은 지각이다. 소리의 매질은 기체, 액체, 고체 모두 될 수 있다. 빛은 매질이 없어도 전달될 수 있다. 파동이 전달되는 속력은 매질에 따라 달라진다.

🔗 소리, 파동

# 맨틀 mantle

**지구의 내부 구조 중 지각과 외핵 사이에 있는 층**

지하 약 30km에서 약 2,900km에 이르는 층으로 철, 마그네슘이 풍부한 암석으로 이루어져 있다. 맨틀은 지구 전체 부피의 82%를 차지한다. 맨틀의 온도는 상부에서 500~1,000℃, 하부에서 3,000~5,000℃이다. 맨틀의 윗부분은 오랜 시간에 걸쳐 천천히 대류하는 성질이 있다. 맨틀이 이동하는 동안 그 위에 떠 있는 지각이 움직이기 때문에 맨틀의 대류 운동은 대륙이 이동하는 힘의 근원으로 생각되고 있다.

🔗 대류, 대륙 이동설, 마그마, 판 구조론

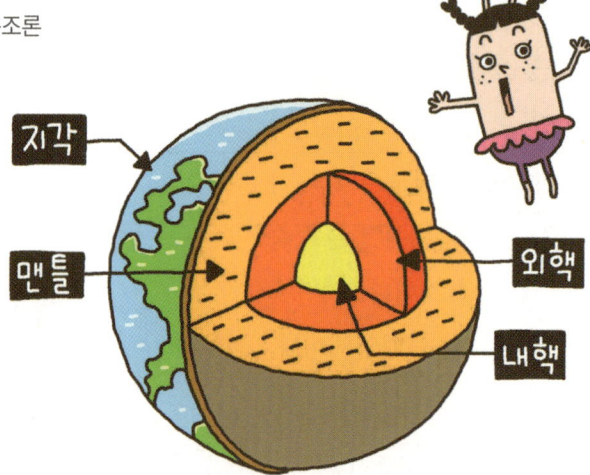

맨틀은 지구 전체 부피의 약 82%, 전체 질량의 약 68%를 차지해!

## 맨틀은 액체다?

처음에 맨틀 대류에 대한 연구가 발표되었을 때 많은 사람들은 고체인 맨틀이 어떻게 대류를 할 수 있는지 의문을 가졌다. 하지만 해저 탐사가 활발히 이루어지면서 맨틀 대류에 대한 여러 가지 증거들이 밝혀졌다.

해저 지형의 관측에 따르면 맨틀은 1년에 수 cm 정도씩 느리게 이동한다. 이때 맨틀은 액체가 아닌 고체 상태로 대류가 일어나는데, 온도가 높은 곳에서는 맨틀이 상승 운동을 하고 온도가 낮은 곳에서는 하강 운동을 한다. 대류가 상승하는 부분에서는 지각이 양 옆으로 벌어지면서 해령이 만들어진다. 해령의 가운데 틈에서는 마그마가 올라와 새로운 해저 지각이 만들어진다. 새로 만들어진 지각은 양 옆으로 조금씩 움직이고 해구에서 아래쪽으로 내려간다. 맨틀 대류는 매우 큰 규모로 아주 천천히 일어나는 현상이다.

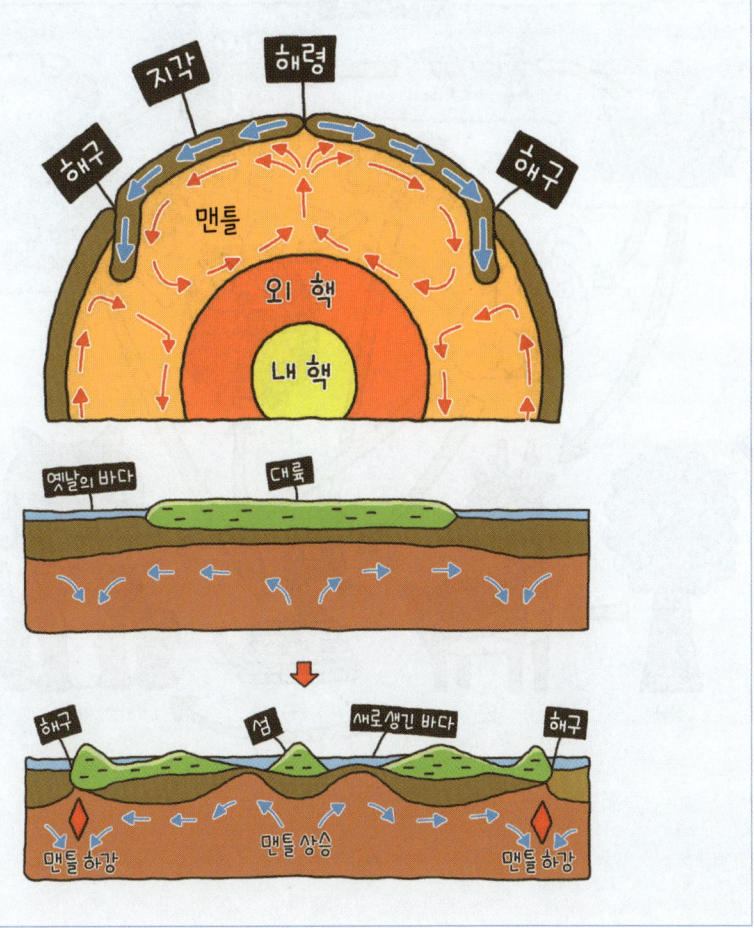

# 먹이그물 food web

**생물들 사이의 먹고 먹히는 관계가 그물과 같이 복잡하게 얽혀 있는 것**

생태계에서 사는 대부분의 생물들이 다양한 먹이를 먹고 살기 때문에 먹고 먹히는 관계가 그물처럼 복잡하게 얽혀 있다. 먹이그물이 복잡하게 연결될수록 안정되고 발달한 생태계를 유지할 수 있다.

🔗 먹이사슬, 먹이피라미드, 생태계

[숲에서의 먹이그물]

# 먹이사슬 food chain

**생물 간의 먹이 관계를 순서대로 나열한 것**

생태계에서 생물들은 서로 먹고 먹히는 관계다. 벼는 메뚜기에게 먹히고, 메뚜기는 개구리에게 잡아먹히고, 개구리는 왜가리에게 잡아먹힌다. 이를 순서대로 나열하면 벼 → 메뚜기 → 개구리 → 왜가리가 된다. 이와 같은 먹이 관계는 사슬처럼 연결되어 있어 먹이사슬이라고 한다. 먹이사슬은 간단히 화살표로 나타내는 데 '벼 → 메뚜기'는 메뚜기가 벼를 먹는다는 뜻이다.

🔗 먹이그물, 먹이피라미드, 생태계

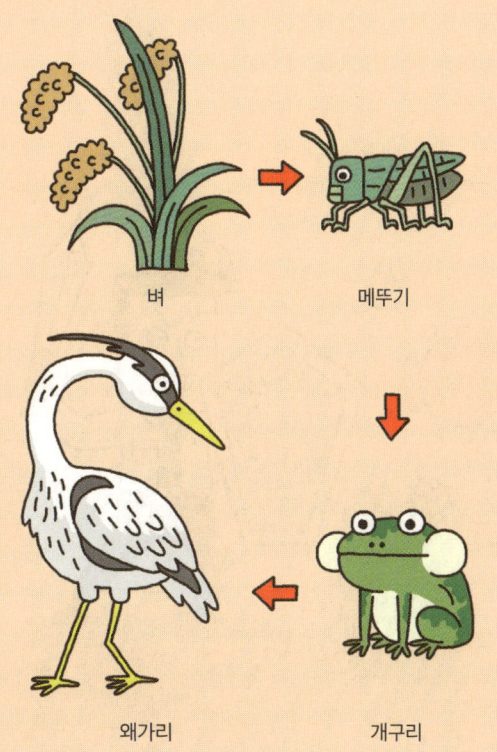

벼 / 메뚜기 / 왜가리 / 개구리

# 먹이피라미드
## food pyramid

**생물 간 먹이 관계에서 생산자, 1차 소비자, 2차 소비자, 3차 소비자를 생물의 수대로 쌓아 피라미드 모양으로 나타낸 것**

🔗 먹이그물, 먹이사슬, 생태계

위로 올라갈수록 생물이 수가 줄어들고, 몸의 크기는 커져~

육지의 먹이피라미드

호수의 먹이피라미드

## 메틸 오렌지 용액
methyl orange solution

메틸 오렌지 0.1g을 물 100mL에 녹인 용액으로 산성에서 붉은색, 염기성에서 노란색을 나타내는 지시약의 한 종류

🔗 지시약

[산성]

[염기성]

## 면역 免疫 immunity

**외부에서 들어온 병원체에 저항하는 상태**

자연 면역과 획득 면역이 있다. 자연 면역은 태어날 때부터 가지고 있는 선천적인 면역으로, 병원체를 가리지 않고 반응한다. 이에 비해 획득 면역은 어떤 병을 앓고 난 뒤나 백신을 이용한 예방 접종을 통해 얻는 면역으로, 획득 후 시간이 지나면 감염병을 예방할 힘이 줄어들 수 있다.

🔗 백신, 병원체

# 멸종 滅種 extinction

**생물의 한 종류가 지구에서 완전히 사라지는 현상**

지질 시대 동안 지구 환경이 급격히 바뀌면서 새로운 환경에 적응하지 못한 수많은 생물이 멸종했다. 이를 대멸종이라 하는데, 지질 시대 동안 총 5번의 대멸종이 있었다. 대멸종으로 많은 생물 종이 멸종해 버렸지만, 살아남은 생물 종이 번성하는 계기도 되었다. 오늘날에도 인간의 활동으로 멸종하는 생물이 있다. 이러한 멸종의 원인으로는 서식지의 파괴, 지나친 사냥, 오염 등이 있다.

🔗 고생물, 서식지

# 무게 weight

### 중력이 물체를 끌어당기는 힘의 크기

물체를 끌어당기는 힘인 중력의 크기에 따라 변한다. 예를 들어 지구보다 중력이 $\frac{1}{6}$로 줄어드는 달에서는 물체의 무게도 $\frac{1}{6}$로 줄어든다. 무게를 측정하는 도구로는 용수철저울, 가정용저울 등이 있다. 단위는 N(뉴턴), kg중(킬로그램중, kgf)을 사용한다. 1kg중은 약 9.8N이다.

🔗 중력, 질량

[가정용저울]

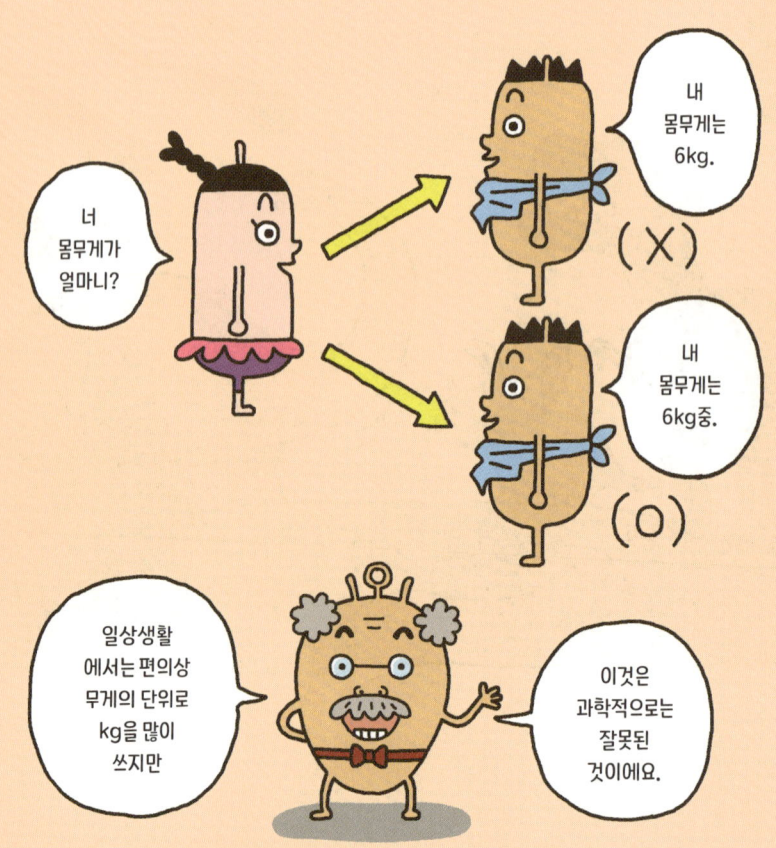

# 무기질 無機質 minerals

**생물체를 구성하는 원소 중에서 탄소, 수소, 산소를 제외한 구성 원소**

철, 칼슘, 아이오딘, 인이 무기질에 속한다. 에너지원은 아니지만 몸을 구성하고 생명 활동을 조절한다. 무기염류, 미네랄이라고도 하며, 주로 물에 녹아 몸에 흡수된다. 반드시 음식물로 섭취해야 하며 적은 양이 필요하지만 부족하면 병에 걸리게 된다. 단백질, 지방, 탄수화물, 비타민, 물과 함께 영양소 중 하나이다.

🔗 영양소

## 하나 더! 무기질이 부족하면 생기는 병

철이 부족하면 몸속에 산소가 충분히 공급되지 못해서 빈혈 증세가 나타난다. 성장기에는 몸의 자람에 따라 혈액 양도 늘어나므로 철이 많이 필요하다. 아이오딘이 부족하면 잘 자라지 못하고, 지능 발달이 제대로 안 된다. 칼슘과 인이 부족하면 뼈가 잘 자라지 않고 약해지며, 결핍이 심해지면 뼈에 구멍이 생기는 골다공증에 걸린다.

# 무성생식 無性生殖 asexual reproduction

### 암수 구별이 없거나, 있어도 짝짓기 없이 번식하는 방법

주로 하등한 동물에서 볼 수 있으며, 어버이의 유전자가 그대로 자식에게 전해진다. 빠르게 번식할 수 있지만 환경이 크게 변하면 무리 전체가 죽을 수도 있다. 이분법, 출아법, 포자법 등이 있다.

🔗 유성생식

# 무중력 無重力 zero gravity

### 중력의 영향을 받지 않는 상태

태양이나 지구와 같이 중력이 작용하는 곳에서 멀리 떨어지면 중력의 영향을 받지 않아 무중력 상태가 된다. 하지만 만유인력의 법칙에 따라 모든 물체는 서로 끌어당기고 있기 때문에 실제로는 아주 작은 중력이 작용한다. 무중력 상태에서는 사람이 체중계 위에 올라가도 바늘이 돌아가지 않는다. 또한 컵에 물을 담을 수 없고, 위아래의 구분이 사라진다. 사람의 몸도 둥둥 떠다니게 된다.

🔗 중력

# 무척추동물 無脊椎動物 invertebrates

**등뼈가 없는 동물**

전체 동물 중 약 97%를 차지하며 하나의 세포로 되어 있는 동물에서부터 복잡한 구조로 되어 있는 동물에 이르기까지 그 형태가 다양하다. 대체로 척추동물보다 몸집이 작고 구조도 단순하다. 극피동물, 절지동물, 환형동물, 연체동물, 편형동물, 강장동물로 구분한다.

🔗 동물, 척추동물

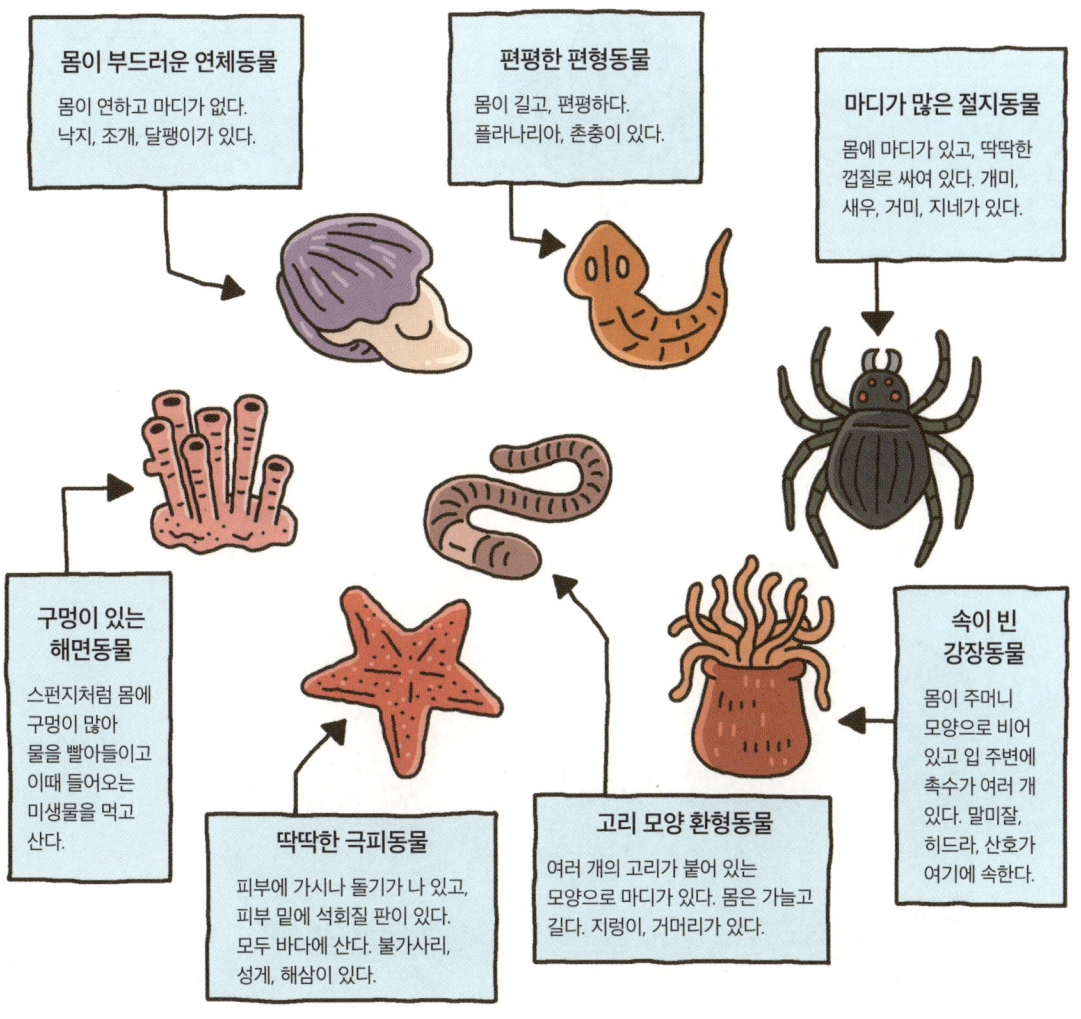

[무척추동물의 종류]

# 물관 xylem

**식물이 뿌리에서 빨아들인 물과 무기 양분이 이동하는 통로**

물관의 세포는 세로로 연결되어 있고, 세포와 세포 사이를 막는 벽이 없어 빨대 모양의 긴 관으로 되어 있다. 우리 몸 곳곳에 퍼져 있는 혈관처럼 식물에는 물관과 체관이 뿌리에서부터 줄기, 잎까지 이어져 식물체 전체에 퍼져 있다. 체관과 함께 관다발을 이룬다.

🔗 관다발, 세포, 체관

# 물리 변화 物理變化 physical change

**물질의 내부 구조는 변하지 않고 겉모습이나 상태만 달라지는 변화**

물질은 부피, 모양, 상태처럼 바꿀 수 있는 성질과 녹는점, 끓는점, 밀도 같이 바꿀 수 없는 성질이 있는데, 이 중 바꿀 수 있는 성질만 변하는 것이 물리 변화이다. 설탕을 물에 녹여도 설탕 고유의 단맛은 그대로 가지고 있으며, 물을 가열해 수증기가 되어도 물 분자는 그대로 있기 때문에 이는 모두 물리 변화에 해당된다. 얼음이 녹고 물이 끓으며, 온도와 압력에 따라 기체의 부피가 변하는 것, 못이 구부러지는 것 모두 물리 변화이다.

🔗 상태 변화, 화학 변화

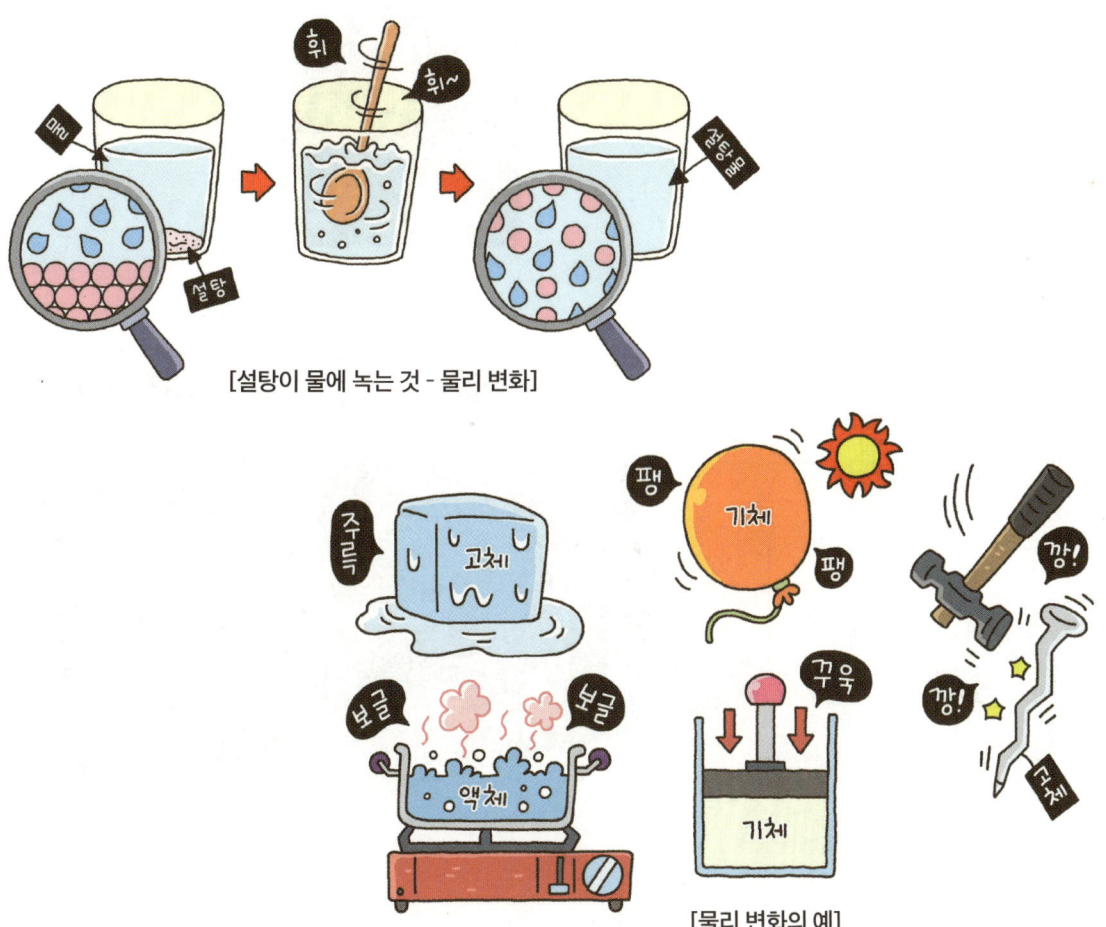

[설탕이 물에 녹는 것 - 물리 변화]

[물리 변화의 예]

# 물시계 water clock

## 물을 이용해 시간을 재는 시계

안쪽에 눈금이 새겨지고 밑바닥에 작은 구멍을 가진 그릇에 물을 채워 이 물이 일정하게 흘러나오게 한 뒤 줄어드는 정도를 이용해 시간을 잰다. 초기 물시계는 물의 양이 줄어들수록 수압이 약해져, 물이 줄어드는 양이 일정하지 않다는 단점이 있었다. 이 문제를 해결하기 위해 물통을 여러 개 만들어 중간에 있는 물통에 언제나 물이 가득 차게 만들었다. 해시계 다음으로 오래된 시계이다.

🔗 해시계

> ➕ **하나 더!** 자격루
>
> 우리나라에서는 삼국시대부터 각루 또는 누각이라는 물시계를 썼다. 자격루는 조선시대 장영실이 만들었으며 스스로 시간을 알려 주는 물시계라는 뜻이다. 자격루는 물시계에 자동으로 시간을 알려 주는 장치가 더해진 것이다.

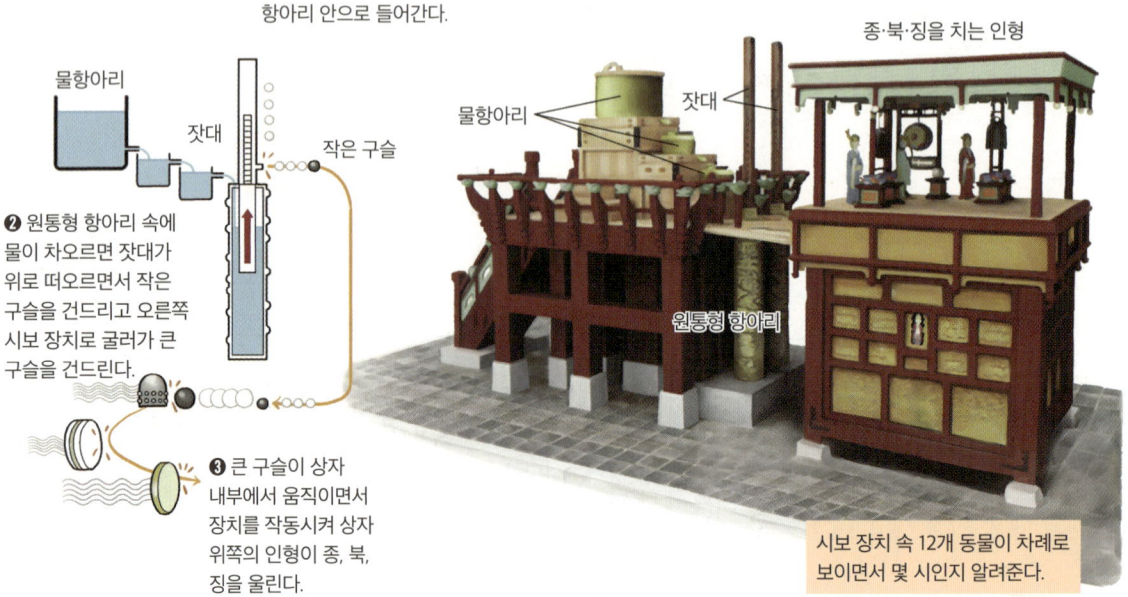

❶ 큰 항아리의 물이 여러 항아리를 거쳐 긴 원통형 항아리 안으로 들어간다.

❷ 원통형 항아리 속에 물이 차오르면 잣대가 위로 떠오르면서 작은 구슬을 건드리고 오른쪽 시보 장치로 굴러가 큰 구슬을 건드린다.

❸ 큰 구슬이 상자 내부에서 움직이면서 장치를 작동시켜 상자 위쪽의 인형이 종, 북, 징을 울린다.

시보 장치 속 12개 동물이 차례로 보이면서 몇 시인지 알려준다.

[자격루의 원리]

# 물의 순환 circulation of water

**지구 상의 물이 기체, 액체, 고체로 모습을 바꾸면서 끊임없이 지표와 대기 사이를 이동하는 현상**

지구 상의 물은 수증기, 안개, 구름, 눈, 비, 얼음으로 모습이 바뀌며 지표와 대기 사이를 끊임없이 돈다. 물의 순환을 일으키는 원인은 태양에서 오는 에너지이다.

🔗 구름, 수증기, 태양

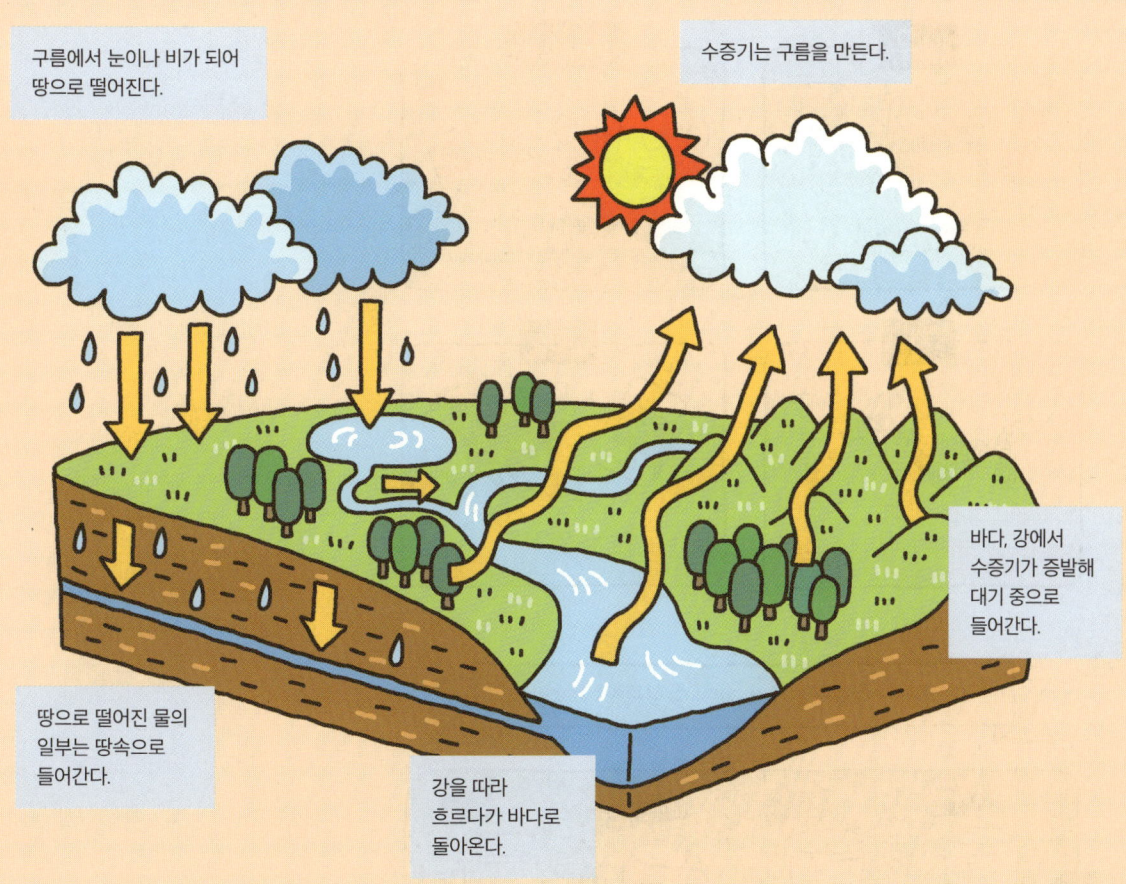

구름에서 눈이나 비가 되어 땅으로 떨어진다.

수증기는 구름을 만든다.

바다, 강에서 수증기가 증발해 대기 중으로 들어간다.

땅으로 떨어진 물의 일부는 땅속으로 들어간다.

강을 따라 흐르다가 바다로 돌아온다.

# 물질 物質 substance

**물체를 이루는 재료**

한 가지 물질로 여러 가지 물체를 만들어 사용하거나 쓰임새는 같지만 다른 물질로 만든 물체가 있다.

🔗 물체

## 물체 物體 body

크기나 모양에 따라 구별할 수 있는 구체적인 형태를 가지고 있는 것

🔗 물질

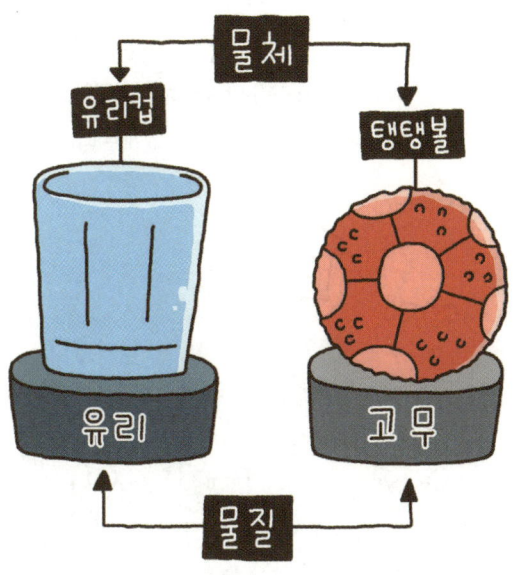

## 미생물 微生物 microorganism

눈에 보이지 않는 0.1mm 이하의 크기로, 현미경으로 관찰해야 보이는 작은 생물

죽은 동식물과 배설물을 분해한다. 조류 독감이나 식중독 같은 질병을 일으키는 유해한 미생물인 병원균과 치즈, 요구르트, 김치, 된장, 젓갈 등에 작용해 몸에 좋은 음식을 만드는 유익한 미생물인 유산균이 있다. 그 외에도 몸에 있는 나쁜 세균을 없애는 물질과 비타민 등을 만드는 데도 널리 이용된다. 조류, 균류, 원생동물, 효모, 바이러스가 있다.

🔗 바이러스, 생물, 효모

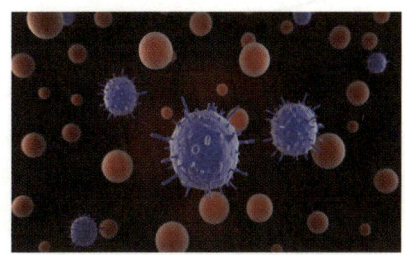

# 미토콘드리아(마이토콘드리아)
mitochondria

**생물체가 사용할 수 있는 에너지를 만드는 세포 안의 소기관**

몸속에 들어온 영양소와 산소를 이용해 에너지를 만든다. 타원형으로 두 개의 막을 가지고 있다. 안쪽에 주름이 잡혀 있는데, 이곳에 에너지를 만드는 물질이 있다. 식물 세포에는 100~200개, 사람의 몸속에는 약 60조 개가 있다.

# 밀도 密度 density

### 물체의 질량을 그 부피로 나눈 값

밀도는 질량을 부피로 나눈 값이며 따라서 밀도가 크다는 것은 같은 부피에 대해 질량이 더 크다는 뜻이다. 물질마다 밀도가 다르기 때문에 물질을 구분할 때도 사용한다. 물을 제외한 모든 물체는 가열하면 부피가 늘어나 밀도가 작아진다.

🔗 부피, 질량

> **하나 더!** 호수가 표면부터 얼기 시작하는 이유
>
> 물은 4℃일 때 부피가 가장 작기 때문에 밀도가 가장 크고, 0℃ 이하가 되어 얼면 부피가 커져서 밀도가 작아진다. 따라서 기온이 내려가면 밀도가 큰 4℃의 물이 호수 밑바닥으로 가라앉고, 얼어서 밀도가 작아진 얼음이 위쪽에 있게 된다.

# 밀물 flood tide

**바닷물의 높이가 높아져 바닷물이 육지 쪽으로 밀려오는 현상**

밀물은 지구와 달, 태양 사이에 작용하는 만유인력에 의해 발생하며, 썰물과 반대되는 현상이다. 밀물로 바닷물의 높이가 가장 높아졌을 때를 만조라고 한다. 우리나라 바닷가에서 만조는 약 12시간 24분 간격으로 하루에 두 번씩 일어난다.

🔗 만유인력, 썰물, 조석

[썰물]　　　　　　[밀물]

# 밑씨 ovule

**꽃이 피는 식물에서 장차 자라서 씨가 되는 부분**

밑씨가 씨로 자라기 위해서는 꽃가루받이를 통해 수정이 일어나야 한다. 밑씨가 씨방 속에 있는 식물을 속씨식물이라 하고, 씨방이 없이 밑씨가 겉으로 드러나 있는 식물을 겉씨식물이라 한다.

🔗 겉씨식물, 꽃가루받이, 수정, 속씨식물

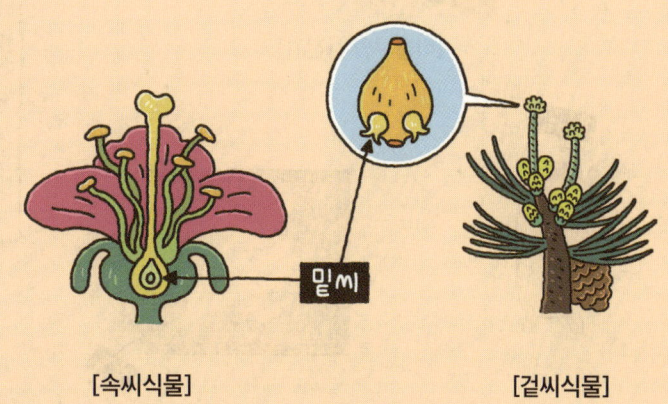

[속씨식물]　　　　　　[겉씨식물]

## 바늘구멍 사진기
pinhole camera

**바늘구멍을 통과한 빛이 만든 상을 찍는 사진기**

최초의 사진기이다. 보통의 사진기는 렌즈를 사용하지만, 바늘구멍 사진기는 렌즈 대신 작은 구멍을 이용한다. 안쪽을 검게 칠한 통의 한쪽 면에 작은 구멍을 내고 반대쪽 면에 필름을 장치한다. 빛이 직진하기 때문에 작은 구멍을 통과한 후 필름에 맺히는 상은 위아래가 뒤집어져 보인다. 필름 대신 기름종이를 사용하면 사진을 찍을 수는 없지만 물체의 상을 바로 확인할 수 있다.

🔗 빛의 직진

[바늘구멍 사진기]

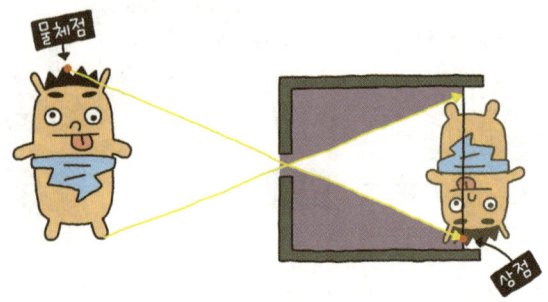

[바늘구멍 사진기의 원리]

## 바다 sea

**지구에서 육지를 제외하고 물로 덮여 있는, 크고 넓은 부분**

지구 표면의 약 70%를 차지한다. 또한 바닷물은 지구 전체 물의 약 97%를 차지한다. 지구의 바다는 모두 이어져 있지만 육지를 경계로 5개의 큰 바다로 구분한다. 이를 오대양이라 하고, 태평양, 대서양, 인도양, 북극해, 남극해이다. 바다에서는 소금을 비롯해 석유, 천연가스 등 우리 생활에 필요한 자원을 많이 얻을 수 있다.

🔗 육지, 해수

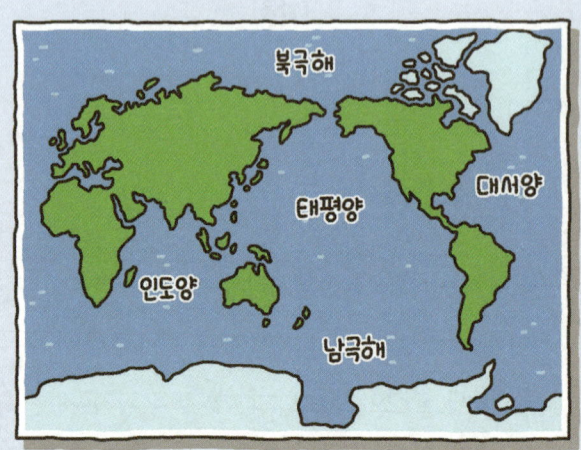

# 바람 wind

**기압 차로 공기가 이동하는 현상**

보통은 공기가 수평 방향으로 움직이는 것을 바람이라고 한다. 일반적인 공기의 흐름은 기류라고 하며 위로 올라가는 상승 기류, 아래와 내려오는 하강 기류와 같이 표현한다. 바람은 고기압에서 저기압으로 분다. 지표면이 태양에 가열되는 정도가 다르면 기압 차가 생겨서 바람이 분다. 기압 차가 클수록 바람이 세진다. 바람의 이름은 바람이 불어오는 곳을 딴다. 남쪽에서 불어오면 남풍, 북쪽에서 불어오면 북풍, 바다에서 불어오면 해풍, 육지에서 불어오면 육풍과 같은 식이다.

🔗 고기압, 기압, 저기압

# 바이러스 virus

**살아 있는 세포에 기생하고, 세포 안에서만 수를 늘릴 수 있는 미생물**

스스로는 살 수 없고 동물, 식물, 세균 같은 살아 있는 다른 생물의 몸에 들어가야만 살아갈 수 있다. 바이러스가 다른 생물의 몸속으로 들어가면 세포를 파괴하여 병을 일으키는데, 이것을 감염이라고 한다. 바이러스가 일으킨 병에는 천연두, 홍역, 풍진, 소아마비, 일본뇌염, 유행성 출혈열, 간염, 인플루엔자가 있다. 바이러스는 보통의 현미경이 아닌 전자 현미경을 이용해야 볼 수 있다.

🔗 기생, 세포

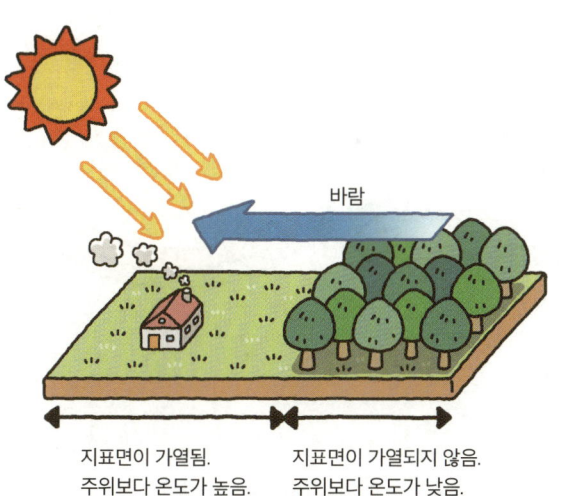

# 바이메탈 bimetal

열에 의해 늘어나는 정도가 다른 두 개의 금속판을 맞대어 붙여 놓은 것

열에 의해 늘어나는 정도가 다른 금속 두 개를 붙여 놓은 상태에서 가열하면 한쪽은 많이 늘어나고 다른 한쪽은 조금만 늘어나게 된다. 따라서 조금 늘어나는 금속 쪽으로 휘게 된다. 이러한 원리를 이용해서 온도가 올라가거나 내려가면 금속판이 휘어지게 만들어 자동으로 전류를 흐르게 하거나 흐르지 않게 한다. 보온 밥솥, 전기장판의 온도 조절 장치에 이용된다.

🔗 금속

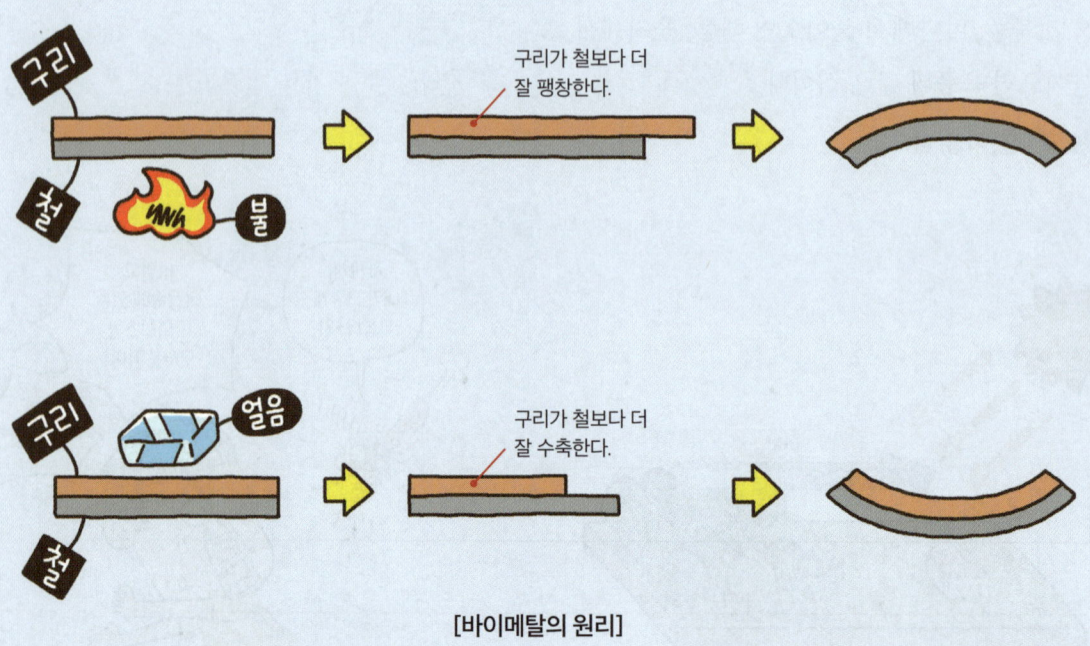

[바이메탈의 원리]

# 바이오에탄올 bio-ethanol

**사탕수수, 밀, 옥수수, 감자, 보리에 들어 있는 포도당을 발효시켜 만든 연료용 에탄올**
화석 연료와 달리 환경오염 물질이 없고, 식물에서 연료를 얻기 때문에 언제든지 만들 수 있다. 바이오에탄올의 연료로는 사탕수수를 가장 많이 쓴다. 사탕수수가 많이 생산되는 브라질에서는 자동차의 70% 정도가 바이오에탄올을 섞은 휘발유를 연료로 쓰고 있지만 다른 나라에서는 만드는 비용이 비싸서 많이 쓰지 않는다.

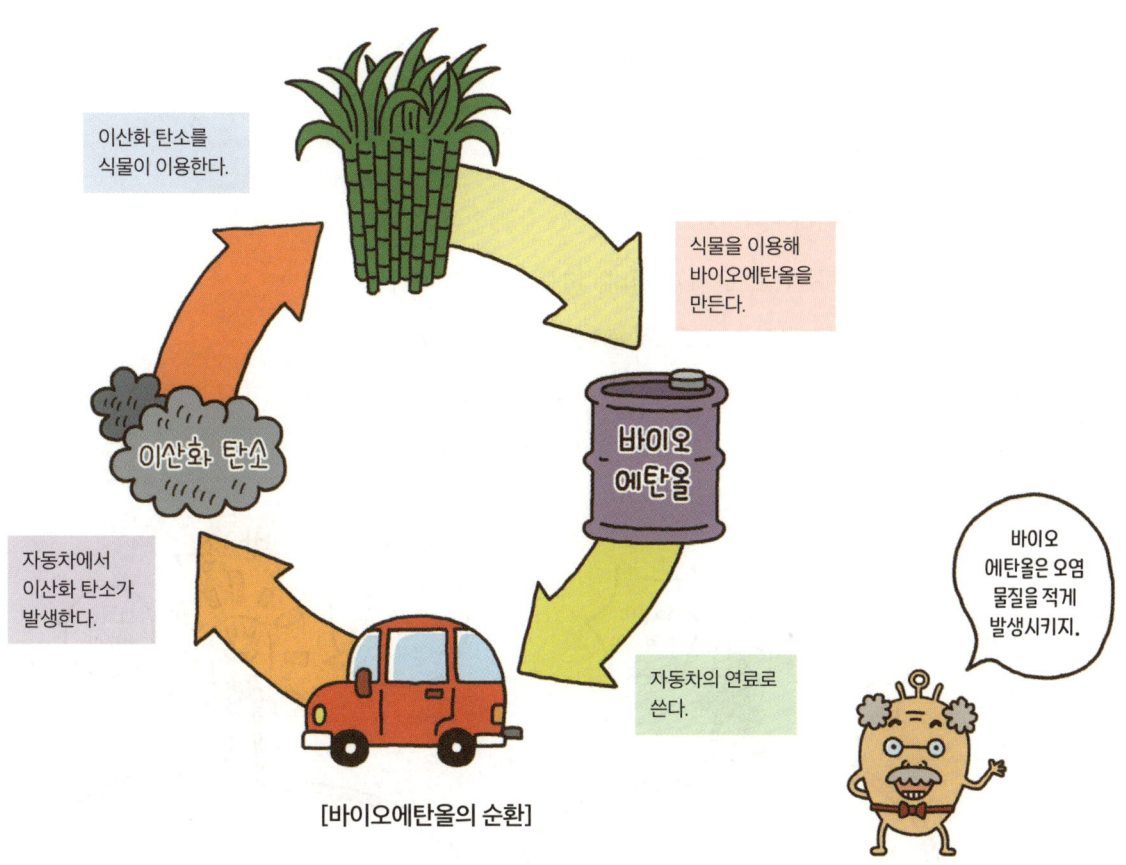

[바이오에탄올의 순환]

# 반도체 半導體 semiconductor

**도체와 부도체의 중간 특성을 가진 물질**

전기가 통하는 물질을 도체라 하고, 전기가 통하지 않는 물질을 부도체라 한다. 반도체는 평소에는 부도체이지만 불순물을 넣어 주거나, 열이나 빛을 가하면 도체가 되는 물질이다. 실리콘이나 저마늄 같은 물질이 반도체이다. 반도체는 전류의 흐름을 조절하는 전자 부품에 쓰이고 있으며, 태양 전지에도 쓰인다.

🔗 도체, 부도체

[반도체를 이용한 전자 부품]

# 발광 다이오드(LED) light emitting diode

**반도체를 이용해 전류를 빛으로 바꾸는 장치**

기존의 전구에 비해 크기가 작고, 수명은 길다. 전구는 빛과 열이 동시에 생기지만, 발광 다이오드는 빛만 나오고 열은 나지 않는다. 따라서 전구에 비해 전기를 덜 사용한다. 두 개의 발을 가지고 있으며, 긴 발은 전원의 (+) 극에, 짧은 발은 전원의 (-) 극에 연결해야 빛이 난다. 전구 대용, 텔레비전 모니터, 대형 전광판, 신호등에 쓰인다.

🔗 반도체, 전구

# 발아 發芽 germination

**씨앗이나 포자에서 싹이 트는 현상**

발아는 씨눈에서 싹이 트는 것으로 씨가 발아할 때는 물, 온도, 산소가 필요하다. 식물체는 약 90% 이상이 물로 이루어져 있지만 말린 씨에는 10~20%의 물밖에 없으므로 충분한 물이 필요하며 약 20℃ 정도에서 발아가 이루어진다.

🔗 식물, 씨

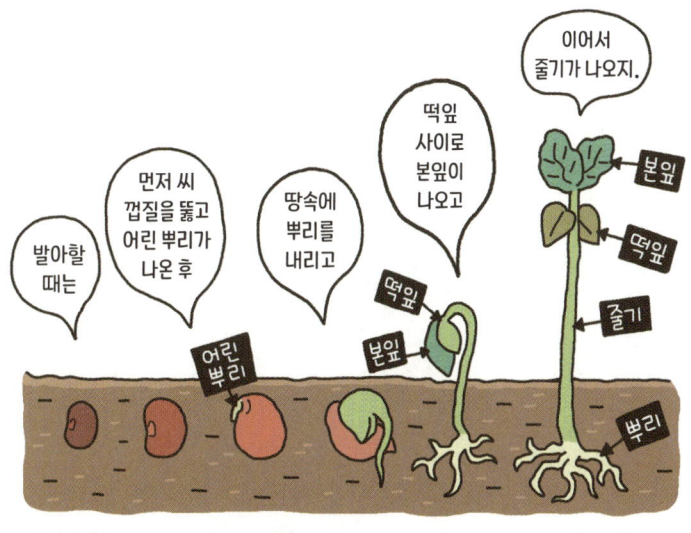

[강낭콩 씨앗이 싹트는 과정]

# 발열 반응 發熱反應 exothermic reaction

**열을 바깥으로 내놓는 반응**

물질에 따라 큰 에너지를 가지고 있는 것도 있고, 작은 에너지를 가지고 있는 것도 있다. 이러한 물질들은 주위 환경의 변화에 반응을 일으켜 다른 물질이 되기도 한다. 이때 반응하는 물질이 가지고 있는 에너지가 생성된 물질이 가지고 있는 에너지보다 더 크면 그 차이만큼 에너지(열)를 바깥으로 내놓는다.

🔗 열, 흡열 반응

# 발전 發電 power generation

**전기 에너지를 만드는 일**

전선 뭉치가 두 자석 사이에서 움직이면 자기장의 변화가 생겨서 전선에 전류가 흐른다. 이러한 장치를 발전기라 한다. 전선 뭉치를 돌리는 회전 장치를 터빈이라 하는데, 태양광 발전을 제외한 모든 발전에는 터빈을 쓴다. 터빈을 돌리는 힘에 따라 수력·화력·원자력 발전으로 나뉜다.

🔗 에너지, 전기

### 수력 발전

물이 떨어지는 힘으로 터빈을 돌린다. 주로 댐을 이용한다. 공해를 만들지 않는 청정 에너지원이지만, 건설 장소에 제약이 있다.

### 화력 발전

화석 연료(석유, 석탄, 천연가스)를 태워 물을 끓인 후 증기를 내뿜어 터빈을 돌린다. 건설 비용이 싸고 원하는 장소에 세울 수 있다. 하지만 지구 온난화를 일으키는 온실 가스를 많이 배출한다.

### 원자력 발전

방사능 물질이 붕괴할 때 생기는 열로 물을 끓인 후, 증기를 내뿜어 터빈을 돌린다. 온실 가스를 배출하지 않고 연료 가격이 저렴하다. 하지만 방사능 물질이 누출될 경우 엄청난 재해를 가져올 수 있다.

### 조력 발전

밀물 때 물을 가두어 두었다가 썰물 때 물을 내보내면서 터빈을 돌린다. 공해를 일으키지 않는 청정 에너지원이지만 건설 장소에 제약이 있다.

### 풍력 발전

바람의 힘으로 터빈을 돌린다. 공해가 생기지 않는 청정 에너지원이다. 설치 장소에 제약이 있으며 한 번에 많은 에너지를 만들지는 못한다.

### 태양광 발전

태양 빛을 받으면 전류를 발생시키는 태양 전지를 이용한다. 오염 물질이 생기지 않으며, 연료비가 들지 않는다. 일조량이 높은 곳에서만 쓸 수 있다. 하지만 태양 전지의 효율이 높지 않다.

# 발전소 發電所 power station

**전기를 일으키는 시설을 갖춘 곳**

발전소에는 발전기라는 장치가 있는데, 이 장치를 바퀴 돌리듯 돌리면 전기가 생산된다. 발전기를 돌리는 방식은 발전소의 종류에 따라 다르다. 화력발전소에서는 석탄이나 석유 같은 화석 연료를 태워 물을 끓인 뒤 증기를 이용해 발전기를 돌린다. 수력발전소에는 위에서 아래로 물을 떨어뜨려 발전기를 돌린다. 풍력발전소는 바람의 힘을 이용해 바람개비를 돌리듯이 발전기를 돌린다.

🔗 발전, 전기

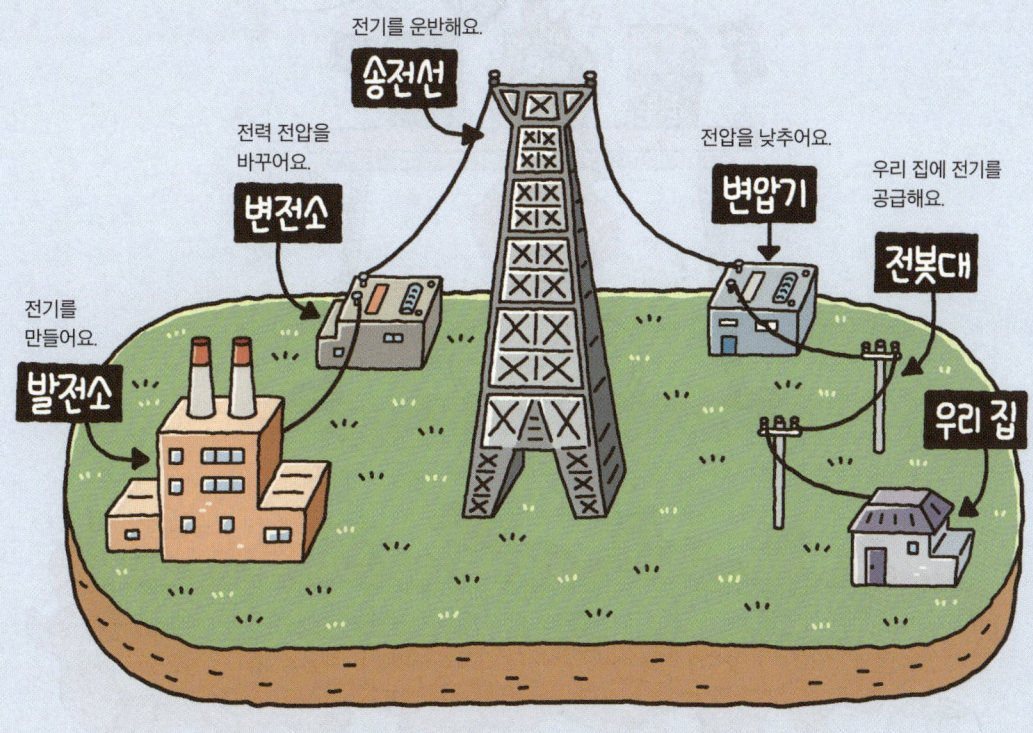

[발전소에서 우리 집까지 전기가 전달되는 과정]

# 발화점 發火點 ignition point

**물질이 타기 시작하는 온도**

철판 위에 성냥 머리, 나무, 숯을 올려놓고 가열하면 발화점이 낮은 성냥 머리가 먼저 불이 붙는다.

발화점이 낮을수록 타기 쉬우며, 물질이 타기 위해서는 발화점 이상으로 온도를 높여 주어야 한다. 착화점 또는 자연 발화 온도라고도 한다. 물질마다 고유의 발화점이 있다.

🔗 소화, 연소

# 발효 酸酵 fermentation

**미생물의 활동으로 우리에게 유익한 물질이 만들어지는 과정**

미생물에 의해 분해되거나 새롭게 만들어진 물질이 인간에게 유익하면 발효, 해로우면 부패라고 한다. 발효된 식품은 원래 식품과는 다른 독특한 맛과 냄새를 가지며 영양가가 높아지고 오래 보관할 수 있다.

- 유산균의 발효 작용으로 새콤한 맛이 난다.
- 기본 반찬과 음식의 재료로 쓰인다.

- 생선 등을 소금에 절여 발효시킨 것이다.
- 기본 반찬과 음식 재료로 쓰인다.

- 콩을 발효시킨 메주로 만든 것으로 고추장, 간장, 청국장도 콩 발효 식품이다.
- 간을 맞추는 조미료로 음식에 쓴다.

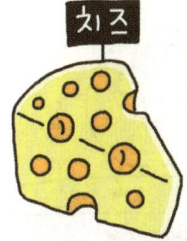

- 곡물이나 과일을 발효시킨 것이다.
- 음식을 만드는 재료지만 빨래나 청소할 때도 쓴다.

- 우유를 응고, 발효시킨 것이다.
- 피자, 퐁듀 그 밖의 다양한 음식 재료로 이용된다.

- 우유에 유산균을 넣어 발효시킨 것이다.
- 대장 건강 음식과 여러 가지 음식의 재료로 쓰인다.

[여러 가지 발효 식품]

# 배설 排泄 excretion

**몸속에 생긴 노폐물을 몸 밖으로 내보내는 일**

우리 몸에서 영양소를 사용하고 나면 물과 이산화 탄소, 암모니아와 같은 노폐물이 생긴다. 이산화 탄소는 대부분 폐를 통해 몸 밖으로 나가며, 암모니아는 몸에 해롭기 때문에 간에서 독성이 약한 요소로 바뀐 다음 콩팥에서 걸러져 오줌에 포함되어 내보낸다.

물은 필요한 만큼 몸에서 다시 이용되고, 필요없는 양은 요소와 함께 오줌이 된다. 오줌은 콩팥에서 나와 오줌관, 방광, 요도를 거쳐서 몸 밖으로 나간다.

🔗 간, 콩팥

### 잘못된 개념

**오줌, 똥은 모두 배설물이다?**

오줌은 배설물로 땀과 성분이 거의 비슷하지만 만들어지는 곳은 다르다. 하지만 대변은 소화되지 않고 남은 찌꺼기가 다시 몸 밖으로 나가는 것으로, 배출이라고 한다. 즉 오줌을 누는 것은 배설, 똥을 누는 것은 배출이다.

# 배설기관
排泄器官 excretory organ

**몸속에 생긴 노폐물을 몸 밖으로 내보내는 일을 하는 기관**

노폐물을 포함한 오줌을 만들고 몸 밖으로 내보내는 데 관여하는 신장(콩팥), 오줌관, 방광, 요도가 대표적인 배설기관이다. 우리 몸의 노폐물은 피부에서 땀으로도 나가므로 땀샘도 넓은 의미의 배설기관에 속한다. 이러한 배설기관은 몸속에 생긴 노폐물을 몸 밖으로 내보내 몸속 상태를 일정하게 유지할 수 있게 한다.

🔗 땀샘, 배설, 신장, 콩팥

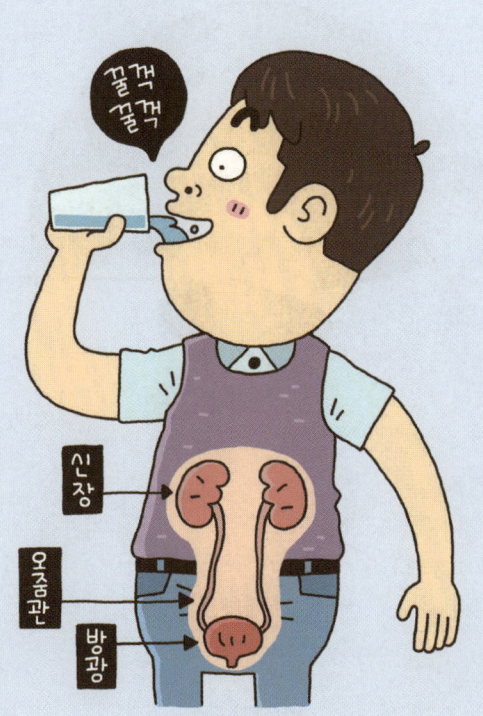

# 백신 vaccine

**감염병을 예방하기 위한 예방접종에 사용되는 접종액**

예방접종에 사용되는 백신은 가짜 병원체로 만들어진다. 가짜 병원체는 병원체와 비슷한 물질 또는 약하게 만든 병원체를 말한다. 백신으로 면역력을 키우면, 진짜 병원체가 몸속에 들어와도 감염병에 걸리지 않는 상태가 된다. 1796년 영국의 제너가 천연두 치료를 위해 처음 개발했고, 이후 파스퇴르가 탄저병과 광견병 백신을 개발했다. 오늘날에는 홍역, 결핵, 간염 등 다양한 백신이 개발되었다.

🔗 감염병, 면역

# 백엽상 百葉箱 instrument shelter

온도계와 습도계 같은 기상 관측 장비를 넣어 실외에 설치한 작은 집 모양의 흰 나무 상자

주변 공기의 상태를 측정하는 장치이다. 백엽상 안에는 최고 온도계, 최저 온도계, 자기 온도계, 습도계가 설치되어 있다.

🔗 기온, 습도, 온도

[백엽상 내부]

'백엽상'이라는 이름은 약 백 개의 판자로 만들었다는 뜻이야.

[백엽상]

# 버섯 mushroom

엽록소가 없어서 스스로 양분을 만들지 못하고 자루와 갓이 있는 생물

버섯은 곰팡이처럼 광합성을 하지 못해 기생 생활을 한다. 산과 들의 그늘이나 썩은 나무 따위의 습한 곳에 붙어서 산다. 버섯의 포자는 바람에 실려 멀리 흩어지고 땅속에서 싹이 터 새로운 균사(팡이실)를 만들며 그 균사에서 또다시 버섯이 자라난다. 먹을 수 있는 버섯도 있지만 독이 있는 버섯도 있으므로 야생 버섯은 함부로 만지거나 먹어서는 안 된다.

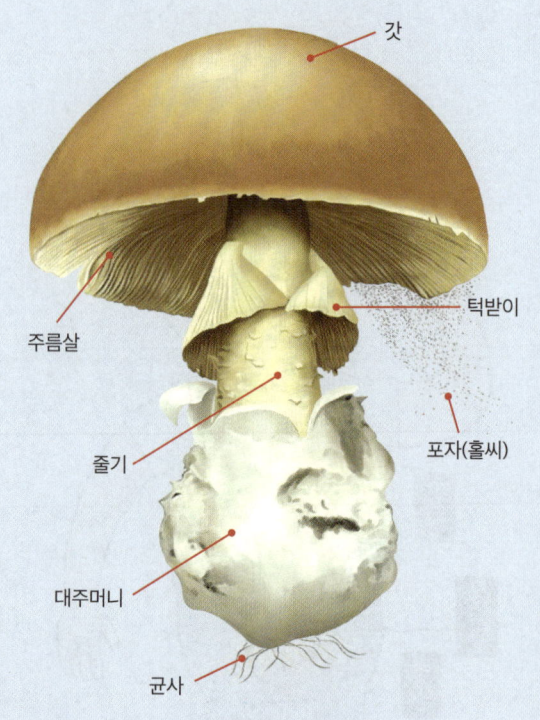
[버섯의 구조]

# 번데기 pupa

**곤충의 애벌레가 성충이 되기 전 고치 속에 있는 몸**

완전탈바꿈을 하는 곤충의 한살이 과정 중 하나로 애벌레가 변해서 된 것이다. 이 시기에는 아무것도 먹지 않고 배설하지도 않으며 크기 변화도 거의 없다. 일정 시간이 지나면 번데기에서 성충이 나오는데 이것을 날개돋이 과정 또는 '우화'라고 한다. 번데기는 주로 나무나 풀의 줄기, 잎 뒷면, 바위에 몸을 붙이는데 땅속이나 물속에서 번데기 상태로 있는 것도 있다. 번데기의 형태나 상태는 곤충의 종류에 따라 다르다. 대부분의 번데기는 정지 상태로 있지만, 걷거나 헤엄치는 것도 있다. 한살이 과정 중 번데기 시기가 있는 것은 나비, 나방, 장수풍뎅이 들이 있다.

불완전탈바꿈에서는 번데기 과정이 없어!

🔗 곤충, 날개돋이, 성충, 완전탈바꿈

몸의 색깔이 맑아져!

먹는 것을 중단하고 안전한 곳을 찾는다.

지금부터 12시간 정도 지나면 번데기가 돼!

입에서 실을 내어 몸을 고정시킨다.

띠실

허물을 벗어 뒤로 보낸다.

초록색에서 연한 갈색으로 변해.

딱딱하다.

숨구멍

주변의 색과 닮아간다.

**[배추흰나비 애벌레가 번데기로 되는 과정]**

# 번식 繁殖 breeding

**생물이 생식을 통해 다음 세대의 개체를 만들고 키우는 모든 과정**

생물에 따라 다양한 방법으로 번식하며, 번식 방법에 따라 생물을 분류할 수 있다. 동물은 번식 방법에 따라 알을 낳는 난생 동물, 새끼를 낳는 태생 동물로 분류하며, 드물게 알이 어미 몸속에서 부화하여 새끼로 자라 어미 몸 밖으로 나오는 난태생 동물도 있다. 식물의 번식 방법은 크게 두 가지로, 씨를 통한 번식과 영양 기관을 통한 번식이 있다.

🔗 생식, 영양생식

태생 동물

난생 동물

# 베르누이 정리 Bernoulli's theorem

**빠르게 흐르는 유체는 압력이 감소하고, 느리게 흐르는 유체는 압력이 증가한다는 법칙**

네덜란드의 물리학자 다니엘 베르누이가 1738년 발표했다. 유체는 공기나 물처럼 흐를 수 있는 물질을 말한다. 베르누이 정리에 따르면 비행기 날개는 볼록한 위쪽이 아래쪽보다 공기의 속력이 빨라 압력이 작다. 따라서 위로 뜨는 힘인 양력이 발생해 비행기가 하늘을 날 수 있다.

🔗 속력, 압력

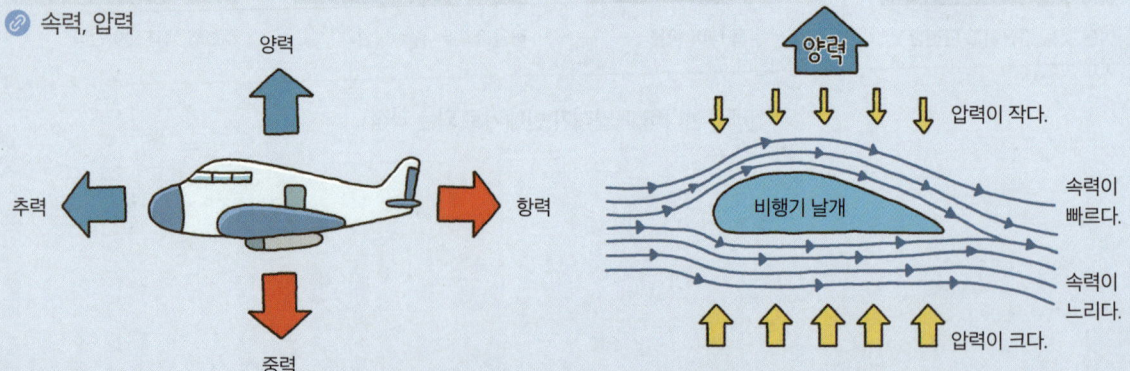

# 변성암 變成岩 metamorphic rock

**강한 열과 큰 압력을 받아 성질이 변한 암석**

암석이 지하 깊은 곳에 들어가 강한 열과 큰 압력을 받으면 성질이 달라진다. 이처럼 본래 암석의 성질이나 구조가 변하는 과정을 변성 작용이라고 한다. 변성 작용에는 뜨거운 마그마와 접촉해 열 때문에 변성되는 경우와 강한 열과 큰 압력을 한꺼번에 받아 변성되는 경우가 있다. 높은 열을 받은 암석이 변성되는 과정에서 광물이 녹았다가 다시 식으면서 원래의 결정보다 큰 결정이 만들어지는 재결정 작용이 일어난다. 또, 큰 압력과 강한 열을 동시에 받아 압력 방향과 수직으로 생기는 줄무늬인 엽리가 생기기도 한다.

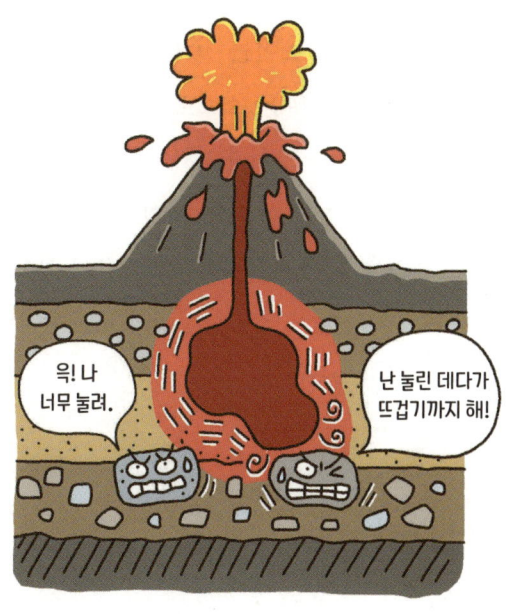

🔗 암석, 퇴적암, 화성암

| 원래의 암석 | 변성 과정(열과 압력) | 변성암 |
|---|---|---|
| 사암 | ⇒ | 규암 |
| 석회암 | ⇒ | 대리암 |
| 셰일 | ⇒ | 편암, 편마암 |
| 화강암 | ⇒ | 편마암 |

[변성암의 종류]

# ㅂ

## 별 star

**스스로 빛을 내는 천체**

밤하늘에 밝게 보이는 천체들이 모두 별은 아니다. 지구에서 보면 달도 빛나지만 달은 스스로 빛을 내는 것이 아니라 태양 빛을 반사해 밝게 보이는 것이다. 태양계에서는 태양이 유일한 별이다. 별의 중심부에서는 수소 여러 개가 합쳐져 헬륨으로 변하면서 빛을 낸다. 태양계 밖에는 무수히 많은 별이 있고 밤하늘에 고정되어 움직이는 것처럼 보이므로 항성이라고도 한다.

🔗 태양, 천체, 항성

## 별자리 constellation

**별을 몇 개씩 이어서 동물, 물건, 신화 속 인물의 이름을 붙인 것**

별자리를 이용하면 밤하늘의 별을 찾기 쉬우며, 방향을 알 수도 있다. 나라별로 서로 다른 별자리를 사용하였으나, 1928년 국제천문연맹이 88개의 별자리를 정했다. 계절에 따라 관찰되는 별자리가 다른 까닭은 지구가 태양 주위를 공전하기 때문이다.

🔗 공전, 항성

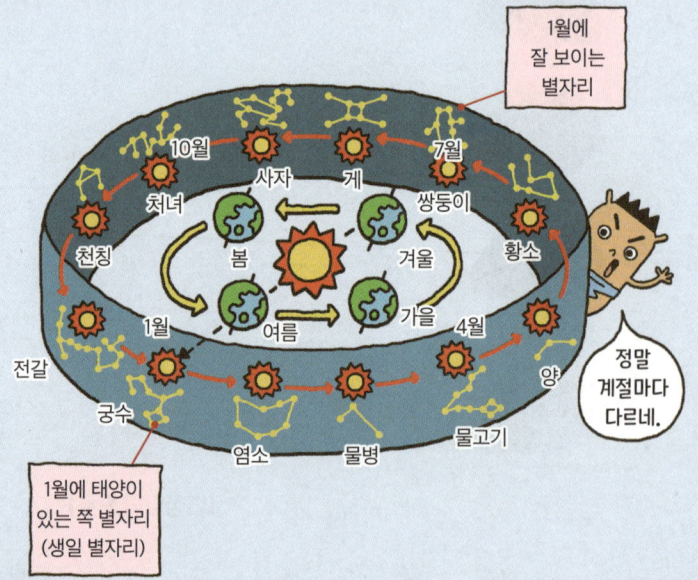

# 병원체 病原體 pathogen

**감염의 원인이 되는 미생물 또는 물질**

기생충, 진균, 세균, 바이러스 등이 있다. 병원체가 살고 있는 곳을 병원소라 하는데, 병원체가 병원소에서 나와 새로운 숙주에게 들어가면서 감염병이 전파된다.

🔗 감염, 감염병, 세균, 바이러스

# 병합설 併合說 coalescence theory

**열대 지방에서 구름 속의 물방울이 성장해 떨어져 비가 된다는 이론**

열대 지방의 구름은 물방울로만 이루어져 있다. 구름 속의 크고 작은 물방울은 서로 충돌하면서 점점 커진다. 일정 크기 이상이 되면 무게 때문에 아래로 떨어지며, 이때 내리는 비를 따뜻한 비라고 한다.

🔗 강수량, 구름

# 보일 법칙 Boyle's law

일정한 온도에서 압력이 높아지면 기체의 부피가 작아지고, 압력이 낮아지면 기체의 부피가 커진다는 법칙

🔗 기체, 부피, 압력, 온도

풍선이 하늘 위로 계속 올라가면 공기의 압력이 낮아져 풍선의 부피가 점점 커지다가 터진다.

비행기가 높이 뜨면 공기의 압력이 작아져 과자 봉지가 부푼다.

잠수부들이 내뿜는 공기 방울은 물의 압력이 낮은 수면에 가까워질수록 크기가 커진다.

# 보호색
保護色 protective coloration

주위 환경과 비슷한 몸 색깔로 다른 동물들에게 들키지 않고 자신을 숨기는 방법

보통은 자신을 잡아먹는 동물의 눈을 피하기 위한 것이지만, 반대로 잡아먹는 동물이 먹이에게 들키지 않기 위해 자기 몸을 숨기기 위한 몸 색깔도 보호색이라고 한다. 나방의 애벌레는 대부분이 초록색이므로 초록색 잎에 있으면 눈에 잘 띄지 않고, 들꿩의 깃털색은 여름에는 다갈색, 겨울에는 흰 눈과 비슷한 흰색으로 된다. 파충류인 카멜레온은 외부의 색에 따라 재빨리 몸 색깔이 변하며, 청개구리도 주변의 색깔에 따라 몸 색깔이 변한다. 경계색과 반대되는 말이다.

🔗 경계색

[청개구리의 보호색]

[카멜레온의 보호색]

# 복사 輻射 radiation

**매질 없이 고온의 물체에서 저온의 물체로 직접 열에너지가 전달되는 방법**

열이 이동하는 방법에는 대류, 전도, 복사가 있다. 복사로 전해진 에너지를 복사 에너지 또는 복사열이라고 한다. 모든 물체가 복사열을 방출하거나 흡수하는데, 표면이 검은색이면 복사열을 대부분 흡수하지만 흰색은 대부분 반사한다. 전도는 물질을 통해 열이 전달되는 것이고 대류는 물질과 열이 함께 움직이는 것이다. 태양에서 지구로 전달되는 열, 모닥불이나 전열기의 열이 복사로 전달된다.

🔗 대류, 열, 전도

[태양에서 지구로 열이 바로 전달되는 모습]

> ➕ **하나 더!** 사람의 복사열
>
> 태양이나 난로뿐 아니라 사람에게서도 복사열이 나온다. 사람은 36.5℃의 체온을 가지고 있다. 따라서 추울 때 여럿이 모인 곳에 가면 온기가 느껴지고, 더울 때 여러 명이 모여 있으면 더 덥게 느껴지는 것은 모두 사람에게서 나오는 복사열 때문이다.

# 복족류 腹足類 gastropoda

**배가 발인 무리라는 의미로, 배쪽에 근육으로 되어 있는 넓고 편평한 발을 이용해 이동하는 연체동물**

몸은 좌우대칭이며, 머리에는 더듬이, 눈, 입이 있다. 주로 바다에서 사는데 민물이나 땅 위에 사는 종류도 있다. 대부분은 나선 모양의 껍데기를 가지지만, 껍데기가 없거나 삿갓 모양도 있다. 초식성이 많고 육식성도 가끔 있다. 연체동물 중에서 가장 큰 무리이며, 세계적으로 7만 5,000여 종이 있다. 소라, 달팽이, 다슬기, 전복, 민달팽이가 있다.

🔗 부족류, 연체동물

# 볼록 렌즈 convex lens

**가운데 부분이 가장자리보다 두꺼운 렌즈**

볼록 렌즈는 평면 유리와 달리 빛을 모을 수 있다. 볼록 렌즈로 물체를 관찰하면 가까이 있는 물체는 실제보다 크고 바로 선 모양으로, 멀리 떨어진 물체는 뒤집힌 모양으로 보인다. 물이 담긴 둥근 유리잔, 동그랗게 맺힌 물방울 등도 볼록 렌즈 구실을 할 수 있다. 현미경, 망원경, 사진기, 휴대 전화, 의료용 장비 등에서 빛을 모으거나 물체를 확대할 때 쓰인다. 🔗 렌즈, 오목 렌즈

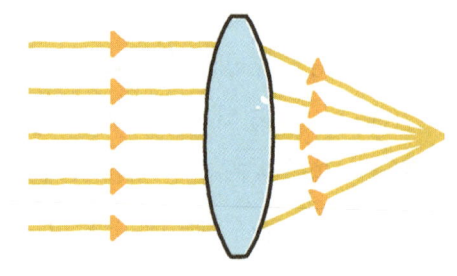

# 볼타 전지 voltaic cell

**아연판과 구리판을 묽은 황산에 넣어 전기를 일으킨 최초의 전지**

충전해 쓸 수 없으며 아연판은 (−)극, 구리판은 (+)극 역할을 한다. 시간이 지날수록 전기의 세기가 약해지기 때문에 오늘날에는 쓰지 않는다. 1800년에 이탈리아의 과학자 볼타가 발명했다.

🔗 전지, 화학 전지

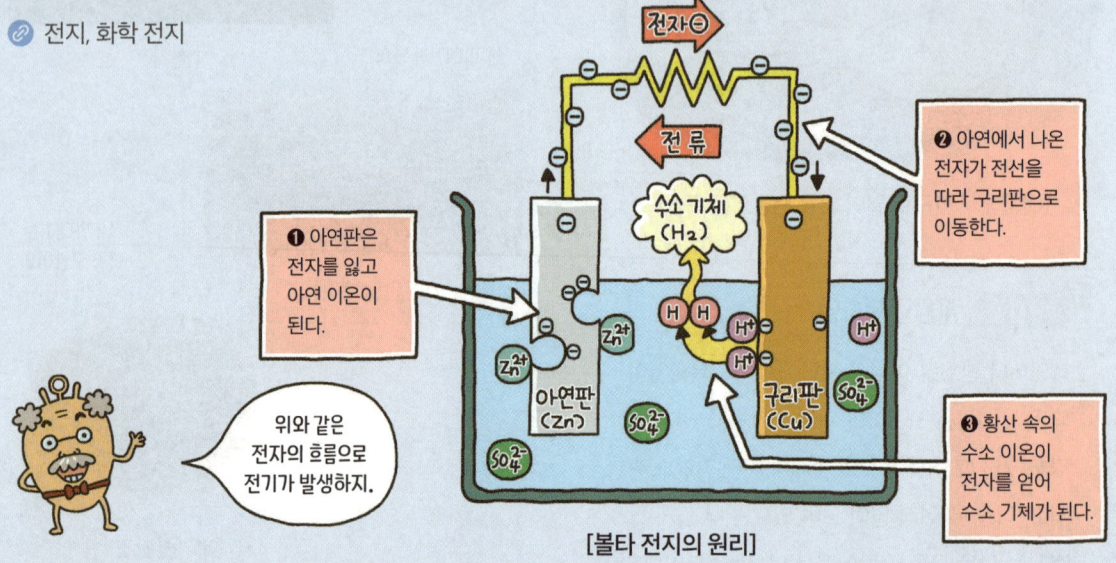

[볼타 전지의 원리]

# 부도체 不導體 insulator

**전류가 흐르지 않는 물체**

절연체라고도 하며 종이, 유리, 나무, 고무가 있다. 부도체는 전기 저항이 매우 크기 때문에 전류가 흐르지 않는다. 부도체와 달리 전류가 잘 흐르는 물질은 도체라고 한다. 전기 기구를 만들 때 도체와 부도체를 함께 이용한다. 전선은 전류가 잘 흐르는 도체인 구리를 사용하고, 전류가 잘 흐르지 않는 부도체인 비닐로 둘러싼다. 이렇게 함으로써 전선을 사용할 때 일어날 수 있는 감전 사고를 방지할 수 있다. 🔗 도체, 전기 저항

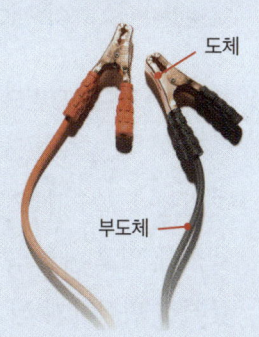

# 부력 浮力 buoyancy

**공기나 물속에 있는 물체가 중력의 반대 방향인 위쪽으로 뜨는 힘**

물속에서는 몸이 위로 떠오르고, 무거운 물체도 쉽게 들 수 있는데 이것은 부력 때문이다. 부력은 물이나 기름과 같은 유체가 물체에 작용하는 힘으로, 중력의 반대 방향으로 작용한다. 기원전 3세기쯤 그리스의 철학자 아르키메데스는 물속에서 물체가 받는 부력의 크기는 물체가 밀어낸 물의 무게와 같다는 사실을 알아냈다.

🔗 중력, 힘

> **+ 하나 더! 잠수함의 원리**
>
> 잠수함이 뜨고 가라앉는 것도 부력을 이용한 것이다. 잠수함에는 물을 저장하는 부표 저장통이 있다. 잠수함이 바닷속으로 들어갈 때는 부표 저장통에 바닷물을 채워 잠수함을 무겁게 하고, 바다 위로 올라갈 때는 부표 저장통 속의 물을 밀어내어 부력을 발생시킨다.

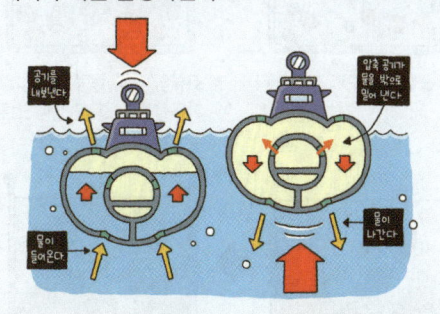

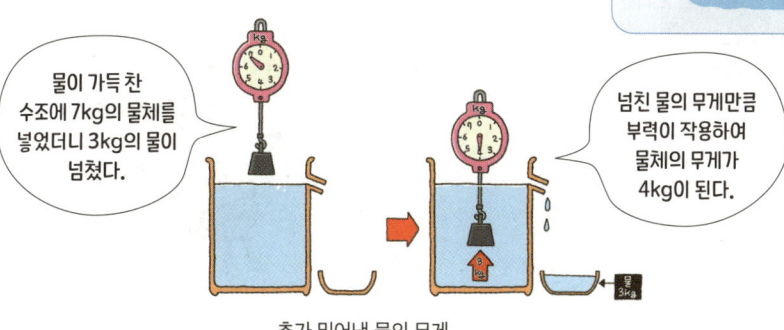

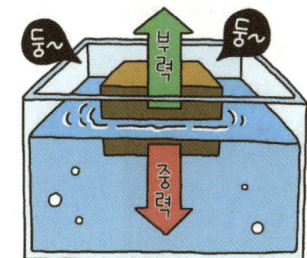

# 부영양화
富營養化 eutrophication

**하천이나 호수의 오염으로 조류가 급격히 번식하는 현상**

하천이나 호수가 오염되면 오염 물질 속 영양 물질을 먹고 사는 조류와 식물성 플랑크톤이 급격히 번식하게 되고, 이들을 먹이로 살아가는 동물성 플랑크톤과 수중 생물도 증가한다. 늘어난 동·식물이 죽게 되어 미생물이 많아지면, 물속 산소가 부족해진다. 그 결과 하천이나 호수의 물이 썩어 나쁜 냄새가 나고 물이 더러워진다. 녹조현상과 적조 현상이 이에 속한다.

🔗 녹조현상, 적조 현상

영양 물질의 농도가 짙어진다. / 조류와 식물 플랑크톤이 증가하고, 이들을 먹는 동물 플랑크톤과 수중 생물이 늘어난다.

급격히 번식했던 생물들이 죽어서 썩는다. / 분해 과정에서 많은 양의 산소가 소비된다.

산소 부족으로 물고기가 죽고, 물이 썩어 악취가 나고, 투명도가 낮아진다.

# 부족류 斧足類 pelecypoda

**두 장의 조개 껍데기를 가진 연체동물**

껍데기 속에 들어 있는 몸은 외투막으로 싸여 있고 납작하다. 발은 납작한 도끼 모양이다. 대부분 바다나 민물의 모래 속에 산다. 아가미를 통해 물이 들어오고 나간다. 이때 물속에 들어 있는 산소를 이용해 호흡하고, 물속에 들어 있는 먹이를 먹는다. 대합, 진주조개, 가리비, 피조개, 꼬막, 굴이 여기에 속한다.

🔗 연체동물

입수관을 통하여 들어온 물은 아가미를 거쳐 출수관으로 나가.

# 부피 volume

**물체가 차지하는 공간의 크기**

직육면체의 부피는 가로×세로×높이로 구한다. 액체의 부피는 눈금실린더를 이용해 재고, 물에 녹지 않는 고체는 물이 담긴 눈금실린더에 넣어 늘어난 물의 부피를 이용해 잰다. 기체는 담겨 있는 그릇의 부피가 그 기체의 부피가 된다. 기체는 온도와 압력에 따라 부피가 변하므로 기체의 부피를 나타낼 때에는 온도와 압력을 함께 표시해야 한다.

🔗 압력, 온도

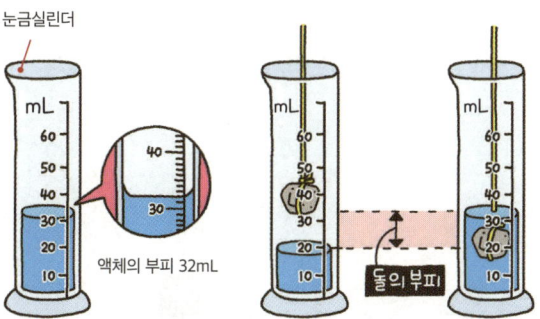

[액체의 부피 측정]　　[고체의 부피 측정]

### ➕ 하나 더! 부피 팽창률

물질이 열을 받으면 부피가 팽창하는데, 온도가 1℃ 변화할 때 일정한 부피당 부피의 변화 비율을 부피 팽창률이라고 한다. 기체의 경우 1℃ 올라갈 때마다 0℃ 때 부피의 $\frac{1}{273}$ 만큼 늘어나고, 고체와 액체는 물질마다 부피 팽창률이 다르다.

# 부화 孵化 hatching

**알 속에서 새끼가 껍데기를 깨고 밖으로 나오는 것**

부화의 방법에는 알껍데기를 깨뜨리는 것과 알껍데기를 녹이는 것이 있다. 조류, 파충류, 곤충류는 난치로 알의 안쪽에서 알껍데기를 깨뜨려 부화하는데, 난치는 부화 후에 곧 없어진다. 어류와 양서류는 부화 효소를 분비해 알껍데기를 녹인다.

🔗 곤충, 양서류, 어류, 조류, 파충류

# 북극성 北極星 Polaris

**지구의 북극 위에 떠 있는 별**

작은곰자리에 있는 별로 옛날부터 북쪽 방향을 알려 주는 나침반 구실을 했다. 지구에서 약 800광년 떨어져 있다. 북극성은 지구 자전축을 연장한 곳에 있으므로 움직이지 않는 것처럼 보이고, 다른 별들이 북극성을 중심으로 하루에 한 번 회전하는 것으로 보인다. 북두칠성과 카시오페이아자리를 이용해서 그 위치를 찾을 수 있다. 🔗 별자리, 자전

> **➕ 하나 더!** 북극성은 언제나 북극 방향에 있다?
>
> 마치 팽이가 넘어질 때 회전축이 원을 그리듯이 지구의 자전축도 원을 그리며 자전한다. 이 때문에 지구 자전축의 방향이 서서히 움직이므로 현재의 북극성은 지구의 북극 방향에서 점차 멀어지게 된다. 앞으로 약 1만 2000년 후에는 거문고자리의 직녀성이 북극성이 될 것이다.

# 북반구 北半球 northern hemisphere

**적도를 중심으로 지구를 둘로 나누었을 때의 북쪽 부분**

우리나라가 속해 있는 반구이다. 전체 인구의 약 90%가 살고 있으며, 전체 육지의 약 67%를 포함한다. 북반구의 계절은 남반구와 반대로 나타난다. 즉, 북반구가 여름일 때 남반구는 겨울, 북반구가 겨울일 때 남반구는 여름이다. 예를 들어 7월에 북반구는 여름, 남반구는 겨울이고 12월에 북반구는 겨울, 남반구는 여름이다.

🔗 남반구

# 분류 分類 classification

**탐구 대상의 공통점과 차이점을 바탕으로 무리 짓는 활동**

분류 대상의 특징 중 한 가지를 꼽아 기준으로 삼는다. 누가 분류하더라도 같은 분류 결과가 나와야 과학적인 분류 기준이다. 예를 들어 동물의 사랑스러움은 사람마다 다르게 느끼므로 분류 기준이 될 수 없다. 이에 비해 동물의 척추 유무, 다리 개수 등은 분류 기준이 될 수 있다.

🔗 학명

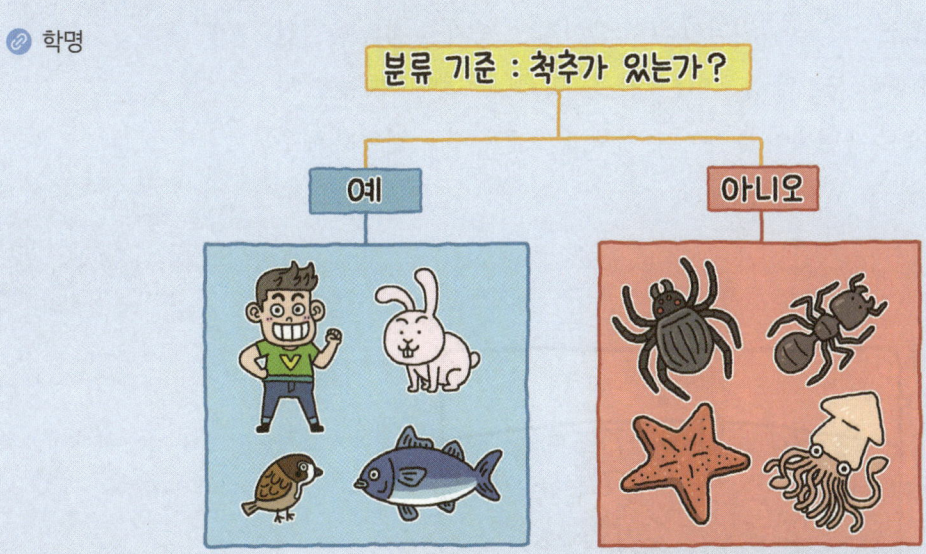

# 분변토 糞便土 earthworm casting

**지렁이 배설물을 이용해 만든 천연 비료**

지렁이는 흙을 먹고 그 속에 들어 있는 각종 영양분을 소화해서 배설한다. 지렁이가 배설한 흙에는 흙을 기름지게 하는 유기물이 많이 들어 있고, 미생물이 함께 나와 식물이 자라는 데 도움을 준다.

🔗 배설

# 분자 分子 molecule

**물질의 성질을 가지는 가장 작은 알갱이**

물을 계속 쪼개면 물의 성질을 가진 아주 작은 알갱이인 물 분자를 만들 수 있다. 물 분자를 더 쪼개면 산소 원자와 수소 원자로 나뉘며 더 이상 물의 성질을 갖지 않는다. 이처럼 물질은 분자로 이루어져 있고, 분자는 원자로 이루어져 있다. 물질을 이루는 분자는 스스로 움직이고 있다. 심지어 고체 상태의 물질도 겉으로는 아무런 움직임이 없어 보이지만, 분자는 계속 움직인다. 물질의 상태에 따라 분자가 움직이는 정도는 다르다. 고체 분자들은 서로 가까이 규칙적으로 배열되어 움직이며, 기체 분자들은 서로 떨어져 매우 자유롭게 움직인다.

🔗 물질, 원자

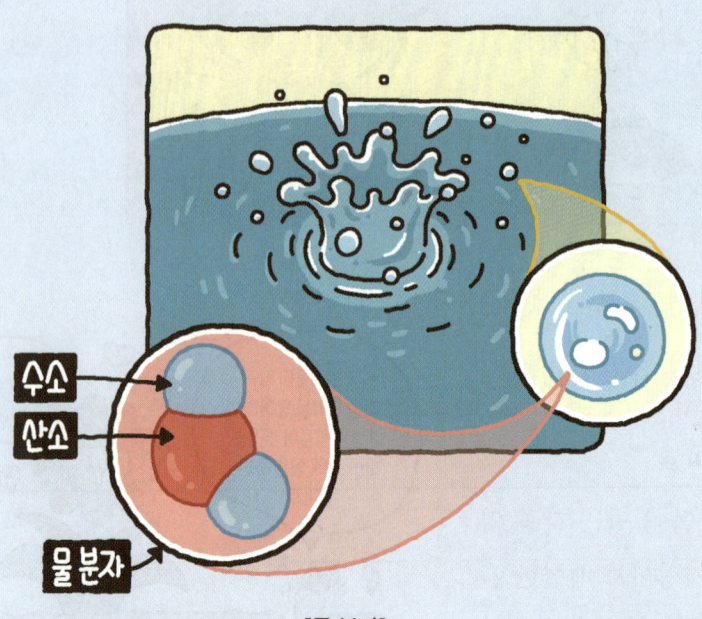

[물 분자]

# 분해자 分解者 decomposer

**세균, 버섯, 곰팡이와 같이 죽은 동식물의 몸을 먹거나 분해하는 생물**

생태계 속에 살고 있는 생물들은 양분을 얻는 방법에 따라 생산자, 소비자, 분해자로 나눌 수 있다. 분해자는 생산자와 소비자의 사체나 배설물을 분해한다. 분해된 물질은 식물의 거름이 되어 생산자인 식물이 양분을 생산하는 데 쓰인다. 다른 생물의 양분을 얻어 생활하는 버섯, 곰팡이, 세균뿐만 아니라 흙 속에서 죽은 생물을 분해하여 양분을 얻는 지렁이도 분해자에 속한다.

🔗 버섯, 곰팡이, 생산자, 소비자

[땅속 생물들의 분해]

## 분화구 噴火口 crater

화산 분출물이 빠져나와 움푹 패인 화산 꼭대기의 지형

🔗 마그마, 화산

## 불꽃 반응 flame reaction

금속 원소를 포함한 물질을 불꽃에 넣었을 때 금속 원소 특유의 색깔이 나타나는 현상

불꽃 반응 실험을 할 때는 불꽃에 아무런 반응을 하지 않는 니크롬선 또는 백금선을 쓴다. 금속 원소에 따라 불꽃색이 다르기 때문에 불꽃 반응을 통해 물질 속에 포함된 금속 원소의 종류를 알 수 있다.

🔗 금속, 원소

리튬 / 칼륨 / 나트륨

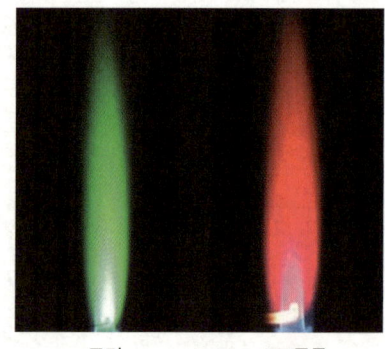

구리 / 스트론튬

[여러 가지 금속 원소의 불꽃색]

# 불연재 不燃材 noncombustible material

**불에 타지 않는 재료**

건물이나 지하철에 불이 나면 여러 가지 물질이 타면서 많은 피해를 낸다. 이런 피해를 줄이고 불타는 속도를 늦추기 위해 건물 내부나 지하철에 불에 타지 않는 불연재를 쓴다. 우리나라의 전통 기와도 불연재로, 단열성이 크다.

🔗 연소

# 불완전 연소 不完全燃燒 imcomplete combustion

**산소가 부족해 연료가 완전히 연소하지 못한 상태**

산소가 충분히 공급된 상태에서 연소되면 주로 이산화 탄소와 물이 생기지만 불완전 연소하면 그을음, 일산화 탄소 같은 오염 물질이 생긴다. 양초가 탈 때 가끔 나오는 검은색 연기, 자동차의 뒤에 나오는 매연도 불완전 연소 때문에 생기는 것이다.

🔗 연소, 완전 연소

# 불완전탈바꿈
incomplete metamorphosis

곤충이 자라면서 번데기 과정 없이 어른벌레가 되는 것

탈바꿈이란 동물이 자라는 과정에서 몸의 형태가 심한 변화를 거치면서 어른벌레가 되는 과정을 말한다. 불완전탈바꿈을 하는 곤충은 애벌레와 어른벌레(성충)의 생김새가 비슷하며 애벌레 시기에 여러 번 허물벗기를 하고 어른벌레가 된다. 원시적인 곤충과 사마귀, 잠자리, 매미, 메뚜기 등에서 볼 수 있다.

🔗 곤충, 성충, 완전탈바꿈, 허물벗기

[사마귀]

[메뚜기]

# 불투명 不透明 opacity

**빛을 전혀 통과시키지 않는 성질**

도자기 컵이나 벽돌처럼 속이나 뒤에 있는 물체가 보이지 않는 것을 말한다. 불투명한 물체는 빛이 통과하지 못해서 진한 그림자가 생긴다. 양산, 천막, 모자, 암막 커튼 등이 불투명한 물체를 이용한 예이다.

🔗 그림자, 빛, 투명

# 불포화 용액 不飽和溶液 unsaturated solution

**용매에 최대한 녹을 수 있는 양보다 적은 양의 용질이 녹아 있는 용액**

우리 주변에 있는 대부분의 용액은 불포화 용액이다. 용매에 용질을 조금만 녹이거나 포화 용액의 온도를 높이면 불포화 용액이 된다. 예를 들어 찬물에는 설탕이 조금밖에 녹지 않지만 가열하면 불포화 용액이 되어 설탕을 더 녹일 수 있게 된다. 반대로 용액의 온도를 낮추거나 용질을 더 넣어 포화 용액으로 만들 수 있다.

🔗 과포화 용액, 용질, 용매, 용액, 포화 용액

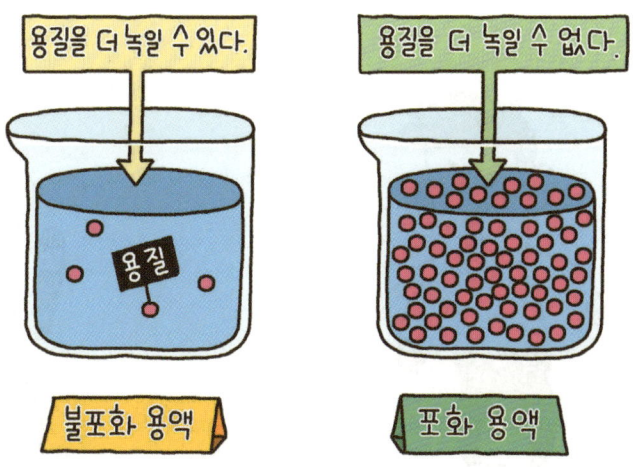

# 브이자곡 V-shaped valley

**강 상류에 나타나는 V(브이)자 모양의 계곡**

강 상류는 땅의 경사가 급해 물이 빠르게 흘러 강의 옆 부분보다 아래 부분을 더 많이 깎기 때문에 V자 모양의 계곡이 생긴다. 브이자곡은 폭이 좁고 깊으며 경사가 가파르다.

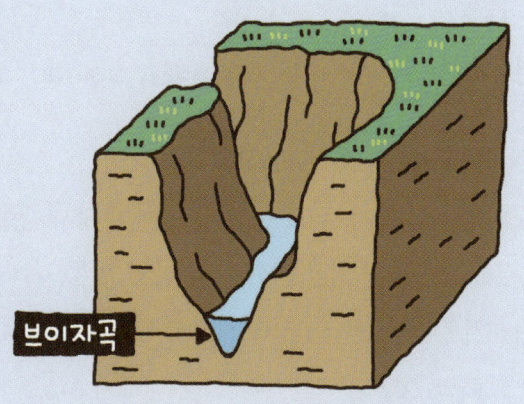

🔗 곡류, 삼각주, 선상지, 우각호

# 비말 감염 飛沫感染 droplet infection

**병원체를 포함한 비말이 다른 사람의 눈이나 코, 입 속 점막에 튀어 감염되는 것**

비말은 기침과 재채기를 하거나 말을 할 때 입에서 나오는 작은 액체 방울을 말한다. 한 번 재채기할 때 약 2만 개의 비말이 나온다. 비말 감염을 일으키는 원인은 병원체를 포함한 5㎛(=0.000005m) 이상의 입자들이다. 이 입자들은 어느 정도 무게가 있어 공기 중에서 멀리 가지 못하며 대개 주변 1m 이내에 전파된다. 비말 감염으로 전염되는 질환으로 백일해와 코로나19가 있다.

🔗 감염, 감염병, 공기 감염

# 비생물요소 非生物要素 abiotic factor

**생태계의 구성 요소 중 살아 있지 않은 것**

햇빛, 물, 흙, 공기, 온도 등이다. 생태계에서 생물요소가 살아갈 수 있는 환경을 제공하며 영향을 끼친다. 한편 생물요소도 공기나 물을 오염시키거나 깨끗하게 만들어 주는 것처럼 비생물요소에 영향을 준다.

🔗 생물요소, 생태계

# 비열  比熱 specific heat

**질량 1g인 물체의 온도를 1℃ 올리는 데 필요한 열의 양**

단위로는 cal/g·℃ 또는 kcal/kg·℃를 사용한다. 물의 비열은 1cal/g·℃로, 물 1g의 온도를 1℃ 올리는데 1cal의 열량이 필요하다는 뜻이다. 물은 대부분의 물질보다 비열이 매우 큰 편이다. 물의 비열이 다른 물질보다 크므로 온도 변화가 잘 일어나지 않는다. 그래서 몸속의 물이 체온을 일정하게 유지시키는 데 중요한 역할을 한다.

🔗 열량, 질량

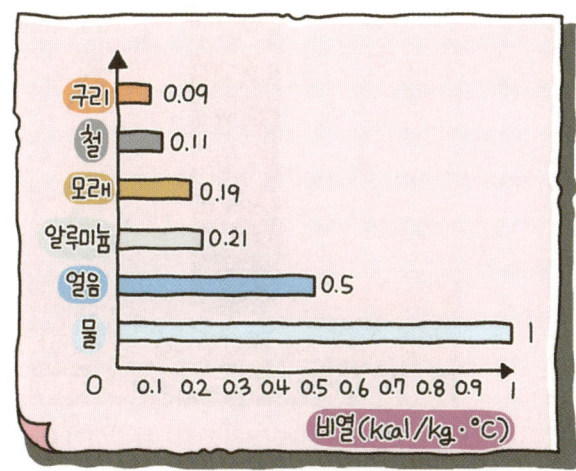

[여러 가지 물질의 비열]

## 비전해질

非電解質 nonelectrolyte

**물에 녹아도 이온이 되지 않아 전류가 흐르지 않는 물질**

용액에 전류가 흐르려면 이온이 있어야 한다. 설탕, 녹말, 에탄올, 포도당, 글리세린을 물에 넣으면 분자들이 이온으로 나누어지지 않고 크기만 작아진다. 따라서 용액 속에 이온이 없어 전류가 흐르지 않는다.

🔗 분자, 수용액, 이온, 전류

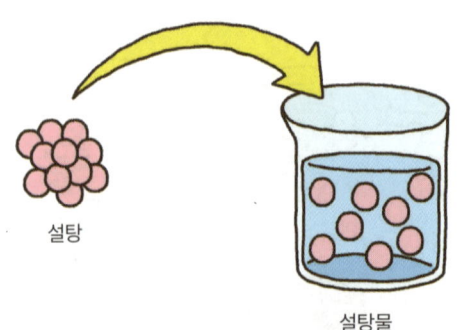

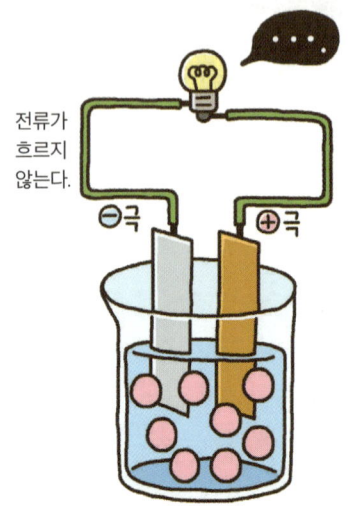

[설탕물에 회로를 연결했을 때]

## 비중 比重 specific gravity

**표준 물질의 밀도와 비교해 다른 물질의 밀도를 비율로 나타낸 값**

고체와 액체의 경우 1기압, 4℃의 물이 표준 물질이고, 기체의 경우 1기압, 0℃의 공기가 표준 물질이다. 순수한 물의 비중은 4℃일 때 1.0이다. 비중은 밀도와 값이 거의 비슷하지만, 표준 물질과의 비율을 나타낸 값이기 때문에 단위가 없다. 일반적으로 밀도와 비중은 거의 같은 개념으로 생각해도 된다.

🔗 밀도, 질량

[물질의 비중 차이를 이용한 무지개탑 만들기 실험]

# 비타민(바이타민) vitamin

몸을 구성하거나 에너지원으로 쓰이지 않지만 생명 활동을 조절하는 필수 영양소

수용성 비타민과 지용성 비타민으로 나뉜다. 비타민 B와 C는 수용성 비타민, 비타민 A, D, E, K는 지용성 비타민이다. 비타민은 적은 양이 필요하지만, 대부분 몸에서 만들어지지 않으므로 음식으로 섭취해야 한다. 부족하면 병에 걸릴 수 있고, 너무 많이 섭취하면 수용성 비타민의 경우 오줌으로 배설되며 지용성 비타민은 몸속 지방에 쌓인다.

🔗 영양소, 괴혈병

# 비티비 용액 bromothymol blue solution

**산성에서 노란색, 중성에서 녹색, 염기성에서 파란색으로 변하는 지시약의 한 종류**

색깔이 없는 브로모티몰 블루(bromothymol blue, BTB) 고체를 에탄올에 녹여서 만든다. 중성인 BTB 용액에 입김을 계속 불어넣으면 날숨의 이산화 탄소가 산성 물질인 탄산을 만들어 노랗게 변한다.

🔗 산성, 염기성, 지시약

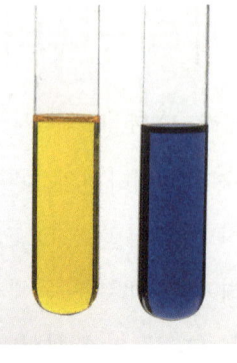

[산성]    [중성]

# 빗면 slope inclined plane

**수평면에서 일정한 각도로 기운 평면**

빗면을 사용하면 같은 일을 하는 데 힘이 더 적게 들고 그만큼 이동 거리는 늘어난다. 빗면의 경사각이 줄어들수록 힘은 더 적게 들고 이동 거리는 더 늘어난다. 빗면의 원리를 이용한 것으로 비탈길, 계단, 나사가 있다.

🔗 일, 힘

> **➕ 하나 더! 나사선**
>
> 빗면의 원리를 이용한 도구로 나사가 있다. 원기둥에 감겨 있는 나사선을 펼치면 빗면이 된다. 못을 수직으로 박아 넣는 것보다 나사선을 따라 돌려 넣으면 힘이 적게 든다.
>
>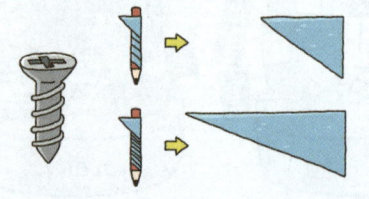

(가)
힘: 5N
이동 거리: 2m

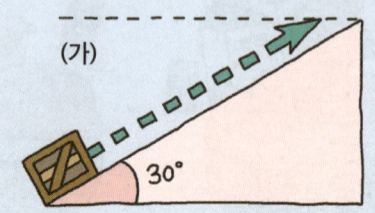

(나)
힘: 7N
이동 거리: 1.4m

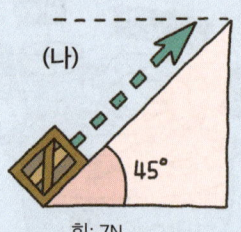

(다)
힘: 10N
이동 거리: 1m

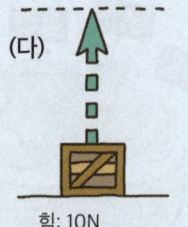

# 빙산 氷山 iceberg

**빙하 등에서 떨어져 나와 떠다니는 얼음덩어리 중 그 높이가 5m 이상인 것**

모양에 따라 꼭대기가 평편한 것과 불규칙한 것으로 나뉜다. 대부분 담수로 이루어져 있으며 전체 얼음덩어리의 10%만 물 위에 보이고 나머지 90%는 물에 잠겨 있다. 빙산은 바다를 떠다니다가 녹거나 갈라지면서 모양과 크기가 변하고 결국엔 다 녹아 없어지는 경우가 많다. 바다를 떠도는 빙산은 선박 운행에 방해가 되며 큰 피해를 주기도 한다. 예를 들어 1912년에 일어난 타이태닉호의 침몰도 빙산에 부딪힌 것이 그 원인이었다.

🔗 담수, 빙하

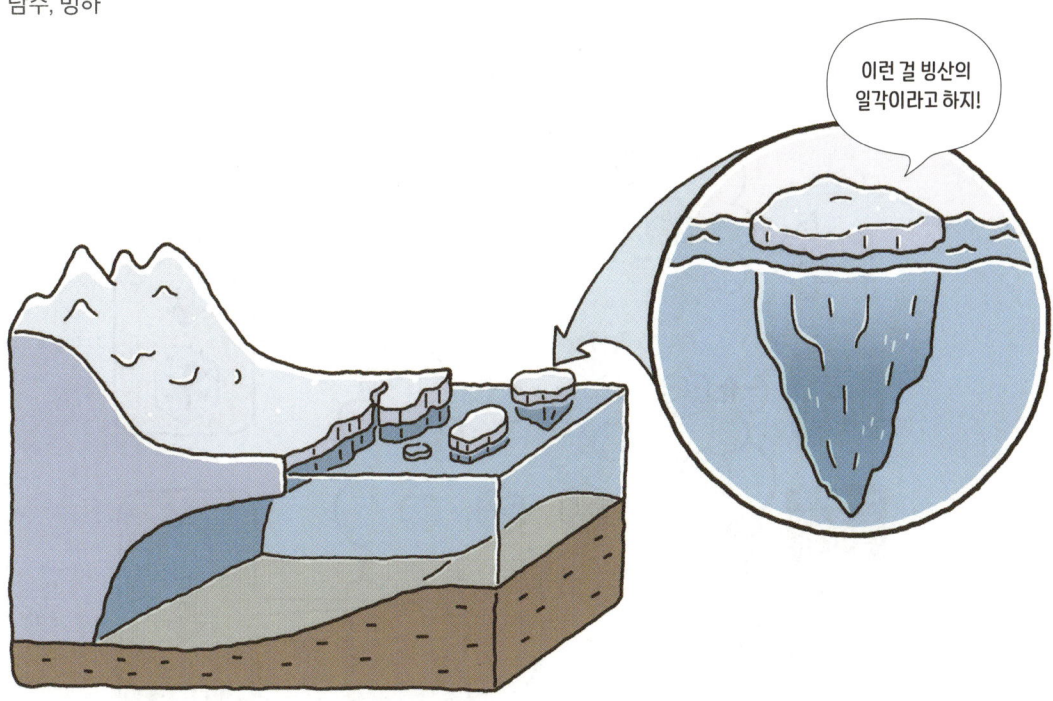

이런 걸 빙산의 일각이라고 하지!

# 빙정설 氷晶說 ice crystal theory

**온대나 한대 지방에서 구름 속의 얼음 알갱이가 성장하여 지표로 떨어지면 눈, 떨어지다 녹으면 비가 된다는 이론**

온대나 한대 지방의 구름 아랫부분에는 물방울이 존재할 수 있지만, 대류권의 온도는 위로 갈수록 낮아져 기온이 0℃ 이하로 떨어지는 중층부 이상의 높이에서는 수증기, 물방울, 얼음 알갱이가 섞여 있다. 중층부에서 수증기들이 얼음 알갱이에 달라붙어 얼음 알갱이의 크기는 점점 커진다. 얼음 알갱이가 더 이상 떠 있지 못할 정도로 무거워지면 아래로 떨어지는데, 그대로 떨어지면 눈이 되고, 도중에 녹으면 비가 된다. 이 비는 찬비라 한다.

🔗 강수량, 구름, 병합설

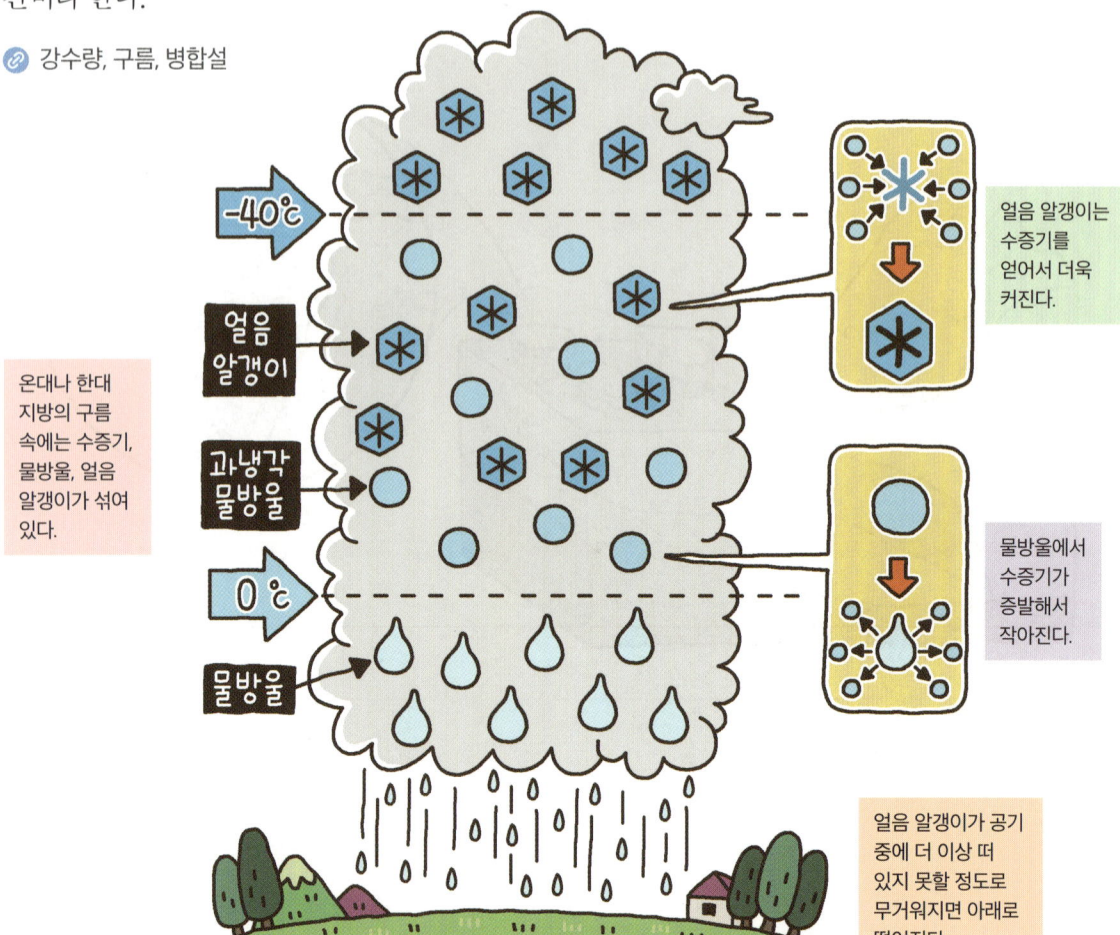

# 빙하 氷河 glacier

**아주 오랫동안 쌓인 눈이 두꺼운 얼음덩어리로 변해 이동하는 것**

수백, 수천 년에 걸쳐 육지 위에 눈이 쌓여 거대한 얼음덩어리로 변한 것이다. 주로 북극이나 남극처럼 추운 극지방에서 볼 수 있다. 지구의 담수 중 가장 많은 양을 차지한다. 빙하는 가만히 한곳에 머물러 있는 것이 아니라 자기 무게 때문에 높은 곳에서 낮은 곳으로 천천히 이동한다. 빙하가 지나간 땅에는 긁힌 자국 같은 흔적이 남는다.

🔗 담수, 빙산

# 빛 light

**가시광선, 자외선, 적외선, 엑스선 같은 모든 종류의 전자기파**

좁은 의미로는 물체를 볼 수 있게 하는 가시광선만을 빛이라고도 한다. 빛은 매질이 없는 진공 상태에서도 전파될 수 있다. 진공에서 빛의 속도를 광속이라 하며, 진공에서 그 값은 약 초속 30만 km이다. 빛이 태양에서 지구까지 오는 데 약 8분 20초가 걸린다. 광속은 통과하는 물질의 성질에 따라 그 값이 달라진다.

🔗 가시광선, 광원, 자외선, 적외선, 엑스선

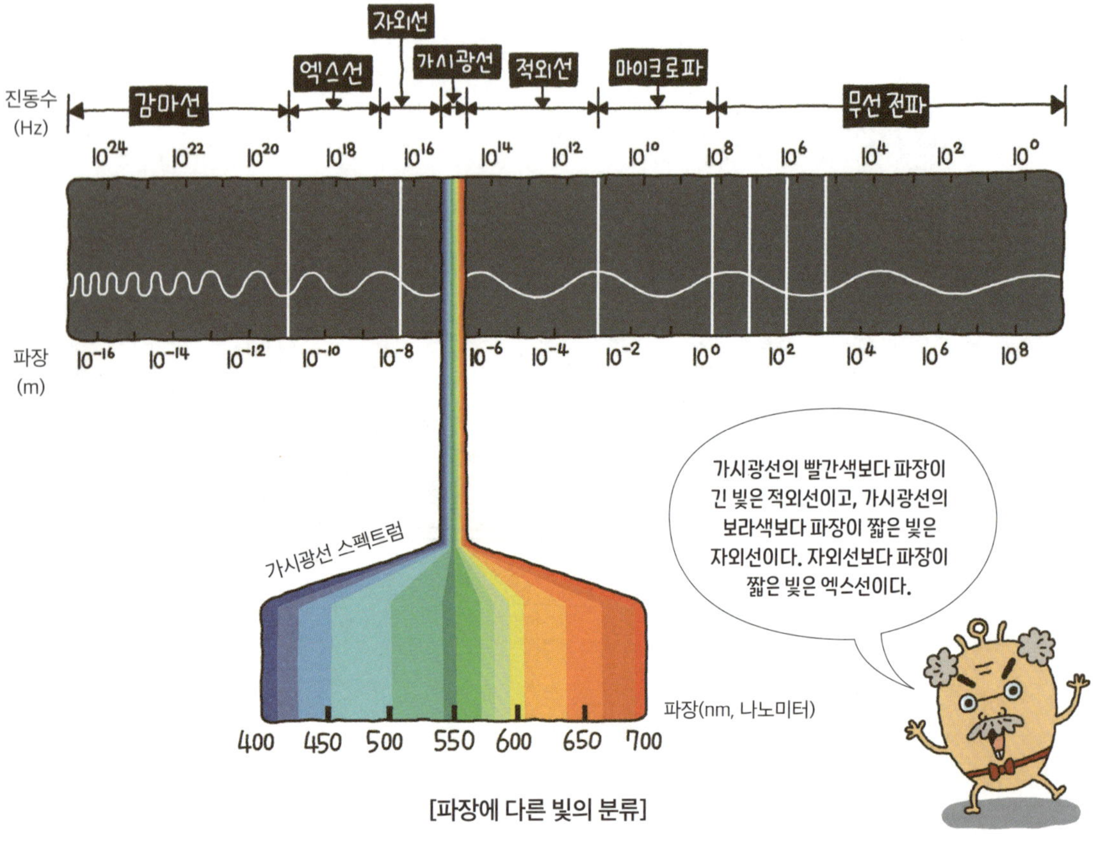

[파장에 다른 빛의 분류]

# 빛에너지 light energy

**빛이 가진 에너지**

태양이나 촛불, 불이 켜진 전등과 같은 광원에서 나오며, 주변을 밝게 하는 일을 한다. 식물은 태양에서 오는 빛에너지를 이용해 광합성을 하고 양분을 만들어낸다. 태양 전지를 이용하면 빛에너지를 곧바로 전기 에너지로 바꿀 수 있다.

🔗 광합성, 에너지

# 빛의 굴절 refraction of light

**빛이 한 물질에서 다른 물질로 나아가면서 빛의 진행 방향이 꺾이는 현상**

빛은 통과하는 물질에 따라 빠르기가 다르다(진공>공기>물>유리>플라스틱). 빛이 다른 물질로 들어갈 때 빠르기 차이가 생겨 방향이 바뀌는 굴절이 나타난다. 물속 동전이 실제보다 떠 보이는 현상이나 물이 담긴 컵 속의 빨대가 굽어 보이는 현상이 빛의 굴절 때문이다. 렌즈도 빛의 굴절을 이용한 것이다.

🔗 렌즈, 빛, 빛의 반사

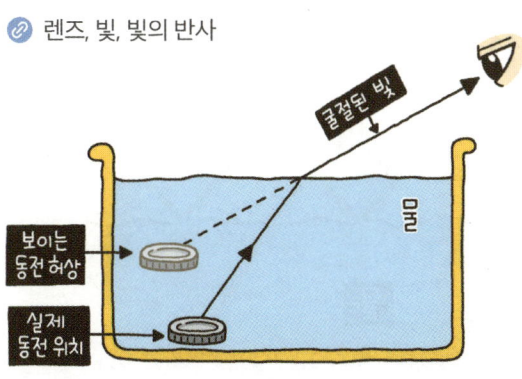

동전에서 나온 빛이 물 표면에서 굴절되어 눈에 들어오므로 마치 동전이 떠 있는 것처럼 보인다.

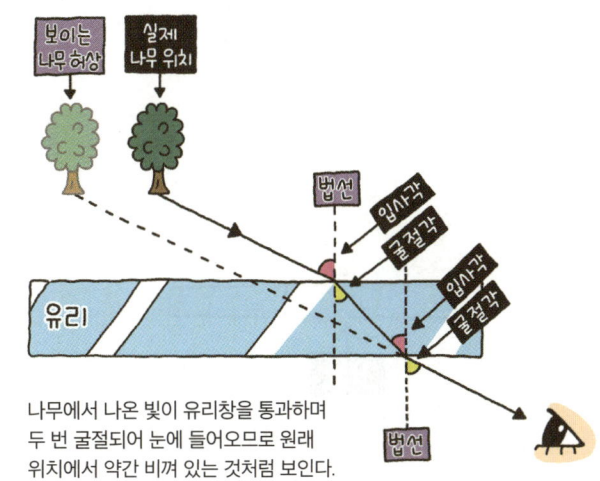

나무에서 나온 빛이 유리창을 통과하며 두 번 굴절되어 눈에 들어오므로 원래 위치에서 약간 비껴 있는 것처럼 보인다.

# 빛의 반사 reflection of light

**빛이 다른 물질을 만나 일부분이 되돌아 나오는 현상**

거울과 같이 매끄러운 면에서 반사되는 것을 정반사, 울퉁불퉁한 면에서 반사되어 빛이 여러 방향으로 퍼지는 것을 난반사라고 한다. 물이나 유리같이 빛이 통과할 수 있는 물체의 표면에서 빛의 일부는 반사되고 일부는 굴절된다. 빛이 반사될 때 입사각과 반사각은 항상 같다. 이것을 반사 법칙이라고 한다. 우리가 물체를 볼 수 있는 것도 물체 표면에서 반사된 빛이 우리 눈에 들어오기 때문이다.

🔗 거울, 빛, 빛의 굴절

## ➕ 하나 더! 전반사

물에서 공기로 빛이 나아갈 때 빛의 일부는 두 물질의 경계면에서 반사되고, 일부는 굴절되어 공기로 나아간다. 이때, 입사각을 일정 값 이상으로 크게 해 주면 굴절은 일어나지 않고 빛이 모두 반사하게 되는데, 이러한 현상을 전반사라 한다. 전반사를 이용한 도구로 광섬유가 있다.

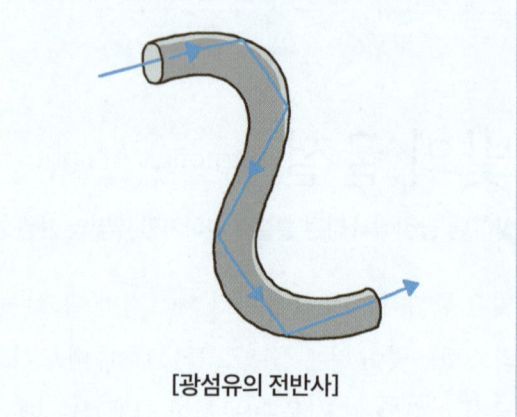

[광섬유의 전반사]

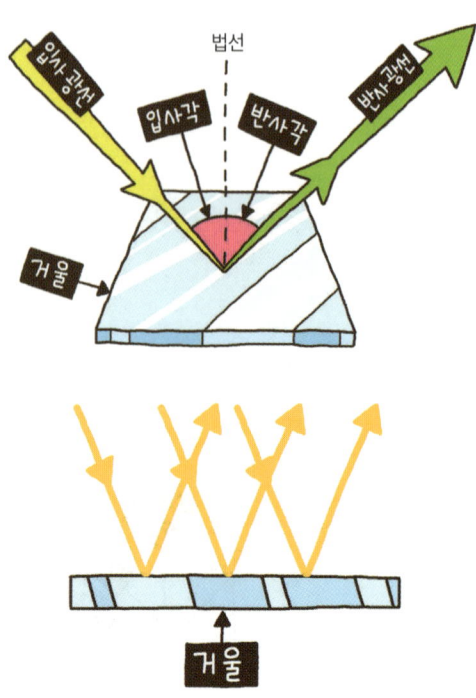

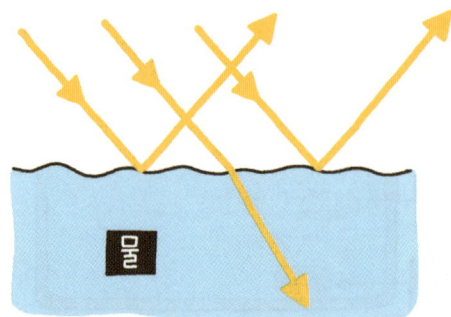

(가) 거울 면에서 모든 빛이 반사된다.

(나) 물 표면에서 빛의 일부는 반사, 일부는 굴절된다.

# 빛의 직진 rectilinear propagation of light

**같은 성질을 가진 매질 속에서 빛이 똑바로 나아가는 현상**

빛이 직진하다가 물체를 만나면 물체의 뒷면으로 돌아갈 수 없어 그림자가 생기는 것은 빛이 직진하는 성질 때문이다. 달이 태양과 지구 사이에 있을 때 태양이 가려지는 일식 현상과 지구가 태양과 달 사이에 있을 때 달이 보이지 않게 되는 월식 현상은 빛의 직진 때문에 일어난다. 바늘구멍 사진기에 상이 거꾸로 맺히는 것도 빛의 직진 때문이다.

🔗 바늘구멍 사진기, 빛, 빛의 굴절, 빛의 반사, 월식, 일식

햇빛은 똑바로 나아간다.　　물체를 놓으면, 빛이 가다가 막혀서 그림자가 생긴다.

[등대와 무대에서 빛의 직진]

# 뼈 bone

척추동물의 몸속에 있으며, 몸을 보호해 주고 지탱하는 부분

뼈는 칼슘과 인을 저장하고 피를 만드는 작용을 한다. 뼈는 쇠 무게의 $\frac{1}{3}$ 정도밖에 안되지만 쇠보다 10배나 더 강하고 아주 조금이지만 휘어질 수도 있다. 모든 뼈는 처음에는 물렁뼈였다가 대부분 딱딱한 뼈로 바뀌는데 코, 귓바퀴 들은 끝까지 물렁뼈로 남아 있다. 뼈는 힘줄을 통해 근육과 연결되어 있고, 두 뼈를 잇는 관절과 뼈와 뼈를 연결해 주는 인대를 이용해 운동을 할 수 있다.

골격계, 관절

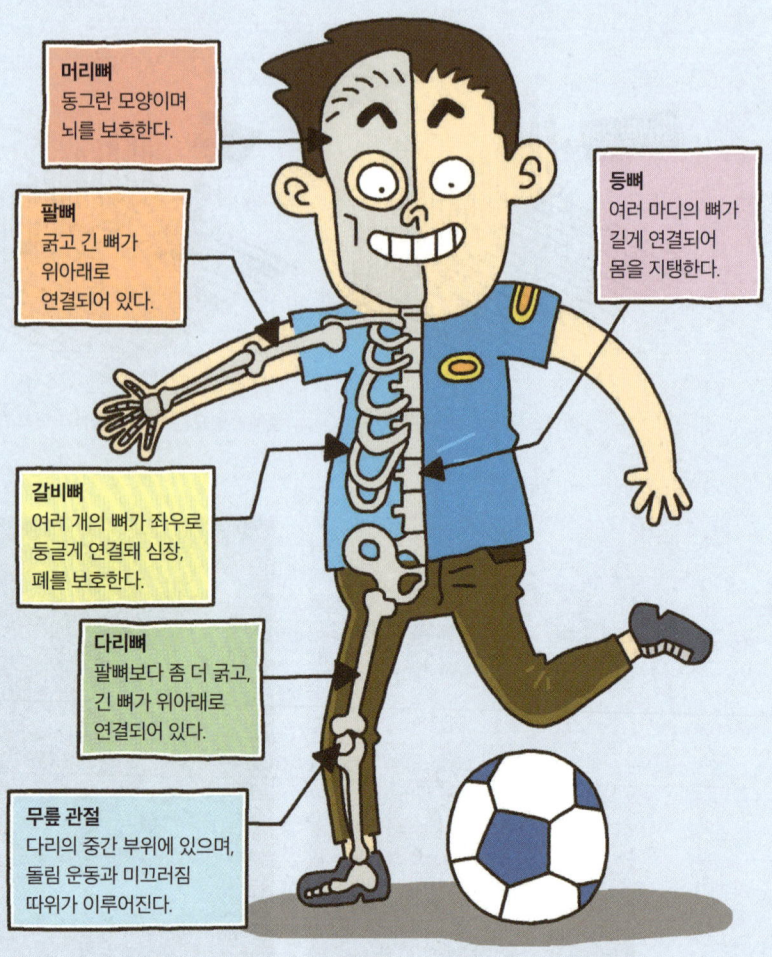

[뼈의 종류]

# 뿌리 | root

식물의 몸이 쓰러지지 않도록 지탱하고 땅속의 물이나 무기 양분을 흡수하는 기관

식물의 종류에 따라 길이와 모양이 다르다. 외떡잎식물의 뿌리는 수염뿌리이고, 쌍떡잎식물의 뿌리는 곧은뿌리이다. 뿌리에 있는 뿌리털을 통해 물을 흡수하고, 뿌리의 끝 부분에는 단단한 땅을 잘 뚫고 들어갈 수 있고 생장점을 보호하는 뿌리골무가 있으며, 뿌리골무 위쪽으로 새로운 세포가 계속 만들어져 길이 생장을 하는 생장점이 있다.

생장점, 식물

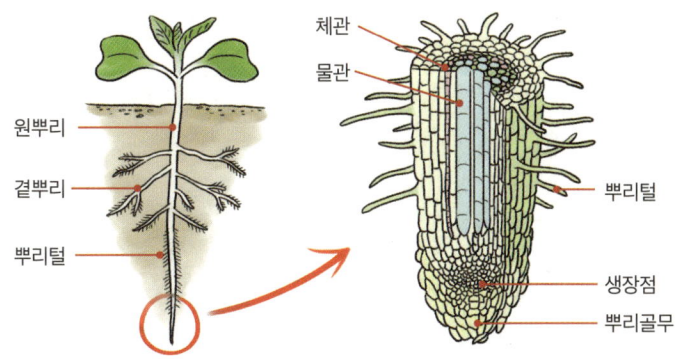

[뿌리의 구조]

# 사막 沙漠 desert

**강수량이 적어서 땅이 메마르고 생물이 살아가기 힘든 지역**

전체 육지의 약 10%를 차지한다. 낮에는 무척 덥고 밤에는 매우 추우며, 모래 바람이 심하게 불기도 한다. 바오바브나무, 선인장, 용설란, 알로에 같은 식물과 낙타, 사막여우, 사막 뱀, 사막 딱정벌레 같은 동물이 사막의 환경에 적응하여 살고 있다.

🔗 강수량, 적응

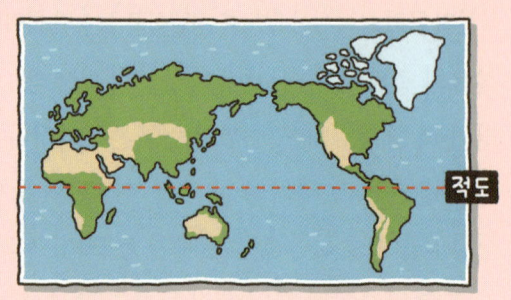

[전 세계 사막의 분포]

# 사막화 沙漠化 desertification

**비가 적게 오거나 식물 생태계가 파괴되어 사막으로 변하는 현상**

기후가 건조해지면서 비가 적게 오거나, 비가 많이 오더라도 식물 생태계가 파괴되면 바람이나 물에 흙이 씻겨 내려가 식물이 자라지 못하는 사막으로 변한다. 일단 사막화가 시작되면 되살리기 어려울 정도로 빠른 속도로 사막화가 진행된다. 이를 막기 위해 1994년 '사막화 방지 협약'이 채택되었고, 우리나라는 1999년 159번째로 이 협약에 가입했다.

🔗 기후, 생태계

# 사암 砂岩 sandstone

**모래와 진흙이 굳어져 만들어진 퇴적암**

강이 흐르면서 생기는 대표적인 퇴적물인 자갈, 모래, 진흙 중 모래가 주를 이룬다. 입자 크기는 0.0625~2mm 정도이다. 이보다 입자가 크면 역암, 입자가 작으면 이암으로 분류한다.

🔗 역암, 이암, 퇴적암

# 사육 상자 飼育箱子 rearing box

**특정 생물을 관찰하거나 기르기 위해 생물이 잘 먹는 먹이, 흙, 놀 수 있는 물건을 넣어 만든 상자**

준비된 사육 상자는 따뜻한 곳, 시원한 곳, 습도가 높은 곳, 천적이 없는 곳 등 기르는 생물이 살아가기에 가장 적당한 곳에 둔다. 예를 들어 배추흰나비의 사육 상자는 알이 붙어 있는 배추 잎을 넣고, 망사로 덮어 공기가 잘 통하도록 한다. 물에 적신 화장지를 넣어 수분을 공급해 준다. 배추흰나비의 애벌레는 배추와 같은 십자화과 식물이 먹이이다.

🔗 습도

[배추흰나비 사육 상자]

# 산 酸 acid

**물에 녹아 수소 이온(H$^+$)을 내는 물질**

아세트산, 염산, 질산, 황산 같은 것이 있으며, 보통 신맛을 낸다. 금, 은, 수은, 구리를 제외한 대부분의 금속과 반응해 금속을 녹이고 수소 기체를 발생시킨다. 몸속의 위액에도 음식물 소화를 위해 묽은 염산 성분이 들어 있다.

🔗 산성, 산성도, 염기, 염기성, 이온

# 산성 酸性 acidic

**산의 수용액이 공통으로 가지고 있는 성질**

용액 속에 수소 이온($H^+$)이 수산화 이온($OH^-$)보다 많이 있으면 용액은 산성을 띤다. 산성 용액은 지시약인 BTB 용액을 노란색, 메틸 오렌지 용액을 붉은색, 푸른색 리트머스 종이를 붉은색으로 변화시킨다.

🔗 비티비 용액, 산, 산성도, 수용액, 염기, 염기성, 지시약

> **잘못된 개념**
>
> ### 산성을 띠는 물질은 모두 산성 식품이다?
>
> 산성 식품과 염기성 식품은 식품 자체가 가지고 있는 성질이 아니라 몸속에서 식품이 처리되는 과정에서 남은 성분이 어떤 성질인지에 따라서 결정한다. 예를 들어 식초는 산성이지만 몸속에서 염기성으로 작용하기 때문에 염기성 식품으로 분류한다. 황, 인, 염소 등의 비금속 원소를 많이 포함한 식품은 몸속에서 각각 황산, 인산, 염산과 같은 산성 물질이 남아 산성 식품이고, 나트륨, 칼륨, 마그네슘, 칼슘 등의 금속 원소를 많이 포함한 식품은 염기성 물질이 남아 염기성 식품이다.

[산성 식품]

[염기성 식품]

# 산성도 酸性度 acidity

용액의 산성 정도 또는 산의 세기로, 보통 수소 이온 농도 또는 수소 이온 지수(pH, 피에이치)로 나타낸다.

산성도는 수소 이온 농도로 나타내지만 값이 매우 작기 때문에 간단한 값으로 표시한 수소 이온 지수인 pH로 나타낸다. pH값은 0부터 14까지의 값을 갖는데, pH 값이 7보다 작으면 산성, pH값이 7이면 중성, pH값이 7보다 크면 염기성을 나타낸다.

🔗 산, 산성, 염기, 염기성, 용액

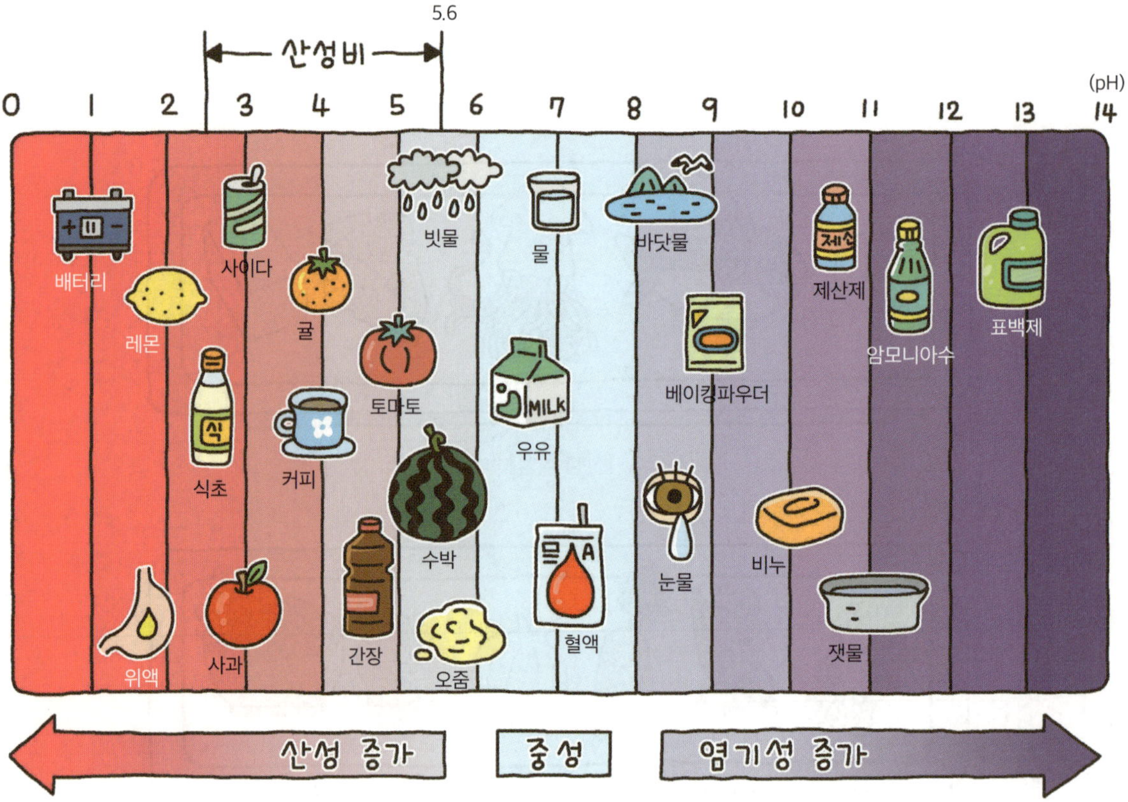

[여러 가지 물질의 산성도]

# 산성비 acid rain

**오염 물질이 녹아 있어 산성도가 pH 5.6 이하인 비**

일반적으로 빗물은 pH 5.6~6.5 정도의 약한 산성을 띤다. 하지만 공장 매연이나 자동차 배기가스 등에 포함된 오염 물질이 공기 중의 수증기와 만나면 강한 산성을 띠는 황산이나 질산으로 바뀐다. 이런 물질이 빗물에 녹으면 산성을 띠는 산성비가 된다. 산성비는 철이나 대리석으로 된 문화재나 건축물을 녹이고, 동물과 식물에게 모두 피해를 준다. 산성비를 줄이기 위해 석탄, 석유와 같은 화석 연료의 사용을 줄이고 대체 에너지나 청정 에너지를 개발하는 노력이 필요하다.

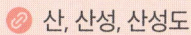 산, 산성, 산성도

[산성비에 의한 피해]

# 산성 용액 酸性溶液 acid solution

**산성을 띠는 용액**

푸른색 리트머스 종이를 붉은색으로 변하게 한다. 달걀 껍데기와 대리석 조각을 녹인다. 식초, 레몬즙, 사이다, 묽은 염산 등이 있다.

🔗 산, 산성, 염기, 염기성, 염기성 용액

# 산소 酸素 oxygen

**냄새와 색깔, 맛이 없고 다른 물질이 잘 타게 하는 성질을 가진 기체**

공기 중에 약 21% 들어 있으며, 이산화 망가니즈로 과산화 수소를 분해해 얻는다. 물을 전기분해하면 (+)극에서 생기고, 녹색식물의 광합성을 통해 만들어진다. 공기보다 조금 무겁고, 물에는 거의 녹지 않는다. 숨을 쉬는 데 꼭 필요하고, 로켓의 추진 연료 등에 이용된다.

🔗 기체, 연소

[산소 발생 실험 장치]

# 산화 酸化 oxidation

어떤 물질이 산소와 결합하거나 수소 또는 전자를 잃는 것

🔗 산소

물질의 연소

철이 녹스는 것

숨을 쉬는 것

건전지가 전자를 잃는 것

[산화의 예]

# 삼각주 三角洲 delta

강의 하류에 모래와 흙이 쌓여 이루어진 삼각형 모양의 편평한 지형

강이 바다와 만나는 하구에서는 물의 속력이 줄어들어 퇴적물이 쌓인다. 이때 물의 흐름에 따라 삼각형 모양의 지형이 만들어지고, 여기에 퇴적물이 계속 공급되어 땅이 기름지게 된다. 따라서 농업에 이용되기도 하고 다양한 동식물이 살아가는 터전이 된다. 우리나라에는 압록강의 용천 평야와 낙동강의 김해 평야가 삼각주이다.

🔗 곡류, 선상지, 퇴적 작용

[이집트 나일 강의 삼각주]

삼각주라는 이름은 이집트에서 처음 쓰였어. 나일 강에 생기는 모양이 삼각형을 닮았거든. 하지만 다른 지역에 생기는 삼각주는 꼭 삼각형 모양은 아니야~.

## 삼엽충 三葉蟲 trilobite

**고생대 바다에 살던, 몸이 여러 개의 마디로 이루어진 동물**

지금으로부터 약 5억 2,000만 년 전부터 나타나서 약 2억 5,000만 년 전에 멸종했다. 오늘날의 새우나 곤충과 비슷하게 몸이 여러 개의 마디로 이루어져 있다. 납작한 몸은 머리, 가슴, 꼬리 세 부분으로 이루어져 있고 등 부분에는 딱딱한 껍데기가 있다. 크기는 1mm부터 70cm에 이르기까지 다양하다. 화석으로 밝힌 종류가 15,000종이 넘을 정도로 다양하다. 옆에서 보면 납작한 모양이고, 위에서 보면 왼쪽, 가운데, 오른쪽 세 부분이 뚜렷이 구분되어 삼엽충이라는 이름이 붙었다.

🔗 고생물, 멸종, 화석

[삼엽충 화석]

## 삼투 현상 滲透現象 osmosis

**반투막을 경계로 농도가 다른 두 용액이 접촉했을 때 농도가 낮은 쪽에서 농도가 높은 쪽으로 용매가 이동하는 현상**

반투막은 분자의 크기에 따라 선택적으로 물질을 통과시키는 막이다. 식물과 동물 세포의 세포막도 반투막이다. 또 목욕탕에서 손발이 붓는 것도, 식물의 뿌리에서 물을 흡수하는 것도 삼투 현상이다.

🔗 농도, 용매

[소금에 절인 배추에서의 삼투 현상]

# 상대 속도
相對速度 relative velocity

**움직이는 관찰자가 느끼는 물체의 속도**

물체의 속도는 관찰자의 속도에 따라 다르게 보인다. 자동차가 도로를 달리고 있을 때, 정지한 관찰자가 느끼는 자동차의 속도는 움직이는 관찰자가 느끼는 자동차의 속도와 다르다. 움직이는 관찰자가 느끼는 물체의 속도를 상대 속도라 한다. 상대 속도는 물체의 속도에서 관찰자의 속도를 빼서 구한다.

🔗 운동, 속도

상대 속도 = 물체의 속도 - 관찰자의 속도

> **하나 더!  운동의 기준**
>
> 물체가 운동한다고 할 때는 기준이 있다. '기차가 뒤로 간다'라고 말하는 것은 반대 방향으로 가는 옆 기차에서 보았을 때 관찰한 결과이다. 이처럼 '운동한다'는 것은 무엇이 기준이냐에 따라 상대적이다. 지구에 가만히 서 있는 사람을 지구에서 보면 '가만히 서 있다'라고 말할 수 있지만, 그 사람을 지구 밖에서 본다면 지구와 함께 돌고 있는 것이기 때문에 '저 사람은 움직이고 있다'라고 말할 수 있다. 이처럼 운동을 표현할 때는 항상 기준이 있고, 무엇이 기준이 되느냐에 따라서 같은 물체를 '움직인다', '서 있다', '뒤로 간다', '앞으로 간다'라고 다르게 말한다.

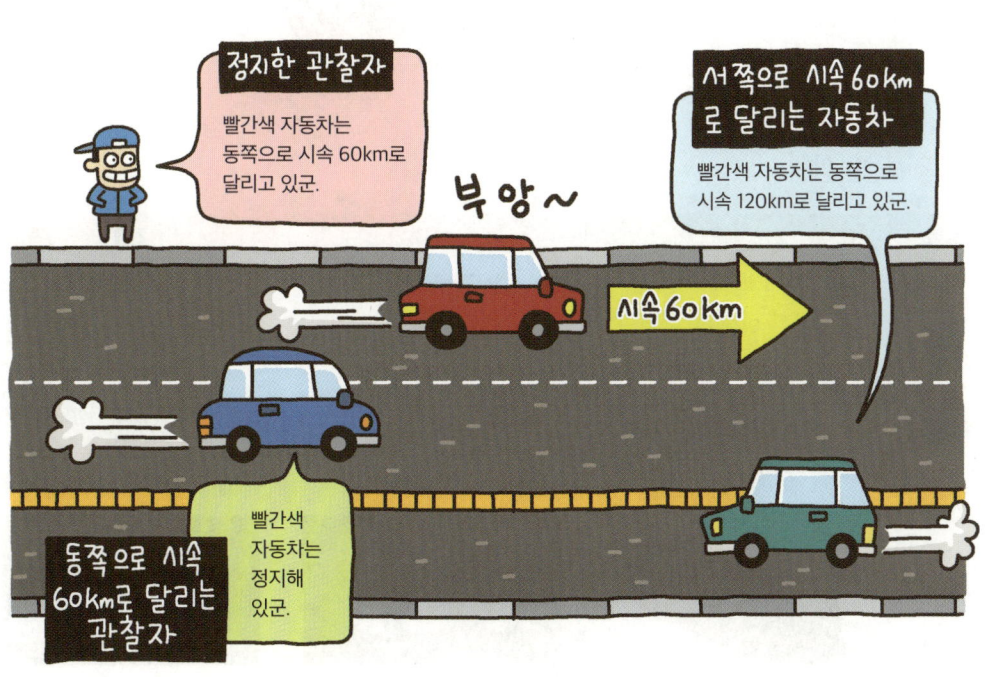

# 상태 변화 狀態變化 change of state

**온도와 압력에 따라 물질의 상태가 바뀌는 것**

우리 주위의 물질은 고체, 액체, 기체 중 한 가지 상태로 존재하며, 온도와 압력에 따라 상태가 변한다.

🔗 고체, 기체, 물질, 액체

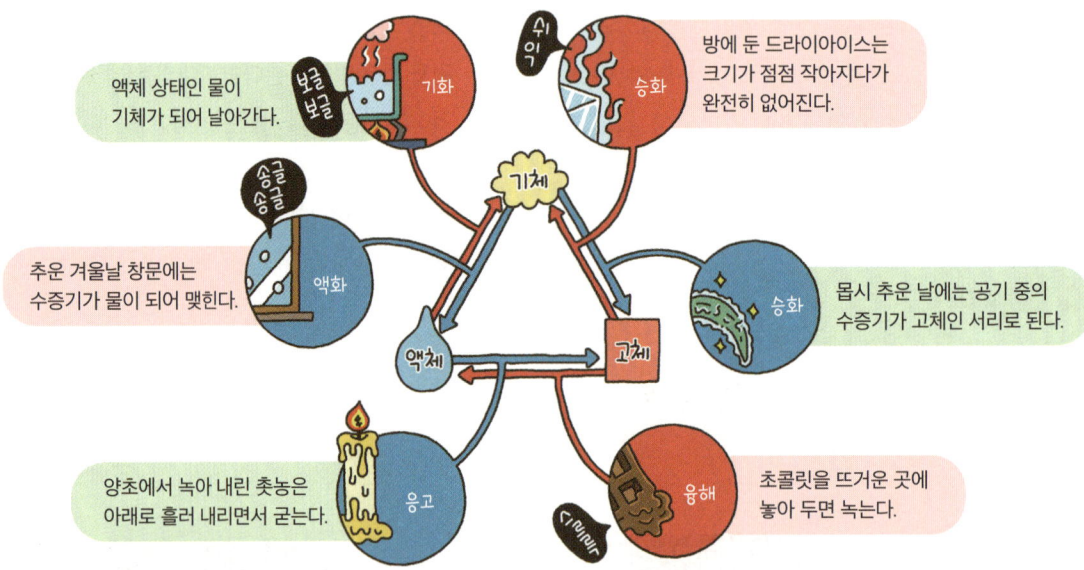

액체 상태인 물이 기체가 되어 날아간다. (기화)

방에 둔 드라이아이스는 크기가 점점 작아지다가 완전히 없어진다. (승화)

추운 겨울날 창문에는 수증기가 물이 되어 맺힌다. (액화)

몹시 추운 날에는 공기 중의 수증기가 고체인 서리로 된다. (승화)

양초에서 녹아 내린 촛농은 아래로 흘러 내리면서 굳는다. (응고)

초콜릿을 뜨거운 곳에 놓아 두면 녹는다. (융해)

### ➕ 하나 더! 물질의 상태

| 상태 | 고체 | 액체 | 기체 |
|---|---|---|---|
| 모양 | 일정함 | 담는 그릇에 따라 변함 | 담는 그릇에 따라 변함 |
| 부피 | 일정함 | 일정함 | 담는 그릇에 따라 변함 |
| 압축 | 압축되지 않음 | 거의 압축되지 않음 | 쉽게 압축됨 |
| 성질 | 단단함, 흐르는 성질이 없음 | 흐르는 성질이 있음 | 흐르는 성질이 있고, 사방으로 퍼져 나감 |
| | 나무, 바위, 소금, 얼음 | 물, 식초, 아세톤, 에탄올 | 수증기, 공기, 산소, 수소, 헬륨 |
| 예 | | | |

## 상피세포 上皮細胞 epithelial cell

**동물의 몸 표면이나 위, 장과 같은 내장 기관의 표면을 싸고 있는 세포**

피부나 손톱, 발톱, 털은 상피세포들로 이루어져 우리 몸을 보호하고 있다. 상피세포에는 코의 후각세포, 혀의 맛세포, 눈의 망막, 피부 외에도 우리 몸의 활동에 필요한 액체를 분비하는 세포가 있다. 또 소화기관들의 안쪽에 있는 상피세포들은 양분을 흡수하는 일도 한다. 식물의 겉을 둘러싸고 있는 세포는 표피세포라고 한다.

🔗 감각기관, 소화

## 생명과학 生命科學 life science

**생물과 생명 현상을 연구하는 학문**

다양한 생물과 생명 현상을 연구하여 우리 생활의 다양한 문제를 해결하는 데에 이용된다. 세균을 이용한 의약품 생산, 미생물을 이용한 플라스틱 분해, 버섯을 이용한 신소재 개발, 원생생물을 이용한 친환경 연료 개발 등 다양한 분야에 활용된다.

🔗 미생물, 버섯, 세균, 원생생물

## 생물 生物 living organism

**먹이를 먹고, 숨을 쉬며, 자라면서 모습이 변하고, 어느 정도 자라면 자손을 남기는, 생명이 있는 동물과 식물**

모든 생물은 세포로 이루어져 있다. 크게 동물과 식물로 나뉘지만, 동물, 식물, 미생물 또는 동물, 식물, 균류의 세 무리로 나누기도 한다.

🔗 동물, 식물, 미생물, 균류

[동물]

[식물]

곰팡이
[균류]

# 생물다양성 生物多樣性 biodiversity

**어떤 지역에 살고 있는 생물의 다양한 정도**

생태계평형을 유지하는 데에 가장 중요한 요소이다. 생태계평형은 생물 사이의 먹고 먹히는 관계를 통해 생물의 종류와 수가 일정하게 유지되는 것을 말한다. 생물다양성이 낮은 생태계는 어떤 생물이 사라지면 그 생물과 먹고 먹히는 관계에 있는 생물이 직접 영향을 받기 때문에 생태계평형이 쉽게 깨진다. 반면 생물다양성이 높은 생태계는 먹이 관계에서 사라진 생물을 대신할 생물이 있으므로 생태계평형을 잘 유지한다.

🔗 생태계

[생물다양성이 낮은 생태계]

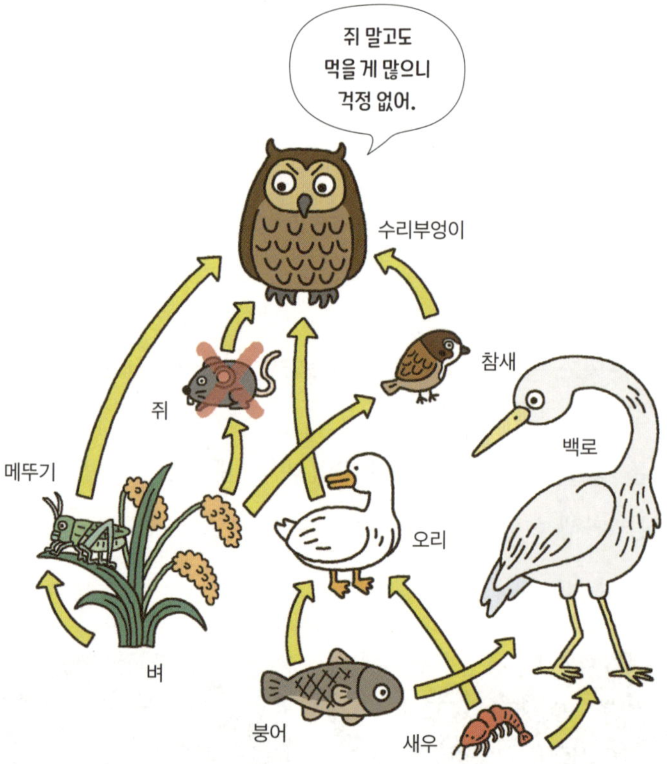

[생물다양성이 높은 생태계]

# 생물요소
生物要素 biotic factor

**생태계의 구성 요소 중 살아 있는 것**

생태계에 있는 살아 있는 것과 살아 있지 않은 것 중 살아 있는 것을 말한다. 동물, 식물, 균류, 원생생물 등이 모두 생물요소이다. 생태계 내에서 생물요소끼리 먹고 먹히며 서로 영향을 주고받는다. 또한 생물요소와 비생물요소도 끊임없이 서로 영향을 주고받는다.

🔗 비생물요소, 생태계

# 생물학적 산소요구량(BOD)
Biological Oxygen Demand

**미생물이 물속의 유기물을 분해하는 데 필요한 산소의 양**

줄여서 BOD라고 하며, 물속에 유기물이 많을수록 분해하는 데 더 많은 산소가 필요하기 때문에 생물학적 산소요구량의 값이 커진다. 따라서 생물학적 산소요구량의 값이 클수록 오염이 많이 된 것으로 나쁜 냄새가 나고 부영양화가 심하다. 🔗 미생물, 부영양화

# 생산자 生産者 producer

**광합성을 하여 스스로 양분을 만들어 내는 생물**

주로 녹색식물들로 분해자, 소비자와 함께 생태계를 구성하는 생물요소이다. 생태계 안에서 다른 생물의 영양원이 된다.

🔗 분해자, 소비자

# 생식 生殖 reproduction

**생물들이 종족을 보존하기 위해 자신과 닮은 자손을 만들어 내는 것**

모든 생물들은 한정된 기간 동안 살기 때문에 종족을 보존하기 위해서는 자손을 만들어야 한다. 자손을 번식시키지 못한 생물은 멸종한다. 생식에는 유성생식과 무성생식이 있다.

🔗 무성생식, 유성생식

# 생장점 生長點 growing point

**식물의 뿌리와 줄기의 끝에서 세포분열하여 생장이 이뤄지는 부분**

온몸이 자라는 동물과 달리 식물은 몸의 일부분인 생장점과 형성층에서만 생장을 한다. 식물은 뿌리 끝에 있는 생장점에서 길이가 길게 자라고, 줄기 속에 있는 형성층에서 부피가 커진다.

🔗 뿌리, 줄기

# 생체모방 生體模倣 biomimetics

**인류의 생활에 적용하기 위해 자연에서 볼 수 있는 생물체의 특성을 연구하고 모방하는 것**

동식물의 행동이나 구조를 모방하여 첨단 기술에 응용한 것으로 도깨비바늘을 보고 찍찍이 테이프를 발명한 것이나, 상어 피부의 작은 돌기 모양을 본떠 만든 전신 수영복이 그 예이다. 최근에는 로봇을 만드는 데도 많이 이용되는데, 로봇 기술의 주요 대상은 곤충이다. 그 예로 자벌레의 몸 움직임을 응용하여 대장 속을 자유자재로 드나드는 내시경 로봇, 굴곡이 있어도 쉽게 움직일 수 있는 지네 로봇 등이 있다. 🔗 생물

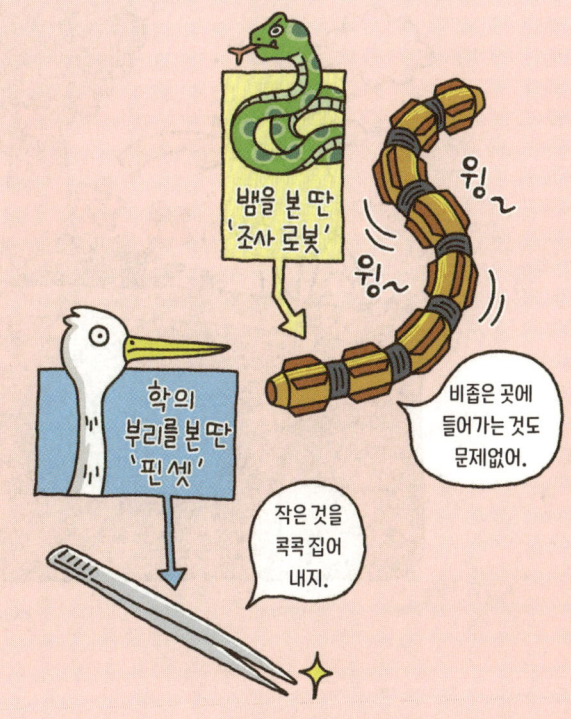

# 생태계 生態界 ecosystem

**생물이 살고 있는 환경과 그 환경 속에서 살아가고 있는 모든 생물**

생물요소와 비생물요소로 구성된다. 생물요소는 생태계에서 하는 일에 따라 크게 생산자, 소비자, 분해자 세 가지로 구분된다. 비생물요소는 생물요소를 뺀 나머지 환경으로, 산소, 이산화 탄소, 물, 영양 염류 같은 물질들과 햇빛, 온도, 강수량과 같은 기후 요소, 공기, 토양 같은 환경들을 말한다.

🔗 먹이사슬, 분해자, 생산자, 소비자

> **하나 더!** 생태계평형과 생태계 파괴
>
> 생태계평형은 생물 사이의 먹고 먹히는 관계를 통해 생물의 종류와 수가 일정하게 유지되는 것을 말한다. 이와 반대로 생물 수의 균형이 어긋나는 것을 생태계의 파괴라고 한다. 생태계가 파괴되면 먹이사슬이 무너지고 결국 그 생태계를 구성하는 모든 생물이 피해를 본다.

[생태계]

## 샤를 법칙 Charle's law

**압력이 일정할 때, 기체의 온도가 올라가면 부피가 증가하고, 온도가 내려가면 부피가 감소한다는 법칙**

기체의 부피는 그 종류에 상관없이 압력이 일정할 때, 온도가 1℃ 올라갈 때마다 0℃ 때 부피의 $\frac{1}{273}$씩 증가한다. 이는 기체의 온도가 올라가면 기체를 이루는 분자의 운동이 활발해져 분자 사이의 거리가 커지기 때문이다. 찌그러진 탁구공을 더운물에 넣으면 다시 펴지고, 여름철에는 겨울철보다 자동차 타이어의 공기를 조금 넣는 것도 같은 이유이다.

🔗 기체, 보일 법칙

## 서식지 棲息地 habitat

**어떤 생물이 자리를 잡고 사는 지역**

특정 생물이 먹이를 얻고 잠을 자며 짝짓기를 하는 곳으로, 생물의 종류마다 서식지는 한정되어 있다. 일반적으로 숲, 초원, 습지, 사막 등의 육상 서식지, 강, 연못, 호수 같은 담수 서식지, 갯벌, 하구, 해저 등의 해양 서식지로 나눈다. 이외에도 기후, 토양, 고도, 기온 등에 따라 다양하게 나눌 수 있다. 한 생물의 서식지는 고정된 것이 아니라 화산 폭발, 지진, 산불 같은 갑작스러운 사건으로 변할 수 있고 기후 변화 등으로 오랜 시간에 걸쳐 변할 수도 있다.

🔗 생태계

[다양한 서식지]

## 석유 石油 petroleum

**땅속에서 자연적으로 나고 불에 잘 타는 기름**

자동차의 연료 등으로 많이 사용되는 화석 연료이다. 석유가 생겨난 이유에 대해서는 다양한 의견이 있다. 그중 가장 많이 받아들여지고 있는 것은 바다에 살던 동물성 플랑크톤이 화석으로 변해 만들어졌다는 것이다. 동물성 플랑크톤은 주로 바다 표면 근처에 사는 아주 작은 생물로, 물고기의 먹이가 되는 생물이다. 불에 타면서 이산화 탄소를 많이 내보내는데, 이산화 탄소는 지구의 온도를 높이는 성질이 있으므로 지구 온난화를 막기 위해 사용을 줄이는 운동을 하고 있다.

🔗 석탄, 이산화 탄소, 천연가스, 화석 연료

[석유가 생겨난 과정]

## 석출 析出 eduction

**온도를 녹는점 이하로 낮추어 액체가 고체로 되거나, 용액의 온도를 낮추어 녹아 있는 용질이 고체 결정으로 되는 현상**

60℃의 물 100g에 염화 나트륨 40g을 녹이면 모두 녹지만, 이 용액의 온도를 0℃로 낮추면 염화 나트륨 결정이 생긴다. 또 물을 0℃ 이하로 낮추면 얼음이 된다. 이러한 모든 현상을 석출이라고 한다.

🔗 고체, 결정, 녹는점, 액체, 용액, 용해도

털실이 감긴 철사에 백반 용액을 묻히면 용액 속의 수분이 증발하면서 백반 결정이 석출된다.

[석출된 백반 결정]

# 석탄 石炭 coal

**불에 잘 타는 성질이 있는 검은색 암석**

화력 발전소나 제철소 등에서 많이 사용하는 화석 연료이다. 오래전 지질 시대에 울창한 숲을 이루었던 식물이 땅속에 묻혀 화석으로 변한 것이다. 석유와 마찬가지로 불에 타면서 이산화 탄소를 많이 내보내므로 지구 온난화를 막기 위해 사용을 줄여 가고 있다.

🔗 석유, 이산화 탄소, 화석 연료

[석탄이 생겨난 과정]

# 석회 동굴 石灰洞窟 limestone cave

**이산화 탄소가 녹아 있는 물에 석회암이 녹아 생긴 동굴**

공기 중의 이산화 탄소가 지하수에 녹으면 석회암을 녹일 수 있는 탄산이 생긴다. 석회암 지대에 탄산이 포함된 지하수가 흐르면 석회암이 녹아 석회 동굴이 생긴다. 종유석, 석순, 석주를 볼 수 있다. 강원도 영월 고씨굴, 충청북도 단양 고수굴이 유명하다.

🔗 석회암, 풍화 작용

> ➕ **하나 더! 종유석과 석순**
> - **종유석**: 석회 동굴 천장에 고드름처럼 매달린 원추형 물질
> - **석순**: 동굴 바닥에서 위로 자란 돌출물
> - **석주**: 종유석과 석순이 맞닿아 생긴 돌기둥

## 석회수 石灰水 lime water

**수산화 칼슘을 물에 녹인 수용액**

색이 없고 투명하며, 염기성 용액이다. 석회수에 이산화 탄소를 통과시키면 물에 녹지 않는 하얀 탄산 칼슘이 생겨서 뿌옇게 흐려지기 때문에 물속에 이산화 탄소가 있는지를 확인할 때 이용한다. 그러나 이산화 탄소를 계속 넣어 주면 탄산 칼슘이 물에 녹는 탄산 수소 칼슘으로 변해서 다시 투명해진다.

🔗 수용액, 이산화 탄소

[튀르키예의 석회 온천 파묵칼레]

## 석회암 石灰岩 limestone

**조개껍데기 같은 생물의 일부나 물에 녹아 있는 탄산 칼슘이 침전되어 만들어진 퇴적암**

탄산 칼슘이 주성분이며, 시멘트의 원료로 쓰인다. 산성 용액에 넣으면 녹으면서 이산화 탄소를 내놓는다. 석회암으로 이루어진 지대에 이산화 탄소가 녹아 있는 지하수가 흐르면 석회암이 녹아 동굴이 만들어지는데, 이것을 석회 동굴이라 한다. 땅속에서 강한 열과 큰 압력을 받으면 대리암으로 변한다.

🔗 석회 동굴, 퇴적암

[석회암]

[대리암]

## 선상지 扇狀地 alluvial fan

**강의 중류에 퇴적물이 쌓여 생긴 부채꼴 모양의 지형**

산에서 흐르던 강물이 중류에 이르러 평야를 만나면 강바닥이 완만해져 물의 흐름이 느려진다. 이때 강물에 운반되던 퇴적물이 쌓여 선상지가 생긴다. 강 하류에 생기는 삼각주와 달리 퇴적물의 크기가 크다. 주로 밭으로 이용된다.

🔗 곡류, 삼각주, 퇴적 작용

[선상지]

## 선태식물 蘚苔植物 bryophyte

**이끼식물이라고도 하며, 최초로 육상 생활에 적응한 식물**

물속에서 살던 식물이 육지로 올라와 살게 된 중간 단계의 식물이다. 엽록소를 가지고 있어 광합성을 하여 스스로 양분을 만든다. 물관과 체관이 없는 유일한 육상식물이며, 줄기를 통해 양분을 이동시킬 능력이 없어 키가 작다. 씨앗으로 번식하지 않고 포자로 번식한다.

🔗 식물, 엽록소, 이끼

[선태식물]

# 성단 星團 star cluster

**수백 개에서 수십만 개의 별로 이루어진 별의 집단**

별이 모여 있는 형태에 따라 구상 성단과 산개 성단으로 나뉜다.
성단이 모여 은하를 이룬다.

🔗 은하

수십만 개에서 수백만 개의 별들이 밀집되어 거의 공 모양을 이루고 있는 성단이야. 주로 100억 년 이상 된 늙은 별들로 비교적 온도가 낮은 붉은색 별이 많아.

[구상 성단]

수십 개에서 수백 개의 별들이 느슨하게 모여 있는 성단이야. 주로 젊은 별들로 비교적 온도가 높은 푸른색 별들이 많아.

[산개 성단]

# 성운 星雲 nebula

**수증기, 헬륨 같은 기체와 먼지로 이루어진 구름 모양의 천체**

우주 공간에 있는 기체와 먼지는 주로 별과 별 사이에 존재하므로 성간 물질이라 한다. 이런 성간 물질이 모여서 대규모 집단을 이룬 것이 성운이다. 성운은 새로운 별을 만드는 재료로 쓰인다.

🔗 성단, 은하

[방출 성운] [반사 성운] [암흑 성운]

# 성충(어른벌레) 成蟲 imago

**벌레의 일생 중에서 마지막 단계로 다 자라서 번식할 수 있는 단계**

이 시기에는 생식기관이 발달되어 짝짓기와 알 낳기가 이루어진다. 성충의 수명은 대개 일 개월 정도인데, 짧게는 하루살이처럼 몇 시간에서 길게는 흰개미의 여왕처럼 수년 이상인 것도 있다.

🔗 생식

# 세균 細菌 bacteria

**몸이 하나의 세포로 이루어졌고 스스로 양분을 만들어 내지 못하는 아주 작은 생물**

박테리아라고도 하며, 광합성을 할 수 없어서 땅속, 물속, 공기 속, 사람의 몸속, 그 밖의 어느 곳에나 양분이 있으면 기생하며 산다. 세균이 자라기 위해서는 양분과 함께 알맞은 온도와 습도가 필요하다.

🔗 광합성, 기생, 습도, 세포

### 세균은 모두 나빠?

상한 음식에 있는 세균은 식중독을 일으키거나 콜레라와 장티푸스 같은 무서운 전염병을 일으킨다. 하지만 세균이 모두 해로운 것은 아니다. 사람의 장에 있는 유산균은 나쁜 균들이 살지 못하게 해서 장을 건강하게 지켜 준다. 대장에 많은 대장균은 식물의 섬유소를 분해해 주고 비타민의 합성을 도우며 좋은 일을 한다. 하지만 이 균이 장 이외의 다른 부위로 들어가면 병을 일으키기도 한다. 세균을 변형시켜 비타민, 항생제와 같은 약을 만들기도 한다. 흙이나 물에 사는 세균들은 죽은 동식물을 분해하는 분해자로 식물의 거름을 만들어 우리에게 이로움을 주기도 한다.

[콩에 이로운 뿌리혹세균]

# 세포 細胞 cell

**생물의 몸을 구성하는 기본 단위**

대부분의 생물은 많은 수의 세포로 이루어져 있기 때문에 다세포생물이라고 하며, 아메바나 짚신벌레와 같이 하나의 세포로 되어 있는 생물은 단세포생물이라고 한다. 세포는 한 생물 안에서 모양과 크기가 다르다. 사람의 경우에도 피부를 이루는 세포, 근육을 이루는 세포가 모두 모양과 크기가 다르다. 세포란 용어는 작은 방이라는 뜻의 라틴어 '켈라(cella)'에서 유래했다. 로버트 훅(Robert Hooke, 1635~1703)이 직접 만든 현미경으로 관찰한 코르크 세포가 작은 방과 비슷하다하여 붙인 이름이다. 세포의 크기는 박테리아와 같이 매우 작아 눈에 보이지 않는 것에서부터 타조의 알처럼 눈에 보이는 것까지 다양하다.

🔗 생물

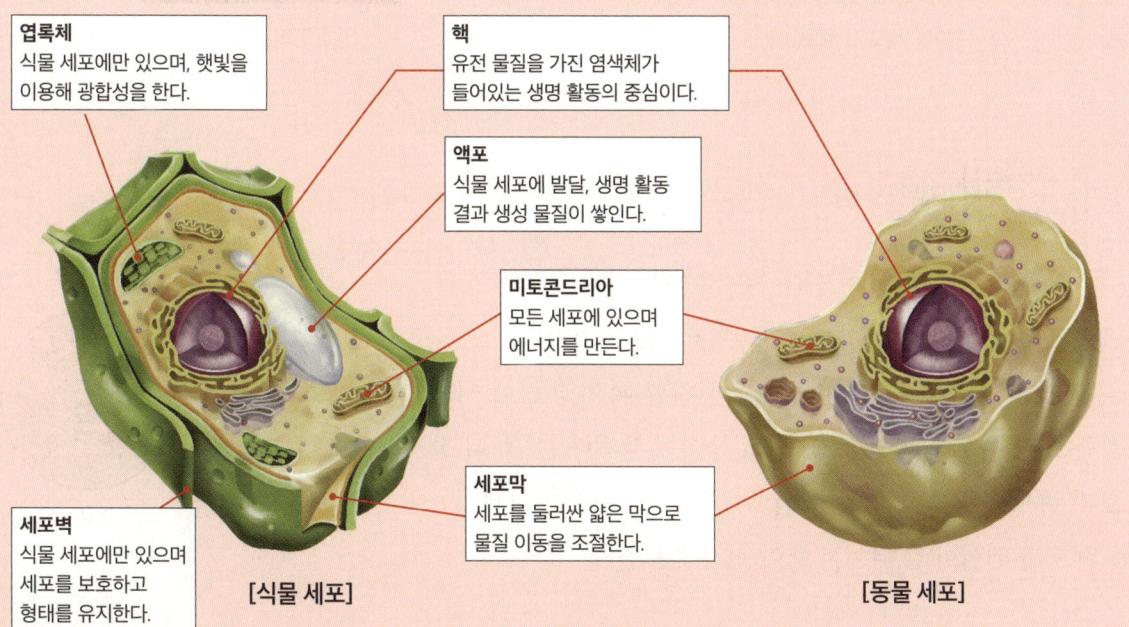

**엽록체**
식물 세포에만 있으며, 햇빛을 이용해 광합성을 한다.

**핵**
유전 물질을 가진 염색체가 들어있는 생명 활동의 중심이다.

**액포**
식물 세포에 발달, 생명 활동 결과 생성 물질이 쌓인다.

**미토콘드리아**
모든 세포에 있으며 에너지를 만든다.

**세포벽**
식물 세포에만 있으며 세포를 보호하고 형태를 유지한다.

**세포막**
세포를 둘러싼 얇은 막으로 물질 이동을 조절한다.

[식물 세포]    [동물 세포]

## 세포막 細胞膜 cell membrane

**세포 내부와 외부를 드나드는 물질의 출입을 조절하는 부분**

세포를 둘러싸고 안과 밖을 경계 짓는 막이다. 세포 안을 보호하고 세포 안팎으로 물질이 드나들게 한다. 동물 세포와 식물 세포에 공통적으로 존재한다.

🔗 세포, 세포벽, 세포핵

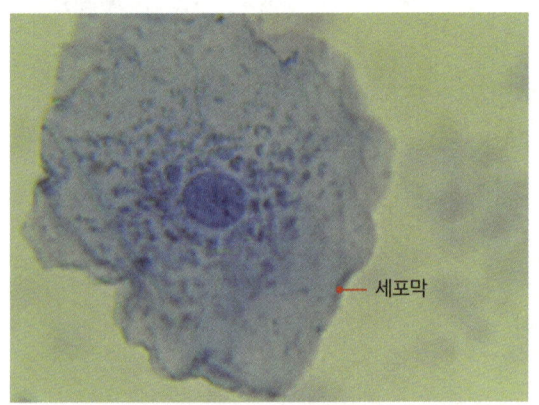

[동물 세포의 세포막]

## 세포벽 細胞壁 cell wall

**세포의 모양을 일정하게 유지하고 세포를 보호하는 부분**

식물 세포의 세포막 바깥을 튼튼하게 둘러싸고 있다. 동물 세포는 세포벽이 없다. 세균, 효모와 같이 하나의 세포로 이루어진 단세포생물도 세포벽이 있다. 세포 안으로 물질이 과도하게 들어오더라도 세포의 모양을 일정하게 유지해 준다.

🔗 세포, 세포막, 세포핵

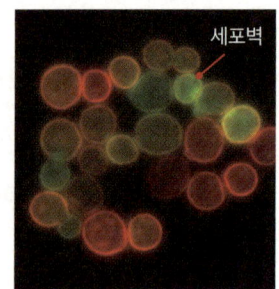

[효모의 세포벽]

## 세포핵 細胞核 cell nucleus

**세포에서 각종 유전 정보를 포함하고 있으며 생명 활동을 조절하는 부분**

세포에서 중심 역할을 하는 곳으로 세포에서 일어나는 모든 일을 지휘한다. 세포를 현미경으로 관찰할 때 가장 눈에 띄는 부분으로, 세포 안에서 가장 크고, 둥글게 생겼다. 핵을 더 잘 보기 위해 염색을 하는데, 핵 안에 있는 유전 물질인 디엔에이(DNA)가 염색이 잘 되어서 핵이 진하게 보인다.

🔗 세포, 세포막, 세포벽, 디엔에이

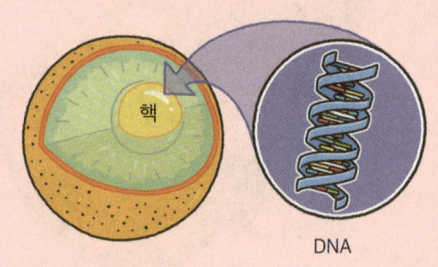

# 소리 sound

**물체의 진동이 매질을 통해 전달되는 파동의 일종**

좁은 의미로는 사람이 들을 수 있는 파동을 뜻하지만 사람이 들을 수 없는 아주 높은 소리인 초음파도 포함된다. 소리의 세기, 높이, 맵시를 소리의 3요소라 한다. 소리의 세기는 소리의 진폭에 따라 결정된다. 큰 소리일수록 음파의 진폭이 크다. 소리의 높이는 진동수에 따라 결정된다. 같은 시간 동안 더 많이 진동할수록 높은 소리가 난다. 악기나 사람마다 소리가 다른 것은 소리의 맵시가 다르기 때문인데 이것은 음파의 모양으로 결정된다. 소리를 전달하는 매질로는 기체인 공기, 액체인 물, 고체인 금속 등이 있다. 고체에서 전달되는 속도가 가장 빠르다.

🔗 매질, 진공, 파동

 **잘못된 개념**

### SF 영화에서처럼 우주에서 우주선이 폭발하면 소리가 난다?

소리는 매질이 있어야 전달될 수 있다. 매질이 없는 진공 상태에서는 소리가 전달되지 않는다. 공상 과학 영화를 보면 우주 공간에서 우주선이 폭발할 때 엄청난 소리가 난다. 이는 과학적으로 잘못된 장면이다. 우주 공간은 매질이 없는 진공 상태이므로 원래는 소리가 나지 않는다.

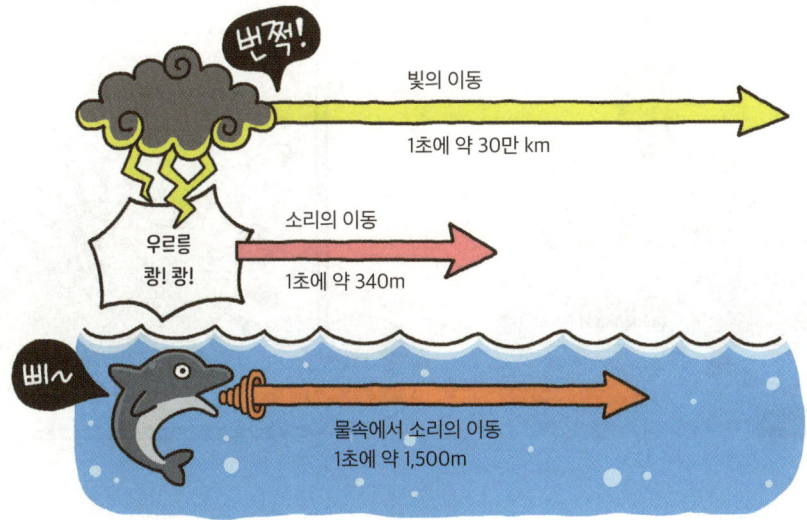

# 소비자 消費者 consumer

**스스로 양분을 만들지 못해 식물이나 다른 동물을 먹어야 사는 생물**

생태계에서 양분을 소비하기 때문에 소비자라고 한다. 생산자를 직접 잡아먹는 동물성 플랑크톤, 메뚜기, 토끼와 같은 초식동물을 1차 소비자라고 한다. 1차 소비자를 먹는 동물을 2차 소비자, 2차 소비자를 먹는 동물을 3차 소비자라고 하며, 사람과 같이 생태계 내에서 다른 동물에게 더 이상 잡아먹히지 않는 동물을 최종 소비자라고 한다. 최종소비자 단계로 갈수록 소비자의 몸집은 커지고 그 수는 적어지는 경향이 있다.

🔗 먹이사슬, 생산자

# 소수성

疏水性 hydrophobic property

**물을 흡수하거나 섞이지 않고 물에 잘 녹지도 않는 성질**

물질을 이루는 분자의 구조가 대칭적이지 않은 경우 한 부분은 (+)극, 다른 부분은 (-)극의 성질을 갖는다. 물이 대표적이며 극성 분자라고 한다. 하지만 물질을 이루는 분자의 구조가 대칭적이면 이러한 극의 성질을 갖지 않는다. 기름이 대표적이며 무극성 분자라고 한다. 무극성 분자는 극성 분자인 물과 잘 섞이지 않는 소수성을 갖는다.

🔗 물질, 분자, 친수성

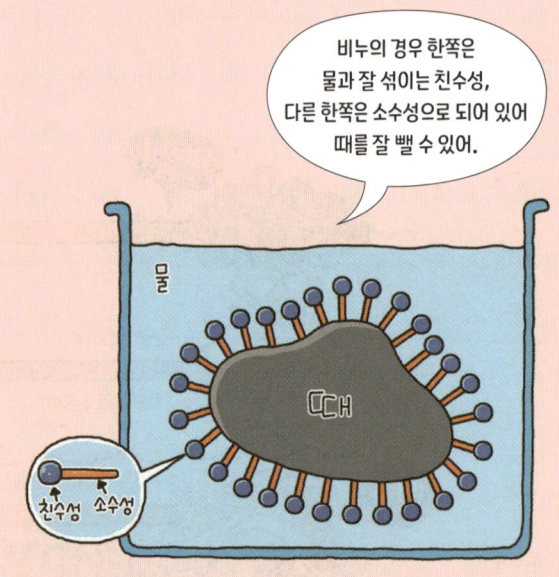

# 소음 騷音 noise

**사람의 기분을 좋지 않게 하거나 건강을 해칠 수 있는 시끄러운 소리**

소음의 원인에 따라 교통 소음, 생활 소음, 항공기 소음, 공장 소음, 철도 소음 등이 있다. 소음을 계속 들으면 집중력이 나빠지고, 큰 소음을 오랫동안 들으면 청력이 나빠질 수 있다. 또한 두통 및 심혈관계 질병이 생길 수도 있으며, 정신 건강에도 상당한 영향을 미친다. 소음을 줄이기 위해서는 소리의 원인을 없애거나 소리가 전달되는 것을 막으면 된다.

🔗 소리

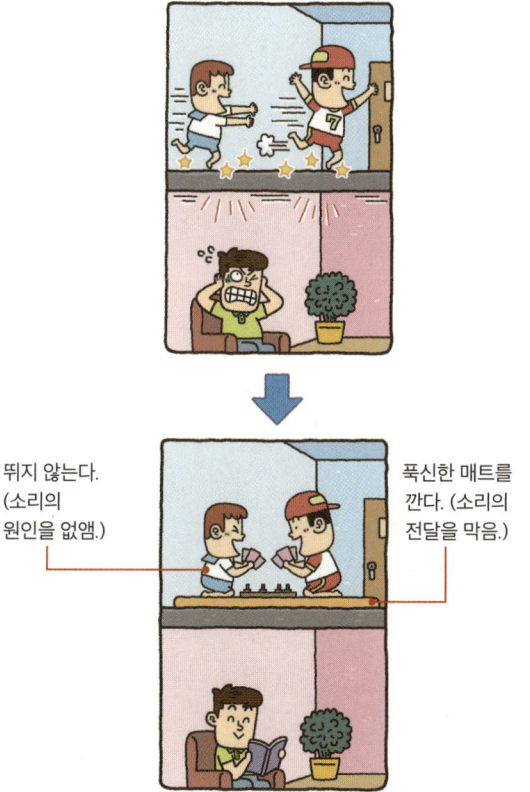

뛰지 않는다. (소리의 원인을 없앰.)

푹신한 매트를 깐다. (소리의 전달을 막음.)

# 소행성 小行星 asteroid

**태양 주위를 도는 천체 중 금속 또는 바위로 이루어진 불규칙한 모양의 작은 천체**

태양계 구성원 중 하나이며, 행성처럼 둥근 모양이 아닌 작은 천체이다. 현재까지 발견된 소행성은 대부분 화성과 목성 사이의 소행성대에 있으며, 20만 개가 넘는다. 크기는 지름이 1cm도 안 되는 것부터 500km에 이르는 것까지 다양하다. 소행성이 주위 천체의 영향을 받아 우연히 궤도가 바뀌어 지구 쪽으로 날아올 수 있는데, 대부분 지구 대기에 부딪혀 불타 없어지지만 다 타지 못하고 남은 조각이 땅으로 떨어지기도 한다. 이것을 운석이라 한다.

🔗 운석, 천체, 태양계

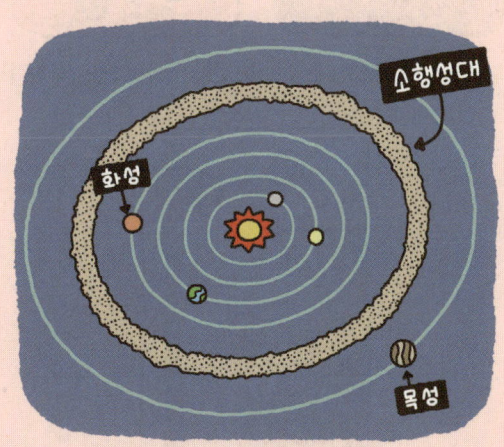

[소행성대의 위치]

## 소화 消火 fire extinction

불을 끄는 것

연소와 반대되는 개념으로, 연소의 세 가지 조건인 탈 물질, 발화점 이상의 온도, 산소 중 한 가지만 없애도 불이 꺼진다.

🔗 연소

[산소 제거]

[발화점 이하로 온도 낮추기]

[탈 물질 제거]

## 소화 消化 digestion

음식물에 들어 있는 영양소를 몸에 흡수하기 쉽도록 잘게 분해하는 과정

동물은 생활에 필요한 여러 가지 영양소를 음식물이나 먹이의 형태로 외부에서 얻는데, 음식물 속에 들어 있는 영양소는 크기가 너무 커서 몸속으로 바로 흡수할 수 없다. 따라서 영양소를 몸에 흡수하기 위해 잘게 분해하는 소화 과정이 필요하다. 소화에 관여하는 몸속 기관을 소화기관이라 하고, 소화기관 속에서 음식물을 소화시키는 물질을 소화효소라고 한다. 음식물이 소화되는 과정은 입 → 식도 → 위 → 십이지장 → 작은창자 → 큰창자 순이다.

🔗 영양소

침 속의 아밀레이스라는 효소가 녹말을 엿당으로 분해시켜 소화를 도와.

음식물이 위액과 섞이면서 죽처럼 돼. 위액 속에는 염산과 펩신이 있어. 염산은 음식물 속 세균을 죽이고, 펩신은 단백질을 분해해.

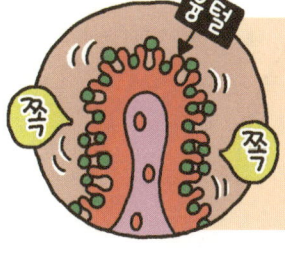

이자액과, 쓸개즙이 작은창자로 분비되어 3대 영양소의 소화가 모두 일어나. 안쪽 벽에 있는 작은 털들이 영양소를 흡수해.

소화 작용이 일어나지 않고 소화되지 않은 남은 찌꺼기를 항문으로 내보내.

**입**
음식물을 이와 혀로 잘게 부수고, 침과 골고루 섞어 탄수화물을 소화시킴.

**식도**
입과 위를 연결하는 긴 관으로 음식물을 위로 내려보냄.

**위**
주머니 모양으로 위액 속의 펩신으로 단백질을 소화시킴.

**간과 쓸개, 이자**
음식물이 직접 지나가지 않지만 효소를 분비하거나 저장해 소화를 도와줌.

**작은창자**
길고 가는 관으로, 분해된 영양소가 흡수됨.

**큰창자**
작은창자보다 짧고 굵은 관으로, 주로 물을 흡수함.

# 소화기 消火器 fire extinguisher

**화학 물질을 이용해 불을 끄는 기구**

소화기에는 타고 있는 물질의 온도를 낮추고 공기를 막는 효과가 큰 액체나 거품, 가루 물질이 들어 있다. 이러한 물질은 불이 났을 때 세게 뿜어져 나와 타고 있는 물질의 발화점을 낮추고 공기를 차단해서 불을 끈다.

🔗 소화, 연소

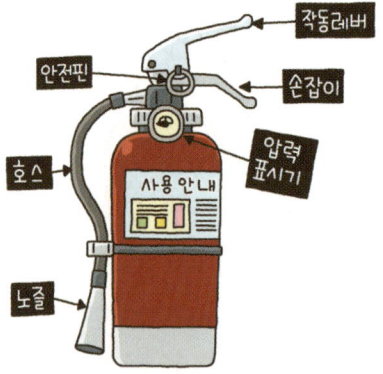

### ➕ 하나 더! 소화기의 종류

- **분말 소화기**: 우리나라에 가장 많이 보급되어 있는 소화기로, 화학 물질이 타고 있는 물질의 표면을 덮어 공기를 차단하여 불을 끈다.
- **이산화 탄소 소화기**: 이산화 탄소가 액체 상태로 소화기 안에 있다가 기체가 되어 뿜어져 나온다. 이산화 탄소가 나올 때 손을 대면 손이 얼 만큼 냉각 작용을 한다. 공기보다 무거워 화재 물질을 덮어서 산소를 차단하는 효과가 있다. 전기 화재에 많이 쓰인다.
- **할론 소화기**: 할론은 액체 상태로 소화기 속에 있다가 기체로 변해 뿜어져 나온다. 할론은 산소와 빠르게 결합하기 때문에 타고 있는 물질 주변의 산소를 없애 불이 꺼지게 한다.

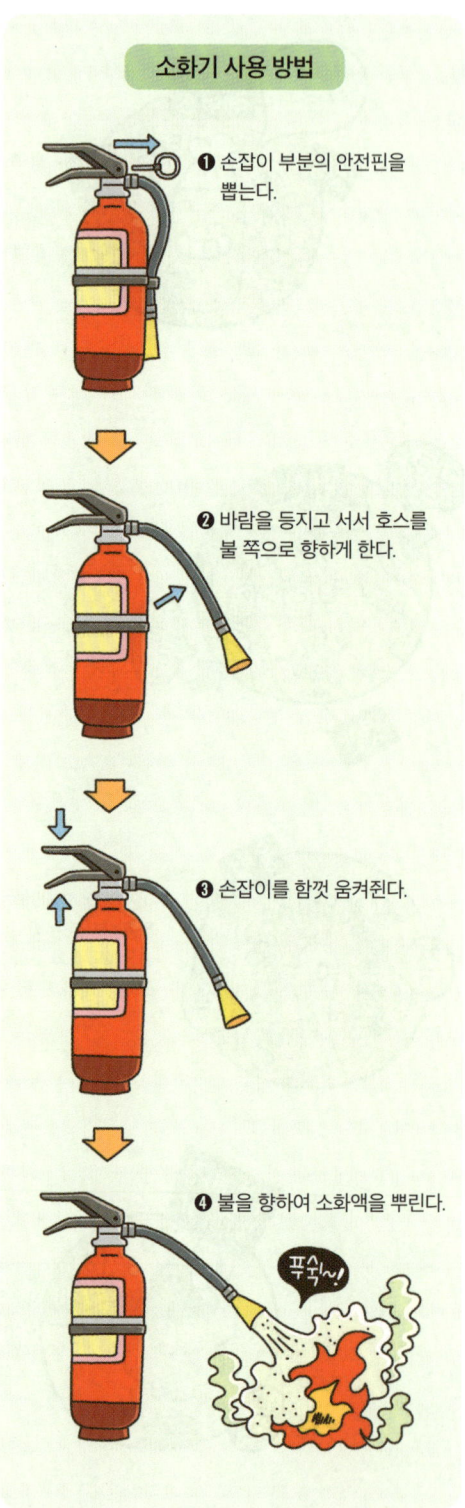

## 간이 소화기 만들기

❶ 병 속에 식초를 $\frac{1}{3}$ 정도 넣는다.

❷ 탄산수소 나트륨을 한 숟가락 정도 종이 손수건에 싸서 실로 묶는다.

❸ 종이 손수건을 병 속에 넣고 매단다.

❹ 병에 빨대를 꽂아 고무 찰흙으로 고정시키고 병의 입구를 막는다.

❺ 병을 기울여 탄산수소 나트륨이 식초와 반응하도록 한다.

❻ 병 주둥이가 촛불을 향하게 하여 불을 끈다.

# 소화기관
消化器官 digestive organ

**소화에 직접 관여하는 몸속 기관**

입, 식도, 위, 작은창자, 큰창자, 항문이 소화기관에 속한다. 이들 소화기관은 입에서 항문에 이르기까지 음식물이 지나가는 하나의 길로 연결되어 있다. 입속에는 이와 혀가 있고 침을 분비한다. 식도는 긴 관 모양이고, 입과 위를 연결한다. 위는 작은 주머니 모양이며, 식도와 작은창자를 연결한다. 작은창자는 꼬불꼬불한 관 모양이고, 큰창자는 굵은 관 모양으로 작은창자를 감싸고 있다. 항문은 큰창자와 연결되어 있다. 한편 간, 쓸개, 이자는 소화에 직접 관여하지는 않고 소화를 도와주는 기관이다.

🔗 소화, 작은창자, 큰창자

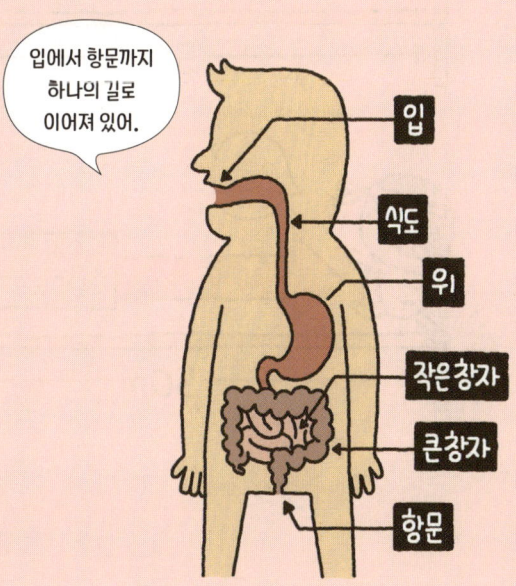

입에서 항문까지 하나의 길로 이어져 있어.

# 속도 速度 velocity

**일정한 시간 동안 물체의 위치 변화로 나타낸 물체의 빠르기**

속력은 물체의 빠르기만 나타내지만, 속도는 물체의 빠르기뿐만 아니라 이동 방향도 함께 나타낸다. 물체의 위치 변화를 변위라고 하는데, 변위는 처음 위치와 나중 위치를 직선으로 이은 거리이므로 일정한 방향이 있다. 속도는 변위를 시간으로 나누어 구하며, 변위의 방향이 물체의 이동 방향이 된다. 예를 들어 자동차가 100km/h로 달린다고 하면 속력을 말하는 것이고, 동쪽으로 100km/h로 달린다라고 하면 속도를 말하는 것이다. 속도의 단위는 속력과 같이 m/s, km/h이다.

🔗 속력, 가속도

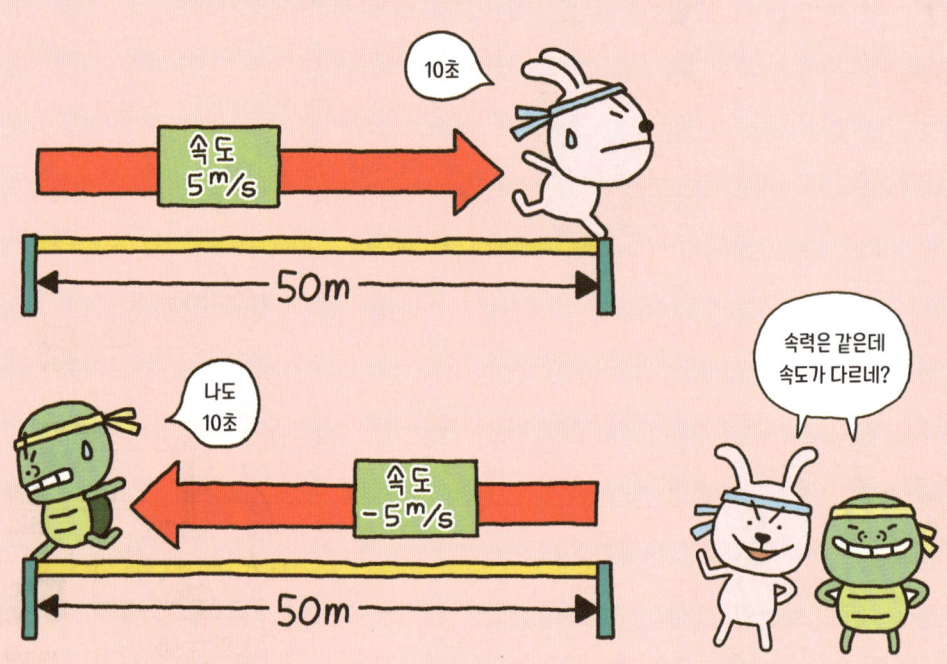

# 속력 速力 speed

### 일정한 시간 동안 이동한 거리로 나타낸 물체의 빠르기

같은 거리를 이동하는 데 걸리는 시간이 짧을수록, 같은 시간에 이동한 거리가 길수록 속력이 빠른 것이다. 속력은 물체의 이동 거리를 시간으로 나누어 구할 수 있다. 속도가 물체의 빠르기와 이동 방향을 함께 나타내는 것에 비해, 속력은 물체의 빠르기만 나타낸다. 속력의 단위는 m/s, km/h 등이다.

$$속력 = \frac{이동\ 거리}{시간}$$

🔗 속도

### 하나 더! 평균 속력, 순간 속력

물체의 빠르기가 계속 변하는 경우, 전체 이동 거리와 그때 걸린 시간을 이용해 구한 속력을 평균 속력이라 한다. 매 순간의 속력은 순간 속력이라 하고, 스피드 건 같은 장비를 이용해 구할 수 있다.

# 속씨식물 angiosperms

**꽃이 피는 식물 중에서 밑씨가 씨방 속에 들어 있는 식물**

식물 중에서 가장 진화된 무리로 현재 전체 식물의 약 90%를 차지한다. 대부분 꽃 속에 암술과 수술을 모두 가지고 있는 양성화이며, 꽃잎과 꽃받침을 가지고 있다. 외떡잎식물과 쌍떡잎식물로 구분한다. 무궁화, 해바라기, 봉숭아, 장미, 복숭아나무, 옥수수 따위가 있다.

🔗 쌍떡잎식물, 양성화, 외떡잎식물

[복숭아 나무]

# 수경 재배 水耕栽培 water culture

**식물이 자라는 데 필요한 영양분을 녹인 배양액만으로 식물을 재배하는 방법**

식물이 자라는 데 필요한 물과 양분을 흙이 아닌 배양액에서 얻는다. 배양액은 적당한 비율의 양분을 깨끗한 물에 녹여 만든다. 물가꾸기, 물재배, 수경법이라고 한다. 식물이 자라는 데 필요한 영양소 중에서 어떤 특정한 영양소를 빼거나 또는 그 영양소의 양을 조절한 배양액으로 수경 재배를 하면, 특정한 영양소가 식물의 자람에 어떤 영향을 끼치는지 알 수 있다. 현재는 일반 작물뿐만 아니라 과일나무 등의 대형 작물도 이 방법으로 재배할 수 있게 되었다. 집에서 쉽게 수경 재배를 할 수 있는 식물로는 양파, 무순이 있다.

🔗 배양액, 영양소

# 수소 水素 hydrogen

**색깔과 냄새가 없고, 지구에 존재하는 가장 가벼운 물질**

스스로 잘 타는 성질이 있다. 매우 가벼워서 예전에는 풍선이나 기구에 넣기도 했지만 폭발할 위험이 높아 지금은 안 쓴다. 수소는 물을 이용해 얻을 수 있고, 연소한 뒤 물 외에 다른 오염 물질이 나오지 않기 때문에 수소를 연료로 이용하기 위한 연구가 계속되고 있다. 하지만 보관이 어렵고, 물을 이용해 수소를 만드는 비용이 많이 든다는 문제가 있다.

🔗 기체

# 수술 stamen

**꽃에서 꽃가루를 만드는 기관**

동물에 비유하면 수컷에 해당한다. 보통 한 꽃에 여러 개가 있으며, 꽃가루를 만드는 부분인 꽃밥과 이를 받치고 있는 수술대로 이루어져 있다. 수술대의 크기나 모양도 여러 가지인데 털이 없는 것, 긴 털이 있는 것, 돌기가 있는 것이 있으며, 수술대가 전혀 없는 것도 있다. 꽃밥의 형태나 크기는 종에 따라 다양하며, 성숙하면 일정한 곳이 터지거나 구멍이 뚫려 꽃가루가 나온다.

🔗 꽃, 암술

[꽃의 구조]

## 수압 水壓 hydraulic pressure

**물이 물체를 누르는 압력**

물체 주위에 있는 물의 무게 때문에 생긴다. 수압은 모든 방향에서 같은 크기로 작용한다. 높이가 10m인 물기둥의 수압은 1기압과 같다. 수면 아래로 30m 잠수한 사람은 공기에 의한 압력 1기압과 물에 의한 압력 3기압을 받아, 총 4기압의 압력을 받는다.

🔗 기압, 압력

## 수용액 水溶液 aqueous solution

**용질을 물에 녹여 만든 용액**

물은 지구상의 용매 중에서 가장 많은 종류의 용질을 녹일 수 있는 용매이다. 설탕을 물에 녹여서 만든 용액은 설탕 수용액, 염화 나트륨을 물에 녹여서 만든 용액은 염화 나트륨 수용액이라고 한다. 흔히 용액이라고 하면 수용액을 뜻한다.

🔗 용매, 용액, 용질

[흑설탕 수용액]

## 수인성 전염병 水因性傳染病 waterborne infection

**물로 전염되는 병**

물로 퍼지는 전염병은 함께 물을 마시는 많은 사람에게 동시에 발생하기 때문에 빠르게 퍼진다. 장마나 홍수 피해를 입은 곳의 식수와 음식물은 화장실의 분변, 생활 하수, 죽은 가축에서 나온 병균으로 오염되어 있으므로, 수인성 전염병을 일으키기 쉽다. 수인성 전염병으로는 이질, 콜레라, 장티푸스가 있다. 물을 반드시 끓여 마시고 음식은 5℃ 이하에서 보관한 뒤 익혀 먹으면 수인성 전염병을 예방할 수 있다.

🔗 장마

[수인성 전염병 예방 방법]

# 수정 受精 fertilization

**암수의 생식세포가 새로운 개체를 만들기 위해 하나로 합쳐지는 현상**

동물은 암컷의 난소에서 생긴 난자와 수컷의 정소에서 생긴 정자가 결합해 수정이 된다. 수정이 되면 수정란이 생기고, 수정란은 세포분열을 하면서 새로운 개체로 자란다. 식물은 암술머리에 붙은 꽃가루가 꽃가루관을 만들어 암술대 속으로 들어가 씨방 속의 밑씨와 만나면 수정된다. 수정 후 밑씨는 씨가 되고, 씨방은 열매가 된다.

🔗 꽃가루받이, 생식, 세포, 씨

### ➕ 하나 더! 동물의 체내수정과 체외수정

암컷의 몸속에서 수정이 이루어지는 것을 체내수정이라고 한다. 체외수정에 비해 훨씬 안전하며 확실하다. 포유류, 조류, 파충류, 곤충류 등 육지에 사는 동물과 일부 물에 사는 동물이 이 방법으로 수정한다. 체외수정은 암컷의 몸 밖에서 수정이 이루어지는 것을 말한다. 수정될 확률이 낮으므로 알을 많이 낳고, 수정을 확실하게 하기 위해 정자와 난자의 방출을 동시에 하거나, 난자가 정자를 유인하는 물질을 분비한다. 어류, 양서류, 극피동물, 연체동물과 같이 물속에서 사는 동물이 주로 체외수정을 한다.

[체내수정]     [체외수정]

# 수증기 水蒸氣 water vapor

**기체 상태의 물**

물을 100℃ 이상 가열하면 기체 상태의 수증기가 된다. 수증기는 색깔, 냄새가 없는 투명한 기체로 눈에 보이지 않는다. 물이 끓을 때 주전자 주둥이에서 보이는 하얀 김은 기체인 수증기가 아니라, 수증기가 공기 중에서 식어서 생긴 작은 물방울이다.

🔗 기체

# 수평 水平 horizontality

**물체가 어느 한쪽으로 기울어지지 않은 상태**

몸무게가 똑같은 사람이 시소의 중심에서 같은 거리만큼 떨어진 곳에 앉으면 시소는 어느 한쪽으로도 기울어지지 않고 평평한 상태가 된다. 이와 같은 상태를 수평이라고 한다. 수평을 잡으려면 받침점을 기준으로 양쪽의 '물체의 무게×받침점에서 떨어진 거리' 값이 같아야 한다. 수평잡기를 이용해 모빌이나 저울을 만들 수 있다. 양팔저울과 윗접시저울은 물체와 분동의 수평잡기를 이용한 것이다. 지레의 원리도 수평잡기 원리와 같다.

🔗 지레

## 순물질 純物質 pure substance

**한 가지 물질만으로 이루어진 물질**

녹는점, 끓는점, 밀도, 용해도, 색, 맛이 일정하다. 따라서 어떤 물질이 순물질인지 알아보려면 녹는점이나 끓는점을 조사하면 된다. 순물질에는 한 가지 원소로만 이루어진 홑원소 물질과 두 가지 이상의 원소가 결합해 이루어진 화합물이 있다.

🔗 끓는점, 녹는점, 물질, 밀도, 용해도, 혼합물

다이아몬드   구리

[홑원소 물질]

물   소금

[화합물]

## 순환기관
循環器官 circulatory organ

**몸속에 있는 혈액을 몸 전체로 순환시키는 기관**

심장과 혈관이 순환기관이다. 혈관에는 동맥, 정맥, 모세혈관이 있다. 혈액을 순환시켜서 섭취한 영양소와 산소를 몸의 각 부분에 운반하고, 몸속의 찌꺼기와 이산화 탄소를 받아서 배설기관으로 내보낸다.

🔗 심장, 동맥, 정맥

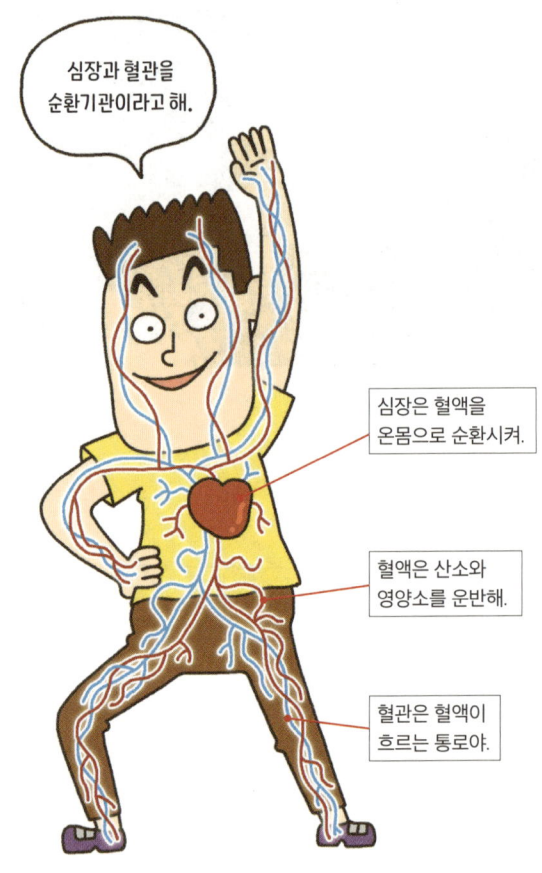

# 스피커 speaker

**전기 신호를 소리로 바꿔 주는 장치**

영구 자석과 코일이 들어 있고, 코일에는 얇은 진동판이 붙어 있다. 오디오 장치에 연결하면 스피커에 전류가 흐르면서 코일이 자기력을 받고, 붙어 있는 진동판이 움직이면서 소리를 낸다. 이어폰의 원리도 같다.

🔗 영구 자석, 자기력

[스피커의 구조]

# 습곡 褶曲 fold

**양쪽에서 미는 횡압력으로 암석이나 지층이 휘어진 지질 구조**

주로 퇴적암층에서 쉽게 볼 수 있다. 위로 볼록하게 솟아오른 부분을 배사, 아래로 오목하게 내려간 부분을 향사라고 한다.

🔗 단층, 퇴적암

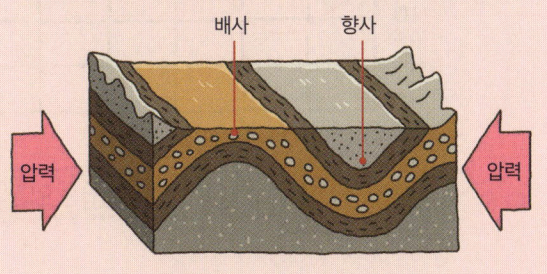

[습곡의 모습과 구조]

# 습도 濕度 humidity

**공기 중에 수증기가 들어 있는 정도**

일반적으로 공기 중에 수증기가 많으면 습도가 높고, 수증기가 적으면 습도가 낮다. 하지만 공기 중에 같은 수증기가 들어 있어도 기온이 높을수록 더 건조하게 느껴진다.

습도는 일정하게 유지되는 것이 아니라, 날씨, 기온, 계절에 따라 달라진다. 예를 들어, 비 오는 날은 맑은 날이나 흐린 날에 비해 공기 중에 수증기 양이 많으므로 습도가 높다. 또한 하루 중 기온이 가장 높은 오후 2~3시에 습도는 가장 낮다. 여름철에는 공기 중의 수증기량이 많으므로 온도가 높더라도 습도가 높게 유지된다. 반면 겨울철에는 공기 중의 수증기량이 적으므로 기온이 낮아도 습도가 낮다.

🔗 건습구 습도계, 기온

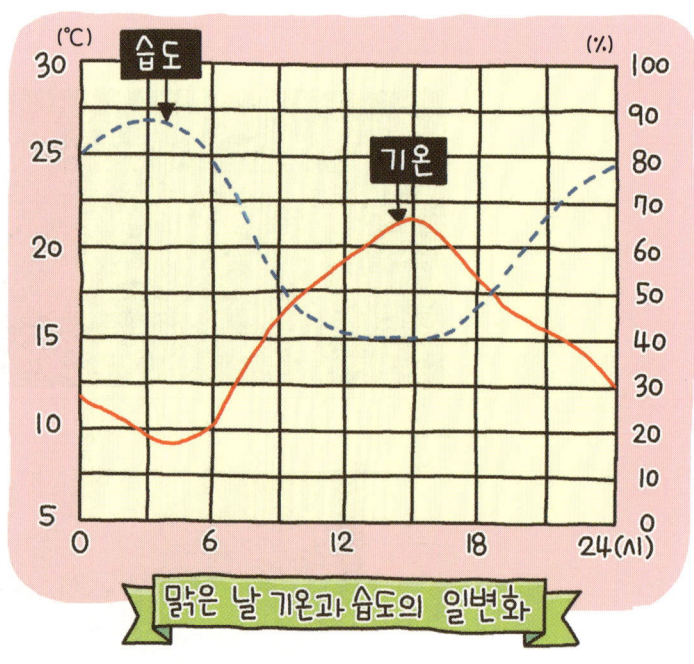

맑은 날 기온과 습도의 일변화

# 승화 昇華 sublimation

**고체가 액체 상태를 거치지 않고 바로 기체가 되거나 반대로 기체가 바로 고체가 되는 현상**

대부분의 물질은 고체가 액체를 거쳐 기체가 되고, 기체가 액체를 거쳐 고체가 된다. 하지만 어떤 물질 또는 특별한 조건에서는 고체가 바로 기체가 되거나 기체가 바로 고체가 된다. 승화를 잘하는 드라이아이스, 나프탈렌, 아이오딘을 승화성 물질이라고 한다.

🔗 고체, 액체

드라이아이스가 승화하면서 주위의 열을 흡수해 아이스크림을 오랫동안 차갑게 보관할 수 있다.

나프탈렌이 승화하면서 생긴 기체의 냄새 때문에 벌레가 도망간다.

추운 날 공기 중의 수증기가 얼음으로 얼어 서리가 된다.

겨울철에 언 빨래가 마르는 것도 얼음이 기체인 수증기로 변하는 승화 현상이다.

# 시간기록계 時間記錄計 recording timer

**일정한 시간 간격으로 빠르게 타점을 찍어 물체의 속력을 측정하는 장치**

실험실에서 물체의 속력을 측정할 때 쓴다. 전자석을 이용한 진동판과 종이테이프(먹지)로 구성되어 있다. 진동판은 일정한 시간 간격(보통 1초에 60번)으로 진동한다. 종이테이프의 한쪽은 시간기록계의 진동판 아래에 두고, 나머지 한쪽은 물체에 연결한다. 물체를 운동시키면 진동판이 빠르게 움직이면서 종이테이프에 타점을 찍고, 타점의 간격을 이용하면 물체의 속력 변화를 알 수 있다.

🔗 속력, 운동

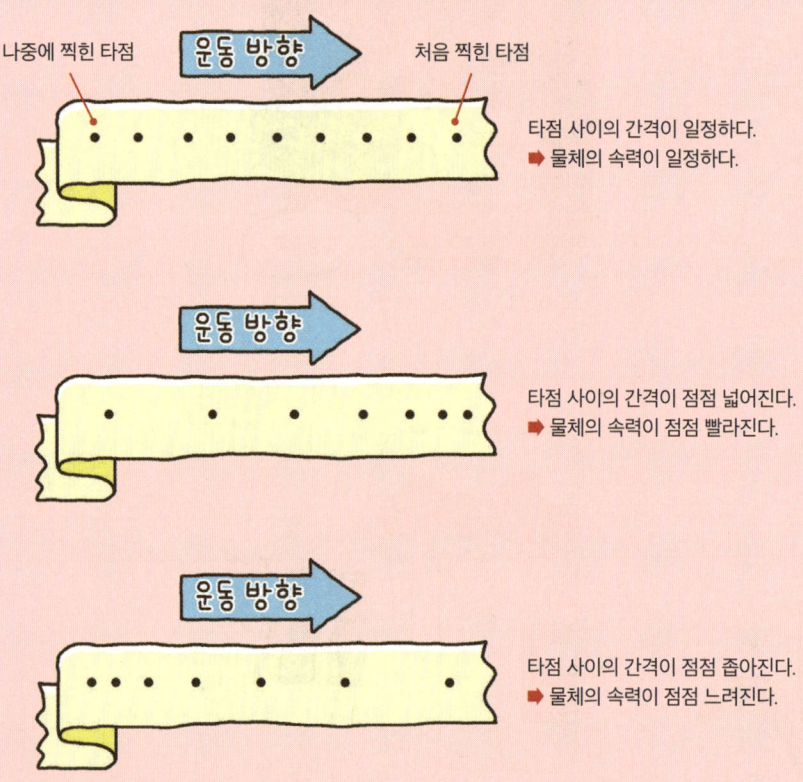

# 식물 植物 plant

**스스로 양분을 만들어 살아가는 생물**

뿌리로 땅을 지탱하고 물과 양분을 빨아들이며, 줄기를 통해 물과 양분이 이동한다. 잎의 엽록체에서 광합성을 하여 스스로 양분을 만든다. 자유롭게 움직일 수 없지만 일생 동안 계속 자란다. 주로 씨앗을 이용해서 번식하며, 뿌리, 줄기, 잎, 꽃 같은 기관으로 되어 있다.

🔗 광합성, 꽃, 뿌리, 엽록체, 잎, 줄기

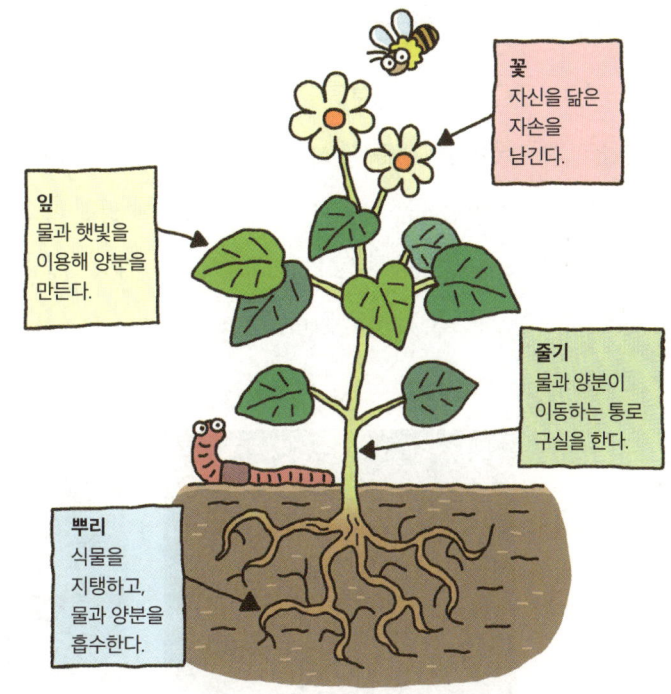

[식물의 구조와 하는 일]

## ➕ 하나 더! 식물의 한살이

식물은 씨앗에서 싹이 터서 잎과 줄기가 자라고, 꽃이 피고 열매를 맺으면 열매 속의 씨앗이 땅에 떨어져 다시 싹을 틔우는 과정을 되풀이한다. 이렇게 식물은 씨앗에서 다시 새로운 씨앗을 맺는 과정을 되풀이하면서 대를 이어가는데, 이를 식물의 한살이라고 한다.

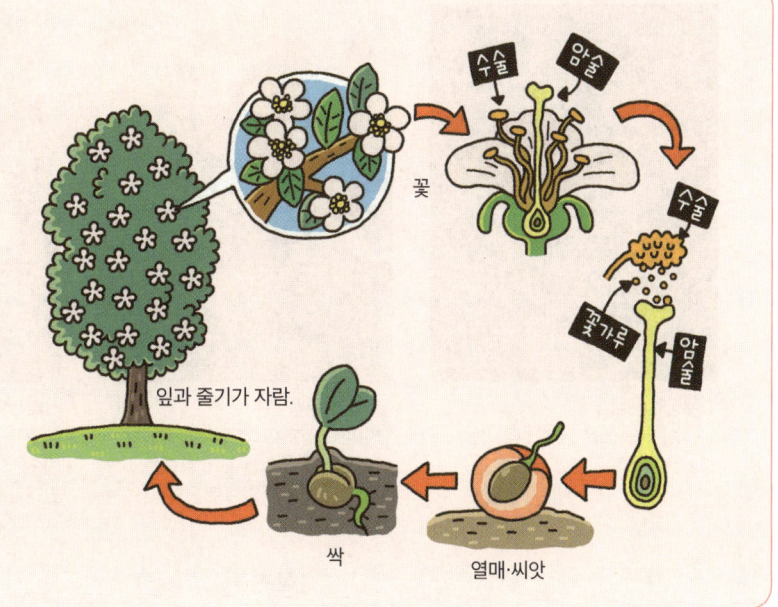

# 식충식물 食蟲植物 insectivorous plant

**벌레나 작은 동물을 잡아먹어 양분을 얻는 식물**

벌레잡이 식물이라고도 한다. 식충식물은 광합성을 해서 양분을 만들지만, 주로 습기가 많은 곳(습지)에서 살기 때문에 양분이 부족하다. 그래서 곤충을 잡아먹어 부족한 양분을 보충한다. 식충식물은 곤충을 잡을 수 있는 특별한 기관을 가지고 있다.

🔗 광합성

**파리지옥**
잎의 안쪽에 나 있는 털을 벌레가 건드리면 순식간에 잎이 오므라들어 벌레를 잡는다.

**끈끈이주걱**
벌레가 긴털에 닿으면 붙어서 움직이지 못한다.

**벌레잡이 제비꽃**
잎에 나 있는 작은 털에서 나오는 끈끈한 액으로 곤충을 잡는다.

**벌레잡이통풀**
항아리 모양의 포충대 속에 꿀샘이 있어 벌레를 끌어들이고, 통속은 미끄러워 벌레가 안으로 쉽게 떨어진다.

**사라세니아**
뚜껑같이 생긴 잎조각이 있으며 속이 빈 통의 안쪽에 밑을 향한 털이 있어서 벌레가 빠져 나오지 못한다.

[식충식물의 종류]

# 신경계 神經系 nervous system

**동물의 몸 안팎에서 일어나는 자극을 받아서 반응하는 기관**

정보를 처리하고 전달하는 뉴런이라는 특수한 세포로 이루어져 있다. 뇌와 척수를 중추신경계, 몸에 퍼져 있는 가느다란 신경을 말초신경계라고 한다. 말초신경계가 자극을 중추신경계로 전달하면 중추신경계는 이 자극을 분석하고 판단해 명령을 내린다. 그리고 이 명령을 말초신경계가 운동신경으로 전달한다.

🔗 자극

**하나 더! 뉴런의 종류와 자극의 전달**

뉴런은 하는 일에 따라 자극을 받아들이는 감각뉴런, 상황을 판단하는 연합뉴런, 근육에 연결되어 반응하는 운동뉴런이 있다. 이 세 뉴런이 서로 협동하면서 자극에 반응하여 몸의 상태를 항상 일정하게 유지한다.

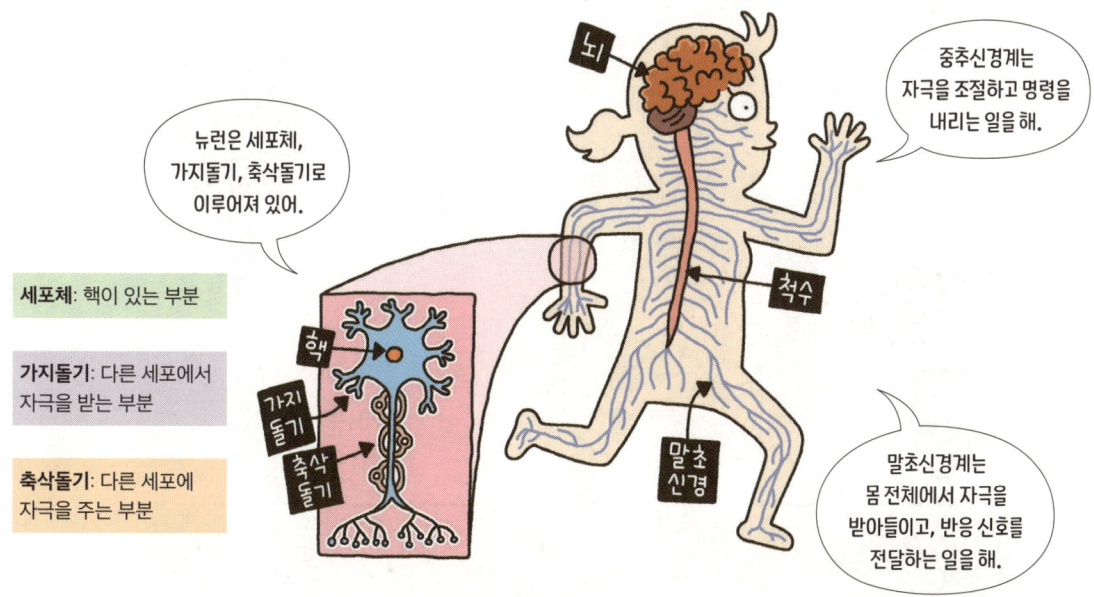

**세포체**: 핵이 있는 부분

**가지돌기**: 다른 세포에서 자극을 받는 부분

**축삭돌기**: 다른 세포에 자극을 주는 부분

[뉴런의 모습과 신경계의 종류]

# 신기루 蜃氣樓 mirage

**실제 위치가 아닌 다른 위치에서 물체가 보이는 현상**

빛의 굴절 때문에 생긴다. 뜨거운 태양 빛을 받아 지표면이 매우 뜨거운 사막은 바닥면 근처의 공기층과 그 위 공기층의 온도가 많이 차이 난다. 이렇게 온도 차가 큰 두 공기층에서 빛이 통과하는 속력이 달라 빛이 굴절하면서 신기루 현상을 일으킨다. 이 현상으로 아스팔트 위나 땅바닥에 물이 얕게 고여 있을 때 하늘이나 자동차가 비쳐 보인다.

🔗 빛의 굴절

> **하나 더! 역사 속의 신기루**
>
> 1789년 프랑스의 나폴레옹 군대는 이집트를 침공했다. 사막에 도착한 나폴레옹의 군대는 눈앞에 펼쳐진 호수가 갑자기 사라지고, 풀잎이 야자수로 변하는 광경을 보고 놀라움을 금치 못했다. 대부분의 사람들은 요술이라고 생각했지만, 그중의 수학자 G.몽지만은 이 현상이 뜨거운 사막의 공기층 때문이라는 것을 최초로 밝혀냈다.

# 신장 腎臟 kidney

**몸에 생긴 노폐물을 오줌으로 만들어 배설하는 기관**

허리 뒤편의 양쪽에 있으며, 주먹 정도의 크기이다. 강낭콩 모양이고 색깔이 팥과 같은 검붉은색을 띠고 있어 콩팥이라고도 한다. 우리 몸 속에서 노폐물을 운반해 온 혈액을 깨끗하게 걸러 오줌으로 만든다.

🔗 배설, 배설기관, 콩팥

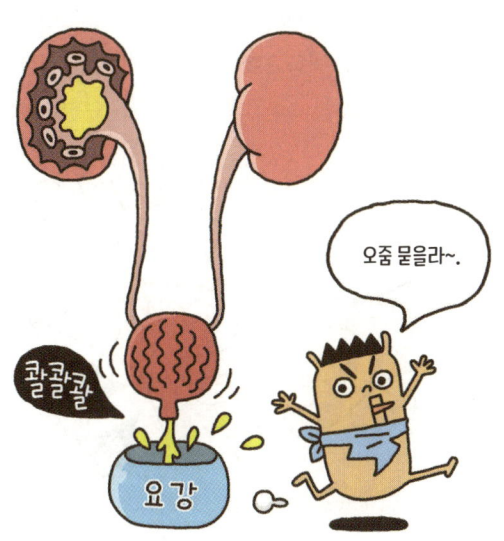

# 신재생 에너지
new renewable energy

**햇빛, 물, 비 따위를 이용해 재생할 수 있는 에너지로 변환해 사용하는 에너지**

신에너지와 재생 에너지를 합쳐 이르는 말이다. 신에너지에는 연료전지, 수소 에너지가 있고, 재생 에너지에는 태양광, 태양열, 바이오 연료, 풍력, 수력이 있다. 초기 비용이 많이 드는 단점이 있지만 에너지가 무한하고, 환경오염을 일으키지 않는 장점이 있다.

# 심장 心腸 heart

**펌프 작용으로 혈액을 밀어내 온몸으로 돌게 하는 기관**

보통 자기 주먹만 한 크기로 가슴의 조금 왼쪽에 있다. 두꺼운 근육질로 되어 있어서 늘어났다 오므라들었다 하는 운동을 할 수 있다. 혈액이 들어오는 심방과 혈액이 나가는 심실, 심방과 심실에 연결된 혈관, 혈액이 거꾸로 흐르는 것을 막아 주는 판막으로 되어 있다. 동물의 종류에 따라 심장의 구조가 다르다.

🔗 판막, 혈액

## 하나 더! 심장 박동과 맥박

심장의 수축과 확장의 반복을 박동이라고 한다. 혈액 순환은 이러한 심장의 박동으로 이루어진다. 심장의 박동수는 개인에 따라, 몸의 상태에 따라 큰 차이가 나며, 또 연령과 성별에 따라서도 차이가 난다. 건강한 사람은 1분에 약 70회 정도이다. 심장은 박동할 때마다 동맥을 따라 혈액을 밀어낸다. 이러한 혈액의 흐름 때문에 동맥이 주기적으로 늘어났다 줄어들었다를 되풀이한다. 이 움직임으로 생기는 진동이 일정한 속도로 동맥벽을 따라 전해지는데 이 진동을 맥박이라고 한다. 맥박은 심장의 박동으로 생기므로 맥박수는 심장 박동수와 같다.

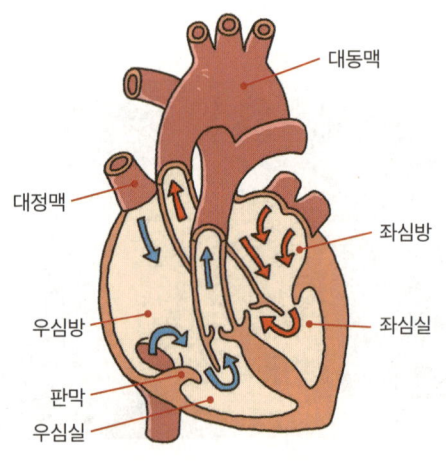

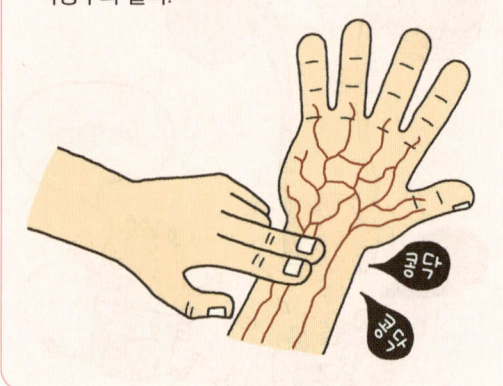

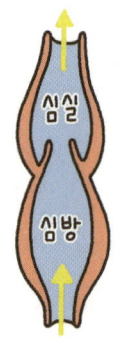

1심방 1심실
[어류]

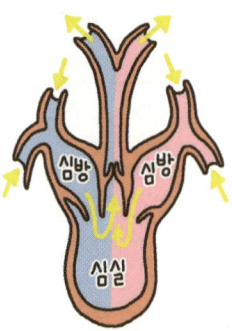

2심방 1심실
[양서류]

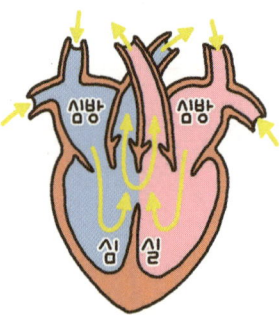

2심방 불완전2심실
[파충류]

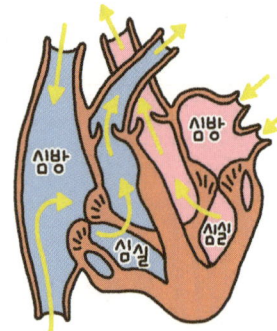

2심방 2심실
[조류, 포유류]

# 쌍떡잎식물 dicotyledoneae

**싹이 틀 때 떡잎이 두 장 나오는 식물**

잎맥이 그물맥이고, 뿌리는 원뿌리와 곁뿌리의 구분이 뚜렷한 곧은뿌리이며 관다발이 고리 모양으로 배열되거나 관모양이다. 대부분 꽃이 화려하기 때문에 눈에 쉽게 띄는 식물이다. 봉숭아, 진달래, 개나리, 민들레, 철쭉, 냉이, 배추, 무, 호박, 오이 따위가 있다.

🔗 떡잎, 외떡잎식물

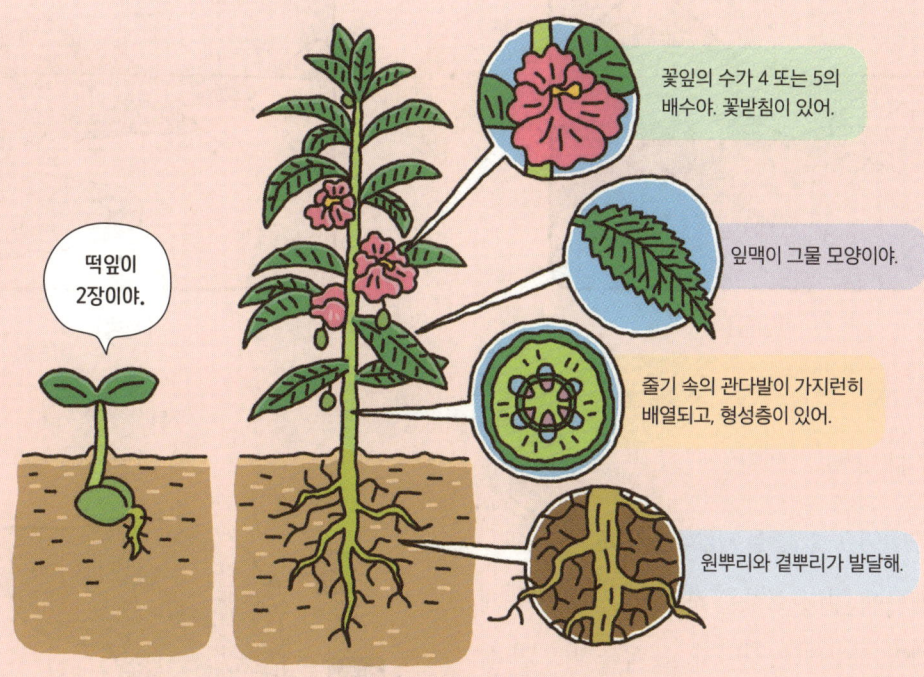

[쌍떡잎식물(봉숭아)의 특징]

# 썰물 ebb tide

**바닷물의 높이가 낮아져 바닷물이 바다 쪽으로 물러가는 현상**

썰물은 지구와 달, 태양 사이에 작용하는 만유인력에 의해 발생하며, 밀물과 반대되는 현상이다. 썰물로 바닷물의 높이가 가장 낮아졌을 때를 간조라 한다. 우리나라 바닷가에서 간조는 약 12시간 25분 간격으로 하루에 두 번씩 일어난다.

🔗 만유인력, 밀물, 조석

[밀물] [썰물]

# 쓸개 gall bladder

**간에서 만들어진 쓸개즙을 저장하는 주머니**

간 아래쪽에 있고 소화를 하지 않을 때는 쓸개즙을 계속 저장하고 있다가, 음식을 먹으면 십이지장으로 쓸개즙을 보낸다. 쓸개즙은 소화효소로 작용하지는 않지만, 지방을 큰 덩어리에서 작은 덩어리로 나누어 소화효소와 지방의 접촉면을 넓히는 일을 한다.

🔗 소화, 이자

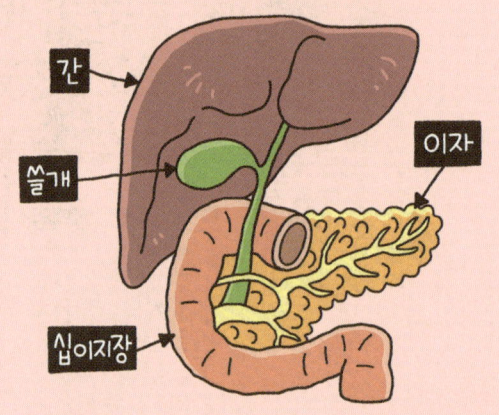

# 씨 | seed

**식물의 열매 속에 들어 있으며, 자라서 새로운 식물이 될 부분**
씨앗 또는 종자라고 한다. 암술에 있는 밑씨가 수정해서 발달하고 성숙한 것으로, 싹이 터서 다시 같은 종류의 식물로 자란다. 식물의 종류에 따라 크기나 모양이 일정하지 않고 다양한 구조로 되어 있다.

🔗 꽃, 암술

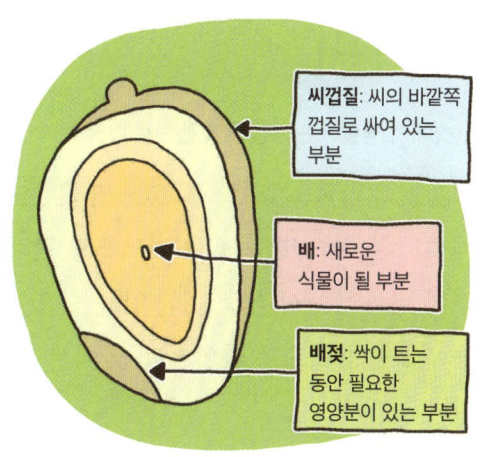

**씨껍질**: 씨의 바깥쪽 껍질로 싸여 있는 부분

**배**: 새로운 식물이 될 부분

**배젖**: 싹이 트는 동안 필요한 영양분이 있는 부분

[볍씨의 구조]

## 하나 더! 씨가 퍼지는 방법

식물들이 씨를 퍼뜨리는 방법은 여러 가지다. 동물에게 먹히거나, 바람에 날리는 방법으로 멀리 퍼져 간다. 씨가 한꺼번에 같은 곳에 떨어져 싹이 트게 되면, 자라는 데 필요한 양분이나 물이 부족해질 수 있다. 그래서 서로 멀리 퍼져 경쟁을 피한다.

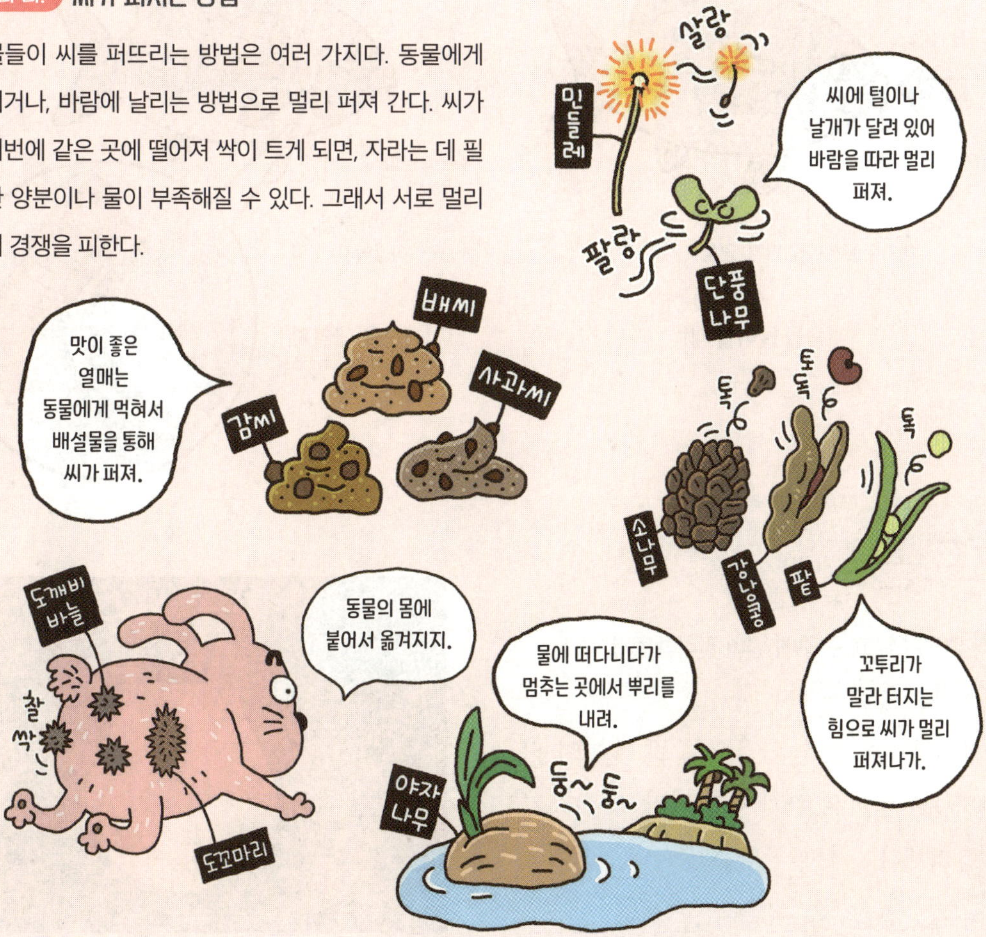

- 민들레, 단풍나무: 씨에 털이나 날개가 달려 있어 바람을 따라 멀리 퍼져.
- 감씨, 배씨, 사과씨: 맛이 좋은 열매는 동물에게 먹혀서 배설물을 통해 씨가 퍼져.
- 소나무, 강낭콩, 팥: 꼬투리가 말라 터지는 힘으로 씨가 멀리 퍼져나가.
- 도깨비바늘, 도꼬마리: 동물의 몸에 붙어서 옮겨지지.
- 야자나무: 물에 떠다니다가 멈추는 곳에서 뿌리를 내려.

# 아가미 gill

**물속에서 생활하는 동물의 호흡기관**

어류는 일반적으로 가지고 있으며, 양서류, 연체동물, 갑각류, 극피동물에서도 볼 수 있다. 수많은 가닥으로 갈라진 모양으로 물과 접촉하는 표면이 넓어 물에서 산소를 잘 얻을 수 있다. 아가미를 통해 물에 녹아 있는 산소는 몸속으로 들어가고, 몸에서 생긴 이산화 탄소는 몸 밖으로 나간다.

🔗 호흡, 호흡기관, 어류, 양서류, 연체동물

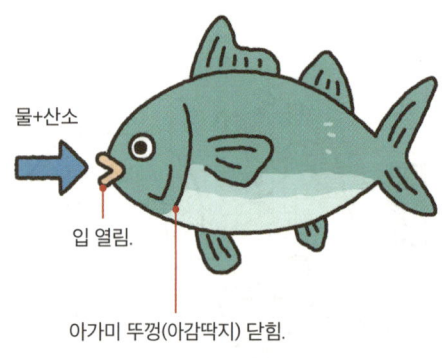
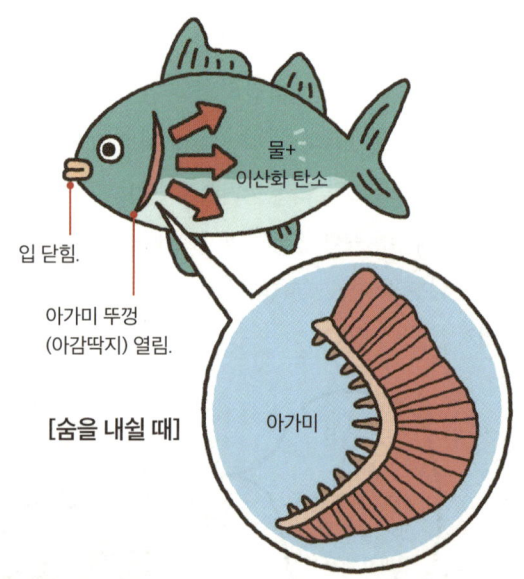

# 아르곤 argon

**색깔과 냄새가 없고, 전구에 넣어 필라멘트가 오래가도록 하는 데 쓰이는 기체**

공기 중에 질소, 산소 다음으로 많이 들어 있다. 1894년 영국의 과학자 레일리 경이 공기에서 분리했다.

🔗 기체, 산소, 질소

## 아이오딘 iodine

**보라색의 금속 광택을 띠는 결정으로, 가열하면 보라색 기체가 되어 승화한다.**

1811년 프랑스의 쿠르투아가 발견했으며 해초류에 많이 들어 있다. 사람의 갑상샘 호르몬의 구성 성분이기도 하다. 갑상샘 호르몬은 몸의 기초 대사를 조절하므로 적절한 양의 아이오딘을 섭취해야 한다.

🔗 승화

## 아이오딘-아이오딘화 칼륨
### iodine-potassium iodide

**아이오딘화 칼륨 수용액에 아이오딘을 녹여 만든 용액**

아이오딘-아이오딘화 칼륨 용액은 갈색을 띠지만 녹말과 섞이게 되면 용액 속의 아이오딘 분자가 녹말 분자 사이에 끼어 들어 청람색을 띠는 물질이 생긴다. 이러한 색깔 변화를 이용해 녹말을 확인하는 데 쓰인다.

🔗 녹말, 수용액, 용액

[아이오딘 결정]

[아이오딘이 많이 함유된 다시마]

녹말이 들어 있는 감자에서만 색깔이 변해!

사과    감자

사과와 감자에 아이오딘-아이오딘화 칼륨 용액을 떨어뜨린 결과야.

## 安갖춘꽃 incomplete flower

**꽃을 구성하는 꽃잎, 꽃받침, 암술, 수술 중 하나 이상이 없는 꽃**

꽃의 네 가지 요소를 모두 가지고 있는 갖춘꽃과 대비되는 말로, 안갖춘꽃은 암술과 수술이 한 꽃에 같이 있는 양성화이거나, 암술과 수술 중 하나가 없는 단성화일 수 있다.

🔗 갖춘꽃, 단성화, 양성화

보리꽃 　　　 부들꽃 　　　 강아지풀꽃

[꽃잎이 없는 꽃]

튤립

[꽃받침이 없는 꽃]

호박의 수꽃 　　　 호박의 암꽃

[암술과 수술이 다른 곳에 있는 꽃]

## 안개 fog

**밤에 지표면 근처의 공기가 차가워져 공기 중 수증기가 응결해 작은 물방울로 떠 있는 현상**

따뜻하고 습한 공기가 차가운 지표면과 만나거나, 호수나 바다 근처처럼 공기 중에 수증기가 많은 경우에 잘 발생한다. 공기 중의 수증기가 응결한 작은 물방울이 떠 있다는 점에서 안개는 구름과 기본적으로 같은 현상이다. 관찰자의 위치에 따라 다르게 불리는 것뿐이다. 관찰자보다 높은 곳에 있으면 구름, 관찰자 근처에서 발생하면 안개라 한다.

🔗 구름, 응결, 이슬

# 알짜힘 net force

**물체에 여러 가지 힘이 동시에 작용할 때, 이 힘들의 효과를 하나로 합친 힘**

물체에 여러 가지 힘이 동시에 작용할 때, 물체는 각각의 힘에 영향을 받는 것이 아니라 알짜힘의 영향을 받아 운동 상태가 변한다. 물체에 작용하는 힘이 모두 일직선상에 있으면 간단히 더하거나 빼기로 알짜힘을 구할 수 있다. 예를 들어 물체에 오른쪽으로 5N으로 당기는 힘과 왼쪽으로 10N으로 당기는 힘이 작용한다면 두 힘의 알짜힘은 왼쪽으로 5N이며, 물체는 왼쪽으로 움직이게 된다. 힘의 방향이 일직선상에 있지 않으면 평행사변형법으로 알짜힘을 구한다. 물체에 작용하는 두 힘을 이웃 변으로 하는 평행사변형을 그리면, 평행사변형의 대각선이 알짜힘을 나타낸다.

🔗 힘

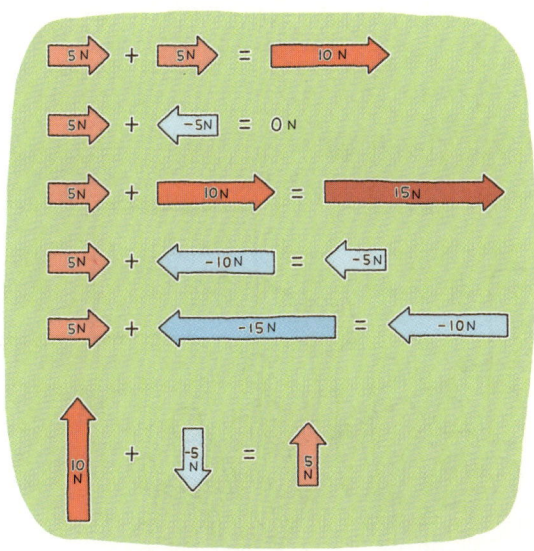

[일직선상에서 작용하는 힘의 합력]

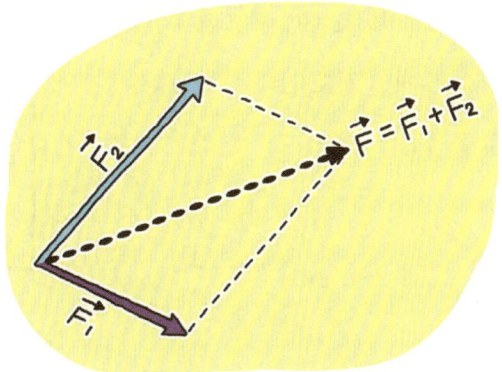

[나란하지 않은 힘의 합성]

## 암모나이트 ammonite

**중생대 바다에서 번성한, 단단한 껍데기를 가진 연체동물**

지금으로부터 약 4억 년 전에 나타나서 약 6,600만 년 전에 멸종했다. 껍데기는 오늘날의 앵무조개와 비슷하고, 몸체는 오징어와 비슷하다. 밝혀진 종류는 10,000종이 넘는다. 크기는 몇 cm에서 2m가 넘는 것도 있다. 수염 모양의 촉수로 먹이를 잡아먹고 바닷속을 떠다니며 생활한 것으로 추측된다. 🔗 고생물, 멸종, 화석

[암모나이트 화석]

## 암술 pistil

**꽃의 중심부에 있으며 꽃가루를 받아 씨와 열매를 맺는 기관**

암술머리, 암술대, 씨방 세 부분으로 이루어져 있다. 암술머리는 표면이 울퉁불퉁하거나 끈적끈적한 물질이 묻어 있어서 꽃가루가 잘 붙는다. 암술대의 속은 비어 있거나 엉성하고, 짧은 것에서부터 긴 것까지 여러 가지인데, 암술대가 없는 것도 있다. 씨방 속의 밑씨가 자라면 씨가 된다. 암술은 보통 한 꽃에 하나씩 있으나 무화과나무, 연꽃, 딸기처럼 두 개 또는 여러 개인 것도 있다.

🔗 꽃, 수술

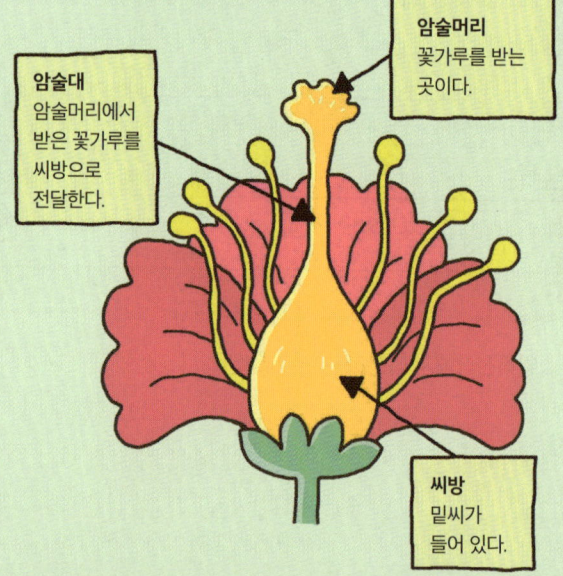

**암술머리** 꽃가루를 받는 곳이다.
**암술대** 암술머리에서 받은 꽃가루를 씨방으로 전달한다.
**씨방** 밑씨가 들어 있다.

# 암석 岩石 rock

**광물로 이루어진 고체 물질**

생성 과정에 따라 크게 화성암, 퇴적암, 변성암으로 나뉜다. 퇴적암은 진흙이나 모래의 퇴적물이 굳어져서, 화성암은 화산 활동으로, 변성암은 퇴적암이나 화성암이 열과 압력을 받아서 생긴다. 암석은 생긴 뒤에 주변 환경에 따라 끊임없이 변화하는데 이것을 암석의 순환이라고 한다.

🔗 광물, 변성암, 퇴적암, 화성암

> ➕ **하나 더!** **지각, 암석, 광물의 관계**
>
> 지구의 가장 바깥쪽 표면을 지각이라 하고, 지각은 단단한 암석으로 이루어져 있다. 우리 주변에서 발견되는 암석을 자세히 관찰해 보면 모양과 색이 다른 다양한 종류의 알갱이들로 이루어져 있는데, 이러한 알갱이들을 광물이라고 한다.
>
>

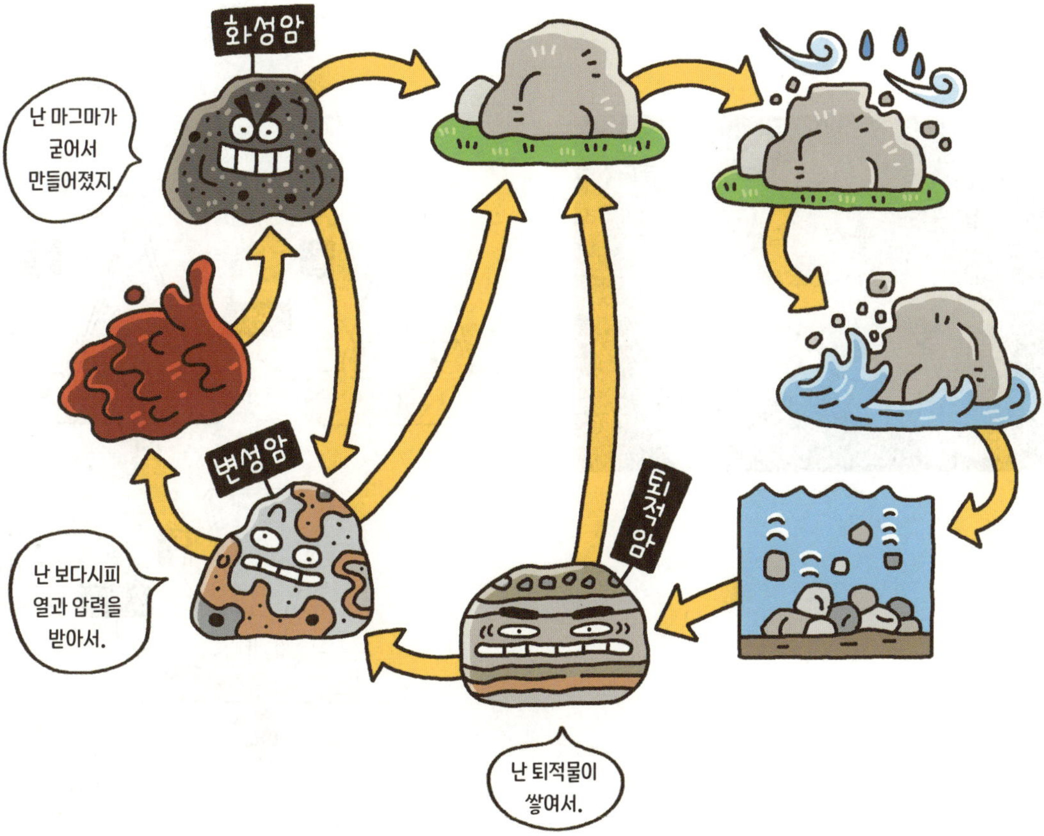

## 암염 岩鹽 rock salt

**바닷물 속 소금이 지각 변동을 받아 만들어진 퇴적암**

원래 바다였던 곳이 지각 변동을 받아 호수로 변하고, 호수의 물이 오랜 시간에 걸쳐 증발하면 소금 성분만 남는다. 또 다른 지각 변동을 받아 소금 성분이 땅속에 묻히면 퇴적암인 암염이 된다. 히말라야산맥, 폴란드, 몽골 등 현재 육지 지역인 곳에서 암염이 많이 발견되는데, 이곳들은 아주 옛날에 한 번 이상 바다였던 적이 있다.

🔗 지각 변동, 퇴적암

## 압력 壓力 pressure

**물체를 수직으로 누르는 힘**

같은 힘으로 물체를 눌러도 누르는 면적이 좁으면 압력은 커진다. 발이 운동화에 밟힐 때보다 하이힐 굽에 밟힐 때 더 아픈 까닭도 하이힐 굽이 누르는 면적이 더 좁아 압력이 커지기 때문이다. 압력은 물체에 작용하는 힘을 그 힘을 받는 면적으로 나누어 구한다. 단위는 $N/m^2$을 쓴다.

🔗 기압, 수압, 힘

$$압력 = \frac{작용하는 힘}{힘을 받는 면적}$$

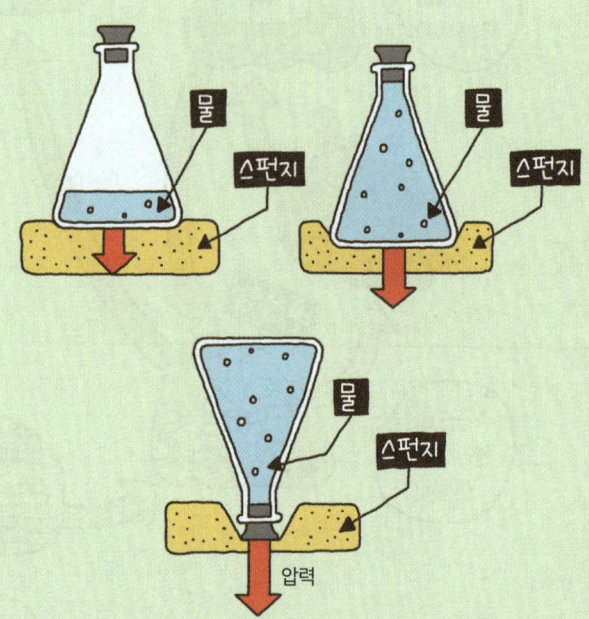

# 앙금 생성 반응
precipitation reaction

**용액과 용액을 섞었을 때 바닥에 가라앉는 물질이 생기는 반응**

액체 속에서 작은 고체 알갱이가 바닥에 가라앉아 쌓이는 현상을 침전이라고 하며, 이때 침전물을 앙금이라고 한다. 앙금 생성 반응으로 용액 속에 들어 있는 물질을 확인할 수 있다. 예를 들어 은 이온은 염화 이온과 반응해 하얀 염화 은 앙금이 생기기 때문에 염화 나트륨 수용액을 떨어뜨렸을 때 흰 앙금이 생기는 것으로 용액 속에 은 이온이 들어 있음을 확인할 수 있다.

🔗 용액, 이온

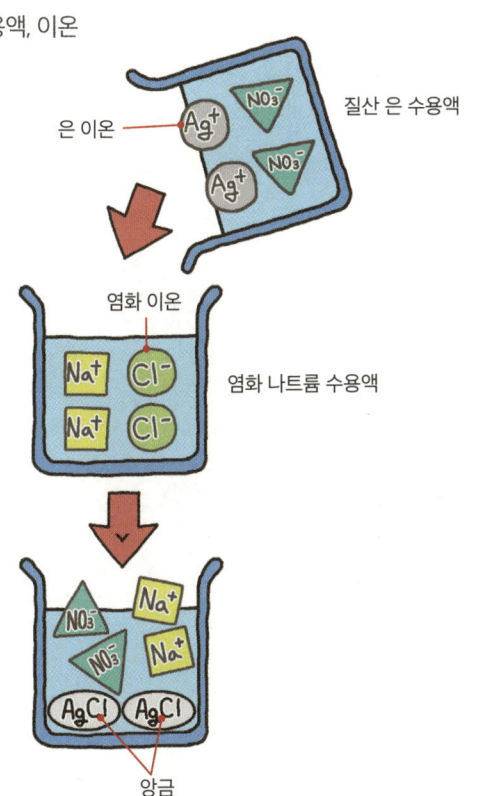

# 앙페르 법칙 Ampere's law

**도선에 흐르는 전류의 방향과 주위에 생기는 자기장의 방향 사이의 관계를 다룬 법칙**

도선에 전류가 흐르면 도선은 자석과 같은 성질을 띠고, 도선 주위에는 자기장이 생긴다. 앙페르는 자기장과 전류의 방향 사이에 관계가 있을 것으로 보고, 실험을 통해 이를 발견했다. 오른손 엄지손가락을 전류 방향으로 두면 나머지 손가락이 감싸 쥐는 방향이 자기장의 방향이다.

🔗 전류, 자기장

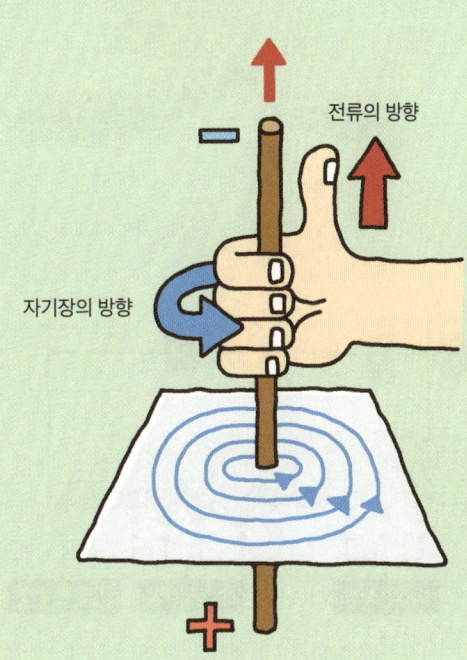

## 애벌레 larva

**알에서 나온 뒤 다 자라지 않은 벌레**

먹이를 먹고 허물을 벗으면서 자란다. 나비처럼 애벌레에 다리가 있는 것도 있고, 파리의 애벌레처럼 다리가 없는 것도 있다. 완전탈바꿈하는 곤충은 번데기가 되기 전까지, 불완전탈바꿈하는 곤충은 어른벌레가 되기 전까지를 애벌레 시기라고 한다.

🔗 곤충, 불완전탈바꿈, 완전탈바꿈

누에나방의 고치
누에나방(어른벌레)　　애벌레

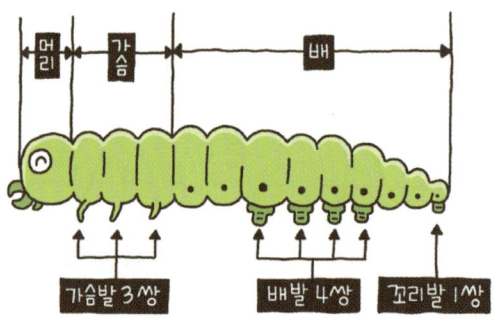

[배추흰나비 애벌레의 구조]

## 액체 液體 liquid

**담는 그릇에 따라 부피는 일정하지만 모양은 일정하지 않은 물질의 상태**

흐르는 성질이 있어 손으로 잡을 수 없고 온도가 변하면 부피가 조금 변한다. 액체를 이루는 분자들은 고체보다 덜 가지런히 배열되어 있어 움직일 수 있다. 하지만 분자 사이의 거리가 멀지 않아 분자끼리 서로 끌어당기는 힘이 작용한다. 🔗 고체, 기체

[모양이 일정하지 않은 액체]

[손으로 잡을 수 없는 액체]

# 액화 液化 liquefaction

**기체가 액체로 변하는 현상**

기체를 액체로 액화시키는 방법에는 온도를 낮추거나 압력을 크게 하는 방법이 있다. 수증기는 온도를 낮추면 물로 변한다. 암모니아, 염소, 프레온 같은 기체는 압력을 크게 하면 액체가 된다. 산소, 수소, 헬륨, 질소 같은 기체는 매우 낮은 온도에서 압력을 크게 해야 액체가 된다. 기체가 액화할 때는 열을 주위로 내보내며, 이 열을 액화열이라고 한다.

🔗 기화, 상태 변화

[액화]

[액화열]

## 양력 陽曆 solar calendar

**지구가 실제로 태양 둘레를 한 바퀴 도는 데 걸리는 기간을 바탕으로 하는 달력**

오늘날 우리가 사용하는 달력으로, 태양을 기준으로 만든 달력이라는 뜻이다. 우리나라는 조선시대 고종 때부터 사용하였고, 그 이전에는 음력을 사용했다. 양력 1년은 365일, 12달로 이루어져 있으며, 매달은 30일 또는 31일이다. 예외적으로 2월은 28일까지이다. 실제로 지구가 태양 둘레를 한 바퀴 도는 데에는 365일하고도 약 6시간이 더 걸린다. 따라서 4년에 한 번씩 2월 29일을 두어 실제 태양의 움직임과 달력의 날짜 수를 맞춘다. 이러한 해를 윤년이라 한다.

🔗 음력

## 양서류 兩棲類 amphibian

**척추동물 중 물과 땅에서 모두 사는 동물의 무리**

어릴 때에는 아가미로 호흡하면서 물에서 살고, 다 자라면 폐와 피부로 호흡할 수 있어 물과 땅을 오가며 산다. 물과 땅 두 곳에서 살기 때문에 양서류라고 한다. 몸 표면은 털이나 비늘이 없고 매끈하며, 피부는 늘 축축하게 젖어 있다. 알을 낳아 번식하고 체온이 주위 환경에 따라 변한다. 어릴 때와 성장했을 때의 생김새와 사는 모습이 아주 다르다. 개구리, 두꺼비, 맹꽁이, 도롱뇽이 있다.

🔗 척추동물

올챙이: 물속에서 살며, 아가미로 호흡한다.

개구리: 물속과 땅을 오가며, 폐와 피부로 호흡한다.

[올챙이와 개구리 비교]

# 양성화 兩性花 bisexual flower

**한 꽃 속에 암술과 수술을 모두 가지고 있는 꽃**

단성화와 대비되는 말로 꽃이 피는 식물 중 약 70%가 양성화이다.

🔗 단성화, 수술, 암술

# 양치식물
羊齒植物 pteridophyta

**꽃이 피지 않고 포자로 번식하는 식물**

뿌리, 줄기, 잎이 뚜렷하게 구별된다. 물관과 체관이 있지만 형성층이 없다. 주로 고사리 종류가 많지만 솔잎란류, 석송류, 속새류도 있다.

🔗 관다발, 포자

## 양팔저울 equal-arm balance

**양팔의 길이가 같은 모양의 저울**

가운데에 받침점이 있고, 받침점에서 양쪽으로 같은 거리만큼 떨어진 위치에 접시가 하나씩 있다. 양팔저울 양쪽의 무게가 같으면 수평을 이룬다는 점을 이용해 무게를 측정한다. 한쪽 접시에 무게를 측정할 물체를 올리고, 반대쪽 접시에 수평을 이룰 때까지 추를 올리면 된다. 양팔저울이 수평을 이룰 때 추의 무게를 모두 더하면 물체의 무게를 알 수 있다.

🔗 용수철저울, 저울, 전자저울

[양팔저울로 무게 측정하기]

## 어는점 freezing point

**액체가 고체로 변할 때의 온도**

물질의 종류에 따라 어는점이 달라 물질을 구별할 때 이용한다. 1기압일 때의 어는점을 기준 어는점이라고 하며, 물의 기준 어는점은 0℃, 에탄올의 기준 어는점은 영하 114℃이다. 물질이 어는 동안에는 열에너지가 상태 변화에 쓰이기 때문에 온도가 변하지 않는다. 같은 물질의 어는점과 녹는점은 온도가 같다.

🔗 녹는점, 상태 변화

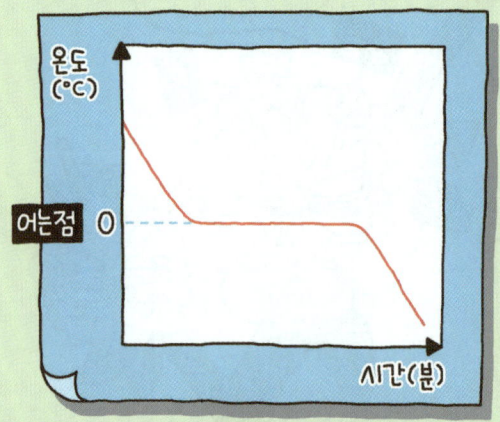

[물의 어는점]

# 어류 魚類 fish

**물속에서 살고 지느러미가 있으며 알을 낳아 번식하는 척추동물**

아가미로 호흡하고 주위 환경에 따라 체온이 변하는 변온동물이다. 몸의 겉은 비늘로 덮여 있다. 몸은 유선형을 이루고 있어 물의 저항을 적게 받는다. 또한 지느러미가 있어 헤엄쳐서 이동한다.

🔗 척추동물

### 하나 더! 물속에 사는 동물은 모두 어류이다?

고래와 돌고래는 물속에서 살지만 새끼를 낳아 젖을 먹인다. 또한 숨을 쉴 때는 물 위로 올라와 폐로 숨을 쉰다. 따라서 고래와 돌고래는 포유류에 속한다. 하지만 비슷하게 생긴 상어는 어류이다.

[포유류에 속하는 고래]

> 부레에는 공기가 들어 있어 물고기가 물속에서 뜨고 가라앉게 해 줘.

> 꼬리지느러미는 몸체가 앞으로 나아갈 수 있도록 하고, 배와 등지느러미는 자세를 바로잡거나 균형을 잡으며, 양쪽으로 달려 있는 지느러미는 방향을 바꾸는 데 쓰여.

[어류의 구조]

# 에너지 energy

**일을 할 수 있는 능력**

운동 에너지, 위치 에너지, 전기 에너지, 열에너지, 빛에너지, 화학 에너지 따위가 있다. 사용해도 사라지지 않고 다른 에너지로 변하기 때문에 총량은 보존된다. 에너지의 단위는 J(줄)이고 일의 단위와 같다.

🔗 일

| 운동 에너지 | (중력에 의한) 위치 에너지 |
|---|---|
| 움직이는 물체가 갖는 에너지 | 물체의 높이 때문에 생기는 에너지 |

| 전기 에너지 | 열에너지 |
|---|---|
| 전기의 공급으로 생기는 에너지 | 열을 내는 물체가 가진 에너지 |

| 빛에너지 | 화학 에너지 |
|---|---|
| 빛을 내는 물체가 가진 에너지 | 화학 물질이 내는 에너지 |

# 에너지 전환 energy conversion

**에너지의 형태가 바뀌는 것**

에너지는 다양한 형태가 있으며 다른 형태로 바뀔 수 있다. 예를 들어, 광합성을 하는 나무에서는 빛 에너지가 화학 에너지로, 낙하 놀이 기구에서는 위치 에너지가 운동 에너지로 전환된다. 전환된 에너지는 우리가 다시 사용할 수 없을 만큼 작은 크기로 수없이 나뉜다. 하지만 그것들을 모두 더하면 처음 에너지의 크기와 같다.

🔗 빛에너지, 에너지, 운동 에너지, 위치 에너지, 화학 에너지

# 엑스선 X-rays

**물질을 투과하는 성질이 있는, 파장이 짧은 전자기파**

뢴트겐선이라고도 한다. 매우 빠르게 움직이는 전자를 물질에 충돌시켜 만든다. 뼈와 같이 단단한 곳을 제외한 사람의 몸을 통과할 수 있으므로 환자의 뼈를 살필 때 쓴다. 암석이나 금속의 구조를 조사할 때도 쓴다. 1895년 독일의 물리학자 뢴트겐이 발견했다.

🔗 빛, 파동

> **하나 더! 조영제**
>
> 엑스선 촬영을 할 때 엑스선이 통과하지 못하는 불투명한 물질인 조영제를 투여하면 위, 장, 혈관 등을 잘 볼 수 있다. 조영제는 황산 바륨($BaSO_4$)을 주로 사용한다. 황산 바륨은 몸에 흡수되지 않는 성질이 있어서 부작용이 거의 없다.

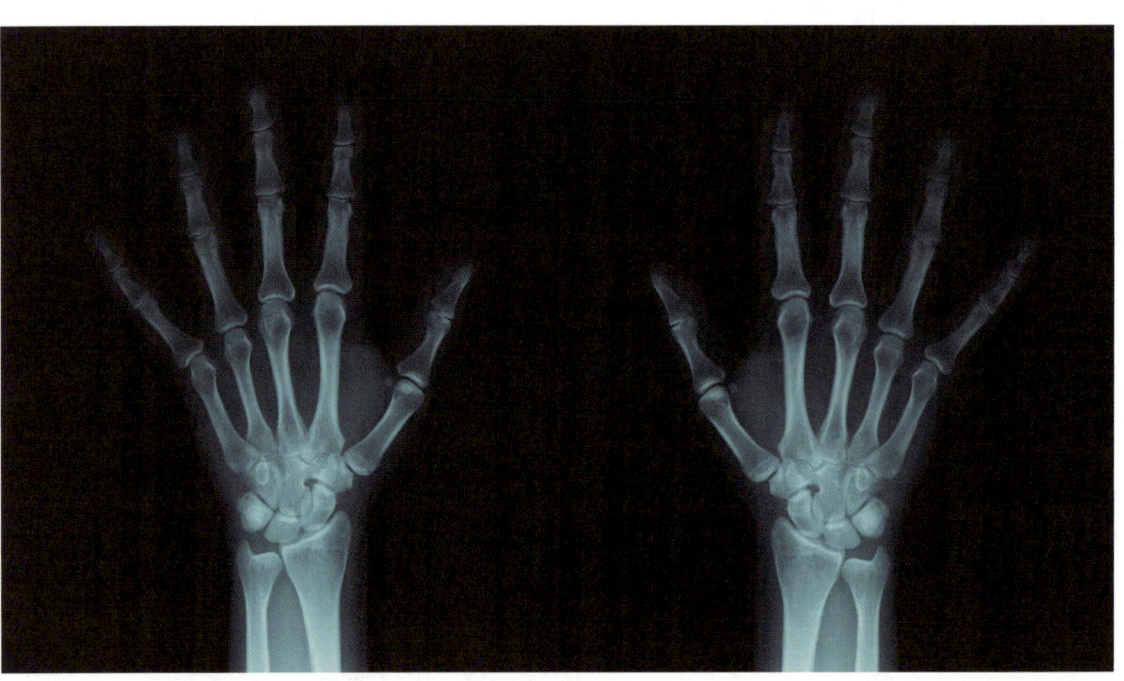

[X선 촬영 사진]

뼈는 단단해서 엑스선이 통과하지 못하지.

# 여러해살이식물 perennial plant

**한살이 기간이 여러 해에 걸쳐 이루어지는 식물**

여러해살이식물에는 풀과 나무가 있다. 여러해살이 풀은 알뿌리나 땅속 줄기로 겨울을 지내고 이듬해 봄에 다시 싹을 틔운다. 나무는 겨울에 잎이 모두 떨어지고 줄기가 살아남아 이듬해 새순이 돋아난다. 나무는 병들어 죽기 전까지 꽃을 피우고 열매를 맺는 한살이 과정을 반복한다.

🔗 한해살이식물

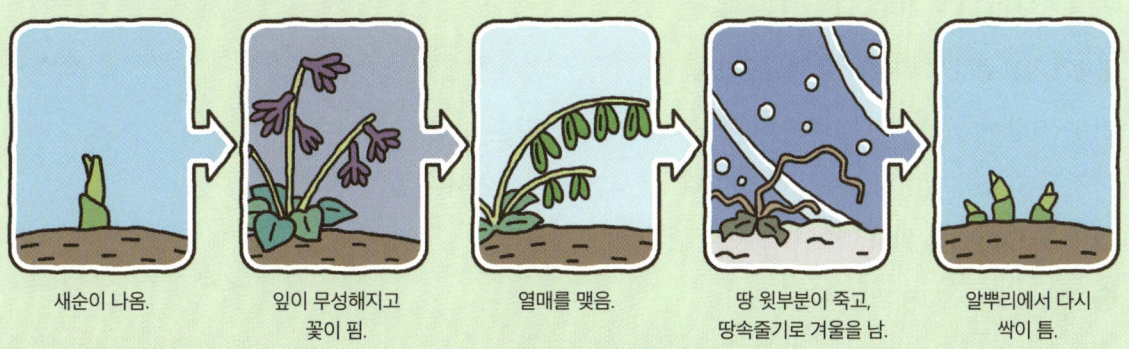

여러해살이식물(풀) - 비비추

- 새순이 나옴.
- 잎이 무성해지고 꽃이 핌.
- 열매를 맺음.
- 땅 윗부분이 죽고, 땅속줄기로 겨울을 남.
- 알뿌리에서 다시 싹이 틈.

여러해살이식물(나무) - 감나무

- 씨앗이 싹터서 본잎이 나옴.
- 5년 이상 자란 뒤 꽃이 핌.
- 열매를 맺음.
- 열매와 잎이 떨어짐. 겨울눈으로 겨울을 남.
- 다시 새순이 돋음.

[여러해살이식물의 한살이]

# 역암 礫岩 conglomerate

**자갈, 모래, 진흙이 굳어져 만들어진 퇴적암**

자갈, 모래, 진흙 중 자갈의 비중이 가장 높다. 암석에 박혀 있는 자갈을 눈으로 확인할 수 있을 정도이며, 자갈과 자갈 사이에는 모래와 진흙이 함께 굳어 있다.

🔗 사암, 이암, 퇴적암

# 역학적 에너지 mechanical energy

**물체가 가진 위치 에너지와 운동 에너지의 합**

외부 저항이나 마찰이 없다면 역학적 에너지의 총량은 항상 일정하다. 이것을 역학적 에너지 보존이라고 한다. 물체가 움직이면서 위치가 바뀌면 운동 에너지와 위치 에너지가 서로 전환된다.

🔗 에너지, 운동 에너지, 위치 에너지

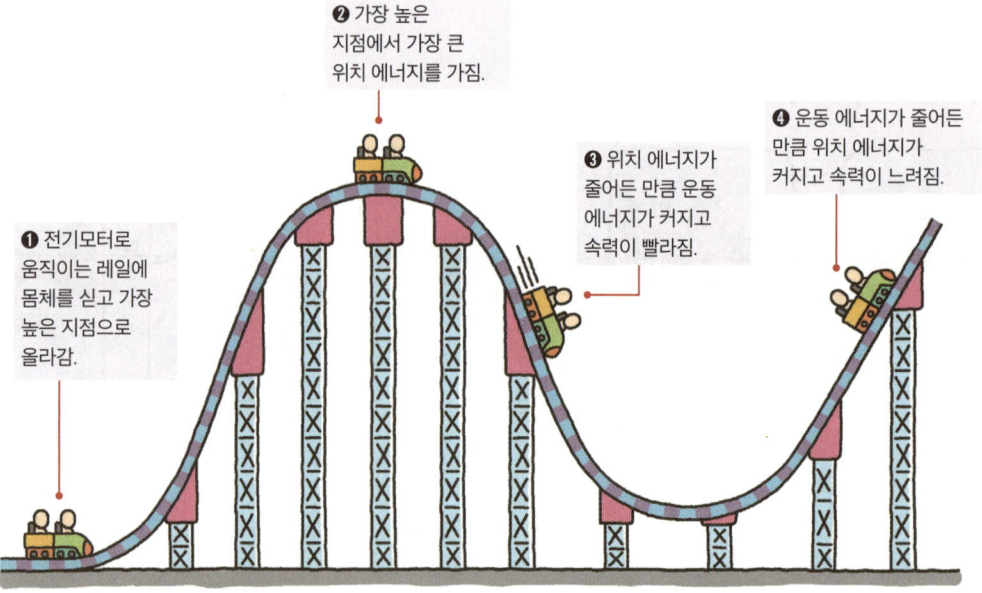

❶ 전기모터로 움직이는 레일에 몸체를 싣고 가장 높은 지점으로 올라감.
❷ 가장 높은 지점에서 가장 큰 위치 에너지를 가짐.
❸ 위치 에너지가 줄어든 만큼 운동 에너지가 커지고 속력이 빨라짐.
❹ 운동 에너지가 줄어든 만큼 위치 에너지가 커지고 속력이 느려짐.

# 연금술 鍊金術 alchemy

**값싼 금속으로 금이나 은 같은 귀금속을 만들려고 했던, 중세 유럽에 퍼졌던 과학 기술**

연금술은 한 원소가 다른 원소로 바뀔 수 있다는 아리스토텔레스의 생각과 이집트의 화학 기술이 결합해 생겨났다. 기원전 알렉산드리아에서 시작했으며, 11세기 무렵 유럽 여러 나라로 퍼져 18세기까지 오랫동안 계속되었다. 넓은 의미로 '죽지 않는 약'을 만드는 기술까지도 포함하고 있다. 하지만 한 원소가 다른 원소로 바뀔 수 있다는 아리스토텔레스의 생각이 잘못되었다는 사실이 밝혀진 후 사라졌다. 연금술은 잘못된 생각이었지만 그로 인해 화학 실험, 약품, 기구, 장치를 발명하게 해 과학 발전에 크게 영향을 주었다.

# 연소 燃燒 combustion

**물질이 산소와 반응해 빛과 열을 내는 현상**

물질이 연소하려면 산소, 탈 물질, 발화점보다 높은 온도가 필요하며, 이 세 가지를 연소의 조건이라고 한다. 연소의 종류로는 산소가 충분해 물질이 완전히 타는 완전 연소와, 산소가 부족해 충분히 타지 않는 불완전 연소가 있다. 불완전 연소를 할 때는 연기나 재가 많이 생긴다.

🔗 불완전 연소, 산소, 소화

[연소의 조건]

[연소의 한 종류인 산불]

# 연체동물 軟體動物 mollusca

**몸이 연하고 뼈와 몸마디가 없는 동물**

절지동물 다음으로 종류가 많으며 몸 표면을 막이 싸고 있다. 막 바깥쪽에 껍질로 덮인 것이 많다. 대부분 바다에 살지만 민물과 땅 위에 살기도 한다. 겉껍질과 발의 모양에 따라 두족류, 복족류, 부족류으로 나눈다.

🔗 두족류, 복족류, 부족류, 절지동물

# 열 熱 heat

**물체의 온도를 높이거나 상태를 변화시키는 원인이 되는 에너지**

열은 물질이 가지고 있는 양이 아니라 물질과 물질 사이에 이동하는 에너지의 양이므로 열에너지와 같은 뜻으로 쓴다. 열은 온도가 높은 곳에서 낮은 곳으로 이동하며, 온도가 같아지면 더 이상 이동하지 않는다. 열의 이동 방법에는 전도, 대류, 복사가 있다. 열을 나타낼 때는 열량의 단위인 칼로리(cal)를 사용한다.

🔗 대류, 복사, 에너지, 열량, 전도

[열의 이동]

# 열기구 熱氣球 hot-air balloon

**가열해서 가벼워진 공기를 이용해 공중에 떠오르게 만든 비행 기구**

열기구 자루 안의 공기를 가열하면 공기의 무게는 변하지 않고 부피만 늘어나므로 밀도가 작아진다. 주위의 공기보다 밀도가 작아진 열기구는 위로 올라간다. 가열을 멈추면 자루 안의 공기가 주변 공기만큼 식게 되고, 밀도가 커져 다시 아래로 내려온다. 1783년 프랑스의 몽골피에 형제가 발명했다.

🔗 기체, 부력, 샤를 법칙

> **＋ 하나 더! 샤를 법칙**
>
> 열기구가 뜨는 원리는 샤를 법칙에 따른다. 온도가 올라가면 기체의 부피가 증가한다. 고무 풍선을 더운물에 넣었을 때 부풀어 오르는 현상도 같은 원리이다. 즉, 샤를 법칙은 압력이 일정할 때 기체의 온도가 올라갈수록 부피가 증가하고, 온도가 내려갈수록 부피가 감소한다는 법칙이다.

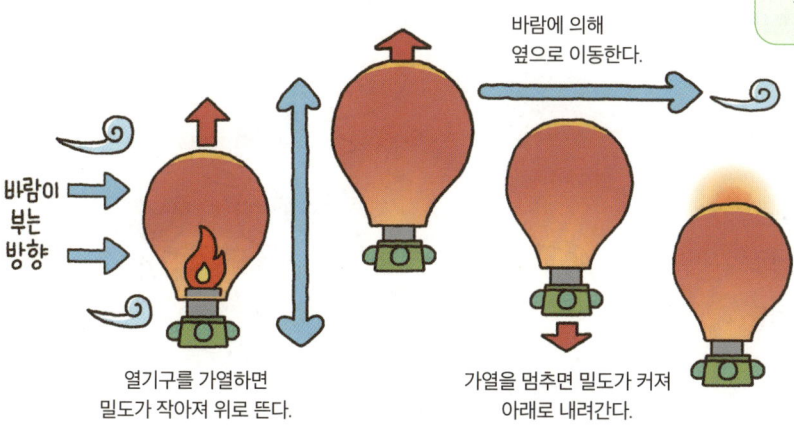

[열기구에 이용된 샤를 법칙]

# 열량 熱量 quantity of heat

**어떤 물체의 온도를 올리는 데 필요한 열의 양**

열량의 단위는 cal(칼로리)로, 1cal는 물 1g의 온도를 1℃ 올리는 데 필요한 열의 양이다. 열량이 많다는 것은 온도를 변화시킬 수 있는 에너지가 많다는 뜻이다. 뜨거운 물은 수증기를 발생시켜 그 압력으로 증기 기관차를 움직이게 할 수도 있다. 즉, 물체가 가진 열량은 외부에 일을 할 수 있다. 또한 물질의 온도가 변하는 것, 물이 증발하거나 얼음으로 어는 것도 모두 열량의 변화로 설명할 수 있다.

🔗 에너지, 열

## 열매 fruit

**식물이 수정한 후에 주로 암술의 씨방이 자라서 된 기관**

식물이 열매를 만드는 까닭은 씨를 보호하고, 씨를 멀리 퍼뜨리기 위해서이다. 꽃받침이나 꽃받기 같은, 씨방 이외의 다른 부분이 자라 열매가 된 것도 있다. 우리가 먹는 과일은 바로 씨와 껍질 사이에 영양분이 많이 저장되어 있는 부분이다.

🔗 수정, 씨

### ➕ 하나 더! 열매가 익으면 색깔이 바뀌는 까닭

사과나 감처럼 대부분의 열매가 익기 전에는 초록색이다. 열매가 익고 나면 빨간색, 노란색으로 다양하게 바뀐다. 익기 전의 열매가 잎과 같은 색깔을 띠는 것은 씨가 준비되기 전에 동물들이 먹을 수 없게 하는 효과가 있다. 씨가 완전히 성숙하면 동물이 먹고 싶은 화려한 색깔로 바뀌어 동물들의 눈에 잘 띈다. 동물이 열매를 먹으면 그 속에 있는 씨가 멀리 퍼질 수 있다.

## 열변성 熱變性 thermal denaturalization

**열을 가해 단백질의 구조가 변하는 것**

대부분 단단하게 굳으며, 열변성을 일으키는 온도는 단백질에 따라 다르다.

🔗 열, 단백질

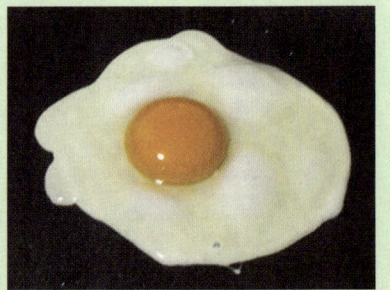

달걀부침도 열변성의 한 종류이다.

# 열섬 현상 heat island effect

**고층 건물이 모여 있는 도시 지역의 평균 기온이 주변보다 높게 나타나는 현상**

건물과 차에서 나오는 배기가스와 열 때문에 생긴다. 도시의 등온선을 그리면 그 모양이 바다에 떠 있는 섬처럼 보이기 때문에 생긴 말이다. 열섬 지역과 주변 지역의 기온 차이는 여름보다 겨울에, 낮보다 밤에 더 크게 나타난다. 동물과 식물에 영향을 미쳐 생태계가 파괴되고, 열대야가 자주 일어나는 원인이 된다.

🔗 생태계

# 열팽창 熱膨脹 thermal expansion

**열에 의해 물질의 길이나 부피가 늘어나는 현상**

물질이 열을 얻으면 구성하고 있는 분자의 운동이 활발해져 간격이 벌어지면서 길이나 부피가 늘어난다. 열팽창은 물질의 종류와 상태에 따라 달라지는데, 물을 제외한 대부분의 물질은 고체, 액체, 기체 순서로 팽창하는 정도가 크다. 물의 경우는 4℃까지는 부피가 감소하다가 4℃ 이하부터 부피가 다시 팽창한다. 자동 온도 조절기에 쓰이는 바이메탈은 두 가지 이상의 금속을 붙여서 팽창하는 정도의 차이를 이용해 금속을 휘게 만든 것이다.

🔗 물질, 바이메탈, 열

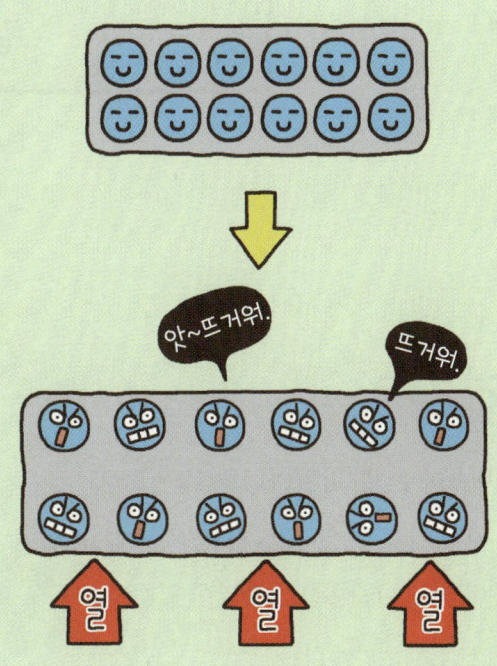

# 열평형 熱平衡 thermal equilibrium

**두 물체의 온도가 같아져서 열이 이동하지 않아 물체의 온도가 더 이상 변하지 않는 상태**

열은 항상 온도가 높은 곳에서 온도가 낮은 곳으로 이동하고, 두 물체의 온도가 같아질 때까지 이동한다. 따라서 두 물체의 온도가 같아지면 열이 더 이상 이동하지 않는 열평형 상태가 된다.

🔗 열, 온도

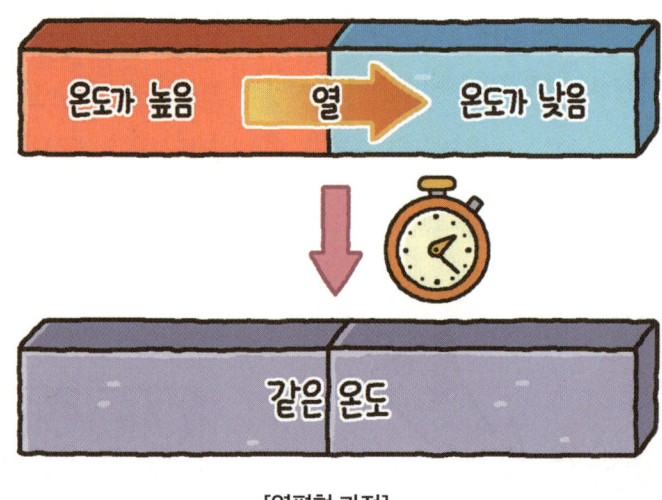

[열평형 과정]

# 염기 鹽基 base

**물에 녹아 수산화 이온($OH^-$)을 내놓는 물질**

수산화 나트륨, 수산화 칼륨, 수산화 바륨, 수산화 칼슘 등이 있으며, 쓴맛이 있고 미끈미끈한 촉감이 있다.

🔗 산, 산성, 염기성, 이온

# 염기성

鹽基性 basic

**모든 염기가 공통으로 가지고 있는 성질**

용액 속에 수산화 이온($OH^-$)이 수소 이온($H^+$)보다 많으면 용액은 염기성을 띤다. 염기성 용액은 지시약인 BTB 용액을 파란색으로, 메틸 오렌지 용액을 노란색으로, 붉은색 리트머스 종이를 푸른색으로 바꾼다. 대부분의 금속은 염기성 물질에 녹지 않는다.

🔗 산, 염기

[염기성을 띠는 물질]

# 염기성 용액

鹽基性溶液 basic solution

**염기성을 띠는 용액**

붉은색 리트머스 종이를 푸른색으로 변하게 하고, 페놀프탈레인 용액의 색깔을 붉은색으로 변하게 한다. 삶은 달걀흰자와 두부를 녹인다. 유리 세정제, 빨랫비누 물, 석회수, 묽은 수산화 나트륨 용액 등이 있다.

🔗 산, 산성, 산성 용액, 염기, 염기성

# 엽록소 葉綠素 chlorophyll

**녹색 식물의 잎 속에 들어 있으며 빛을 흡수하는 녹색의 화합물**

엽록소의 색깔이 녹색이기 때문에 엽록소가 들어 있는 엽록체가 녹색으로 보이고 따라서 식물의 잎이 녹색으로 보인다. 엽록소 a, b, c, d 여러 종류가 있다.

🔗 광합성, 엽록체

# 엽록체 葉綠體 chloroplast

**광합성이 일어나는 식물 세포에만 있는 소기관**

엽록체 안에는 녹색의 알갱이인 엽록소가 있으며 뿌리에서 흡수한 물과 공기 중의 이산화 탄소를 재료로 빛에너지를 받아 녹말을 만든다. 녹말은 식물이 살아가는 데 필요한 에너지원이 되며, 동물도 이 양분을 먹고 살아간다.

🔗 광합성, 엽록소

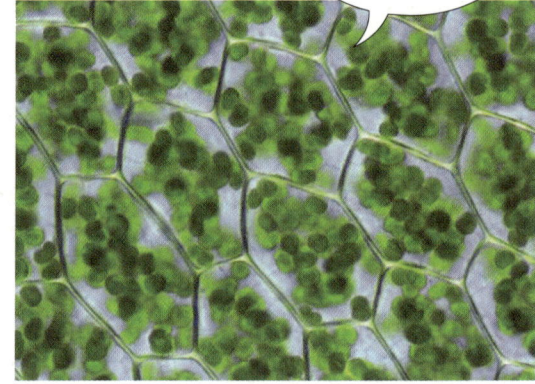

[식물 세포 안의 엽록체]

# 영구 자석 永久磁石 permanent magnet

**막대자석처럼 전류가 흐르지 않아도 자석의 성질이 나타나는 자석**

전자석이 아닌 모든 자석은 영구 자석이다. 천연 자석과 인공 자석으로 나뉜다. 천연 자석은 주로 자연에서 발견되는 자철석 같은 암석을 말한다. 인공 자석은 막대자석, 말굽자석 등 사람이 만들어낸 자석이다.

🔗 자석, 전자석

[자철석]

# 영양생식 營養生殖 vegetative reproduction

**식물이 뿌리, 줄기, 잎과 같은 영양기관의 일부를 통해 번식하는 방법**

자연에서는 땅속줄기, 기는줄기, 알뿌리로 영양생식을 한다. 접붙이기, 휘묻이 같이 인위적으로 영양생식을 시키기도 한다. 부모의 좋은 형질이 자손에게 그대로 전달되어 품질 좋은 열매를 빨리 얻을 수 있어서 과수나 원예에 주로 이용된다. 고구마나 딸기와 같이 씨가 생기기 어려운 식물의 번식에도 이용된다. 🔗 생식, 형질

| 기는줄기 | 알뿌리 | 접붙이기 | 휘묻이 |
|---|---|---|---|
|  |  |  |  |
| 줄기가 땅을 기면서 자라다가 줄기 중간중간에서 뿌리가 자라서 번식한다. 딸기, 잔디 등이 있다. | 뿌리에서 새싹이 나와 번식하는 것으로 고구마, 달리아가 있다. | 서로 다른 두 개의 식물을 인위적으로 만든 절단면을 따라 이어서 하나의 식물로 만드는 방법이다. | 뽕나무의 가지를 자르지 않고 한쪽 끝을 휘어 땅속에 묻은 후 뿌리를 내리면 그 가지를 잘라 새로운 나무를 만든다. |

[여러 가지 영양생식 방법]

# 영양소 榮養素 nutrients

**인간이 식품에서 얻는 생명과 건강 유지, 성장에 필요한 물질**

지방, 단백질, 탄수화물, 무기 염류, 비타민(바이타민), 물 같은 것이 있다. 탄수화물과 단백질, 지방은 우리 몸을 구성하며 에너지의 원료로 쓰인다. 날마다 식사를 해 많은 양을 먹어야 하기 때문에 3대 영양소라고 한다. 무기 염류와 비타민류는 아주 적은 양만 필요하지만 생명 활동을 조절해 주는 중요한 일을 한다.

🔗 단백질, 비타민(바이타민), 탄수화물

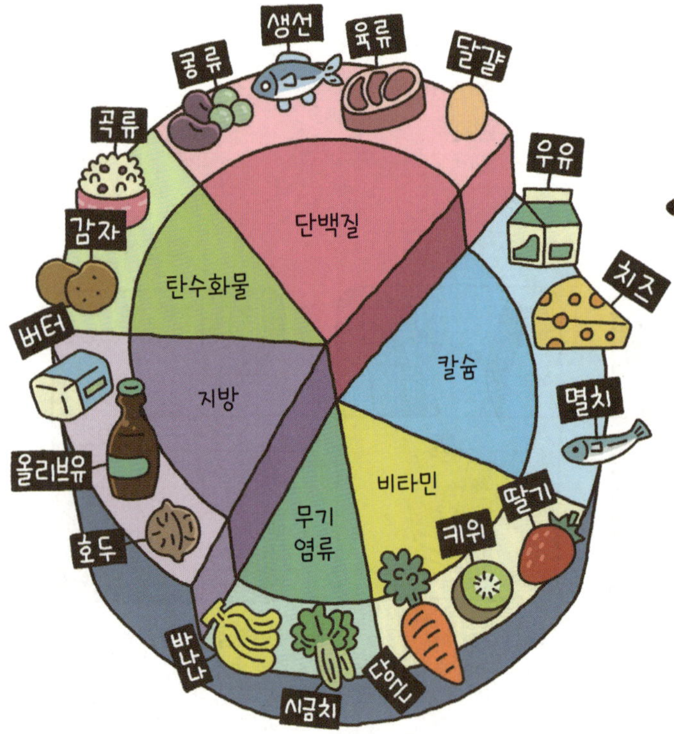

# 오목 렌즈 concave lens

**가운데 부분이 가장자리보다 얇은 렌즈**

빛을 퍼지게 하는 렌즈이다. 오목 렌즈로 물체를 관찰하면 실제보다 작고 바로 선 모양으로 보인다. 멀리 있는 물체가 잘 보이지 않는 근시를 교정하는 안경에 주로 쓰이며, 오페라글라스에도 사용된다.

🔗 렌즈, 볼록 렌즈

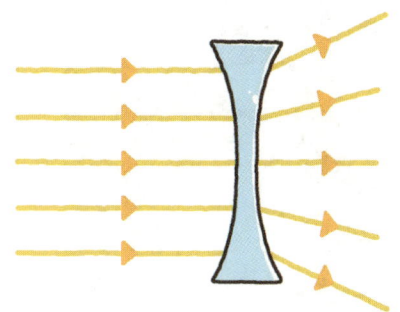

# 오일펜스 oil fence

**기름 저장 시설에서 흘러나온 기름이 바다에 퍼지는 것을 막기 위해 물 위에 띄운 울타리**

사고 등으로 유조선이나 기름 저장 시설에서 기름이 바다로 흘러나오면 매우 빠르게 퍼져 넓은 지역에 해를 입힌다. 따라서 기름이 흘러나오기 시작하는 초기에 오일펜스로 기름이 퍼지는 것을 막고 물 위의 기름을 제거하면 피해를 줄일 수 있다.

🔗 생태계

[오일펜스]

# 오존 ozone

**산소 원자 3개로 이루어진, 특이한 냄새가 나는 옅은 푸른색의 기체**

'냄새가 난다'는 그리스 어에서 유래되었다. 물에 잘 녹지 않고 분해되면 산소가 된다. 세균을 죽이는 성질이 있어서 음료수나 수돗물을 만드는 과정에서 세균을 죽이는 데 쓰인다. 하지만 사람의 몸에는 해로워 공기 중의 오존이 많아지면 눈과 목이 따가워지고 두통과 기침 증세가 나타난다. 지구 대기의 높은 곳에 층을 이루고 있는 것을 오존층이라고 하며, 오존층은 태양의 강렬한 자외선을 흡수해 지구 상의 생물을 보호한다.

🔗 기체, 산소, 원자

오존 주의보는 공기 속에 오존 농도가 높아서 주의하라고 사람들에게 미리 알려주는 거지.

# 오존층 ozone layer

**대기에서 오존이 많이 모여 있는 층**

지상 약 25km 높이에 존재한다. 오존층은 태양의 자외선 중 우리 몸에 해로운 것을 흡수해 준다. 1970년대 말에 남극 상공의 오존층이 매우 얇아졌다는 것을 발견하고, 오존 구멍이라 불렀다. 오존 구멍은 주로 인간이 만든 프레온 가스 때문에 생겼다. 이후 국제 협력을 통해 오존층은 점점 회복되고 있다.

🔗 대기, 오존, 자외선

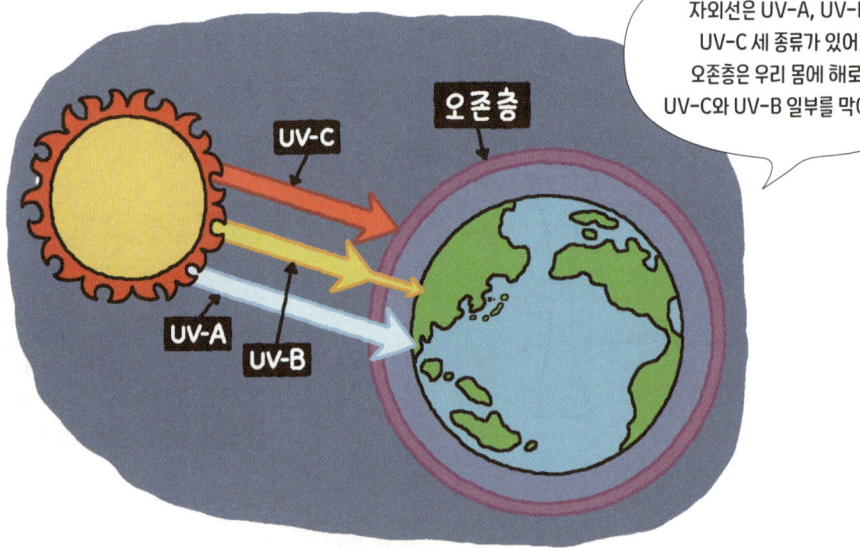

자외선은 UV-A, UV-B, UV-C 세 종류가 있어. 오존층은 우리 몸에 해로운 UV-C와 UV-B 일부를 막아 줘.

# 온도 溫度 temperature

**물체의 차고 뜨거운 정도를 숫자로 나타낸 것**

온도의 단위는 섭씨온도(℃)와 화씨온도(℉)가 있다. 우리나라는 섭씨온도를 쓰는데, 1기압에서 물이 어는점을 0℃, 끓는점을 100℃로 정하고 그 사이를 100등분한 온도 단위이다. 미국에서 많이 쓰는 화씨온도는 1기압에서 물의 어는점을 32℉, 끓는점을 212℉로 정하고 그 사이를 180등분한 온도 단위이다.

🔗 열, 온도계

# 온도계 | 溫度計 thermometer

**온도를 측정하는 도구**

우리가 주로 사용하는 온도계는 가느다란 유리관 안에 알코올이나 수은 같은 액체를 채운 것이다. 온도가 올라가면 액체의 부피가 늘어나 액체 기둥의 높이가 올라가는 원리를 이용한다. 온도계의 종류로는 난방 조절기에 쓰는 바이메탈 온도계, 기다란 바늘로 기름의 온도를 잴 수 있는 디지털 온도계, 권총처럼 쏘아 전구의 온도를 잴 수 있는 적외선 온도계, 체온을 잴 수 있는 액정 온도계 등이 있다.

🔗 온도

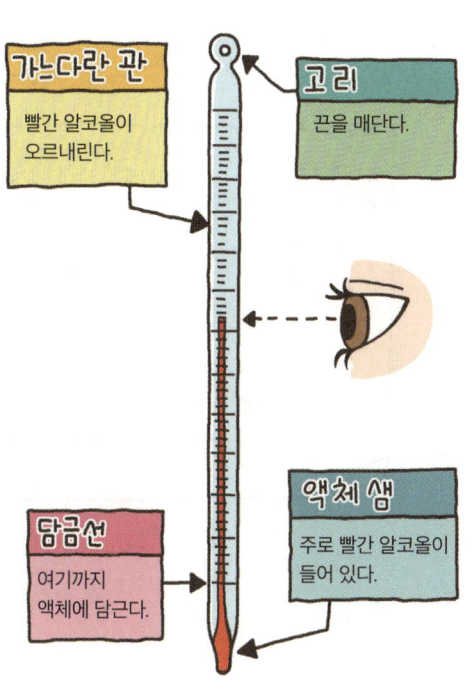

디지털 온도계

적외선 온도계

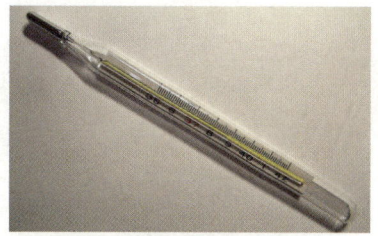

수은 온도계

**[온도계의 종류]**

## 온실 효과
溫室效果 greenhouse effect

**지구 대기의 이산화 탄소와 수증기 같은 온실 가스가 온실의 유리와 같은 구실을 해 지구의 기온을 높이는 현상**

대기 중의 수증기, 이산화 탄소는 태양 복사 에너지를 잘 통과시킨다. 하지만 지구가 방출하는 복사 에너지 중 일부는 흡수했다가 지표로 다시 되돌려 보내기 때문에 지구의 기온이 높아진다. 석탄, 석유와 같은 화석 연료의 사용 증가로 온실 효과를 일으키는 이산화 탄소, 메테인, 프레온 가스, 오존 같은 온실 가스가 많아졌다. 온실 효과로 지구의 평균 기온이 높아져 세계 곳곳에서 기상이 변해, 생태계가 파괴되기도 한다.

🔗 오존, 지구 온난화

## 옴의 법칙 Ohm's law

**전기 회로에 흐르는 전류는 전압에 비례하고, 저항에 반비례한다는 법칙**

전기 회로에서 저항의 값을 일정하게 두고 전압을 계속 높이면 전류 값도 계속 늘어난다. 이것을 공식으로 나타낸 것이 옴의 법칙으로, 1826년 독일의 물리학자 옴이 발견했다.

🔗 저항, 전기, 전류, 전압

$$전압 = 전류 \times 저항$$
$$(V) \quad (I) \quad (R)$$

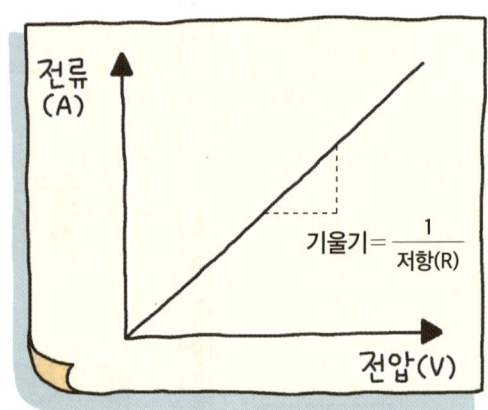

# 완전 연소
完全燃燒 complete combustion

**산소가 충분해 물질이 완전히 타는 연소**

대부분 물과 이산화 탄소가 생기고 연기와 재는 거의 생기지 않는다.

🔗 불완전 연소, 소화, 연소

[그을음이 생기지 않는 완전 연소]

# 완전탈바꿈 complete metamorphosis

**곤충이 자라면서 번데기 과정을 거쳐 어른벌레가 되는 것**

불완전탈바꿈과 대비되는 용어로, 애벌레와 어른벌레의 생김새가 매우 다른 경우가 많다. 완전탈바꿈을 하는 곤충은 나비, 모기, 파리, 벌 따위가 있다.

🔗 곤충, 불완전탈바꿈, 성충

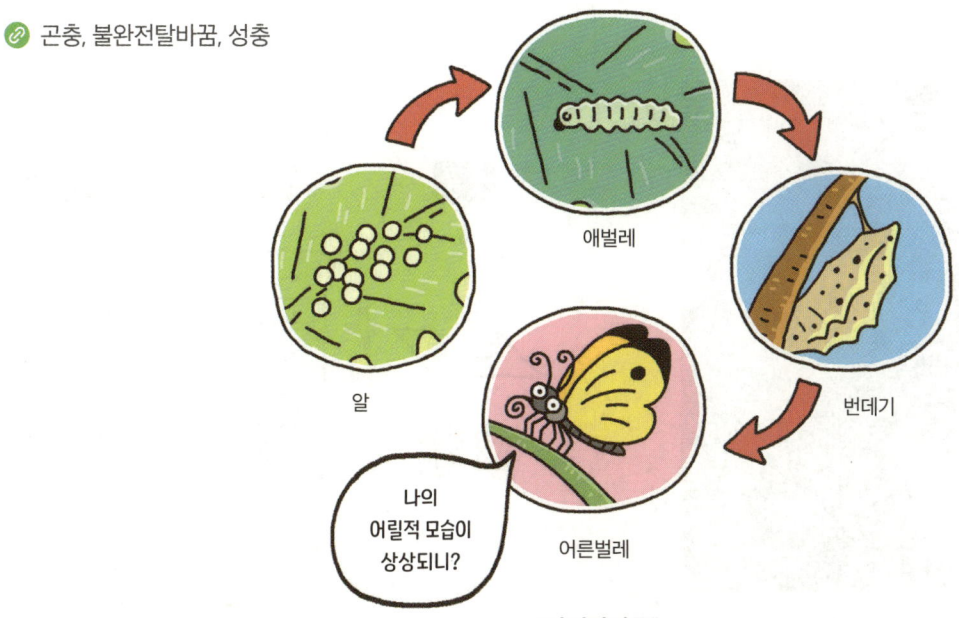

[완전탈바꿈]

# 외떡잎식물
monocotyledoneae

**떡잎이 한 장인 속씨식물**

잎이 가늘고 나란히맥이며, 뿌리는 원뿌리와 곁뿌리 구분 없는 수염뿌리를 이루고 있다. 관다발에는 물관과 체관이 불규칙하게 배열되어 있으며 형성층이 없어 줄기가 굵게 자라지 못한다. 옥수수와 같은 벼과 식물은 싹이 틀 때 떡잎은 씨 속에서 양분으로 사용되고 씨 밖으로 나오지 않는다. 실제로 씨 밖으로 나오는 것은 한 장의 떡잎싸개이며 그 사이로 본잎이 나온다. 벼, 보리, 밀, 옥수수, 강아지풀, 야자, 바나나, 대나무, 백합, 파, 양파, 마늘, 생강, 잔디가 여기에 속한다.

🔗 관다발, 떡잎, 물관, 쌍떡잎식물, 체관

[옥수수]

# 용매 溶媒 solvent

**용질을 녹여 용액을 만드는 물질**

액체와 고체가 섞일 때는 액체가 용매가 되고, 액체와 액체가 섞일 때는 양이 많은 것이 용매가 된다. 소금물은 물이 용매이고 소금이 용질이다.

🔗 용액, 용질, 용해

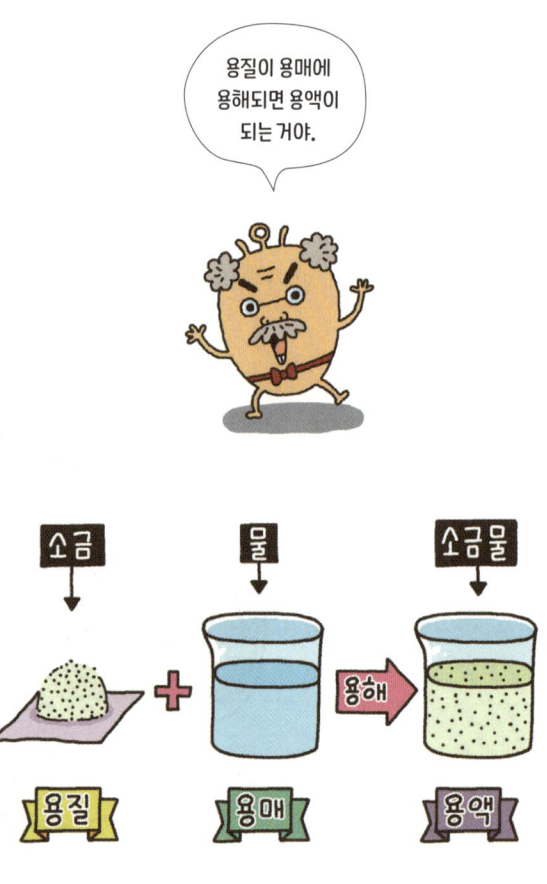

# 용수철 龍鬚鐵 spring

**철사를 나선 모양으로 감아서 만든 것**

길게 늘이거나 짧게 줄인 뒤 손을 놓으면 원래 모양으로 돌아가는 성질인 탄성이 있다. 용수철저울, 침대와 소파, 자동차의 충격 흡수 장치, 컴퓨터 키보드, 볼펜 등 다양한 곳에 쓰인다.

🔗 용수철저울, 탄성

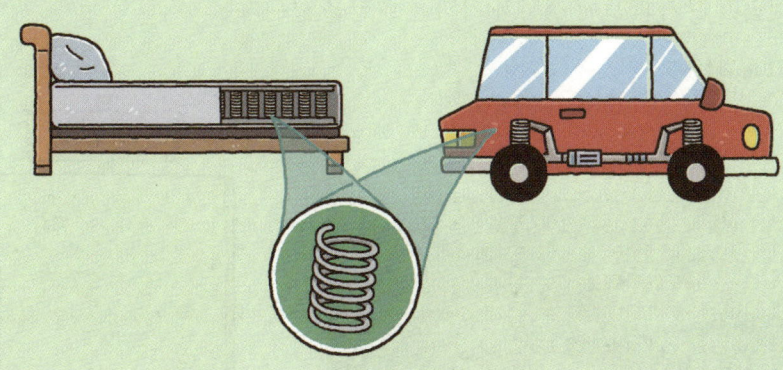

# 용수철저울
spring balance

**용수철을 이용한 저울**

용수철에 매단 추의 무게가 일정하게 늘어나면 용수철이 늘어난 길이도 일정하게 늘어나는 성질을 이용한다. 이러한 원리를 바탕으로, 물체를 용수철에 매달아 용수철이 늘어난 길이를 재면 물체의 무게를 알아낼 수 있다.

🔗 용수철, 탄성

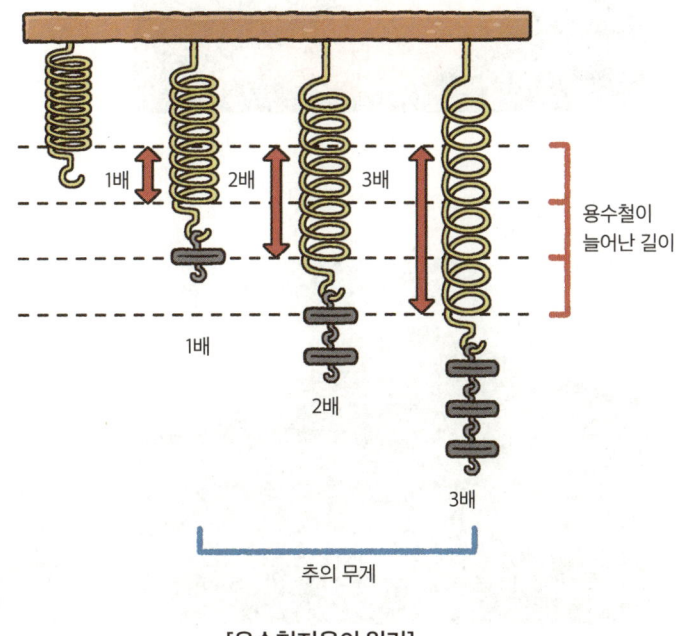

[용수철저울의 원리]

# 용암 熔岩 lava

**마그마에서 기체 성분이 빠져나간 물질**

온도는 약 800~1,200℃이며, 온도와 성분에 따라 점성이 다르다. 어두운 색을 띠는 현무암질 용암은 점성이 작아 잘 흘러내리기 때문에 경사가 완만한 화산이 된다. 이에 비해 밝은색을 띤 유문암질 용암은 점성이 커서 잘 흘러내리지 않기 때문에 경사가 가파른 화산을 만든다.

🔗 마그마, 화산

[용암]

마그마 VS 용암

지하 깊은 곳에 있던 마그마가 화산이 분출해서 땅 위로 흘러나와 흐르는 것이 용암이야.

점성이 작아 멀리까지 흘러내려 경사가 완만해.

[한라산]

점성이 커 잘 흘러내리지 않아 분화구 근처에서 굳어져 경사가 급해.

[산방산]

# 용액 溶液 solution

**두 가지 이상의 물질이 고르게 섞여 있는 혼합물**

용매가 물이면 수용액, 용매가 알코올이면 알코올 용액이라고 하는데 일반적으로 용액은 수용액을 뜻한다. 용액은 어느 부분이나 성분이 같고, 오랫동안 두어도 가라앉거나 뜨는 것이 없으며, 거름종이로도 걸러지는 것이 없다. 색깔이 있더라도 투명하다.

🔗 용매, 용질, 용해

# 용액의 진하기

**같은 양의 용매에 용해된 용질의 많고 적은 정도**

용매의 양이 같을 때 용해된 물질의 양이 많을수록 진한 용액이다. 용액의 진하기는 물체가 뜨는 정도를 이용해 비교할 수 있는데, 용액이 진할수록 물체가 높이 뜬다. 또한 용액의 무게나 높이를 측정해 비교할 수도 있고, 색깔이나 맛과 같은 겉보기 성질도 이용할 수 있다.

🔗 농도, 용매, 용액, 용질, 용해

물체는 진한 용액에서 더 높이 뜬다.

진한 용액이 더 무겁고 색깔과 맛이 더 진하다.

진한 용액이 높이가 더 높다.

# 용존산소량
溶存酸素量 dissolved oxyen

**물속에 녹아 있는 산소의 양**

용존산소량이 많을수록 물속 생물이 살기에 좋다. 물의 오염도를 나타내는 기준이 된다. 강 상류의 깨끗한 물에서는 용존산소량이 많지만 오염이 심한 물에서는 물속 미생물이 산소를 많이 소비하기 때문에 용존산소량이 적다. 용존산소량이 매우 적은 물은 썩는다.

🔗 미생물, 산소

# 용질
溶質 solute

**용매에 녹아 있는 물질**

고체, 액체, 기체 모두 해당한다. 소금물의 용질은 소금, 술의 용질은 에탄올, 암모니아수의 용질은 암모니아이다.

🔗 용매, 용액, 용해

# 용해
溶解 dissolution

**어떤 물질이 다른 물질에 고르게 녹는 현상**

물에 설탕을 넣고 섞으면 녹아서 눈에 보이지 않게 된다. 이는 설탕이 작은 알갱이로 나뉘어 물 알갱이와 고르게 섞이기 때문이다. 단맛이 나는 것으로 설탕이 물속에 있음을 알 수 있다. 보통 고체가 액체에 용해될 때는 온도가 높을수록 많이 녹고, 기체가 액체에 녹을 때는 온도가 낮을수록 많이 녹는다.

🔗 용매, 용액, 용질

# 용해도 溶解度 solubility

**용매 100g당 녹을 수 있는 용질의 양(g)**

물에 설탕을 한 숟가락씩 계속 넣고 섞을 때 처음에는 설탕이 녹다가 어느 한도 이상부터는 더 이상 녹지 않게 된다. 이처럼 용질마다 물에 녹을 수 있는 일정한 양이 정해져 있다. 이처럼 용질이 용매에 포화 상태까지 녹을 수 있는 한도를 용해도라 하는데, 고체의 용해도는 온도가 높아질수록 증가하고, 기체의 용해도는 온도가 낮아질수록 증가한다.

🔗 용매, 용액, 용질, 용해

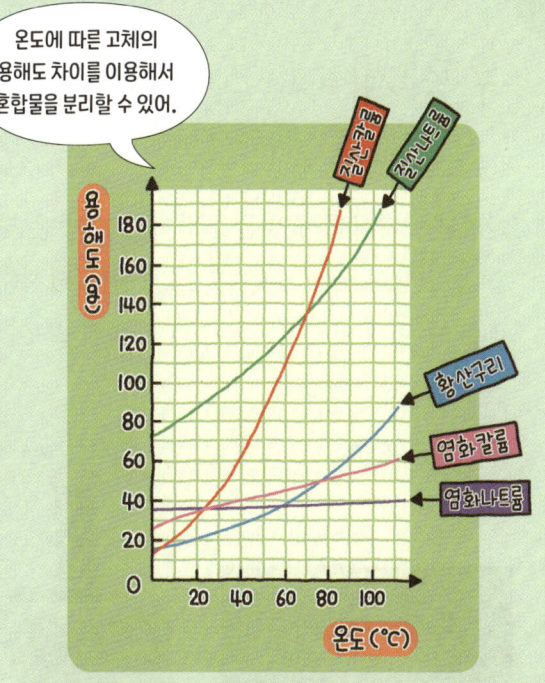

# 우각호 牛角湖 oxbow lake

**구불구불한 강에서 떨어져 나온 소뿔 모양의 호수**

주로 강의 중류에서 발달하며, 우각호는 추가로 물이 공급되지 않기 때문에 습지로 변했다가 사라진다.

🔗 곡류

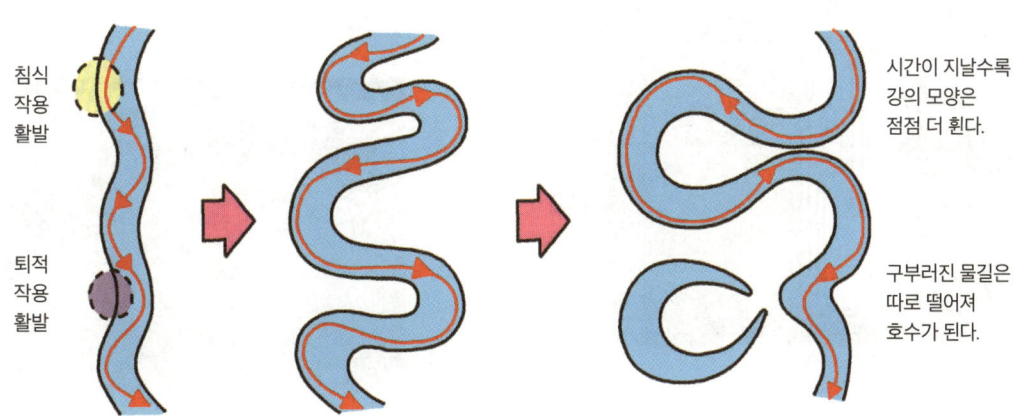

## 우량계 雨量計 rain gauge

**강수량을 재는 기구**

일정한 크기의 통에 빗물을 받아서 비가 온 양을 높이(단위 mm)로 잰다. 1441년(조선시대 세종 23년)에 만들어진 측우기가 세계 최초의 우량계로 알려져 있다.

🔗 강수량, 강우량

[우량계]   [측우기]

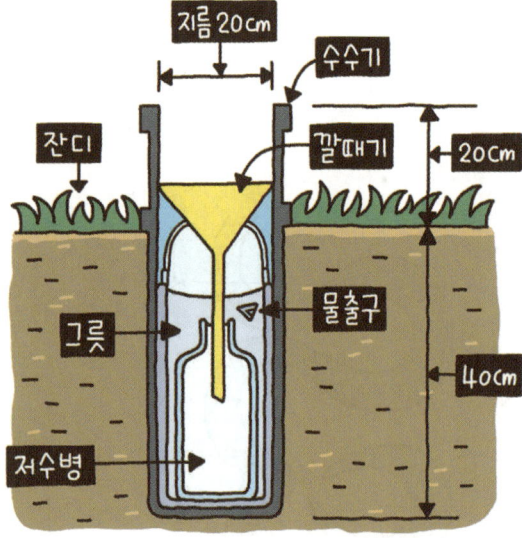

[우량계의 구조]

## 우주 정거장
宇宙停車場 space station

**우주 공간에 띄워 놓고 사람이 거주하면서 실험이나 관측을 하는 시설**

인공위성처럼 지구를 도는 궤도에 띄워 놓는다. 우주 정거장은 다른 우주선들과는 달리 엔진과 착륙 장치가 없다. 대신 다른 우주선들이 우주 정거장에 사람과 물건을 운반한다. 우주 정거장에서는 미세중력 실험, 생명과학 실험, 우주과학 실험, 상품 개발, 약품 개발 같은 일을 한다. 우주 정거장은 미래에 더 먼 우주로 나아가기 위한 기지이다.

🔗 무중력

### ➕ 하나 더! 우주 정거장의 역사

최초의 우주 정거장은 1971년에 발사된 러시아의 살루트이다. 이후 미국이 1973년 스카이랩을 발사했다. 1986년에는 러시아의 미르가 발사되었다. 현재 운영 중인 대표적인 우주 정거장으로는 미국, 러시아, 유럽 11개국, 캐나다 등이 참가한 국제우주정거장(ISS)(1998년 발사)이 있다.

[국제우주정거장(ISS)]

# 우주복 宇宙服 space suit

**우주 공간에서 사람의 몸을 보호하는 옷**

우주 공간은 공기가 없고, 태양 빛의 도달 여부에 따라 온도 차이가 매우 크다. 따라서 우주 공간에서 사람이 활동하려면 우주복을 입어야 한다. 우주복은 공기를 공급하고 외부의 극심한 온도 변화를 차단한다. 또한 태양에서 오는 해로운 전자기파도 차단한다. 헬멧 안에는 통신 장비가 있고, 우주복에도 여러 가지 장치가 달려 있다.

🔗 무중력, 우주 정거장

우주복 안에 음식과 물이 들어 있어서 손을 안 대고 먹을 수 있지. 오줌이 마려우면 그냥 눠도 돼.

> **하나 더! 우주복 없이 우주에 간다면?**
>
> 인간의 몸은 지구의 기압인 1기압에 적응되어 있다. 만약 진공 상태인 우주로 나간다면 외부 압력이 매우 낮으므로 혈액의 끓는점이 낮아져서 우리 몸속 혈액은 모두 끓어오른다. 또한 공기가 없어 숨을 쉴 수 없으며, 매우 낮은 온도 때문에 온몸이 얼어 버린다. 하지만 그 전에 몸 내부의 압력이 더 높으므로 내부의 장기들이 몸의 약한 부분을 뚫고 나와 죽게 된다.

# 운동 運動 movement

**어떤 기준점에 대해 시간에 따라 물체의 위치가 변하는 것**

물체의 운동을 정확히 나타내기 위해서는 물체의 위치와 빠르기를 함께 나타내 주어야 한다. 물체의 위치는 기준점, 방향, 거리를 이용해서 표현한다. 예를 들어 '우체국은 병원(기준점)에서 동쪽(방향)으로 50m(거리) 떨어진 곳에 있다.'고 표현해야 누구나 우체국의 위치를 알 수 있다. 물체의 빠르기는 속력 또는 속도를 이용해 나타낸다.

🔗 상대 운동, 속도, 속력, 힘

# 운동기관 運動器官 locomotive organ

**우리 몸속 기관 중에서 몸의 움직임에 관여하는 기관**

대표적으로 뼈와 근육이 있다. 뼈는 우리 몸의 형태를 만들어 주고, 몸을 지지하며 뇌와 심장 등을 보호한다. 우리 몸속 뼈는 종류와 생김새가 다양하며 움직임도 다르다. 근육은 뼈에 붙어 있는데, 길이가 변하면서 뼈를 움직이게 한다.

🔗 골격계, 근육, 뼈

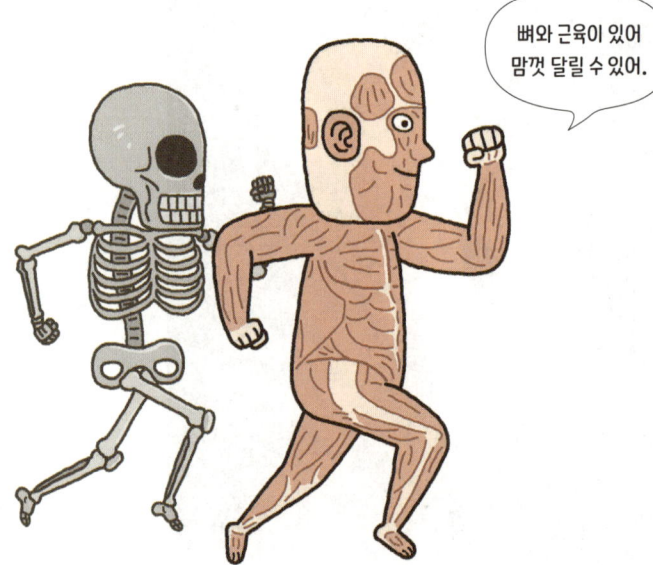

뼈와 근육이 있어 맘껏 달릴 수 있어.

# 운동 에너지 kinetic energy

**운동하는 물체가 가지는 에너지**

움직이는 자동차, 걸어가는 사람 등 운동하는 모든 물체가 가지는 에너지이다. 물체의 질량이 클수록, 물체가 빠를수록 운동 에너지가 크다.

🔗 에너지, 역학적 에너지, 위치 에너지

$$운동\ 에너지(J) = \frac{1}{2} \times 물체의\ 질량(kg) \times (물체의\ 속력(m/s))^2$$

# 운반 작용
運搬作用 transportation

**흐르는 물이 여러 가지 물질들을 하류로 운반하는 작용**

운반 작용은 주로 강의 중류와 하류에서 일어난다. 강물이 운반하는 물질들은 대부분 강의 상류와 중류에서 물의 흐름 때문에 깎이거나 물에 녹아 나온 물질들이다.

🔗 침식 작용, 퇴적 작용

# 운석 隕石 meteorite

**지구 밖에 떠돌던 작은 천체 조각들이 지구 대기권에 들어와 완전히 타지 않고 지표면에 떨어진 암석**

지구 밖 작은 천체 조각이 지구 쪽으로 다가오면 대부분 지구의 공기와 마찰하면서 타 버리지만, 완전히 타지 않고 지표면에 떨어지기도 한다. 현재까지 발견된 운석은 약 1,600개이다. 운석이 떨어진 곳은 땅이 깊이 패는 운석 구덩이가 생긴다. 현재까지 남아 있는 가장 큰 운석 구덩이는 미국 애리조나 주 캐니언 디아블로에 있는 것으로, 약 2만 년 전에 생긴 것으로 추정된다. 이 구덩이의 지름은 1,280m이고, 깊이는 175m이다. 운석을 이용해 태양계의 구성 물질과 다른 행성에 대해 연구할 수 있다.

🔗 유성

> ➕ **하나 더!** 남극에서 운석이 많이 발견되는 이유는?
>
> 남극은 얼음과 눈으로 덮여 있기 때문에 운석이 떨어지면서 부서지지 않고 원래 모습을 유지할 수 있다. 또한, 남극 지표면에 암석이 많지 않기 때문에 운석이 다른 암석과 혼동될 가능성도 적다.

[미국에서 발견된 운석 중 가장 큰 윌라메트 운석]

[미국 애리조나 주의 운석 구덩이]

## 원생생물 原生生物 protists

**세포에 핵이 있는 생물 중 동물, 식물, 균류에 속하지 않는 생물**

짚신벌레, 아메바, 해캄, 종벌레, 미역, 파래 등이 있다. 원생생물에 속해 있다고 해도 세포의 수나 양분을 얻는 방법은 매우 다르다. 예를 들어, 짚신벌레와 아메바는 단세포생물이고, 미역과 파래는 다세포생물이다. 해캄은 광합성을 통해 스스로 양분을 만들 수 있고, 종벌레는 몸에 난 털로 움직이며 외부에서 양분을 얻는다.

🔗 세포핵

## 원소 元素 element

**물질을 이루는 가장 기본이 되는 성분**

수소, 산소, 질소, 구리 등 약 110여 종류가 있으며, 크게 금속 원소와 비금속 원소로 나눈다. 원소를 순서대로 배열해 숫자를 붙인 것을 원자 번호라고 한다. 원소는 그리스 어나 라틴 어, 영어 이름에서 알파벳의 첫 글자 또는 첫 글자와 중간 글자를 함께 따서 기호로 나타내는데 이를 원소 기호라고 한다. 모든 물질은 한 가지 또는 두 가지 이상의 원소로 이루어져 있다. 예를 들어 물은 산소와 수소의 두 가지 원소로 이루어져 있고, 지구 표면에 가장 많은 원소는 산소이다.

🔗 원자

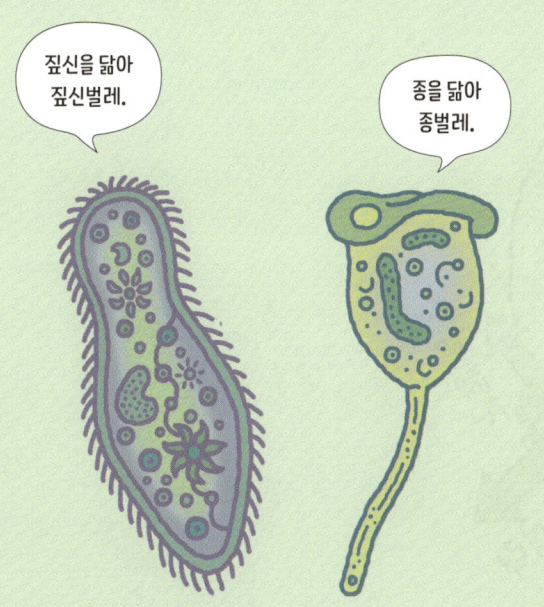

# 원심력 遠心力 centrifugal force

**원운동을 하는 물체에 중심 반대 방향으로 작용하는 힘**

자동차가 휘어진 길을 돌면 도는 중심 방향과 반대인 바깥쪽으로 몸이 쏠린다. 이때 몸을 바깥으로 쏠리게 하는 힘이 원심력이다. 이 힘은 관찰자가 느끼지만 실제 존재하는 힘은 아니다. 원심력이 생기는 이유는 관성 때문이다. 자동차가 휘어진 길을 돌기 전까지 직선 운동을 하고 있었기 때문에 자동차에 타고 있는 사람도 직선 운동을 하는 관성을 가지고 있다. 자동차가 힘을 받아 휘어진 길을 돌아도 사람은 관성 때문에 계속 직선 운동을 하려고 한다. 그 결과로 몸이 바깥쪽으로 쏠리는 것이다. 양동이에 물을 담고 아래에서 시작하여 위로 빙글빙글 돌리는 경우에도 원심력이 작용하기 때문에 양동이가 거꾸로 있어도 물이 쏟아지지 않는다.

🔗 구심력, 등속 원운동

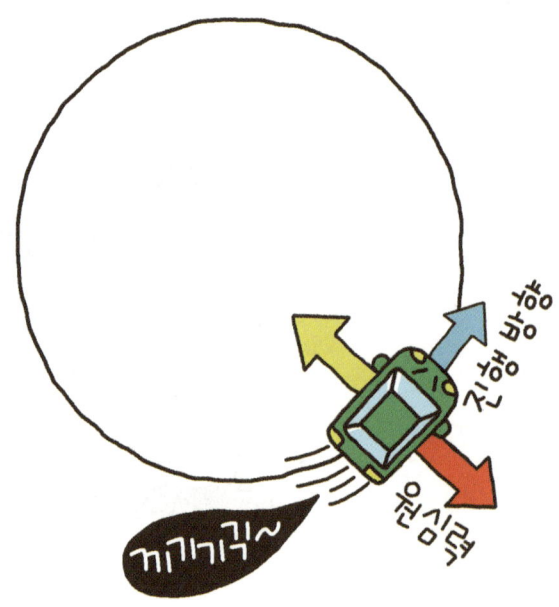

# 원자 原子 atom

**물질을 이루는 가장 작은 알갱이**

크기가 매우 작아서 원자 100만 개를 한 줄로 세워 놓아도 작은 점 크기 정도밖에 안 된다. 더 이상 나눌 수 없는 알갱이라는 뜻이었으나, 과학이 발달하면서 더 작은 알갱이로 나눌 수 있게 되었다. 원자는 크게 (+)의 성질을 가진 원자핵과 (-)의 성질을 가진 전자로 이루어져 있으며, 원자핵은 양성자와 중성자로 이루어져 있다. 원자 내의 양성자와 중성자, 전자의 수는 보통 서로 같으며 그 개수에 따라 원소의 종류가 결정된다.

🔗 원소, 원자핵

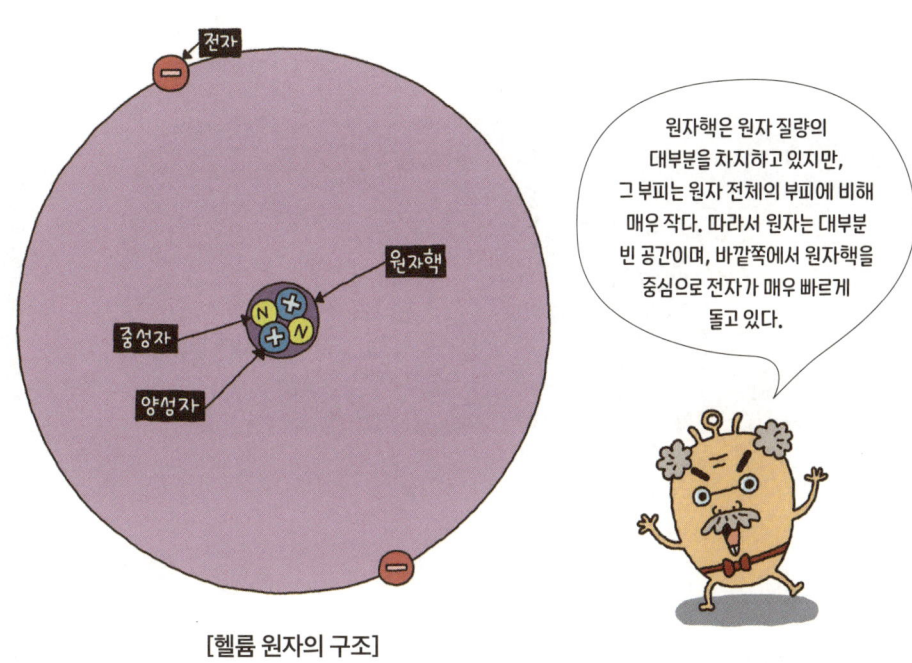

[헬륨 원자의 구조]

원자핵은 원자 질량의 대부분을 차지하고 있지만, 그 부피는 원자 전체의 부피에 비해 매우 작다. 따라서 원자는 대부분 빈 공간이며, 바깥쪽에서 원자핵을 중심으로 전자가 매우 빠르게 돌고 있다.

# 원자핵 原子核 atomic nucleus

**원자의 중심부에 (+) 성질을 띠고 있는 입자**

양성자와 중성자가 강하게 결합되어 있으며 원자 질량의 대부분을 차지한다.

🔗 원자

# 월식 月蝕 lunar eclipse

**지구가 달과 태양 사이에 올 때 지구의 그림자에 달이 가리는 현상**

태양 빛 때문에 태양 반대쪽으로 지구 그림자가 생긴다. 지구의 본그림자에 달이 모두 들어가면 개기월식, 일부만 들어가면 부분월식이라 한다. 지구의 반그림자에 달이 들어가면 반영식이 생긴다. 지구가 달과 태양 사이에 있다고 해서 항상 월식이 생기는 것은 아니다. 지구의 궤도와 달의 궤도는 약 5° 기울어져 있으므로 지구와 달, 태양이 일직선상에 놓이는 경우에만 월식이 일어난다.

🔗 달, 빛의 직진, 일식

[개기월식]

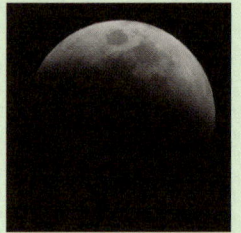

[부분월식]

[반영식]

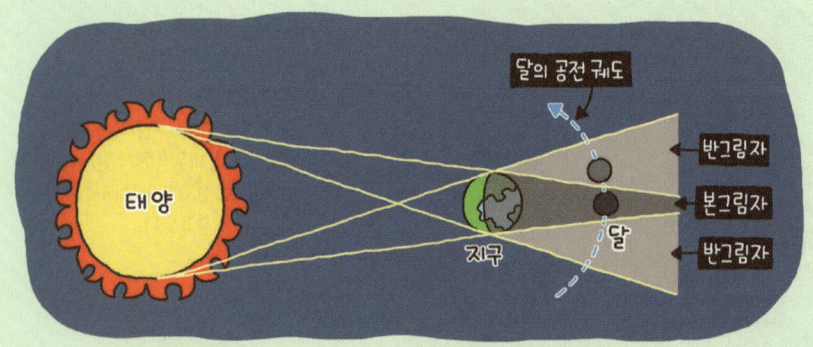

# 위 胃 stomach

**단백질을 분해하는 주머니 모양의 소화기관**

식도와 작은창자 사이에 있으며 두꺼운 근육으로 되어 있고 약 1.5L의 음식물을 저장할 수 있다. 음식물이 들어오면 위액과 섞어 죽처럼 만든다. 위액 속에 있는 펩신은 단백질을 분해하고, 염산은 단백질의 분해를 도우며 음식물에 들어 있는 세균을 죽인다.

🔗 소화기관, 염산, 펩신

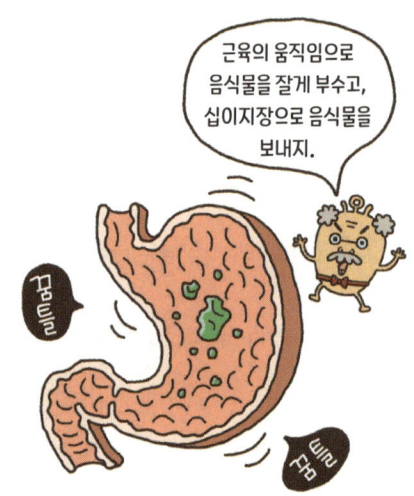

# 위도 緯度 latitude

**지구 위의 위치를 나타내는 좌표의 가로선**

적도를 기준으로 하여 남북으로 각각 90°로 나뉜다. 적도를 위도 0°, 적도보다 북쪽에 있는 위도는 북위, 남쪽에 있는 위도는 남위라고 한다. 즉, 북극이 북위 90°(90°N), 남극이 남위 90°(90°S)이다. 위도 1° 사이의 거리는 약 111km이다. 하지만, 지구의 모양은 완전한 구가 아니라 적도 쪽이 조금 더 볼록한 모양이므로 적도 부근에서는 약 110.6km, 극지방 부근에서는 약 111.9km이다.

🔗 경도

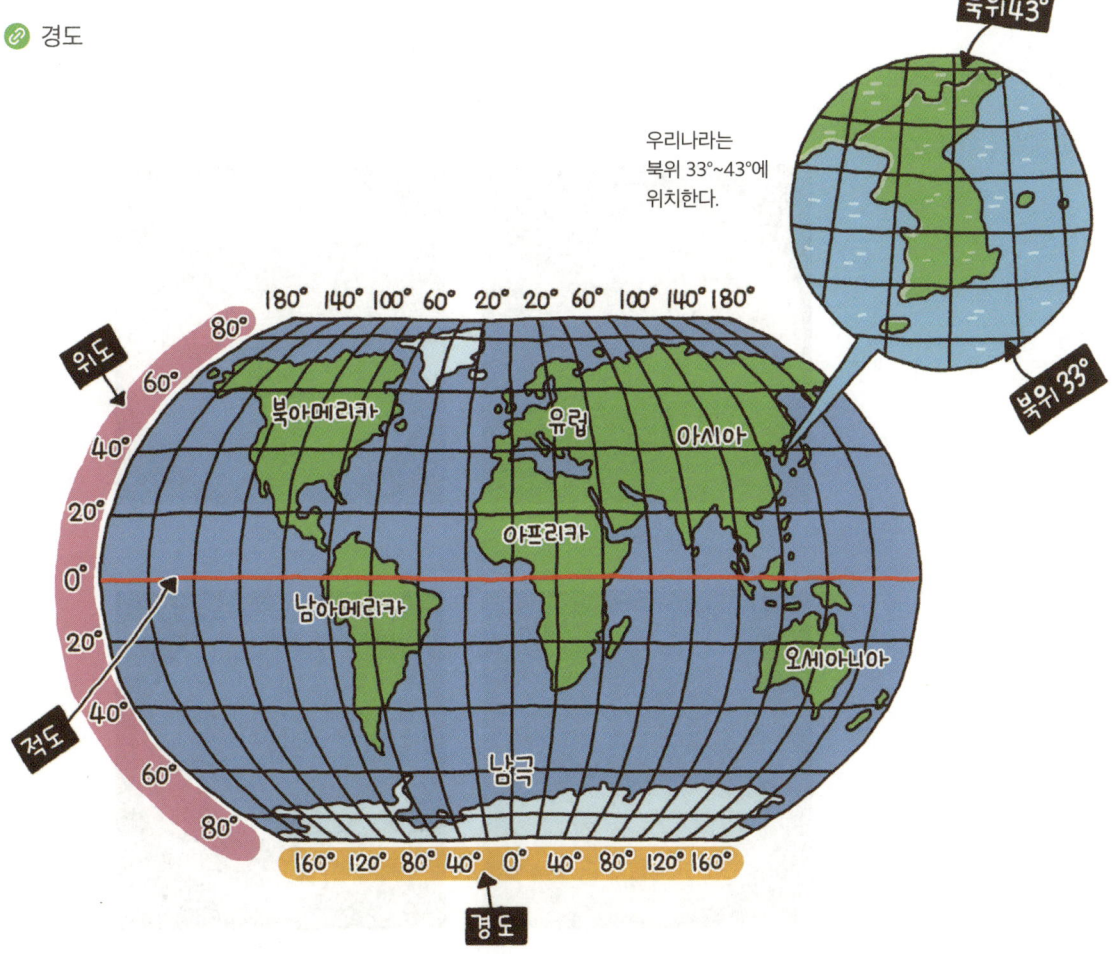

우리나라는 북위 33°~43°에 위치한다.

# 위성 衛星 natural satellite

## 행성 주위를 도는 천체

위성이 행성 주위를 도는 이유는 행성의 중력 때문이다. 지구의 위성은 달이다. 태양계에 있는 8개의 행성 중 위성이 없는 행성은 수성과 금성뿐이다. 일반적으로 위성은 행성에 비해 지름이 수십 분의 1 이하이고, 질량은 수만 분의 1 이하이다. 하지만 달은 지구에 비해 지름이 약 4분의 1, 질량은 약 81분의 1로 매우 큰 편이다. 달 이외의 위성을 처음으로 발견한 사람은 갈릴레오 갈릴레이다. 그는 망원경을 이용해 목성의 위성 4개(이오, 유로파, 가니메데, 칼리스토)를 발견했다. 이 위성들을 갈릴레이 위성이라 한다.

🔗 달, 태양계, 행성

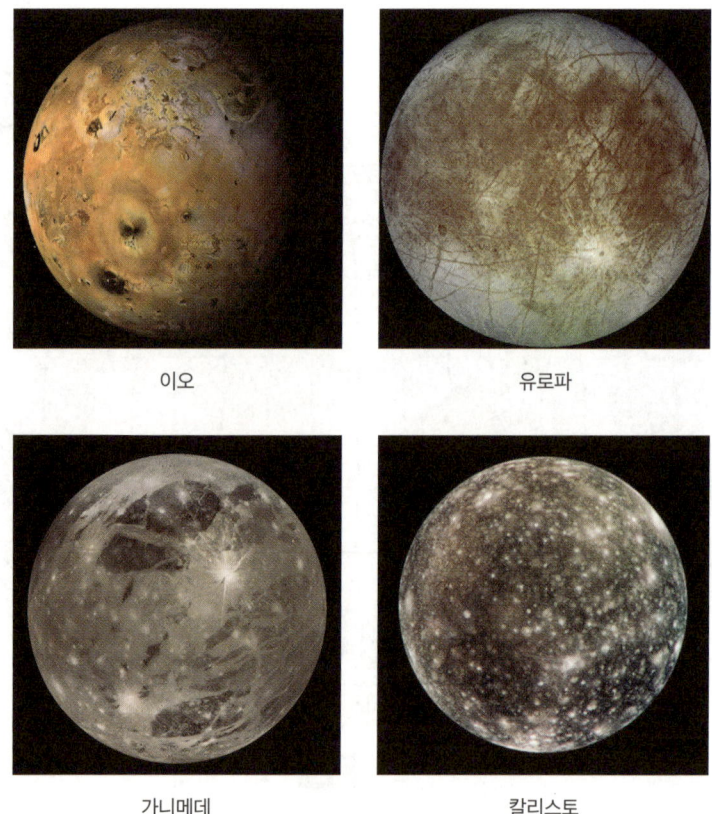

[목성의 위성]

# 위성 항법 장치(GPS)
衛星航法裝置 Gglobal Positioning System

**인공위성을 이용해 지구상의 위치를 정확히 알 수 있는 장치**

여러 개의 인공위성에서 위성 항법 장치까지의 거리를 계산해 위치를 알 수 있다. 위도, 경도, 높이를 측정하는 인공위성 3개와 오차를 바로잡기 위한 인공위성 1개를 사용한다. 더 많은 인공위성을 쓸수록 오차를 줄일 수 있다. 위성 항법 장치는 처음에 항공 분야에서 쓰였다. 이후 선박, 자동차로 사용 분야가 넓어졌다. 최근에는 자동차 내비게이션 장치와 스마트폰이 널리 쓰이면서 개인이 위성 항법 장치를 자유롭게 쓸 수 있다.

🔗 인공위성

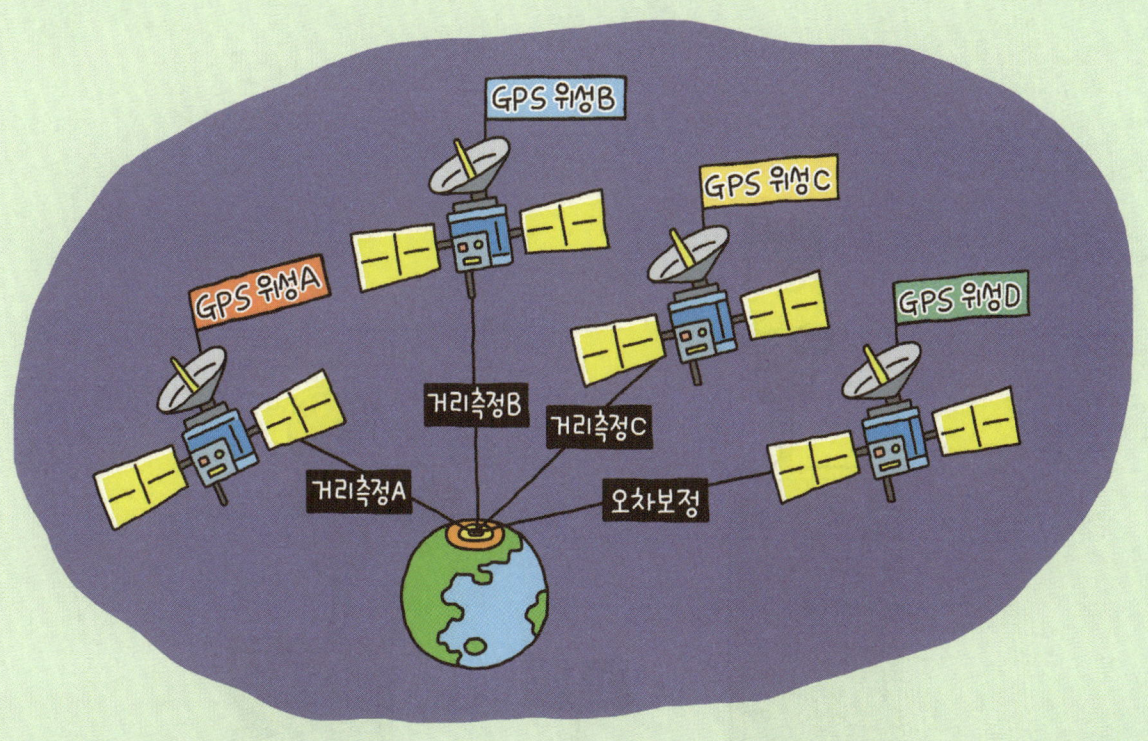

# 위치 에너지 potential energy

**어떤 위치에 있는 물체가 가지는 에너지**

중력에 의한 위치 에너지와 탄성력에 의한 위치 에너지가 있는데, 보통은 중력에 의한 위치 에너지를 말한다. 중력에 의한 위치 에너지는 기준면보다 높은 곳에 있는 물체가 가지는 에너지이며, 물체의 질량과 기준면으로부터 물체의 높이에 비례한다. 따라서 물체의 질량이 클수록, 높은 곳에 있을수록 중력에 의한 위치 에너지가 크다. 한편, 탄성력에 의한 위치 에너지는 변형된 탄성체가 가지는 에너지이다.

🔗 에너지, 중력, 탄성

중력에 의한 위치 에너지(J) = 물체의 질량(kg)×중력 가속도(m/s²)×기준면으로부터의 높이(m)

# 유대류 有袋類 marsupialia

**암컷의 아랫배에 있는 주머니에 새끼를 넣어서 기르는 원시적인 포유 동물의 무리**

새끼가 완전히 성숙되지 않은 채로 태어나 보통 어미의 배에 있는 육아 주머니 속에서 젖을 먹고 자란다. 꼬마주머니청설모, 붉은캥거루, 코알라, 주머니늑대, 주머니두더지 따위가 있다. 오스트레일리아에 가장 많이 살고 그 근처 섬과 아메리카에도 있다.

캥거루는 태어날 때 몸길이가 1~1.5 cm, 몸무게가 1g 정도로 아주 작고 약해.

[코알라]

[주머니두더지]

[캥거루]

# 유산균(젖산균)
乳酸菌 lactic acid bacteria

**탄수화물을 분해해 젖산을 만드는 작은 생물**

우리 몸의 장 속에 있는 유산균은 나쁜 균을 없애고 장의 운동을 활발하게 해서 몸을 건강하게 한다. 유산균을 이용해 요구르트와 같은 음식을 만든다. 김치에도 유산균이 들어 있어 새콤한 맛을 낸다.

🔗 탄수화물

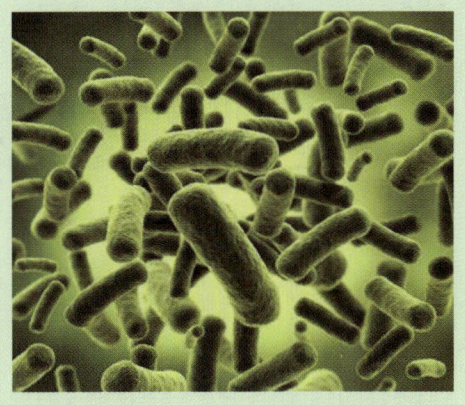

## 유선형 流線型 streamlined shape

**물체가 물이나 공기에서 움직일 때 저항을 가장 적게 받도록 만든 모양**

앞부분은 곡선이고 뒤쪽으로 갈수록 뾰족한 형태이다. 물속에서 자유롭게 움직이는 물고기 몸의 모양을 본뜬 것이다. 경주용 자동차, 초고속 열차, 잠수함 몸체 등을 유선형으로 만들어 움직일 때 저항을 가장 적게 받도록 한다.

🔗 어류

## 유성 流星 meteor

**우주에서 작은 천체들이 지구 대기권으로 들어와 빛을 내며 떨어지는 것**

흔히 별똥별이라고도 한다. 혜성, 소행성에서 떨어져 나온 티끌이나 먼지가 지구 중력에 이끌려 지구 대기로 들어오면, 대기와 마찰해 빛을 내면서 탄다. 하루 동안 지구에 떨어지는 유성은 셀 수 없이 많다. 유성 중 크기가 큰 것은 모두 타지 않고 땅에 떨어지기도 하는데, 이것을 운석이라 한다.

🔗 운석, 태양계

[유성]

# 유성생식 有性生殖
sexual reproduction

**암수 구별이 있는 생식세포가 결합해 자손을 번식하는 방법**

동물은 정자와 난자, 식물은 꽃가루와 난세포라는 생식세포를 만드는데, 이들이 결합해 새로운 생물체로 자라는 생식 방법이다. 암수 생식세포의 결합으로 부모의 유전자가 뒤섞여 다양한 개체가 생긴다. 이로 인해 끊임없이 변화하는 환경에 대해 잘 적응할 수 있는 자손을 남길 수 있는 장점을 가지게 된다.

🔗 무성생식

# 유전자 변형 식품(GMO)
遺傳子變形食品 Genetically Modified Organism

**품질을 좋게 하거나 많은 양을 생산하기 위해 본래의 유전자를 변형시켜 생산한 식품**

주로 농작물이 많으며, 유전자 변형을 하면 생물이 병에 잘 걸리지 않고 제초제와 같은 농약에도 잘 죽지 않게 되어 많은 양을 생산할 수 있다. 하지만 사람이나 가축에게 안전하다는 것이 확실하게 증명되지 않아서 문제가 되고 있다. 제초제에 강한 콩, 병에 잘 걸리지 않는 감자, 무르지 않는 토마토처럼 사람에게 유용한의 유전자 변형 식물이 계속해서 만들어지고 있다. GMO라고도 한다.

🔗 디엔에이(DNA)

# 유체 流體 fluid

**흐르는 성질이 있는 액체와 기체를 합쳐서 이르는 말**

🔗 기체, 액체

# 육지 陸地 land

**지구에서 바다나 강과 같이 물이 있는 곳을 제외한 부분**

지구 표면의 약 30%를 차지한다. 육지 중에서도 크고 넓은 땅덩이를 대륙이라고 한다. 지구에는 대륙이 7개 있는데, 넓이가 큰 것부터 순서대로 나열하면 아시아, 아프리카, 북아메리카, 남아메리카, 남극, 유럽, 오세아니아이다.

🔗 바다

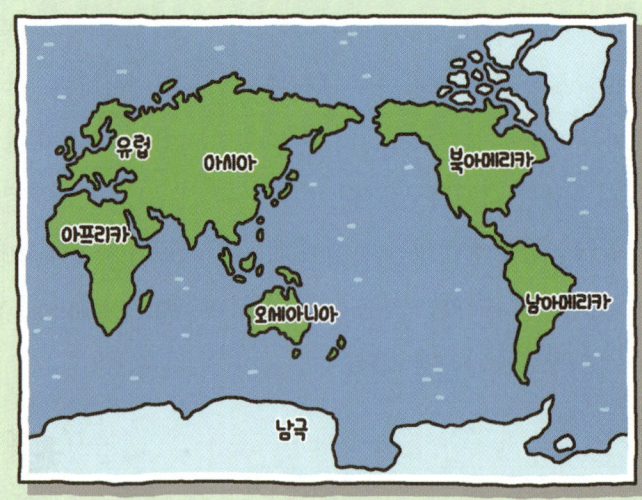

# 육풍 陸風 land breeze

**밤에 육지에서 바다로 부는 바람**

바닷가에서 밤에는 육지에 고기압이, 바다에 저기압이 형성된다. 따라서 육지에서 바다로 바람이 부는데 이를 육풍이라 한다. 바닷가에서 낮에 부는 해풍과 함께 묶어서 해륙풍이라고 한다.

🔗 계절풍, 바람, 해풍

# 융털 villus

**작은창자 안쪽 벽에 있는 작은 털 모양의 돌기**

작은창자의 안쪽 벽에는 주름이 많고, 이 주름에 융털이 많이 나 있다. 돌기 모양이어서 음식물과의 접촉면이 매우 넓어 영양소를 흡수하는 데 효과적이다. 사람의 융털을 모두 펼치면 보통 운동장보다 더 크다고 한다.

🔗 소화, 작은창자

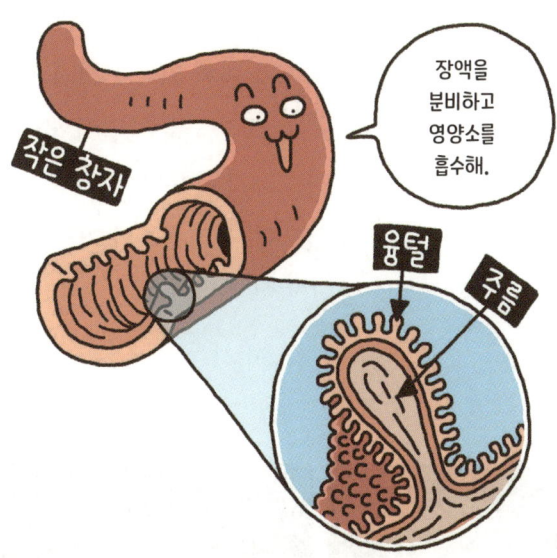

# 융해 融解 melting

**고체가 열을 얻어 액체가 되는 현상**

고체가 열을 얻으면 분자들의 움직임이 활발해져 분자 사이의 거리가 멀어지면서 액체로 변한다. 고체가 액체로 변할 때 주변에서 흡수하는 열을 융해열이라고 한다. 아이스박스에 음식물과 함께 얼음을 넣어두면 얼음이 융해하면서 열을 흡수하므로 음식물을 차갑게 보관할 수 있다.

🔗 상태 변화, 응고

# 은하 銀河 galaxy

### 수십억 개의 별이 모여 있는 별들의 집단

별들이 모여 성단을 이루고, 성단이 모여 은하를 구성한다. 수십 개의 은하가 모여 은하군을, 수백에서 수천 개의 은하가 모여 은하단을 이루며, 은하단이 모여서 초은하단을 이룬다. 우주에는 은하가 1천억에서 5천억 개 정도 있다. 은하는 모양에 따라 정상나선 은하, 막대나선 은하, 타원 은하, 렌즈형 은하, 불규칙 은하로 나뉜다. 태양계가 속해 있는 은하를 우리은하라고 한다. 지구에서 우리은하의 중심부를 보면 수많은 별이 모여 있는 것이 보이는데, 별들의 강이라 하여 은하수라고 부른다. 태양계는 우리은하의 중심부에서 약 3만 광년 떨어져 있으며, 우리은하와 가장 가까운 은하는 안드로메다 은하로 약 220만 광년 떨어져 있다.

🔗 성단, 태양계, 항성

막대나선 은하(우리은하)

정상나선 은하(안드로메다 은하)

타원 은하(M87)

렌즈형 은하(NGC 3115)

불규칙 은하(NGC 4449)

# 음력 陰曆 lunar calendar

**달이 지구 둘레를 한 바퀴 도는 데 걸리는 시간을 한 달로 하여 만든 달력**

달이 지구 둘레를 한 바퀴 도는 데 걸리는 시간은 약 29.53일이다. 따라서 음력은 한 달을 29일과 30일로 번갈아 사용한다. 음력 날짜에 따라 달의 모양이 주기적으로 변한다. 음력 7~8일쯤에 상현달, 음력 15일쯤에 보름달, 음력에 22~23일쯤 하현달, 음력 30일쯤에 그믐달이 뜬다.

🔗 달, 절기

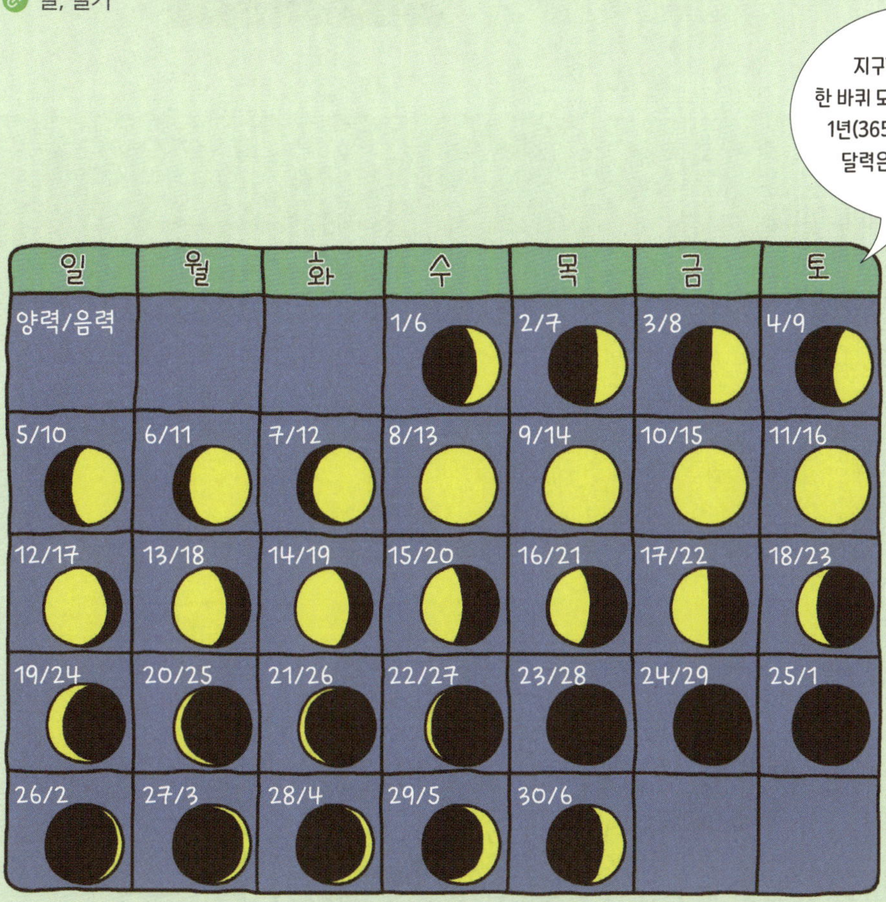

> 지구가 태양 둘레를 한 바퀴 도는 데 걸리는 시간을 1년(365일)으로 하여 만든 달력은 양력이라고 해.

[음력에 따른 달 모양의 변화]

# 응결 凝結 coagulation

**공기 중의 수증기가 액체인 물로 변하는 현상**

온도가 낮아지면 공기가 포함할 수 있는 수증기의 양이 적어진다. 따라서 수증기가 물방울로 변하는 응결 현상이 일어난다. 구름, 안개, 이슬 모두 수증기의 응결로 나타나는 현상이다.

🔗 액화

> 차가운 물컵 표면에 생긴 물방울도 공기 중의 수증기가 응결한 거야~.

# 응고 凝固 solidification

**액체가 열을 잃어 고체가 되는 현상**

액체를 냉각시키면 액체 분자들의 움직임이 작아지면서 분자 사이의 거리가 가까워진다. 이때 분자 사이에 서로 끌어당기는 힘이 작용하게 되어 고체로 변한다. 액체가 고체로 변할 때 열을 내어 놓는데, 이 열을 응고열이라고 한다. 일반적으로 액체가 응고하면 부피가 감소하지만 물의 경우 얼음이 되면 부피가 약 10% 늘어난다.

🔗 상태 변화, 융해

> 이글루 안쪽에 물을 뿌리면
> 
> 물이 얼면서 내놓는 응고열 때문에 안쪽이 따뜻해져.

# 응집력 凝集力 cohesive force

**분자들 사이에 서로 끌어당기는 힘**

에탄올은 물보다 응집력이 작아서 더 낮은 온도에서 끓어 기체가 된다. 응집력이 클수록 상태 변화에 많은 열이 필요하기 때문이다.

# 응회암 凝灰岩 tuff

**화산재가 쌓여서 만들어진 퇴적암**

지름 2mm 이하의 화산재로 만들어진 암석이다. 단열이 잘 되고, 캐내기 쉬워 아주 옛날부터 건축 자재로 많이 사용되었다.

🔗 퇴적암, 화산, 화산 분출물

# 의태 擬態 imitation

**동물이 몸을 보호하거나 쉽게 사냥하기 위해서, 주위의 물체나 다른 동물과 매우 비슷한 모양이나 형태, 색깔을 띠는 것**

의태에는 두 가지 유형이 있다. 하나는 동물이 생활하는 장소에서 스스로를 눈에 띄지 않게 하려는 의태이다. 다른 하나는 독침, 악취, 무기 따위를 가지는 동물과 비슷한 모양을 하고 있어 천적으로부터 스스로를 보호하는 의태이다.

나뭇가지처럼 보이는 대벌레

독침을 가진 벌처럼 보여 자신을 보호하는 꽃등에

날개에 큰 눈 모양의 무늬가 있는 나방

# 이끼 moss

**잎과 줄기의 구별이 분명하지 않고 나무, 돌, 습한 곳에서 사는 식물**

이끼류 또는 선태식물에 속하는 작고 부드러운 식물이다. 이들은 보통 축축하고 그늘진 곳에 엉켜 집단을 이루어 자란다. 이끼는 꽃이나 씨앗을 갖지 않으며, 포자로 번식한다. 쉽게 볼 수 있는 이끼로 우산이끼와 솔이끼가 있다. 우산이끼는 우산 모양이고, 솔이끼는 병을 청소하는 솔 모양이다.

🔗 선태식물

| 우산이끼 | | 솔이끼 | |
|---|---|---|---|
| 암그루 | 수그루 | 암그루 | 수그루 |
| 갈라진 우산 모양이다. | 펼쳐진 우산 모양이다. | 병을 청소하는 솔 모양이며, 줄기와 비슷한 끝 부분의 대롱에 주머니가 달려 있다. | 병을 청소하는 솔 모양으로 소나무 줄기와 같은 곳에 솔잎이 달려 있는 모양이다. |
| 산속의 그늘지고 좁은 곳에서 산다. | | 산속의 그늘지고 습한 곳에서 산다. | |
| 작은 엽상체를 통해서 몸 전체로 물을 흡수한다. | | 몸 전체로 물을 흡수한다. | |
| 엽상체는 보통 7~20mm의 크기이고, 1~3cm 높이로 무더기로 자란다. | | 5~10cm 높이로 무더기로 자란다. | |

# 이산화 탄소
二酸化炭素 carbon dioxide

**색과 냄새가 없고 공기보다 무거우며 불에 타지 않는 성질을 가진 기체**

나무, 화석 연료 등 탄소를 포함한 연료가 탈 때 발생하며, 생물이 호흡할 때도 발생한다. 공기 중에 약 0.04% 포함되어 있다. 물에 녹으면 약한 산성을 띠는 탄산이 되며, 탄산음료를 만들 때 사용된다. -78℃ 이하로 냉각시키면 고체인 드라이아이스로 변하는데, 드라이아이스를 실온에 두면 다시 기체로 승화한다. 공기보다 무겁고 불에 타지 않는 성질을 이용해 불을 끄는 소화기에 많이 사용된다. 대표적인 온실 가스로 꼽힌다.

🔗 기체, 소화기, 온실 효과, 호흡

탄소 원자 1개와 산소 원자 2개로 이루어져 있어.

# 이슬 dew

**차가워진 나뭇가지나 풀잎 표면 등에 수증기가 응결해 맺힌 물방울**

낮과 밤의 온도 차이가 심하고 바람이 불지 않는 맑은 날 아침에 잘 생긴다. 공기 중의 수증기가 응결하여 생긴 물방울이라는 점에서 안개와 발생 과정은 같다. 하지만 이슬은 풀잎과 같은 물체가 냉각되어 발생하는 것이고 안개는 공기가 냉각되어 발생하는 것이다. 또한 이슬은 물체 표면에 물방울이 맺히고, 안개는 지표면 근처에 물방울이 떠 있다.

🔗 구름, 안개, 응결

# 이암 泥岩 mudstone

**주로 진흙이 굳어져 만들어진 퇴적암**

전체 퇴적암의 약 50%를 차지한다. 입자의 크기는 일반 현미경으로는 관찰이 거의 불가능할 정도로 작다.

🔗 사암, 역암, 퇴적암

# 이온 ion

**원자나 원자의 집단이 전자를 잃거나 얻어서 생긴 (+) 전하 또는 (-) 전하를 띤 입자**

원자 또는 원자의 집단은 전기적으로 중성이다. 이들이 (-) 전하를 띠는 전자를 잃으면 (+) 전하를 띠는 양이온이 되고, (+) 전하를 띠는 전자를 얻으면 (-) 전하를 띠는 음이온이 된다. 이온은 보통 전해질 물질이 물에 녹을 때 생긴다. 예를 들어 염화 나트륨(소금)이 물에 녹으면 나트륨 이온(양이온)과 염화 이온(음이온)으로 나누어진다.

🔗 원자, 전자, 전해질

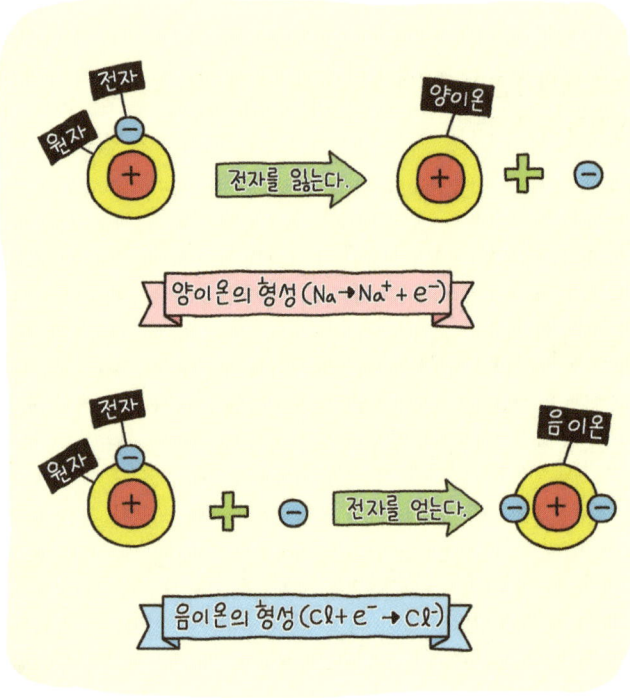

## ➕ 하나 더! 이온화 경향

전자를 잃기 쉬운 물질인 금속이 전자를 잃고 양이온이 되려는 경향을 이온화 경향이라고 한다. 이온화 경향이 클수록 반응이 더 잘 일어난다. 예를 들어 철이 녹스는 것을 막기 위해 철의 표면에 철보다 이온화 경향이 작은 주석(Sn)을 입힌다.

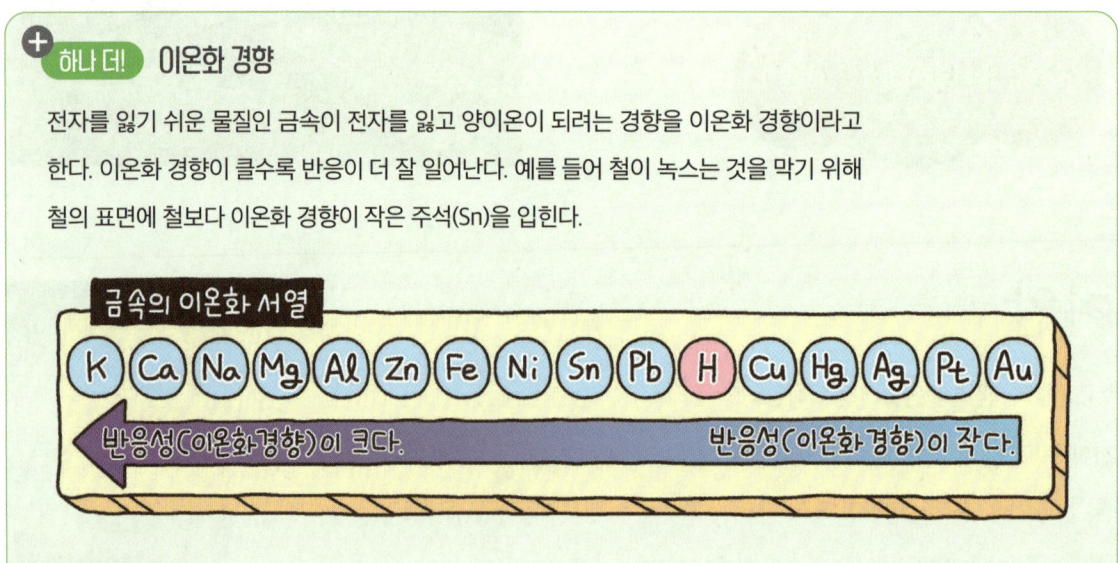

# 이자 膵子 pancreas

**위 뒤쪽에 있는 소화샘으로, 이자액을 십이지장으로 분비하는 기관**

췌장이라고도 한다. 산성인 위액을 중화시키고 음식물의 소화를 도와주는 약한 염기성의 이자액을 만들어 십이지장으로 분비한다. 이자액에 들어 있는 소화효소는 탄수화물, 단백질, 지방을 모두 분해시킨다. 또한 이자에서는 인슐린이라는 호르몬을 분비해 몸속 포도당의 양을 일정하게 유지시킨다.

🔗 소화

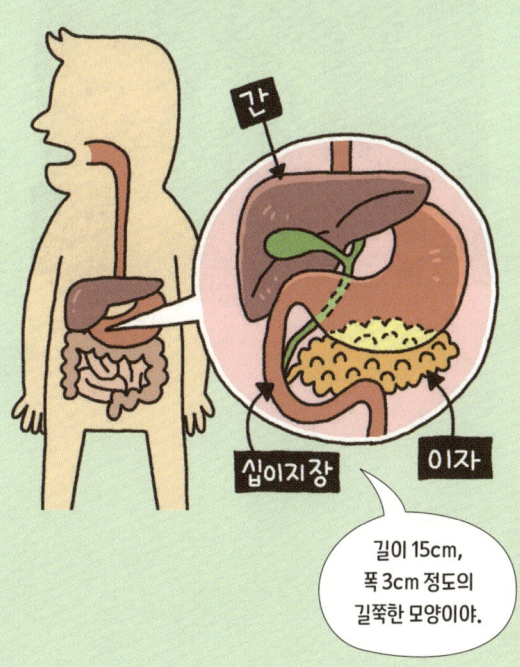

길이 15cm, 폭 3cm 정도의 길쭉한 모양이야.

# 인공 강우 人工降雨 rain making

**구름 속에 응결핵을 뿌려 수증기의 응결을 도와 인공적으로 비가 내리게 하는 방법**

구름 속에 물방울이나 수증기가 있지만 비가 내릴 정도가 아닌 경우 구름 속에 응결핵을 뿌려 수증기가 응결되도록 하거나 얼음 알갱이가 생기도록 하여 인공적으로 비가 내리게 한다. 보통 드라이아이스 가루를 구름 속에 뿌리면 온도를 낮출 수 있기 때문에 더 많은 수증기가 응결될 수 있다. 늘 성공하는 것은 아니며 우리 나라에서도 2006년 이후 본격적으로 인공 강우를 연구하고 있다.

🔗 드라이아이스, 수증기, 응결

# 인공위성

人工衛星 artificial satellite

**지구 둘레를 돌도록 쏘아올린 인공 장치**

사용 목적에 따라 통신 위성, 방송 위성, 기상 위성, 과학 위성, 군사 위성으로 나눈다. 세계 최초의 인공위성은 1957년에 발사된 러시아의 스푸트니크 1호이다. 우리나라에서는 1992년 우리별 1호를 시작으로 무궁화 1, 2, 3호, 아리랑 1, 2호, 과학 기술 위성 1호, 천리안 같은 위성을 쏘아 올리고 있다.

🔗 위성

[인공위성]

### 하나 더! 인공위성의 원리

높은 곳에 올라가 돌을 던지면 얼마 못 가 땅에 떨어진다. 던지는 속도를 빠르게 하면 더 멀리 가서 떨어진다. 일정 속도 이상으로 던지면 돌은 땅에 떨어지지 않고 지구 주위를 계속 돌 것이다. 이때의 속력은 초속 7.9km~11.2km 사이이다. 이것이 인공위성의 원리이다. 인공위성이 원운동을 할 수 있게 하는 힘은 바로 지구의 중력이다. 인공위성이 떠 있는 곳은 거의 진공 상태로 공기의 저항이 없다. 따라서 위성은 관성 법칙에 의해 계속 움직인다.

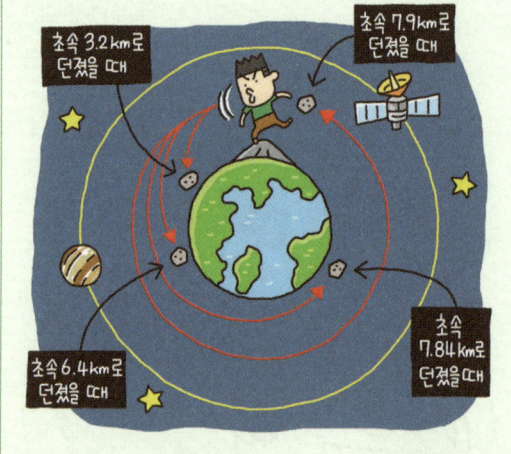

# 인화성 물질

引火性物質 combustible substance

**휘발유와 같이 낮은 온도에서도 쉽게 불이 붙거나 폭발하는 물질**

🔗 연소

# 일 work

**물체가 힘을 받아 움직일 때, 힘과 힘의 방향으로 움직인 거리를 곱한 물리량**

과학에서 물체가 힘의 방향으로 움직인 경우에만 '일'이라고 한다. 따라서 물체에 힘이 주어지지 않았거나 물체가 힘의 방향으로 움직이지 않은 경우에는 일을 하지 않은 것이다. 예를 들어 무거운 물체를 들고 있을 때, 물체에 주어지는 힘은 중력과 반대 방향인 위쪽이다. 하지만 물체는 위쪽 방향으로 움직이지 않았으므로 이것은 일이라고 하지 않는다. 또한, 관성에 의해 움직이는 물체는 주어진 힘이 없으므로 역시 일을 하지 않은 것이다. 일은 물체에 주어진 힘과 물체가 힘의 방향으로 이동한 거리를 곱하여 구할 수 있다. 단위는 에너지와 마찬가지로 J(줄)을 사용한다.

🔗 도르래, 에너지, 지레, 빗면, 힘

일 = 힘 × 이동 거리

# 일교차
日較差 diurnal range

**하루 동안 최고 기온과 최저 기온의 차이**

흐린 날보다 맑은 날이, 해안보다는 내륙이, 그리고 같은 육지라도 식물이 적은 곳이 일교차가 크다. 또한 고위도 지방이 저위도 지방보다 일교차가 크다.

🔗 기온

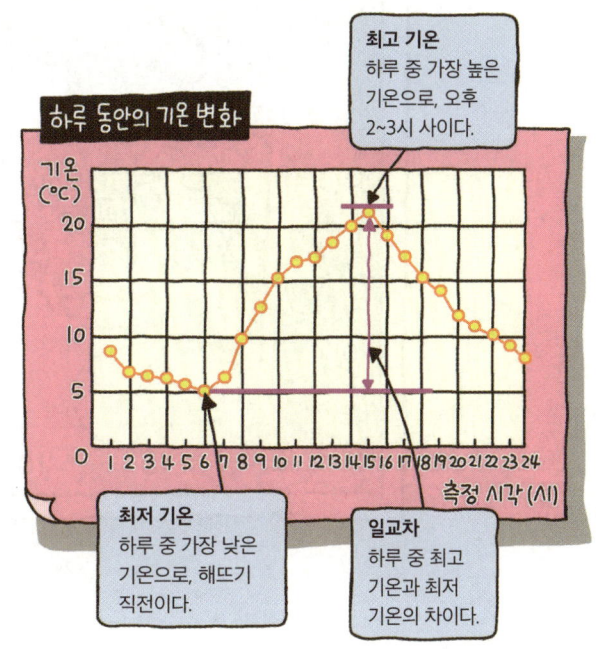

# 일기도 日氣圖 weather chart

관측소에서 측정한 기온, 습도, 기압, 구름의 양, 풍향, 풍속 등을 지도에 표시하고 등압선을 그려 고기압, 저기압, 전선 따위를 나타낸 지도

각 관측소에서 측정한 값을 한 지도에 표시하여 전체적인 대기 상태를 한 눈에 알아볼 수 있다. 지상 일기도, 고층 일기도처럼 높이에 따라서도 일기도를 그린다. 일기도에 있는 등압선의 간격으로 바람의 세기를 알 수 있고, 고기압과 저기압의 위치로 바람의 방향을 알 수 있다. 또한 전선의 위치로 비가 오는 지역을 알 수 있다.

🔗 기압, 기온, 등압선, 습도, 일기 예보, 전선

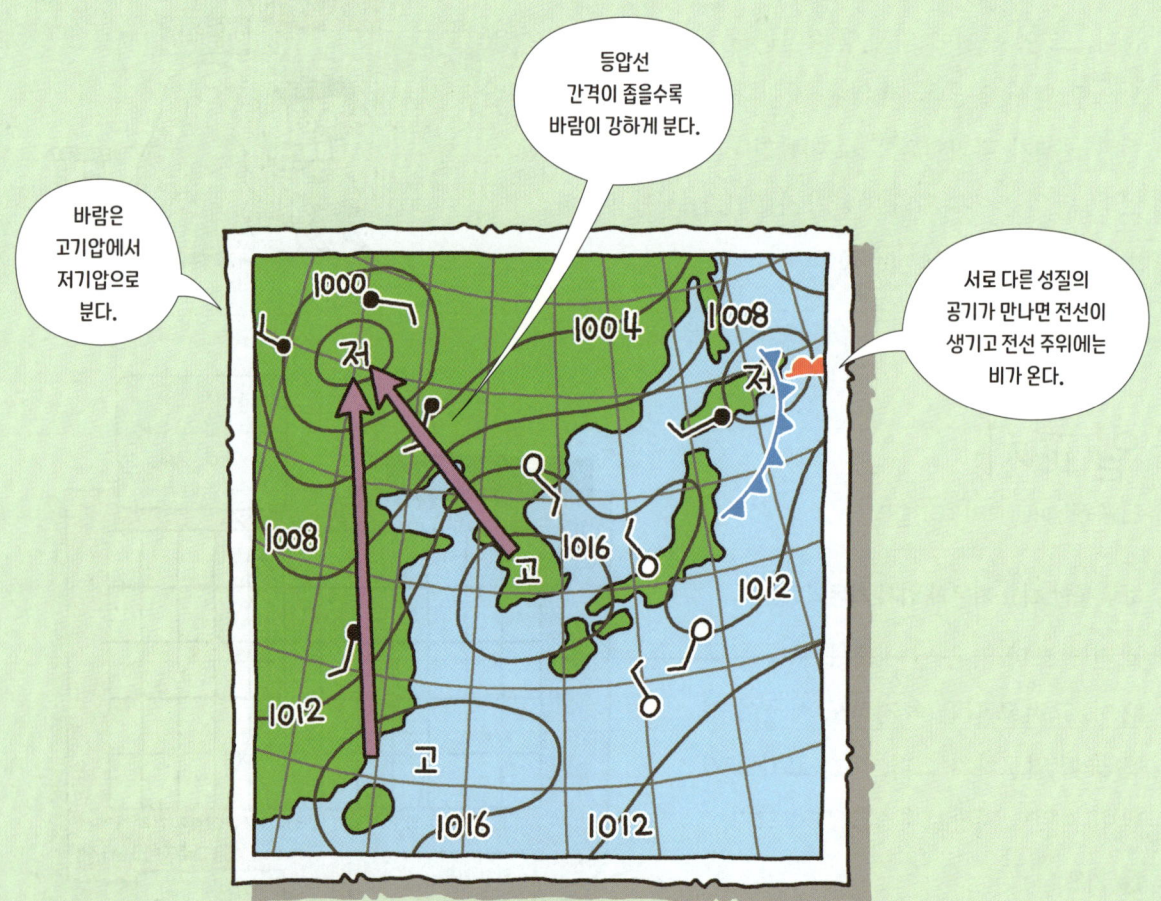

# 일기 예보 日氣豫報 weather forecast

**앞으로의 날씨를 예측해 알리는 것**

기온, 습도, 기압, 구름의 양, 풍향, 풍속 같은 기상 요소를 관측해 일기도를 작성한 뒤, 분석하여 일기 예보를 한다. 우리나라의 일기 예보는 기상청에서 담당하고 있으며 라디오, 신문, 방송, 인터넷, 전화로 전달된다. 일기 예보는 예보 기간에 따라 며칠 이내의 날씨를 예보하는 단기 예보, 일주일이나 한 달 동안의 날씨를 예보하는 중장기 예보로 나눌 수 있다. 태풍, 호우, 한파, 폭설 같은 기상 현상으로 생기는 큰 피해를 기상 재해라고 한다. 기상 재해가 예상될 때는 기상 특보를 발표하는데, 예상되는 피해 정도에 따라 주의보와 경보로 나뉜다.

🔗 구름, 기온, 습도, 일기도

> 지구의 공기는 계속 움직이며 순환하기 때문에 우리나라의 날씨를 파악하기 위해서는 주변 지역의 대기 상태를 함께 알아야 해. 따라서 일기 예보를 위해 전 세계적인 협조가 이루어지고 있지~.

[일기 예보 과정]

# 일식 日蝕 solar eclipse

**태양과 지구 사이에 달이 왔을 때 태양이 달에 가려지는 현상**

태양 빛 때문에 태양 반대쪽으로 달의 그림자가 생기는데, 이때 달의 본그림자와 반그림자가 생긴다. 달의 본그림자에서는 태양 전부가 보이지 않는 개기일식을, 반그림자에서는 태양의 일부가 보이지 않는 부분일식을 관측할 수 있다. 달이 지구와 태양 사이에 위치한다고 해서 항상 일식이 생기는 것은 아니다. 지구의 궤도와 달의 궤도는 약 5° 기울어져 있으므로 지구와 달, 태양이 일직선상에 놓이는 경우에만 일식이 일어난다.

[개기일식]

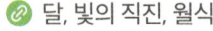 달, 빛의 직진, 월식

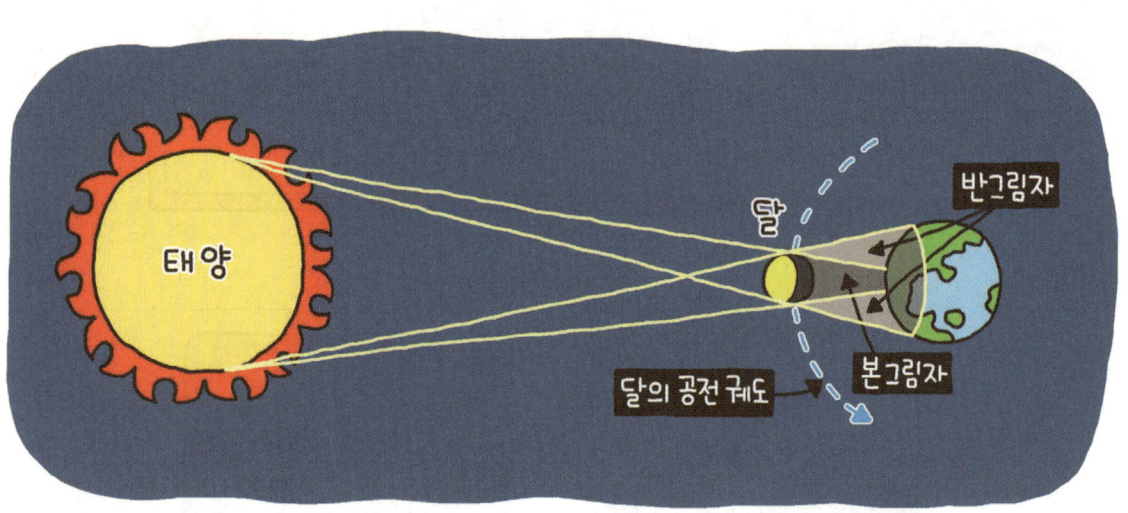

# 일정 성분비 법칙
一定成分比法則 Law of definite proportions

**한 화합물을 구성하는 각 성분 원소의 질량비는 일정하다는 법칙**

1799년 프랑스의 과학자 프루스트가 발견한 법칙이다. 화합물을 이루는 성분 원소 사이에는 일정한 질량비가 성립한다. 예를 들어, 물은 빗물, 바닷물 등 어느 것이나 물을 구성하고 있는 산소와 수소의 질량비는 8 : 1로 성분비가 항상 일정하다. 이 법칙을 이용하면 수소를 연료로 사용하는 로켓을 발사할 때 필요한 산소의 양도 알아낼 수 있다. 즉, 수소 질량의 8배만큼의 산소만 로켓에 실으면 된다. 이 법칙은 혼합물에서는 성립하지 않고 화합물에서만 성립하므로 혼합물과 화합물을 구분하는 기준이 된다.

🔗 원소, 화합물

# 일주 운동 日周運動 diurnal motion

**지구의 자전 때문에 별이 하루에 한 바퀴 도는 것처럼 보이는 운동**

별은 지구 자전과 반대 방향인 동에서 서로 움직이는 것처럼 보인다. 실제로는 별이 움직이는 것이 아니라 지구의 자전 때문에 지구에 있는 관측자의 위치가 변하는 것이다. 북반구에서 별들은 지구 자전축의 연장선상에 있는 북극성 주위를 회전하는 것으로 보인다. 움직이는 속도는 시간당 15°이다.

🔗 북극성, 자전, 항성

**➕ 하나 더! 달, 태양의 일주 운동**

천체의 일주 운동은 지구 자전 때문에 일어난다. 태양이 매일 동쪽 하늘에서 떠서 서쪽 하늘로 지는 것처럼 보이는 것과 하루 동안 달이 동쪽 하늘에서 떠서 남쪽 하늘을 지나 서쪽 하늘로 움직이는 것처럼 보이는 것도 지구가 자전하기 때문이다.

# 입자 粒子 particle

**물질을 이루고 있는 아주 작은 알갱이**

일상생활에서는 눈에 보이지 않을 정도의 작은 물체를 말하지만, 과학에서는 물질을 이루는 알갱이들을 통틀어 이르는 말로 쓰인다. 분자, 원자, 원자를 이루는 양성자와 전자 등 다양한 입자가 있다.

🔗 분자, 원자

# 잎 leaf

**줄기의 끝이나 둘레에 붙어 광합성과 호흡, 증산 작용을 하는 식물의 기관**

대개 녹색이며, 크게 잎몸, 잎자루, 턱잎으로 구분된다. 광합성 작용은 잎에서 양분을 만드는 작용이다. 호흡 작용은 산소를 이용해 에너지를 만드는 작용이다. 증산 작용은 잎 뒷면의 기공을 통해 식물체 내의 물을 수증기 상태로 내보내는 작용이다.

🔗 광합성, 그물맥, 나란히맥, 식물, 증산 작용, 호흡 작용

**잎맥** 물을 전달해 주는 통로이다.

**턱잎** 어린 싹을 싸서 보호한다. 잎몸이 자랄 때 대부분 떨어진다.

**잎몸** 잎의 납작한 부분으로 잎맥이 있다.

**잎자루** 잎몸을 줄기에 붙이는 구실을 한다.

[잎의 구조]

---

➕ **하나 더!** 잎이 줄기에 달린 모양

줄기에 잎이 붙어 있는 모양을 잎차례라고 한다. 잎차례는 마주나기, 어긋나기, 돌려나기, 무리지어나기 등 다양하다. 서로 햇빛을 가리지 않고 잘 받기 위해 잎끼리 최대한 떨어져 있다.

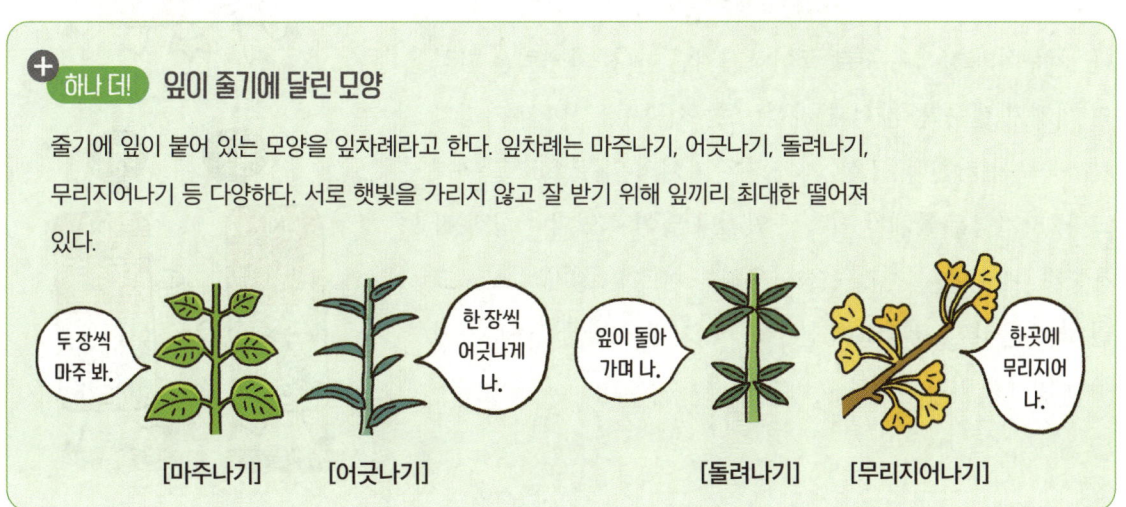

두 장씩 마주 봐. [마주나기]
한 장씩 어긋나게 나. [어긋나기]
잎이 돌아가며 나. [돌려나기]
한곳에 무리지어 나. [무리지어나기]

# 자극 刺戟 stimulus

**생물에 어떤 반응을 일으키게 하는 환경의 변화**

빛, 소리, 전기, 중력, 열과 같은 물리적 자극과 산이나 염기 같은 화학 물질이 주는 화학적 자극이 있다. 물리적 자극은 사람의 오감 중 촉각, 시각, 청각으로 감지하고, 맛과 냄새와 밀접한 화학적 자극은 미각, 후각이 감지한다. 생물은 자극에 대해 적절히 반응해, 체내의 환경을 일정하게 유지하면서 살고 있다.

🔗 감각기관, 신경계

# 자기력 磁氣力 magnetic force

**자석과 자석 또는 자석과 쇠붙이 사이에 작용하는 힘**

자석에는 N극과 S극이 있다. 같은 극끼리는 서로 밀어내는 힘이 작용하고 다른 극끼리는 서로 끌어당기는 힘이 작용한다. 쇠붙이와 자석은 서로 끌어당기기만 한다. 자기력은 자석의 세기가 셀수록, 자석과 자석(또는 쇠붙이) 사이의 거리가 가까울수록 커진다. 또한, 자기력은 자석의 양 끝으로 갈수록 크다. 자기력은 물체가 접촉해 있거나 떨어져 있거나 항상 작용한다. 주위에서 자기력을 이용하는 예로는 전자석으로 고철 들어 올리기, 냉장고에 붙은 자석, 가방의 잠금 장치, 자기 부상 열차가 있다.

🔗 자기장, 자석, 자성

# 자기 부상 열차
磁氣浮上列車 magnetic levitation train

**자석의 힘으로 선로 위를 떠서 움직이는 열차**

선로에 떠서 움직이기 때문에 소리가 거의 나지 않고 흔들림이 적으며 빠른 속력을 유지할 수 있다. 자기 부상 열차는 자석의 같은 극끼리는 밀어내고 다른 극끼리는 끌어당기는 원리를 이용한다. 즉, 열차를 띄우는 데는 같은 극끼리 밀어내는 힘을 이용하고, 열차를 앞으로 가게 할 때는 다른 극끼리 끌어당기는 힘을 이용한다. 열차의 위치에 따라 선로의 극이 계속 바뀌어야 하므로 영구 자석과 전자석을 함께 이용한다.

🔗 마찰력, 자기력, 전자석

# 자기장
磁氣場 magnetic field

**자기력이 작용하는 공간**

자석과 어느 정도 떨어진 곳에 있는 쇠붙이도 자석의 힘에 끌려간다. 자석 주위 공간에 자기력이 영향을 미치고 있기 때문이다. 이처럼 자기력이 영향을 미치는 공간을 자기장이라 한다. 자기장의 모양은 자석 주변에 철가루를 뿌려 보면 알 수 있다. 철가루는 선 모양을 이루게 되는데, 자기장의 세기와 방향을 나타내는 선을 자기력선이라고 한다. 자기력선의 간격이 좁을수록 자기장이 세다. 자기장은 자석의 양 극에서 가장 세고, 극에서 멀어질수록 점점 약해 진다.

🔗 자기력

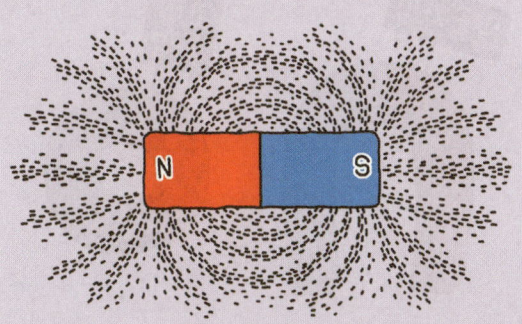

[막대자석 주변의 자기력선]

# 자석 磁石 magnet

**쇠붙이를 끌어당기는 성질을 가진 물체**

자석에는 영구 자석과 일시 자석이 있다. 쇠붙이를 끌어당기는 성질을 자성이라고 하는데, 영구 자석은 막대자석처럼 자성을 오랫동안 유지하는 자석이다. 이에 비해 일시 자석은 전자석처럼 외부 조건에 따라 자성이 생겼다 없어졌다 하는 자석이다.

자석에는 N극과 S극이 있다. 같은 극끼리는 서로 밀어내고 다른 극끼리는 서로 끌어당기는 성질이 있다. 자석의 극 쪽으로 갈수록 자기력이 강하다.

🔗 자기력, 자기장

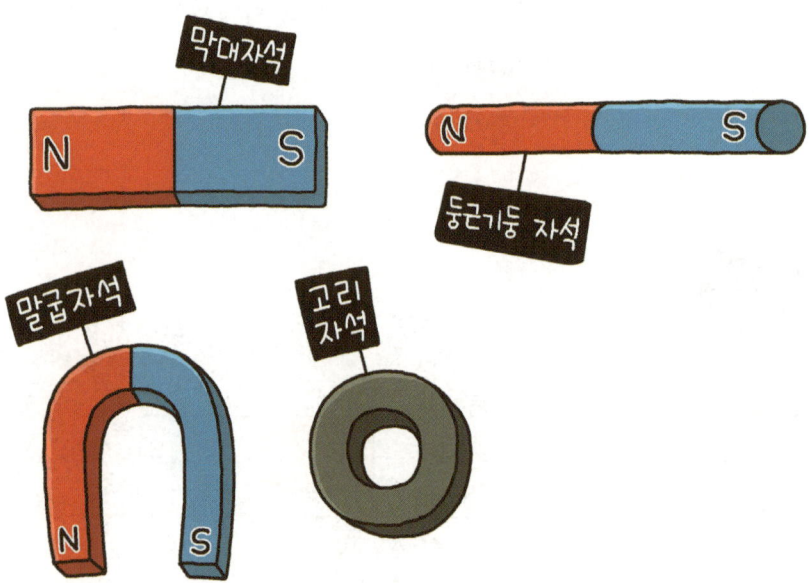

# 자석의 극 磁石의 極 magnetic pole

**자석에서 철로 된 물체를 끌어당기는 힘이 가장 센 부분**

자석에서 철로 된 물체가 가장 많이 붙는 부분이다. 줄여서 자극이라 한다. 자석의 극은 N극과 S극, 두 종류가 있으며, 자석을 잘라도 따로 분리되지 않는다. 즉, 자석을 반으로 계속 잘라도 잘린 조각의 한쪽 끝은 N극이 되고 다른 쪽 끝은 S극이 된다. 자석의 극은 자석의 종류에 따라 그 위치가 다르다.

🔗 자석

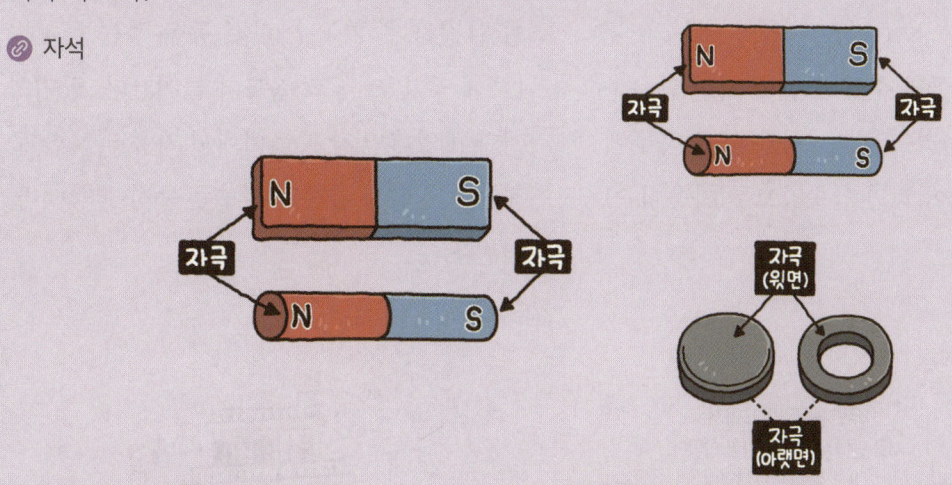

# 자외선 紫外線 ultraviolet ray

**가시광선보다 짧은 파장의 빛**

보라색 가시광선 바깥쪽에는 눈에 보이지 않는 광선 영역이 있는데 이것을 자외선이라고 한다. 자외선은 살균 작용을 한다. 햇빛이 잘 드는 날 이불을 너는 것은 자외선으로 살균하는 것이다. 식당에 가면 자외선을 이용한 컵 소독기도 볼 수 있다. 여름에 햇빛을 많이 받으면 피부가 까맣게 타는 것도 자외선 때문이다. 자외선을 지나치게 많이 받으면 피부암에 걸릴 수도 있다.

🔗 가시광선, 빛, 엑스선, 적외선

# 자웅동체(암수한몸)
雌雄同體 hermaphrodite

한 몸속에 암수 양쪽의 생식기관(난소, 정소)을 모두 가진 동물

암컷과 수컷의 생식기관이 따로 있는 동물인 자웅이체(암수딴몸)에 대응하는 말이다. 달팽이, 지렁이, 거머리, 디스토마, 따개비 따위가 있다.

식물에서는 암꽃과 수꽃이 함께 피면 암수한그루(자웅동주)라고 한다. 서로 다른 나무에서 암꽃과 수꽃이 피면 암수딴그루(자웅이주)라고 한다.

🔗 생식, 생식기관

# 자유 낙하 운동
自由落下運動 motion of free fall

일정 높이에 정지해 있던 물체가 중력만 받아 아래로 떨어지는 운동

자유 낙하 운동을 하는 물체는 중력의 영향만 받는다. 이때의 가속도를 중력 가속도라고 하는데, 지구상에서 그 값은 약 $9.8m/s^2$으로 거의 일정하다. 자유 낙하 운동을 하는 물체는 1초에 약 $9.8m/s$ 씩 속도가 늘어난다. 공기의 저항이 없다면 같은 높이에서 자유 낙하한 물체들은 질량에 관계없이 모두 동시에 땅에 떨어진다.

🔗 중력

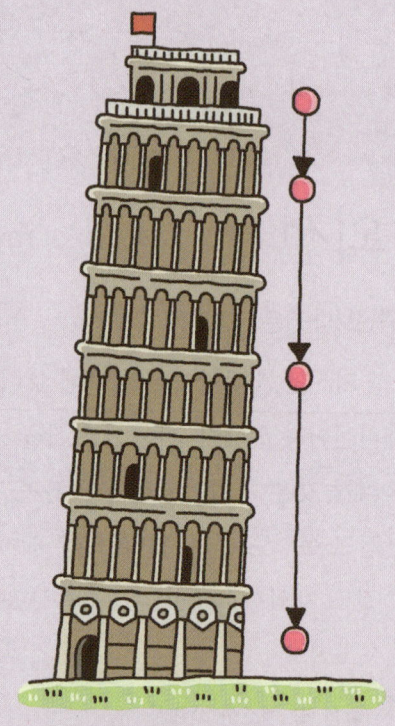

# 자유 전자 自由電子 free electron

**물질 내에서 자유롭게 움직일 수 있는 (-) 전하를 띤 입자**

물질의 기본 구성 입자인 원자의 중심에는 (+) 전하를 띤 원자핵이 있고, 그 둘레를 (-) 전하를 띤 전자가 돌고 있다. 전자 중에는 자유롭게 이동할 수 있는 것이 있는데 이것을 자유 전자라고 한다. 전류는 도선 안에서 자유 전자가 한 방향으로 이동해 나타나는 현상이기 때문에 전기가 잘 흐르는 금속에는 자유 전자가 많고, 전기가 잘 흐르지 않는 부도체에는 자유 전자가 거의 없다.

🔗 원자, 원자핵, 전기, 전류

전류가 흐르면 자유 전자가 일정한 방향으로 운동해.

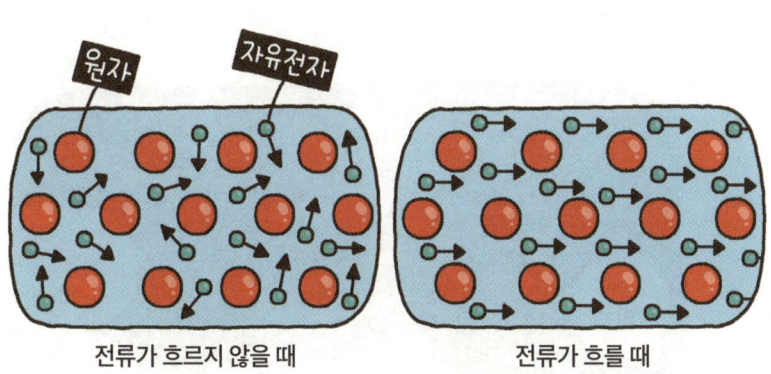

[자유 전자의 움직임]

# 자전 自轉 rotation

**천체가 회전축을 중심으로 회전하는 운동**

지구의 자전 주기는 24시간이고, 적도 지방에서의 회전 속력을 구해 보면 약 초속 463m이다. 지구의 자전 방향은 서쪽에서 동쪽이며 북극 하늘에서 바라보면 반시계 방향이다. 지구가 자전하는 회전축을 자전축이라 한다. 지구의 자전축은 북극과 남극을 이은 가상의 선이다. 지구의 자전축은 공전 궤도면에 약 23.5° 기울어져 있다.

🔗 공전, 일주 운동

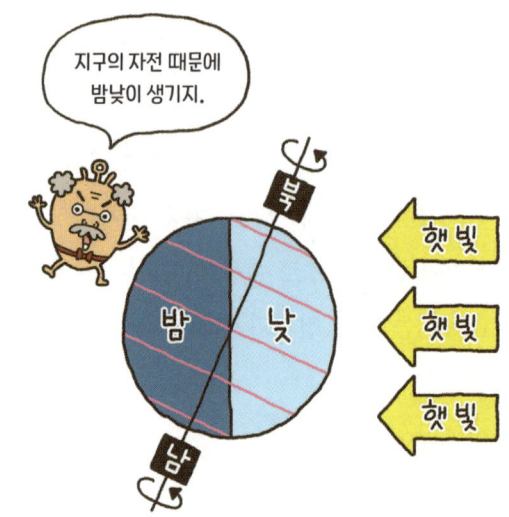

# 자전축 自轉軸 axis of rotation

**천체가 자전하는 데 중심이 되는 축**

지구의 자전축은 남극과 북극을 직선으로 연결한 가상의 축이다. 이 축을 중심으로 지구는 서쪽에서 동쪽으로 자전하고 있다. 북극성은 북극에서 자전축을 따라 올라간 곳에 있어서 지구가 자전을 해도 계속 같은 위치에 있는 걸로 보인다. 지구의 자전축이 향하는 방향은 오랜 기간에 걸쳐 조금씩 변하고 있다. 약 1만 3,000년 후에는 북극 위에 지금의 북극성 대신 직녀성이 위치하게 된다.

🔗 북극성, 자전

# 자화 磁化 magnetization

**물체가 자석의 성질을 가지게 되는 현상**

물체를 자화시키는 방법은 자기장 안에 놓아두는 것이다. 예를 들어 오랫동안 자석에 붙여 둔 쇠못은 자석과 떨어져 있어도 스스로 자석의 성질을 가진다. 하지만 모든 물체가 자화되는 것은 아니다. 나무는 아무리 오랫동안 자기장 안에 놓여 있어도 자화되지 않는다.

🔗 자석

# 작용 반작용 법칙
作用反作用法則 law of action and reaction

뉴턴 운동 법칙 중 하나로, 크기가 같고 방향이 반대인 힘이 항상 쌍으로 작용하는 법칙

바퀴 달린 신발을 신고 매끄러운 바닥에 서서 벽을 밀면, 내가 뒤로 밀린다. 모든 힘이 항상 쌍으로 작용하기 때문이다. 내가 벽을 밀면, 벽도 나를 민다. 내가 벽을 미는 힘을 작용이라 하고, 벽이 나를 미는 힘을 반작용이라고 한다. 작용과 반작용은 서로 바뀌어도 상관없다. 작용과 반작용은 크기가 같고 방향이 반대이다. 즉, 내가 벽을 세게 밀면 벽도 나를 세게 밀어서 내가 뒤로 더 많이 밀려난다.

🔗 뉴턴 운동 법칙

**하나 더! 로켓의 원리**

공기가 없는 우주 공간에서 로켓은 작용과 반작용을 이용해 날아간다. 로켓이 기체를 뿜어내면 기체는 로켓을 반대 방향으로 밀어 준다. 비행기의 제트 엔진도 작용과 반작용을 이용해 앞으로 나아간다. 그러나 비행기 날개의 아래 위쪽 공기 흐름의 차이로 발생하는 떠오르는 힘이 없다면 비행기는 날 수가 없다는 점이 다르다.

# 작은창자 small intestine

위와 큰창자 사이에 위치한 소화기관

소장이라고도 하며, 보통 어른의 경우 그 길이가 6m 정도이고 큰창자보다 굵기가 가늘다. 이자액, 쓸개즙, 작은창자액이 나와서 단백질, 탄수화물, 지방을 모두 소화시킨다. 또한 융털 구조로 벽 표면이 넓어서 영양소를 잘 흡수할 수 있다.

🔗 소화기관, 큰창자

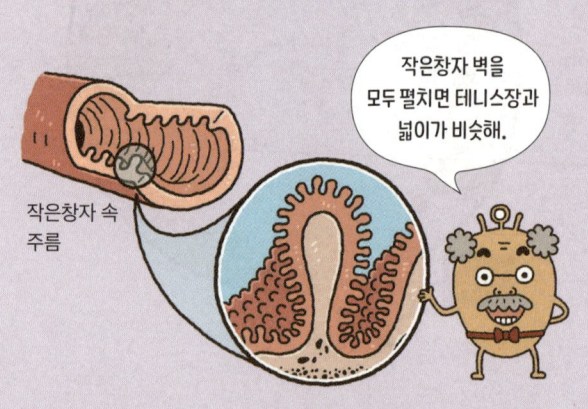

[작은창자의 융털]

# 잠망경 潛望鏡 periscope

**물속에 있는 잠수함에서 물 바깥쪽을 관측하기 위한 장치**

두 개의 거울을 이용한 장치이다. 물체에서 들어온 빛이 두 번 반사되기 때문에 위아래가 뒤집히지 않고 똑바로 서 있는 상이 생긴다. 빛이 90°로 꺾여야 하므로 들어오는 빛과 거울이 45°를 이루게 설치한다.

🔗 거울

# 잠수병 潛水病 decompression sickness

**잠수부가 바다의 표면으로 빠르게 떠올라 혈액 안에 질소 기포가 생겨 발생하는 병**

기체는 압력이 높을수록 잘 녹기 때문에 깊은 바닷속에 들어가면 몸속에 있는 혈액에 산소와 질소 같은 기체가 많이 녹는다. 잠수부가 깊은 바닷속에 있다가 너무 빨리 바다의 표면으로 올라오면 압력이 갑자기 낮아지기 때문에 혈액 속에 녹아 있던 산소와 질소가 기포로 변한다. 이때 산소는 몸으로 흡수되지만 질소는 흡수가 되지 않아 혈관을 막아 통증과 호흡 곤란이 생긴다. 잠수병을 예방하기 위해서는 바닷속에서 천천히 위로 올라와야 한다.

🔗 기압, 질소

## 장력 張力 tension

실에 매단 물체에 힘을 줄 때 줄에 걸리는 힘

물체를 줄에 매달면 물체는 중력을 받아 아래로 떨어지려고 한다. 하지만 중력과 반대 방향인 힘이 줄에 작용하고 있기 때문에 물체는 아래로 떨어지지 않는다. 줄에 작용하고 있는 힘을 장력이라고 한다. 줄의 장력이 중력보다 작다면 줄이 끊어지면서 물체는 아래로 떨어진다.

🔗 힘

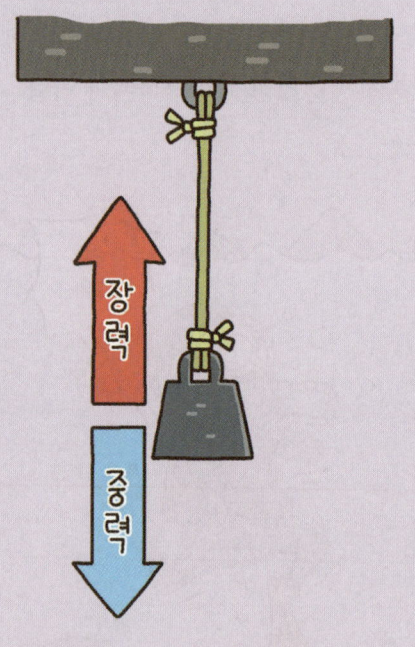

## 재결정 再結晶 recrystallization

온도에 따른 용해도 차이가 큰 물질의 포화 용액을 높은 온도에서 만든 다음 식혀서 순수한 결정을 얻는 방법

재결정을 하게 되면 불순물을 제거하고 더 순수한 용질을 얻을 수 있고, 결정의 모양을 고르게 하거나 결정을 크게 만들 수 있다.

🔗 용액, 용해도

# 저기압 低氣壓 low pressure

**주위보다 기압이 낮은 곳**

저기압을 결정하는 기준이 정해져 있는 것은 아니다. 주위보다 기압이 낮으면 저기압이다. 따라서 저기압을 찾을 때는 주위 기압을 함께 살펴보아야 한다. 지표면에서 저기압은 주위보다 온도가 높은 곳에 생긴다. 주위보다 온도가 높으면 공기가 위쪽으로 상승하면서 지표면 부근에 공기가 적어지고, 상대적으로 공기가 모자라 저기압이 된다. 저기압 지역에서는 공기가 상승하면서 그 속의 수증기가 물방울이나 얼음 알갱이로 변해 구름이 만들어져서, 날씨가 흐리고 비나 눈이 내리기도 한다.

🔗 고기압, 기압, 바람

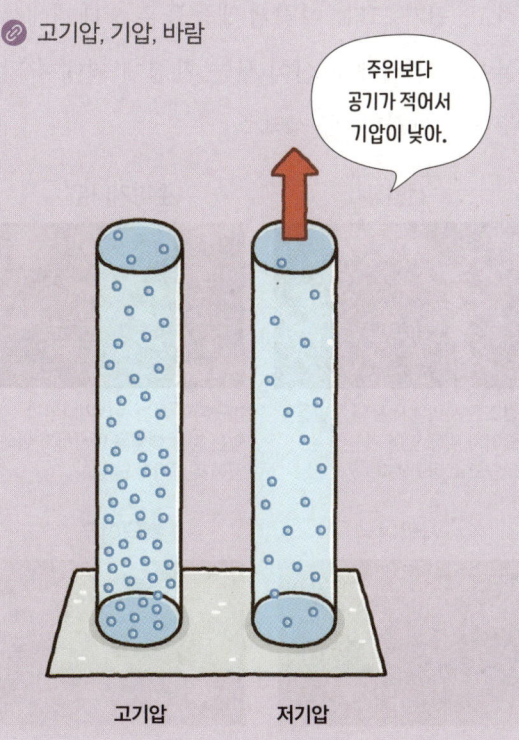

# 저울 weighing machine

**물체의 질량이나 무게를 재는 기구**

저울의 종류로는 윗접시저울, 양팔저울, 용수철저울, 가정용저울 따위가 있다. 윗접시저울과 양팔저울은 물체의 질량을 재는 데 쓴다. 이 저울들은 물체와 분동의 수평잡기 원리를 이용한다. 용수철저울과 가정용저울은 물체의 무게를 재는 데 쓴다. 이 저울들은 용수철이 늘어나는 길이가 무게(중력)에 비례하는 원리를 이용한다. 가정용저울 안에도 용수철이 들어 있다.

🔗 무게, 질량

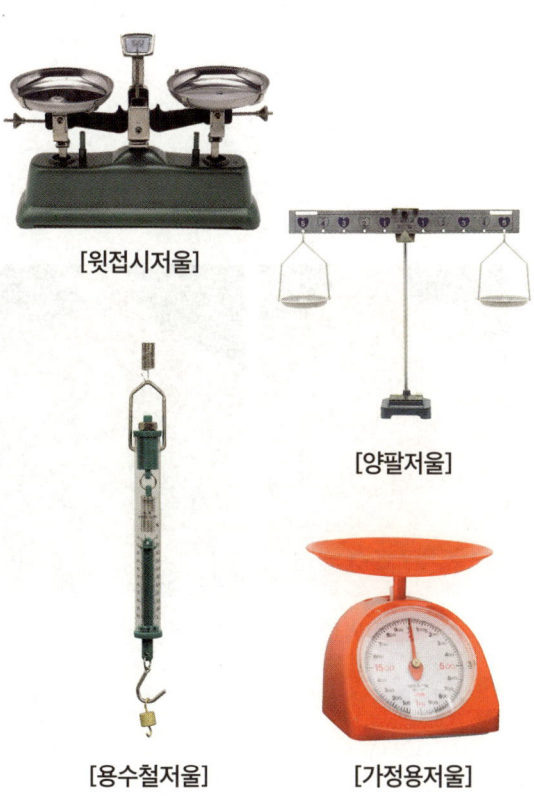

# 적외선 赤外線 infrared ray

**가시광선보다 긴 파장의 빛**

햇빛을 프리즘에 통과시키면 가시광선은 파장에 따라 무지갯빛으로 나타난다. 적외선은 붉은색보다 더 바깥쪽에 있으며 눈에 보이지 않는다. 가시광선이나 자외선보다 열을 많이 내기 때문에 열선이라고도 한다. 물체의 온도에 따라 방출하는 적외선이 다르기 때문에 적외선 카메라를 이용하면 물체의 온도를 파악할 수 있다. 또한 가시광선이 전혀 없는 경우 적외선 감지기를 이용해 열을 내는 물체의 형체를 파악할 수도 있다. 의료용이나 리모컨, 야간투시경, 자동 경보기, 자동문 센서에 쓰인다.

🔗 가시광선, 빛, 자외선

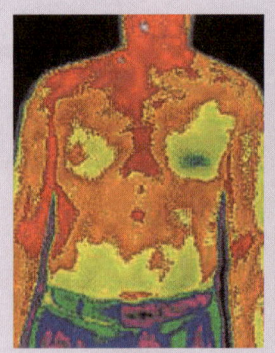 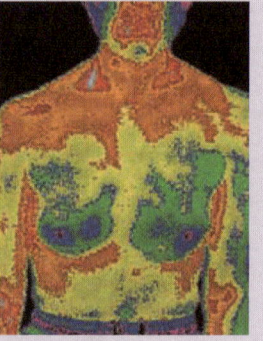

[적외선 카메라로 촬영한 영상]

# 적응 適應 adaptation

**생물이 주변 환경이나 생활 환경에 맞추기 위해 모양이나 생활 습관 같은 것을 바꾸는 현상**

생물이 살아가는 데 가장 중요한 요인 중 하나로, 말이 풀을 씹어 먹기에 알맞은 어금니와 포식자에게서 재빨리 도망칠 수 있는 다리를 가진 것을 적응의 예로 들 수 있다. 또한 같은 종류라도 사는 환경에 적응해 생김새가 달라진 것도 있다. 예를 들어 북극에 사는 여우는 주변 환경에 맞게 흰 털을 가지고, 추위에 견디기 위해 몸집이 크며, 열을 적게 내보내기 위해 귀가 작다. 반면에 사막에 사는 여우는 털색이 옅은 황갈색이고 더위에 견디기 위해 몸집이 작고, 귀가 크다. 이렇게 생물들은 생태계에서 살아남기 위해 자신이 사는 환경에 최대한 맞추어 살아간다. 🔗 생태계

**선인장**

건조한 사막에서 물의 증발을 줄이기 위해 잎이 가시 모양으로 바뀌었다.

**순비기나무**

바닷가에 사는 순비기나무의 잎은 강한 햇빛을 반사하기 위해 잎에서 윤기가 난다.

**사막여우**

**북극여우**

사막여우는 더운 곳에서 열을 잘 내보내기 위해 귀가 크고, 북극여우는 귀가 작으며 몸집이 크다.

# 적정 기술
適正技術 appropriate technology

**어떤 지역의 문화, 환경 같은 특성이나 상황을 고려하여 계속 사용할 수 있게 만들어진 기술**

일반적인 기술보다 더 적은 자원을 사용하며 유지하기가 더 쉽고 환경에 더 적은 영향을 끼치는 것을 의도하는 기술이다. 주로 개발도상국에 맞는 단순한 기술이며 효율적으로 원하는 결과를 얻을 수 있게 한다. 생명 빨대, 와카워터, 큐드럼, 태양열 조리기, 페달 세탁기 등이 적정 기술을 통해 발명된 제품이다.

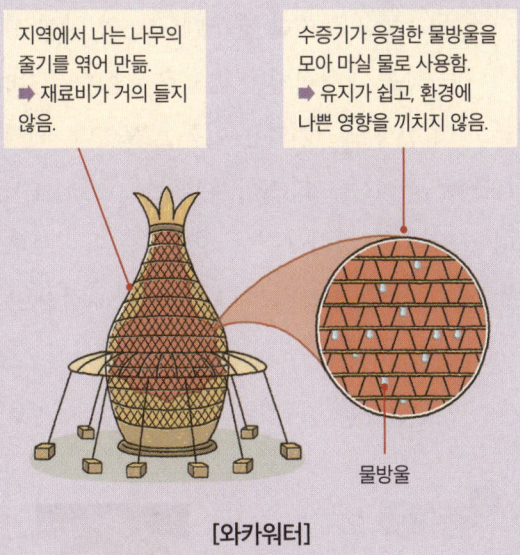

지역에서 나는 나무의 줄기를 엮어 만듦.
➡ 재료비가 거의 들지 않음.

수증기가 응결한 물방울을 모아 마실 물로 사용함.
➡ 유지가 쉽고, 환경에 나쁜 영향을 끼치지 않음.

물방울

[와카워터]

# 적조 현상
赤潮現狀 red tide phenomenon

**플랑크톤의 수가 갑자기 늘어 바다나 강의 색이 바뀌는 현상**

햇빛이 강해 바닷물의 온도가 올라가거나, 비가 많이 와서 강물에 영양분이 많이 섞여 바다로 들어오면, 플랑크톤이 살기 좋은 환경이 되어 그 수가 갑자기 많이 늘어나게 된다. 플랑크톤의 종류에 따라 붉은색을 띠기도 하고, 황색, 적갈색을 띠기도 한다. 적조가 일어나면 플랑크톤이 산소를 소모해 물속에 녹아 있는 산소가 부족해지고, 독성을 가진 플랑크톤 때문에 수많은 물고기들이 질식해 떼죽음을 당하게 된다.

🔗 녹조현상, 부영양화

[바다의 적조 현상]

## 전구 電球 electric bulb

**전기를 이용해 빛을 내는 장치**

필라멘트, 유리구, 지지대, 꼭지쇠, 꼭지로 이루어져 있다. 필라멘트는 전기가 흐르면 빛을 내는 부분으로, 텅스텐이라는 금속으로 만든다. 유리구는 필라멘트를 보호하고 빛이 통과하도록 투명한 유리로 만든다. 필라멘트가 공기 중 산소와 만나면 쉽게 타버리므로 유리구 안은 다른 물질과 잘 반응하지 않는 아르곤으로 채운다. 지지대는 필라멘트를 받치고 전류가 흐르는 전선 구실을 한다. 전구에 불을 켜려면, 꼭지와 꼭지쇠에 전선을 연결해야 한다.

🔗 전기, 전류, 전지

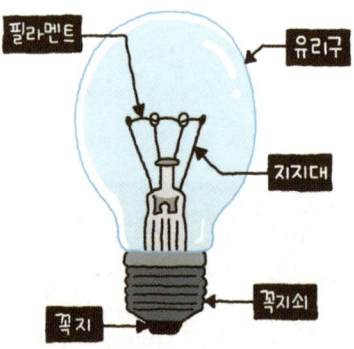

[백열전구의 구조]

**➕ 하나 더! 백열전구의 퇴출**

우리나라는 2014년부터 에너지 효율이 낮은 백열전구의 생산과 수입을 모두 중단하였다. 백열전구를 대신해 에너지 효율이 높은 형광등이나 발광다이오드(LED) 전구가 주로 사용된다.

## 전기 電氣 electricity

**전하의 이동으로 생기는 여러 가지 현상 또는 그때 생기는 에너지**

기원전 600년 그리스의 과학자 탈레스는 털가죽으로 호박을 닦다가 호박에 먼지나 실오라기가 붙는 현상을 발견했다. 이것이 전기에 대한 최초의 기록이다. 하지만 탈레스는 그 원인을 밝히지는 못했다. 이후로 사람들은 호박을 모피로 문지르면 작은 종잇조각이나 머리카락 등이 달라붙는다는 사실을 알게 되었다. 천으로 문지른 호박에 먼지가 붙는 현상을 전기와 연결시킨 사람은 영국의 과학자 윌리엄 길버트다. 길버트는 호박과 모피 외에도 다른 물체들을 문지를 경우에 같은 현상이 생긴다는 것을 체계적인 실험으로 밝혔다. 길버트는 이 현상에 전기라는 이름을 붙였다. 전기(electricity)는 그리스어 호박(elektron)에서 따온 말이다. 과학에서는 전기라는 용어보다는 전하, 전류, 전압, 전기장 같은 구체적인 용어를 쓴다.

🔗 전류, 전압, 전하

**➕ 하나 더! 호박**

송진이 땅속에 파묻혀 오랜 세월이 지나 돌처럼 굳어진 광물이다. 광택이 좋고 단단해 세공 장식품으로 사용되어 왔다.

# 전기 저항 電氣抵抗 electrical resistance

**전류의 흐름을 방해하는 정도**

전기 저항이 크면 전류가 잘 흐르지 않는다. 은과 구리는 전기 저항이 작아서 전선을 만드는 재료로 많이 쓴다. 저항이 생기는 이유는 물질의 구조와 관련이 있다. 물질을 구성하는 최소 입자를 원자라 하고, 원자는 원자핵과 전자로 이루어져 있다. 도선에 전지를 연결하면 전자들이 일정한 방향으로 움직이면서 전류가 흐른다. 이때 전자가 원자에 부딪혀 움직임에 방해를 받으므로 저항이 생긴다. 저항의 단위는 Ω(옴)이다.

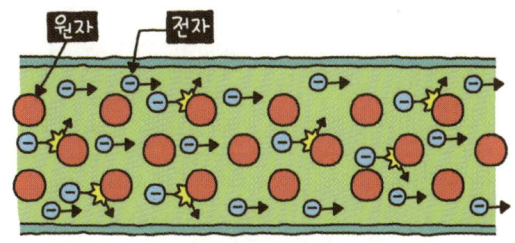

[저항이 생기는 까닭]

🔗 옴의 법칙, 전류, 전압

## ➕ 하나 더! 가변 저항

저항 값을 바꿀 수 있는 저항으로, 라디오 볼륨을 조절하는 장치에 이용된다. 저항이 있는 물체를 저항체라 하는데, 저항체의 길이가 길수록 저항 값은 커진다. 저항이 클수록 전류는 작아지고, 저항이 작을수록 전류는 커지므로 저항체의 길이를 조절하여 전류 값을 바꿀 수 있다. 저항의 종류는 용도에 따라 고정 저항, IC 저항, 반고정 저항, 가변 저항 따위가 있다. 고정 저항이란 저항 값이 정해진 것을 말하며, IC 저항은 저항 네트워크 형태로 한 모듬에 여러 개의 저항이 연결된 것을 말한다. 반고정 저항은 한 번 저항 값을 설정하면 그대로 사용하는 것이다. 저항은 재료에 따라 탄소 피막 저항, 금속 피막 저항, 권선형 저항으로도 나뉜다.

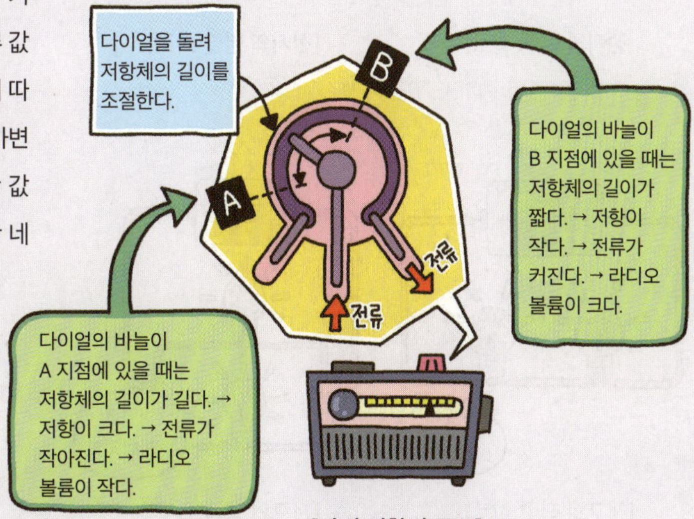

다이얼을 돌려 저항체의 길이를 조절한다.

다이얼의 바늘이 A 지점에 있을 때는 저항체의 길이가 길다. → 저항이 크다. → 전류가 작아진다. → 라디오 볼륨이 작다.

다이얼의 바늘이 B 지점에 있을 때는 저항체의 길이가 짧다. → 저항이 작다. → 전류가 커진다. → 라디오 볼륨이 크다.

[가변 저항의 구조]

# 전기 회로 電氣回路 electrical network

**전류가 흐를 수 있도록 전선이나 전기 기구를 이용해 꾸민 길**

전류는 길이 끊겨 있으면 흐를 수 없다. 전류가 흐르는 길이 모두 연결되어 있으면 닫힌회로, 길이 끊겨 있으면 열린회로라 한다. 전기 회로는 연결 방법에 따라 직렬 회로와 병렬 회로로 나뉜다. 직렬 회로는 2개 이상의 전구나 전지를 연결할 때 한 줄로 나란히 연결한 회로이다. 병렬 회로는 2개 이상의 전구나 전지를 연결할 때 한 줄로 연결하지 않은 회로이다.

🔗 전기, 전류

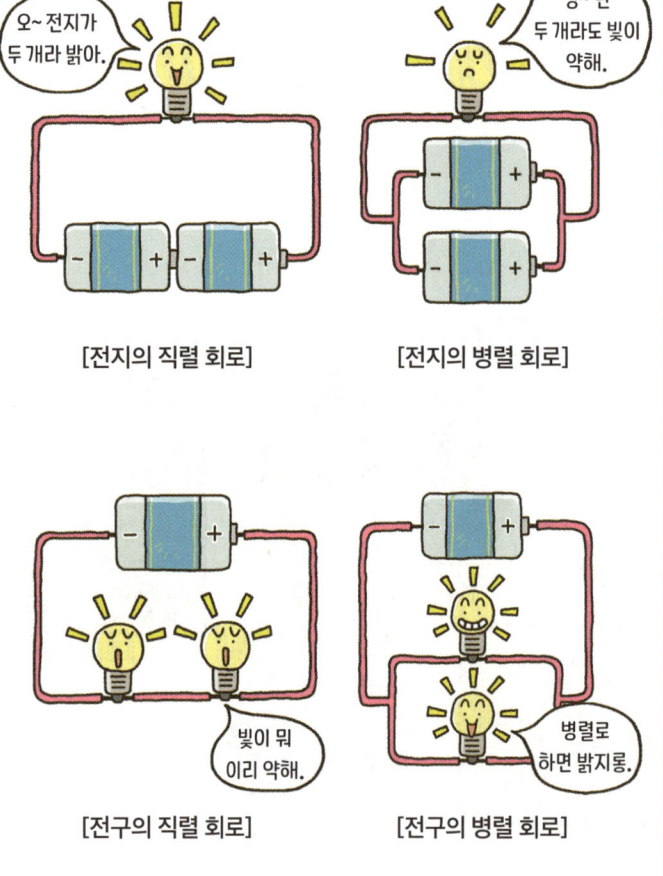

[전지의 직렬 회로] [전지의 병렬 회로]
[전구의 직렬 회로] [전구의 병렬 회로]

### ➕ 하나 더! 전기 기호와 전기 회로도

전기 회로에 사용하는 전기 기구들을 간단히 기호로 나타낸 것을 전기 기호라 한다. 전기 기호를 이용해 전기 회로를 그린 것을 전기 회로도라 한다.

| 명칭 | 기호 | 명칭 | 기호 |
|---|---|---|---|
| 전지 | ─┤├─ | 전구 | ─⊗─ |
| 스위치 | ─╱─ | 저항 | ─⋀⋁⋀─ |
| 직류 전류계 | ─Ⓐ─ | 직류 전압계 | ─Ⓥ─ |

[전기 회로도]

# 전도 傳導 conduction

**물질을 통해서 열이 전달되는 방법**

열은 항상 온도가 높은 물체에서 낮은 물체로 이동한다. 물질을 구성하는 알갱이가 열을 받으면 온도가 올라가고, 주위에 있는 온도가 낮은 알갱이로 열을 전달한다. 이렇게 물질을 구성하는 알갱이를 따라 열이 차례대로 전달되는 방식을 전도라고 한다. 물질에 따라 열을 전도하는 정도가 다르다. 일반적으로 금속은 열을 잘 전도하고, 나무나 플라스틱은 열을 잘 전도하지 않는다. 금속 국자나 냄비의 손잡이를 나무나 플라스틱으로 만드는 이유가 바로 이 때문이다.

🔗 대류, 복사, 열

# 전동기 電動機 electric motor

**전기 에너지를 이용해 회전 운동을 하는 장치**

전류가 흐르는 도선 주위에는 자기장이 생겨 일시적으로 자석의 성질을 갖는다. 이 도선 주위에 자석을 적절히 배치하면 자석끼리 끌어당기거나 밀어내는 힘이 작용하기 때문에 계속 회전하는 장치를 만들 수 있다. 전동기는 전기 에너지를 운동 에너지로 바꾸는 장치이다. 전동기는 선풍기, 세탁기, 컴퓨터에 쓰인다.

🔗 에너지

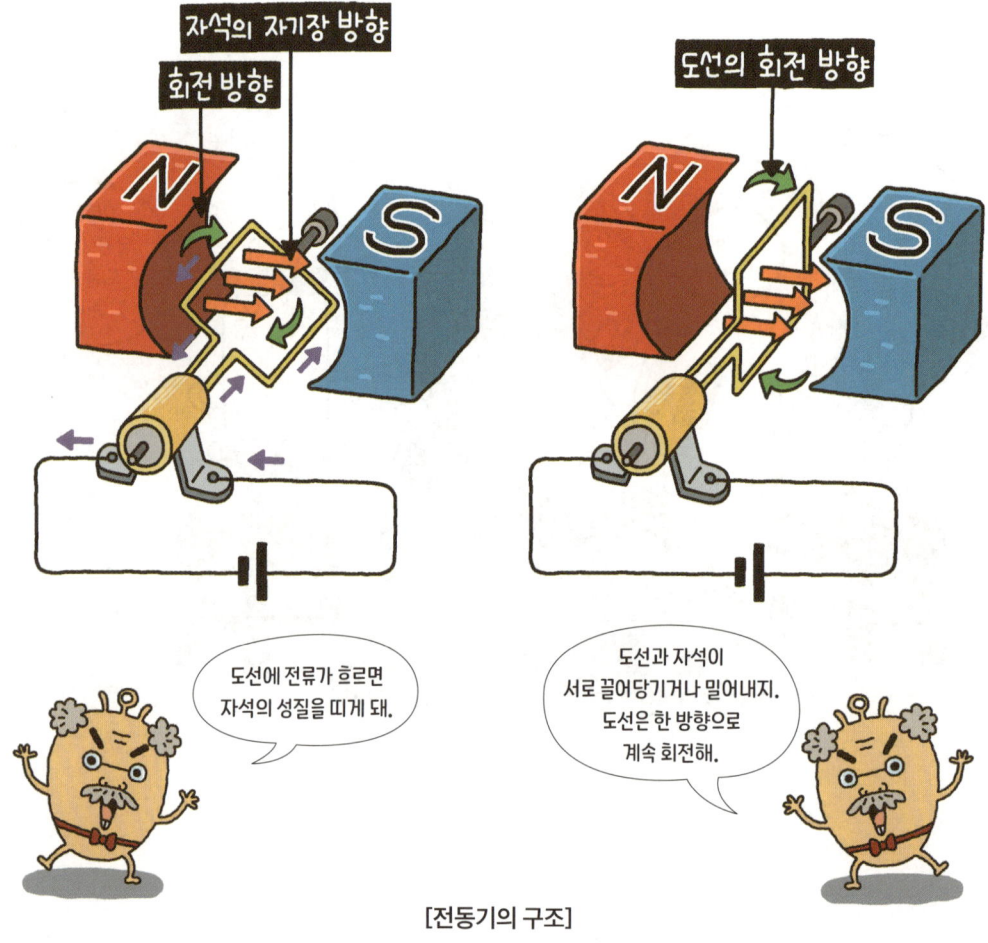

[전동기의 구조]

# 전류 電流 electric current

**전하가 끊임없이 이동하는 현상**

(+) 극에서 (-) 극으로 흐르며 단위는 A(암페어)이다. 전류의 세기와 방향이 바뀌지 않는 직류 전류와 전류의 세기와 방향이 주기적으로 바뀌는 교류 전류가 있다. 전류는 두 가지 작용을 한다. 첫 번째는 열작용으로, 전류가 흐르는 도선에서 열이 생긴다. 이를 이용해 전열기를 만든다. 두 번째는 자기 작용으로, 전류가 흐르는 도선은 자석과 같은 성질을 갖는다. 이를 이용해 전자석과 전동기를 만든다.

🔗 저항, 전압, 전하

### ➕ 하나 더! 전류의 방향, 전자의 이동 방향

처음에 과학자들은 (+) 전하가 (+) 극에서 나와 (-) 극으로 움직인다고 생각해서, 전류의 방향을 (+) 극에서 (-) 극으로 정했다. 이후 전류는 (-) 극에서 (+) 극으로 이동하는 전자의 흐름으로 밝혀졌다. 오랫동안 전류의 방향을 (+) 극에서 (-) 극으로 사용해 왔기 때문에 전류의 방향과 전자의 이동 방향을 따로 사용하고 있다.

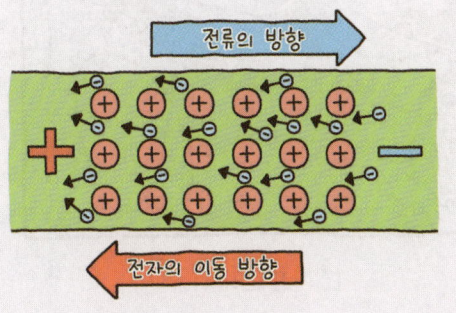

# 전류계 電流計 ammeter

**전기 회로에 흐르는 전류의 세기를 측정하는 장치**

전류계의 빨간색 (+) 단자에는 전지의 (+) 극에서 나온 도선을, 검은색의 (-) 단자에는 전지의 (-) 극에서 나온 도선을 직렬로 연결한다. 전류계의 (-) 단자는 보통 2~3개로 되어 있다. (-) 단자에는 숫자가 쓰여 있는데, 각 단자에서 측정할 수 있는 최대 전류를 의미한다. 500mA(밀리암페어)라고 쓰여 있는 단자에 연결한 경우 최대 500mA의 전류까지 측정할 수 있기 때문에 측정하려는 전류의 범위에 맞는 단자에 연결해야 한다.

🔗 전류, 전압계

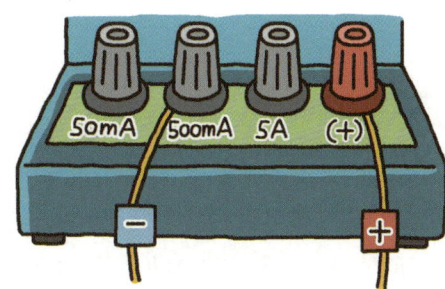

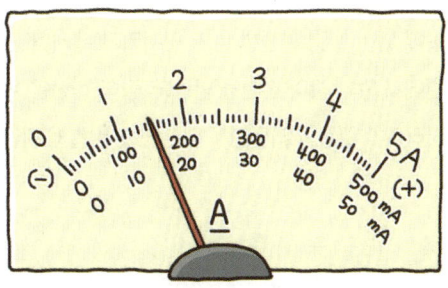

(-) 단자가 500mA에 연결되어 있으므로, 이 전기 회로에 흐르는 전류는 150mA이다.

# 전선 電線 front

온도와 습도가 다른 두 공기 덩어리가 만났을 때 서로 섞이지 않아 생기는 경계

전선을 만드는 두 공기 덩어리의 성질이 다르기 때문에 전선을 기준으로 기온, 기압, 풍향이 빠르게 변한다. 전선에는 한랭 전선과 온난 전선이 있다. 한랭 전선은 찬 공기 덩어리가 따뜻한 공기 덩어리의 아래로 파고들어 따뜻한 공기 덩어리를 밀어 올리면서 만들어지는 전선이다. 온난 전선은 따뜻한 공기 덩어리가 찬 공기 덩어리를 타고 올라가며 만들어지는 전선이다.

🔗 기단, 일기도

[한랭 전선]

[온난 전선]

### 하나 더! 장마 전선

전선을 만드는 두 공기 덩어리의 세기가 거의 비슷하면 한곳에 오래 머무는 전선이 생긴다. 장마 전선이 이러한 전선의 대표적인 예이다. 초여름에 우리나라 북동쪽에 있는 차고 습한 공기 덩어리와 남동쪽에 있는 뜨겁고 습한 공기 덩어리가 우리나라 주변에서 만나 장마 전선을 만든다. 장마 전선은 우리나라에 오랫동안 머물면서 매우 많은 비를 내린다.

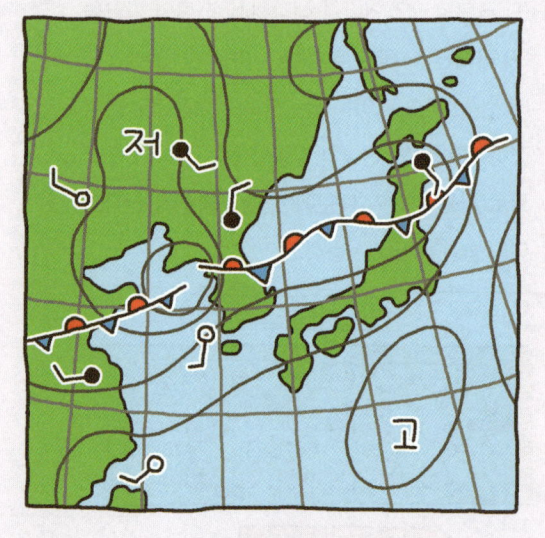

[장마철 일기도]

# 전압 電壓 voltage

**전기 회로에 전류를 흐르게 하는 능력**

전하는 전위가 높은 곳에서 낮은 곳으로 이동하며, 이때 전위의 차이가 전압이다. 전압이 클수록 더 많은 전기 에너지를 가진다. 전압의 단위는 V(볼트)이다. 보통 건전지의 전압은 1.5V이고, 가정용 전기의 전압은 220V이다.

🔗 전류

## 하나 더! 물의 흐름과 전기 회로의 비유

전기는 물과 비슷한 면이 있어서 옛날에는 전기도 물처럼 흐르는 성질이 있는 유체라고 생각했다. 물론 이 생각은 틀렸다는 것이 밝혀졌지만, 전기를 물에 비유해 생각하면 이해하기가 쉽다.

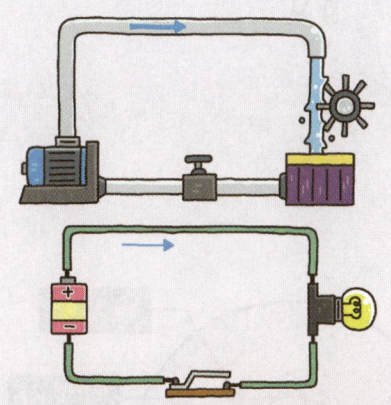

| 물 | 전기 |
|---|---|
| 물의 흐름 | 전류 |
| 물의 높이(수압) | 전압 |
| 펌프 | 전지 |
| 파이프 | 도선(전선) |
| 물레방아 | 전구 |
| 밸브 | 스위치 |

# 전압계 電壓計 voltmeter

**전기 회로의 전압을 측정하는 장치**

전류계와 달리 전구나 저항 없이 전지에 직접 연결해도 되며, 병렬로 연결한다. 빨간색의 (+) 단자에 전지의 (+) 극에서 나온 도선을, 검은색의 (-) 단자에 전지의 (-)극에서 나온 도선을 연결한다. 전압계의 (-) 단자는 보통 2~3개로 되어 있다. (-) 단자의 숫자는 각 단자에서 측정할 수 있는 최대 전압을 의미한다. 측정하려는 전압의 범위에 맞는 단자에 연결해야 한다. 전압 값을 예상할 수 없을 때에는 값이 큰 (-) 단자부터 연결해 전압 값을 대충 파악한 다음 범위를 좁혀 나가야 한다. 연결한 (-) 단자에 따라 전압 값을 읽는 방법도 달라진다. 만일 15V 단자에 연결했다면, 15V에 해당하는 눈금을 읽어야 한다.

🔗 전류계, 전압

(-) 단자가 15V에 연결되어 있으므로, 이 전기 회로에 걸리는 전압은 11V이다.

# 전염 傳染 infection

**감염이 잇따라 전해지는 상태**

감염과 비슷한 뜻으로 사용되지만, 병원체가 하나의 개체에서 두 개 이상의 개체로 옮아가는 것을 강조할 때 전염이라고 한다. 또한 감염병 중에서 다른 사람에게 옮을 수 있는 질병을 강조할 때 전염병이라고 한다.

🔗 감염, 감염병, 병원체

# 전자 電子 electron

**원자를 구성하는, (−) 전하를 띤 질량이 매우 작은 입자**

🔗 원자

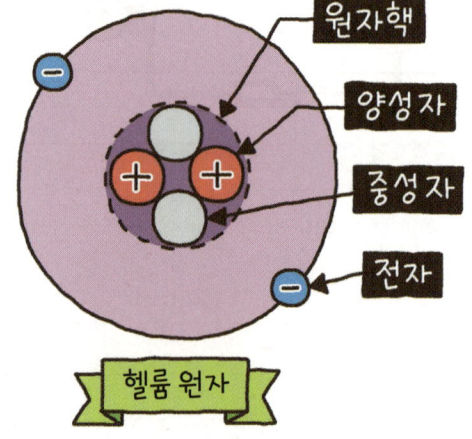

# 전자석 電磁石 electromagnet

**전류가 흐를 때만 자석의 성질을 띠는 자석**

전류가 흐르는 도선이 자석의 성질을 띠는 것을 이용한다. 쇠못에 에나멜선을 감은 다음 전류를 흘려보내면 전자석이 된다. 에나멜선을 많이 감을수록, 전류가 많이 흐를수록 전자석은 강해진다.

🔗 전류

**하나 더! 전자석 만드는 법**

종이로 감싼 못에 에나멜선을 촘촘히 감는다.

에나멜선 양끝의 피복을 사포로 벗겨낸다.

에나멜선의 양끝을 전기 회로에 연결한다.

**스위치를 닫았을 때**
에나멜선을 감은 못을 클립에 가까이 가져간 후 스위치를 닫을 때와 열 때 클립이 어떻게 되는지 관찰한다.

**스위치를 열었을 때**
스위치를 닫으면 못에 클립이 붙고, 스위치를 열면 클립이 떨어진다.

## 전자저울 electronic balance

전자식 장치를 이용해 저울판 위에 올려놓은 물체의 무게가 숫자로 나타나는 저울

전자저울은 쓰임새에 따라 다양한 종류가 있다. 음식 재료의 무게를 재는 가정용 전자저울뿐 아니라 휴대용 전자저울, 약품용 전자저울, 짐의 무게를 재는 전자저울, 산업용 전자저울 등이 있다. 이들 전자저울은 쓰임새에 적합하도록 크기와 모양도 다르다.

🔗 저울

[다양한 전자저울]

## 전자 현미경 電子顯微鏡 electron microscope

광학 현미경에서 이용하는 빛과 대물렌즈, 접안렌즈 대신에 전자와 전자 렌즈를 사용해 물체를 확대해서 관찰하는 현미경

현재의 전자 현미경은 독일의 루스카가 오랫동안 연구해 1953년쯤 완성했다. 빛 대신 전자를 사용하므로 일반 렌즈형 현미경보다 훨씬 큰 배율을 만들 수 있고, 최대 가능 배율은 30만 배 이상이다. 광학 현미경으로는 볼 수 없는 바이러스와 같은 미생물까지도 크게 확대하여 세밀하게 관찰할 수 있다. 최신식 전자 현미경은 수백만 배까지 확대 관찰할 수 있고 원자 배열 구조까지 식별할 수 있다. 전자 현미경은 생물학·의학·공학을 비롯한 여러 분야에 널리 쓰이고 있다.

🔗 현미경

[전자 현미경]

# 전지 電池 electric cell

**물질의 화학 반응이나 물리 반응에서 생기는 에너지를 전기 에너지로 바꾸는 장치**

최초의 전지는 이탈리아 과학자 알렉산드로 볼타가 만든 볼타 전지이다. 볼타 전지는 두 개의 금속판(아연, 구리)과 소금물의 화학 반응을 이용한 전지이다. 오늘날 가장 많이 쓰이는 건전지도 기본 원리는 볼타 전지와 같다. 자동차에 쓰는 납축전지는 충전해서 재사용할 수 있다. 태양 전지는 태양 빛을 받으면 전기를 만드는 반도체를 이용한다.

🔗 전기, 전압

> **하나 더!  전지의 직렬연결, 병렬연결**
>
> 전지의 (+) 극과 다른 전지의 (-) 극을 차례로 연결하면 직렬연결이라고 한다. 전지를 직렬연결하면 전체 전압은 각 전지의 전압을 더한 것과 같다. 예를 들어 1.5V짜리 전지 4개를 직렬로 연결했다면 전체 전압은 1.5V + 1.5V + 1.5V + 1.5V = 6V가 된다. 큰 전압이 필요할 때는 전지를 직렬연결해서 쓴다.
>
> 전지의 (+) 극은 (+) 극끼리, (-) 극은 (-) 극끼리 연결하면 병렬연결이라고 한다. 같은 전압의 전지를 병렬연결하면, 전체 전압은 전지 1개의 전압과 같다. 1.5V짜리 전지를 아무리 많이 연결해도 모두 병렬로 연결되어 있으면, 전체 전압은 1.5V로 달라지지 않는다. 전압은 그대로인 대신 오래 사용할 수 있는 장점이 있다.

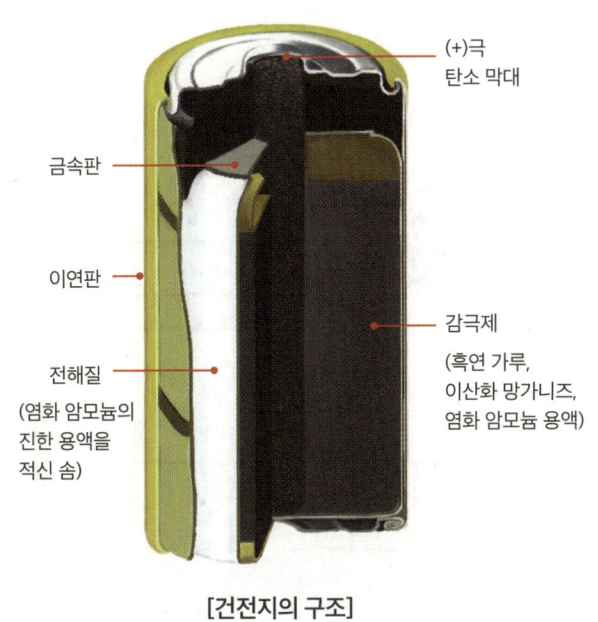

[건전지의 구조]

[태양 전지]

## 전지의 병렬연결 電池의 竝列連結 parallel connection of batteries

**전기 회로에서 전지 두 개 이상을 서로 같은 극끼리 연결하는 방법**

전지를 병렬로 연결한 전기 회로의 전구는 전지가 1개만 있는 전기 회로의 전구와 밝기는 같지만, 전지를 더 오래 사용할 수 있다. 이 전기 회로에서 전지 한 개를 빼내어도 전류가 흐르는 길이 끊어지지 않으므로 전구의 불은 여전히 켜진다.

🔗 전기 회로, 전지의 직렬연결

## 전지의 직렬연결 電池의 直列連結 serial connection of batteries

**전기 회로에서 전지 두 개 이상을 서로 다른 극끼리 연결하는 방법**

전지를 직렬로 연결한 전기 회로의 전구는 전지가 1개만 있는 전기 회로의 전구보다 밝으며, 그만큼 전기를 많이 소모해서 병렬연결일 때보다 전지를 오래 사용할 수는 없다. 이 전기 회로에서 전지 한 개를 빼내면 전류가 흐르는 길이 끊어지므로 전구의 불은 꺼진다.

🔗 전기 회로, 전지의 병렬연결

## 전하 電荷 electric charge

**물질이 가진 여러 가지 성질 중 하나로, 전기 현상을 일으키는 원인**

물질을 구성하는 기본 입자는 원자이다. 원자는 원자핵과 전자로 나눌 수 있다. 원자핵에는 양성자와 중성자가 들어 있다. 전하는 원자 속에 들어 있는 전자와 양성자의 속성이다. 양성자의 전하를 양(+), 전자의 전하를 음(-)으로 정의한다. 중성자는 전기를 띠지 않으므로, 원자핵은 전체적으로 (+) 전하를 띤다. 이처럼 전하에는 (+) 전하와 (-) 전하가 있다. 원자핵은 거의 움직이지 않고, 전자가 움직이면서 여러 가지 전기 현상을 일으킨다. 전하량의 단위는 C(쿨롱)이다. 전자 하나가 갖는 전하량은 약 $1.6 \times 10^{-19}$C이다.

🔗 전류

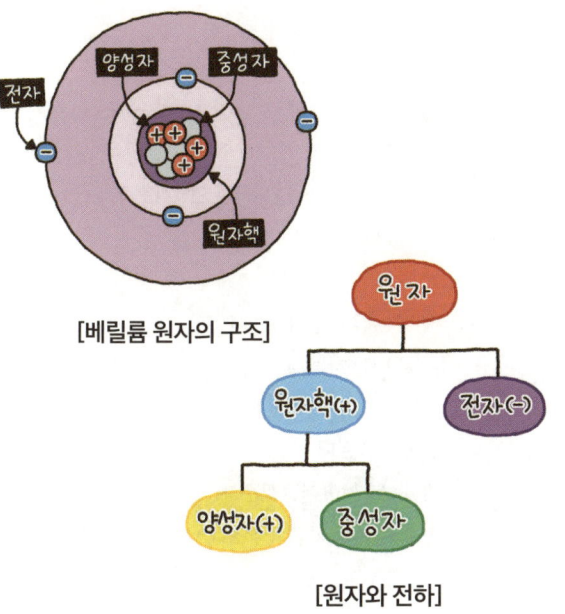

[베릴륨 원자의 구조]

[원자와 전하]

## 전해질 電解質 electrolyte

**용매에 녹으면 이온이 되어 전류를 흐르게 하는 물질**

전해질이 녹아 있는 용액에 전지를 연결하면 용액 속의 (-) 전하를 띤 음이온은 전지의 (+) 극으로 끌려가고, (+) 전하를 띤 양이온은 (-) 극으로 끌려가면서 전류가 흐르게 된다. 전해질에는 염화 나트륨, 황산 구리와 같은 고체뿐만 아니라 황산, 염산, 질산과 같은 액체도 있다. 용매에 녹아도 전류를 흐르게 하지 않는 물질을 비전해질이라고 하며, 설탕, 녹말, 에탄올이 비전해질이다.

🔗 용매, 이온, 전류

# 절기 節氣 solar term

**태양이 하늘에서 1년 동안 지나는 길을 15° 간격으로 나누어 계절을 24개로 나눈 것**

음력이 계절 변화와 맞지 않아 이를 보완하기 위해 중국 주나라 때 만든 날짜 계산법이다. 각 절기 사이는 약 15.2일이다. 24개이므로 24절기라 한다. 중국 화북 지역을 기준으로 하였으므로, 우리나라에는 맞지 않는 경우도 있다.

🔗 계절, 음력

| 계절 | 달(음력) | 절기 | 날짜(양력) | 특징 |
|---|---|---|---|---|
| 봄 | 정월 | 입춘 | 2월 4일경 | 봄이 시작되는 때 |
| | | 우수 | 2월 19일경 | 봄비가 내리고 초목이 싹트는 때 |
| | 이월 | 경칩 | 3월 6일경 | 동물들이 겨울잠에서 깨어나는 때 |
| | | 춘분 | 3월 21일경 | 밤과 낮의 길이가 같아지는 때 |
| | 삼월 | 청명 | 4월 5일경 | 날씨가 맑고 밝은 때(농사 준비) |
| | | 곡우 | 4월 20일경 | 비가 내려 곡식이 윤택해지는 때 |
| 여름 | 사월 | 입하 | 5월 6일경 | 여름이 시작되는 때 |
| | | 소만 | 5월 21일경 | 여름 기분이 나는 때(본격적인 농사 시작) |
| | 오월 | 망종 | 6월 6일경 | 볏모를 심게 되는 때 |
| | | 하지 | 6월 21일경 | 낮이 길고 밤이 가장 짧은 때 |
| | 유월 | 소서 | 7월 7일경 | 본격적인 더위에 접어드는 때 |
| | | 대서 | 7월 23일경 | 가장 더울 때 |
| 가을 | 칠월 | 입추 | 8월 7일경 | 가을로 접어드는 때 |
| | | 처서 | 8월 23일경 | 더위가 가시는 때 |
| | 팔월 | 백로 | 9월 8일경 | 이슬이 내리고 가을 기운이 완연해지는 때 |
| | | 추분 | 9월 23일경 | 밤낮의 길이가 같아지는 때 |
| | 구월 | 한로 | 10월 8일경 | 찬 이슬이 맺히는 때 |
| | | 상강 | 10월 24일경 | 서리가 내리기 시작하는 때 |
| 겨울 | 시월 | 입동 | 11월 7일경 | 겨울이 시작하는 때 |
| | | 소설 | 11월 22일경 | 얼음이 얼기 시작하는 때 |
| | 동짓달 | 대설 | 12월 8일경 | 큰 눈이 오는 때 |
| | | 동지 | 12월 22일경 | 밤이 길고 낮이 가장 짧은 때 |
| | 섣달 | 소한 | 1월 5일경 | 겨울에 접어들어 몹시 추운 때 |
| | | 대한 | 1월 20일경 | 가장 추울 때 |

# 절대 온도
絕對溫度 absolute temperature

**모든 분자가 운동을 정지하는 -273℃를 기준으로 하는 온도**

제안한 사람의 이름을 따 켈빈 온도라고도 한다. 단위는 K(켈빈)이고, 섭씨온도에 273을 더하여 구한다. 즉, 섭씨온도 0℃는 절대온도 273K가 된다. -273℃는 0K가 되며, 이 온도를 절대 영도라고 한다. 이론적으로 절대 영도인 -273℃가 되면 기체의 부피가 0이 되고, 모든 분자의 운동이 정지한다.

🔗 온도

# 점성 粘性 viscosity

**어떤 물질의 끈적이는 정도**

점성이 클수록 더 끈적여 잘 흐르지 않는다. 일반적으로 액체의 점성은 기체보다 크다. 액체의 점성은 온도가 높아지면 작아지지만, 기체의 점성은 온도가 높아지면 커진다. 어떤 물질이 잘 흐르는 정도를 나타내는 유동성의 반대되는 성질이다.

꿀은 점성이 높아!

# 절지동물 節肢動物 arthropoda

**몸이 딱딱한 껍데기로 싸여 있으며, 몸과 다리에 마디가 있는 동물**

단단한 껍데기는 주기적으로 벗겨져 몸이 클 수 있게 해 준다. 몸은 좌우대칭이고 머리, 가슴, 배 또는 머리가슴과 배로 구분된다. 갑각류, 곤충류, 거미류, 전갈류, 지네류와 같이 여러 종류가 있다.

🔗 갑각류, 곤충, 거미, 허물벗기

- 거미 — 4쌍의 다리를 가진 거미류
- 지네 — 몸의 마디마다 다리가 1~2쌍인 다지류
- 개미 — 3쌍의 다리를 가진 곤충류
- 게 — 5쌍의 다리를 가진 갑각류

# 정맥 靜脈 vein

**심장으로 들어가는 혈액이 흐르는 혈관**

정맥은 좌심실에서 멀리 떨어져 있기 때문에 혈관벽에 미치는 압력이 약하므로 혈압이 낮아 혈액이 흐르는 속도가 느리고, 혈액이 거꾸로 흐르는 것을 막기 위해 판막이 있다. 또한 같은 굵기의 동맥에 비해 혈관벽은 얇고 탄력도 적다. 폐에서 심장으로 들어가는 혈액이 흐르는 폐정맥과, 온몸에서 심장으로 들어가는 혈액이 흐르는 대정맥이 있다.

🔗 동맥, 심장, 판막

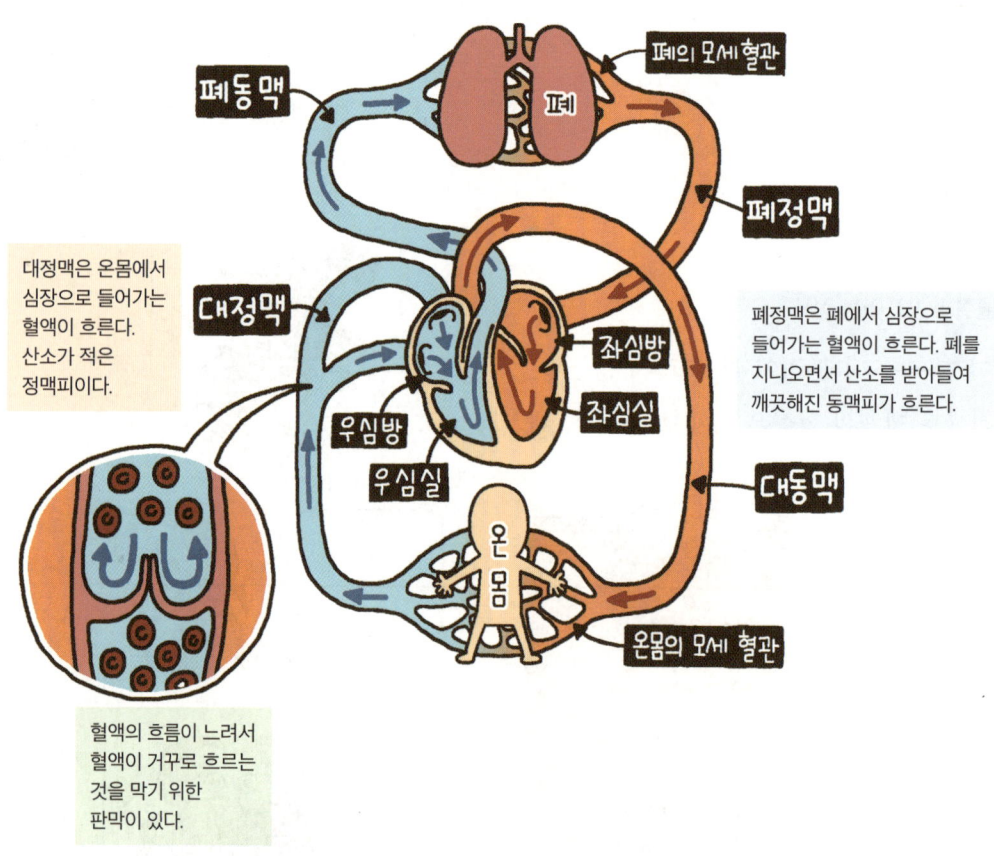

# 정전기 靜電氣 static electricity

**흐르지 않고 한곳에 머물러 있는 전기**

풍선을 머리카락에 비비는 것처럼 물체들을 마찰시켰을 때 생기고 시간이 지나면 사라지는 전기이다. 우리가 전자 제품을 작동시킬 때 사용하는 전기는 정전기가 아니라 전선을 따라 계속 흐르는 전기이다. 이러한 전기는 정전기와 구분하여 동전기라 부르기도 한다.

🔗 전기

정전기로는 전구를 계속 켤 수 없어.

# 조류 鳥類 bird

**몸은 깃털로 덮여 있고 부리와 날개가 있는 척추동물**

대부분 날개로 공중을 날지만 펭귄처럼 날개를 헤엄치는 데 이용하거나 타조처럼 퇴화되어 날지 못하는 것도 있다. 다리는 두 개이며, 나무에 앉거나 헤엄치면서 먹이를 잡는 데 쓰인다. 땀샘이 없고, 꼬리의 지방샘에서 분비되는 기름을 깃털에 발라 물에 젖는 것을 막는다. 일정한 체온을 유지하는 정온 동물이고, 폐호흡을 한다. 모두 알을 낳는다.

🔗 척추동물

[조류가 잘 나는 조건]

# 조석 潮汐 tide

**지구, 달, 태양 사이의 인력 때문에 해수면이 하루에 두 번씩 높아졌다 낮아졌다 하는 현상**

해안으로 바닷물이 밀려 들어오는 밀물 때에는 해수면의 높이가 높아지고, 해안에서 바닷물이 빠져나가는 썰물 때에는 해수면의 높이가 낮아진다. 밀물로 하루 중 해수면의 높이가 가장 높을 때를 만조라 하고, 썰물로 하루 중 해수면이 가장 낮아졌을 때를 간조라 한다. 만조는 달을 향한 쪽과 그 반대쪽에서 동시에 일어난다. 만조와 간조 때 해수면의 높이차를 조차라고 한다. 만조에서 다음 만조, 또는 간조에서 다음 간조까지 걸리는 시간을 조석 주기라고 하는데, 약 12시간 25분이다.

🔗 달, 만유인력, 원심력

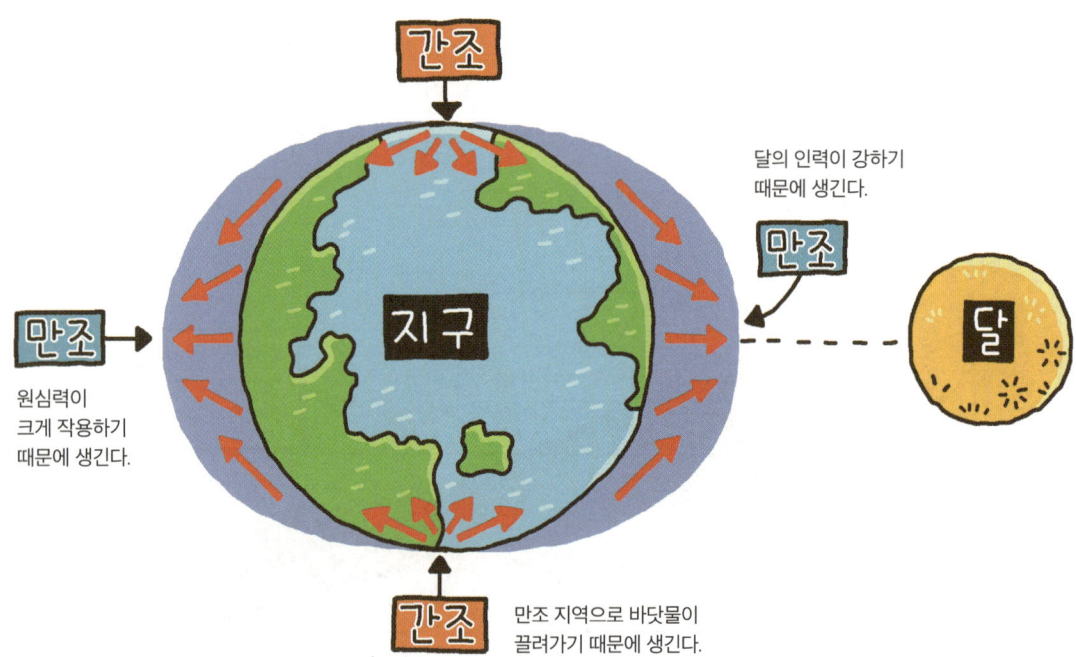

# 조직 組織 tissue

**생물체를 구성하는 단계 중 하나로 형태와 기능이 비슷한 세포들의 모임**

대부분의 생물은 한 개의 세포가 아니라 수많은 세포로 이루어져 있다. 생물의 몸은 각 부분마다 같은 모양과 기능을 갖는 세포가 모여서 각 부분이 일정한 기능을 할 수 있도록 되어 있다. 이처럼 모양과 기능이 같은 세포들이 모여 조직을 이룬다.

🔗 기관, 세포

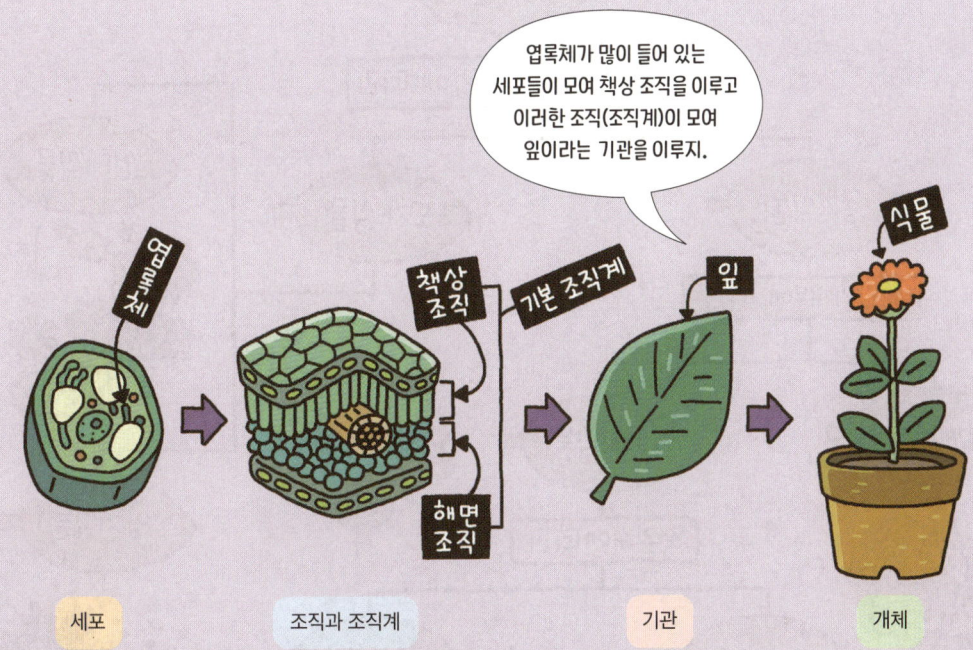

# 종자식물 種子植物 spermatophyte

암술에 있는 밑씨와 수술의 꽃가루가 결합해 만들어지는 씨로 번식하는 식물

씨방이 없어 밑씨가 겉으로 드러나 있는 겉씨식물과 밑씨가 씨방에 싸여 있는 속씨식물로 나뉜다. 종자식물은 가장 다양한 식물군으로 번성했다.

🔗 겉씨식물, 속씨식물

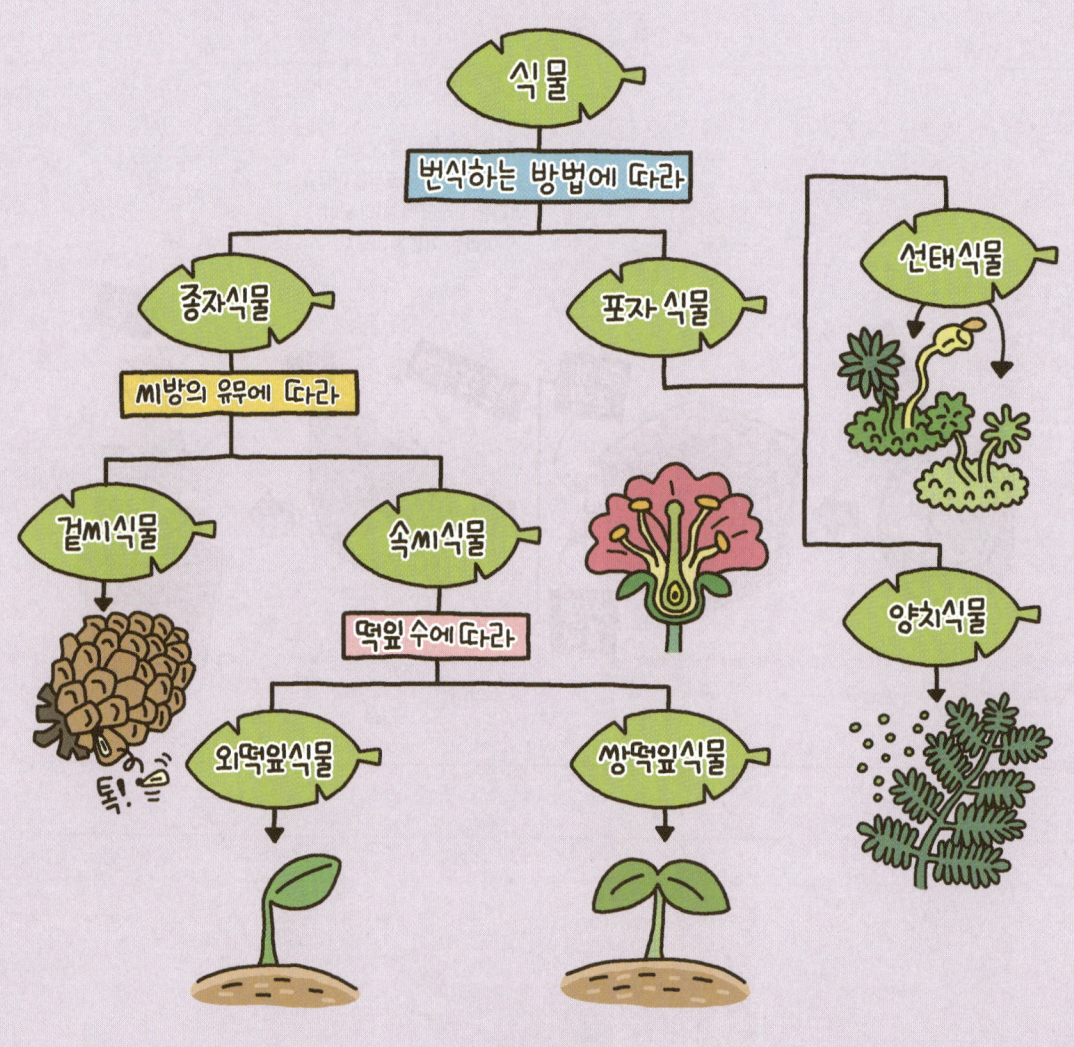

[식물의 분류]

# 주기율표 週期律表 periodic table

**성질이 비슷한 원소끼리 같은 세로줄에 있도록 배열한 표**

러시아의 화학자 드미트리 멘델레예프가 처음으로 고안했다. 원소들은 원자핵의 양성자 수에 따라 일정한 간격을 두고 성질이 반복된다. 이러한 반복성을 바탕으로 표를 만들면 주기율표의 같은 세로줄에 있는 원소들은 공통적인 성질을 가진다. 예를 들어, 가장 오른쪽 세로줄에 있는 원소들은 모두 화학 반응성이 거의 없는 기체들이다. 이 외에도 다양한 정보들이 담겨 있어서 원소들의 성질을 쉽게 파악하고 비교할 수 있다.

🔗 원소

| 수소 | | | | | | | | | | | | | | | | | 헬륨 |
|---|---|---|---|---|---|---|---|---|---|---|---|---|---|---|---|---|---|
| 리튬 | 베릴륨 | | | | | | | | | | | 붕소 | 탄소 | 질소 | 산소 | 플루오린 | 네온 |
| 소듐 | 마그네슘 | | | | | | | | | | | 알루미늄 | 규소 | 인 | 황 | 염소 | 아르곤 |
| 포타슘 | 칼슘 | 스칸듐 | 타이타늄 | 바나듐 | 크로뮴 | 망가니즈 | 철 | 코발트 | 니켈 | 구리 | 아연 | 갈륨 | 저마늄 | 비소 | 셀레늄 | 브로민 | 크립톤 |
| 루비듐 | 스트론튬 | 아트륨 | 지르코늄 | 나이오븀 | 몰리브데넘 | 테크네튬 | 루테늄 | 로듐 | 팔라듐 | 은 | 카드뮴 | 인듐 | 주석 | 안티모니 | 텔루륨 | 아이오딘 | 제논 |
| 세슘 | 바륨 | 란타넘족 | 하프늄 | 탄탈럼 | 텅스텐 | 레늄 | 오스뮴 | 이리듐 | 백금 | 금 | 수은 | 탈륨 | 납 | 비스무트 | 플로늄 | 아스타틴 | 라돈 |
| 프랑슘 | 라듐 | 악티늄족 | 러더포듐 | 두브늄 | 시보귬 | 보륨 | 하슘 | 마이트너륨 | 다름슈타튬 | 뢴트게늄 | 코페르니슘 | 니호늄 | 플레로븀 | 모스코븀 | 리버모륨 | 테네신 | 오가네손 |

| 란타넘 | 세륨 | 프라세오디뮴 | 네오디뮴 | 프로메튬 | 사마륨 | 유로퓸 | 가돌리늄 | 터븀 | 디스프로슘 | 홀뮴 | 어븀 | 툴륨 | 이터븀 | 루테튬 |
|---|---|---|---|---|---|---|---|---|---|---|---|---|---|---|
| 악티늄 | 토륨 | 프로트악티늄 | 우라늄 | 넵투늄 | 플루토늄 | 아메리슘 | 퀴륨 | 버클륨 | 캘리포늄 | 아인슈타이늄 | 페르뮴 | 멘델레븀 | 노벨륨 | 로렌슘 |

[표준주기율표]

# 줄기 | stem

**아래로는 뿌리와 연결되고 위로는 잎과 연결되어 있는 식물의 기관**

식물을 지탱하며, 줄기 속의 물관과 체관은 물과 양분이 이동하는 통로 구실을 한다. 쌍떡잎식물은 형성층이 있어 줄기가 굵게 자라지만, 외떡잎식물은 형성층이 없어 줄기가 굵어지지 않는다. 줄기가 자라는 모양에 따라 위로 곧게 뻗어 자라는 곧은줄기, 땅위를 기며 마디에서 뿌리를 내리는 기는줄기, 다른 물체를 감고 올라가는 감는줄기, 땅속에 있는 땅속줄기, 다른 물체에 의지해서 붙어 자라는 기어올라가는 줄기가 있다.

🔗 물관, 체관

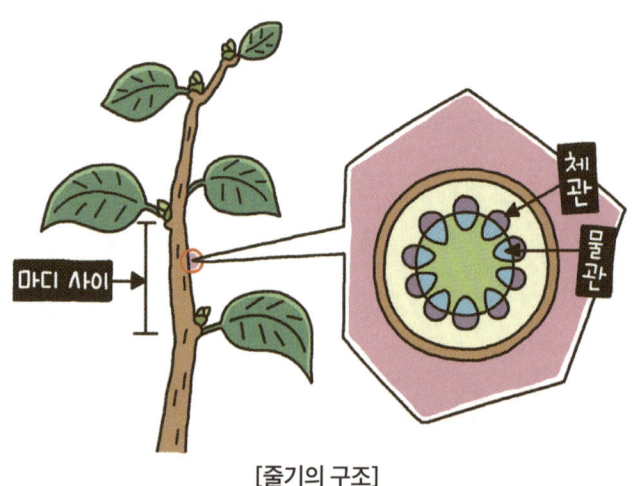

[줄기의 구조]

# 중금속 重金屬 heavy metal

**금속 중에서 상대적으로 높은 밀도나 원자량을 가진 금속**

구체적인 분류 기준은 없으나, 보통은 다른 금속들보다 밀도가 크거나 무거운 금속들을 일컫는다. 납, 수은, 카드뮴, 주석, 아연, 니켈, 코발트 등이 있다. 단독으로도 쓰이지만 합금의 원료로 많이 쓰인다. 카드뮴은 뼈 질환을 일으키며, 납과 수은은 신경에 손상을 입힌다.

🔗 금속, 밀도

# 중력 重力 gravity

**지구와 같은 천체가 물체를 끌어당기는 힘**

중력은 지구나 달, 태양 등의 천체가 물체를 끌어당기는 힘으로, 만유인력과 같은 뜻으로 사용되기도 한다. 중력을 생각할 때에는 지구와 물체가 서로 끌어당기는 만유인력 외에도 지구 자전에 의한 원심력의 효과를 함께 생각해야 한다. 지구 위의 물체가 받는 중력의 크기는 지구와 물체의 만유인력에서 지구 자전으로 인해 물체에 생기는 원심력을 뺀 값으로 나타낸다. 물체에 작용하는 중력이 그 물체의 무게이다.

🔗 만유인력, 무중력

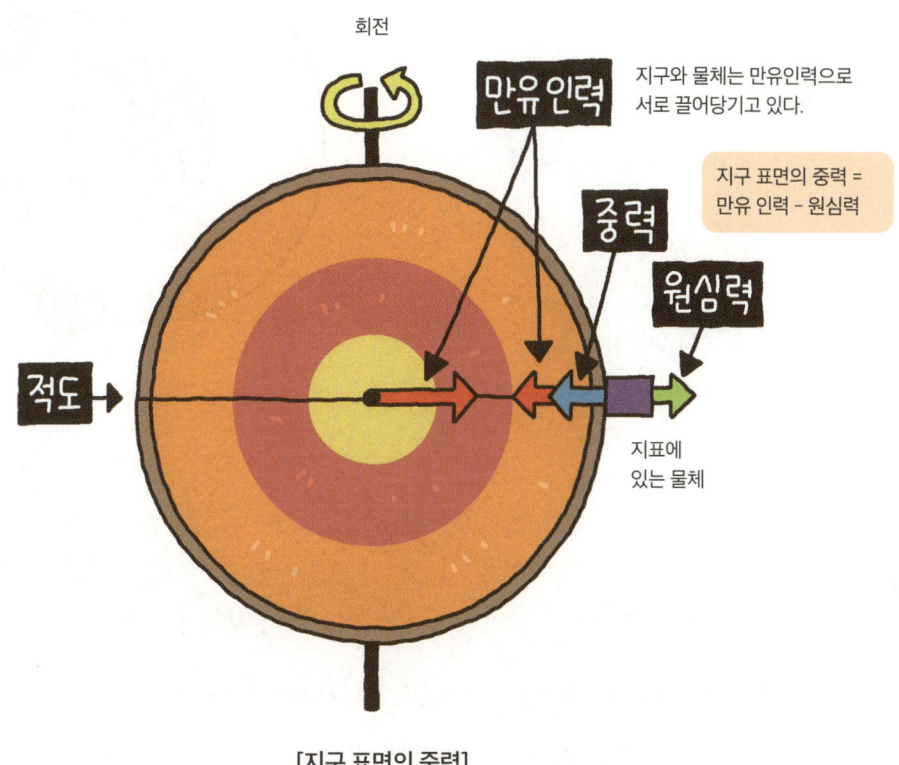

[지구 표면의 중력]

## 중성 中性 neutrality

**산성도 염기성도 나타내지 않는 중간 상태의 성질**

용액 속에 산성을 띠는 수소 이온($H^+$)과 염기성을 띠는 수산화 이온($OH^-$)의 농도가 같은 상태를 뜻한다. 중성 용액의 수소 이온 농도 지수(pH)는 7이고, 중성 용액에 리트머스 종이를 담그면 색깔 변화가 없다. 산염기 지시약인 BTB 용액은 중성에서 녹색, 메틸 오렌지 용액은 주황색, 페놀프탈레인 용액은 무색을 나타낸다.

🔗 산성, 염기성

| 지시약 | 산성 | 중성 | 염기성 |
|---|---|---|---|
| BTB 용액 | 노란색 | 녹색 | 파란색 |
| 메틸 오렌지 용액 | 붉은색 | 주황색 | 노란색 |
| 페놀프탈레인 용액 | 무색 | 무색 | 붉은색 |

## 중성자 中性子 neutron

**전기적으로 중성을 띠는, 원자핵을 이루는 구성 요소의 하나**

원자핵은 양성자와 중성자로 이루어져 있으며, (+) 전하를 띤 양성자 사이의 결합을 유지시켜 주는 역할을 한다.

🔗 원자, 원자핵

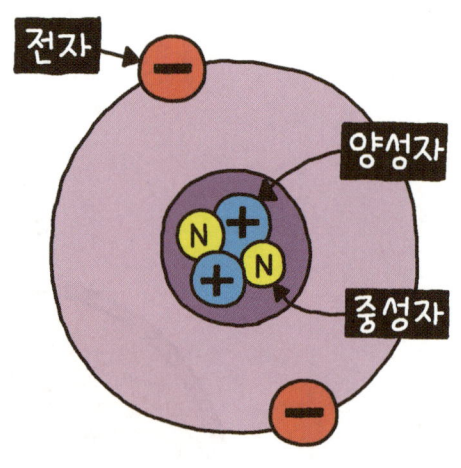

## 중수도 中水道 wastewater reclamation and reusing system

**한 번 사용한 수돗물을 생활용수, 공업용수로 재활용할 수 있도록 다시 처리하는 시설**

상수도와 하수도의 중간이라는 뜻으로 수세식 화장실, 냉각 용수, 청소 용수로 활용하기 때문에 물의 낭비를 줄일 수 있다. 물 부족 문제로 짓는 댐을 줄일 수 있어 환경 보전 기능이 있다.

# 중추신경
中樞神經 central nerve

**자극을 분석하고 판단해 명령을 내리는 일을 담당하는 뇌와 척수를 포함하는 신경계**

뇌와 척수는 우리 몸 가운데에 있어 중추라고 한다. 이 중 뇌는 두개골 속에서 보호를 받고 있으며 5개의 뇌로 구성되어 있고, 척수는 척추뼈 속에서 보호를 받고 있는 신경 다발이다. 중추신경은 감각기관에서 받아들인 자극을 말초신경을 통해 전달받아 분석, 판단하고 명령을 내린다.

🔗 뇌, 말초신경, 신경계, 척수

# 중탕 重湯 bath

**불로 직접 가열하면 안 되는 물질을 간접적으로 가열하는 방법**

에탄올, 아세톤과 같이 불이 잘 붙는 물질이나 끓는점이 낮은 물질을 가열할 때 쓰는 방법이다. 물질의 온도를 서서히 높일 때도 사용한다. 대표적인 것은 물중탕으로 중탕 냄비에 물을 담고 이 물을 가열해 데워진 물의 열로 시험관이나 플라스크 안의 물질을 녹인다.

🔗 가열, 끓는점

# 중화 반응
中和反應 neutralization reaction

**산성 물질과 염기성 물질이 반응해 중성으로 되는 것**

산성 물질과 염기성 물질을 섞으면 산의 수소 이온($H^+$)과 염기의 수산화 이온($OH^-$)이 반응해 물($H_2O$)이 생기고 나머지 물질이 반응해 고체인 염(염화 나트륨, 염화 암모늄 등)이 생긴다. 이때 생기는 염은 반응하는 물질에 따라 다르다.

🔗 산, 산성, 염기, 염기성

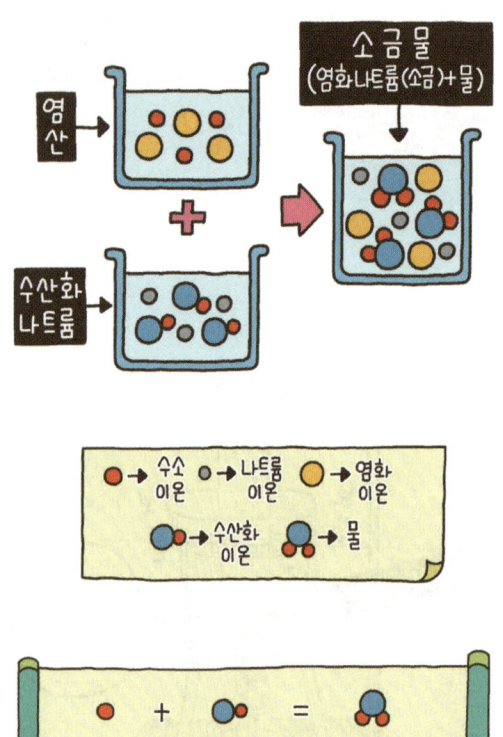

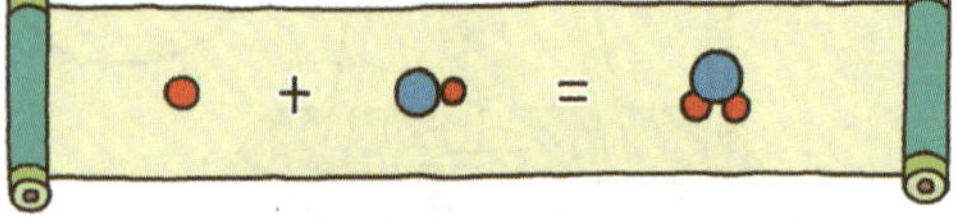

# 증류 蒸溜 distillation

**액체를 가열해 기체로 만든 다음 그 증기를 냉각시켜 다시 액체로 만드는 과정**

용액을 가열하면 끓는점이 낮은 용매가 먼저 증발하고 용질이 남게 되어 용질과 용매를 분리할 수 있다. 액체 혼합물을 분리하기 위한 방법으로도 사용하는데 이를 분별 증류라고 한다. 액체 혼합물을 증류할 때는 끓는점이 낮은 물질이 먼저 끓어 나오고, 끓는점이 높은 물질이 나중에 끓어 나온다.

🔗 끓는점, 액화, 액체, 기체, 기화

[단순 증류 장치]

[분별 증류 장치]

# 증류수 蒸溜水 distilled water

**물을 가열하여 수증기로 만든 뒤 냉각시켜 정제한 물**

우리가 쓰는 보통의 물은 다양한 물질이 녹아 있어 순수하지 못하다. 보통의 물을 가열하면 순수한 물만 수증기가 되므로, 이를 모아서 냉각시키면 아무것도 녹아 있지 않은 순수한 물을 얻을 수 있다. 화학 반응에서 순수한 물이 필요할 때 증류수를 사용한다.

🔗 증류

## 증발 蒸發 evaporation

**액체의 표면에서 기체로 변하는 현상**

액체 표면에서 기화되는 것을 증발, 액체 내부를 포함한 액체 전체에서 기화가 일어나는 것을 끓음이라고 한다. 젖은 빨래가 마르고, 어항의 물이 조금씩 줄어드는 것은 증발 때문이다. 증발은 바다나 흙, 강, 식물의 잎과 같은 곳에서 일어난다.

🔗 기체, 기화, 끓음, 액체

증발 덕에 빨래는 뽀송뽀송.

## 증발 장치
蒸發裝置 evaporation apparatus

**수용액에서 물을 증발시켜 용질을 분리하는 장치**

일반적으로 증발 접시, 삼발이, 알코올램프를 이용한다. 수용액을 증발 접시에 붓고 가열하면 물은 모두 증발되고 용질만 증발 접시에 남는다. 증발 접시는 가열하는 경우가 많으므로 열을 잘 견디는 재료로 만들어야 한다. 주로 자기로 만들고, 목적에 따라 유리나 금속으로 만들기도 한다.

🔗 증발

# 증산 작용
蒸散作用 transpiration

**식물 내부에 있는 물이 수증기로 되어 식물 밖으로 나가는 현상**

식물은 뿌리로 물을 흡수하고 줄기를 통해 물을 이동시킨다. 사용하고 남은 물은 식물 잎의 뒷면에 있는 기공으로 내보낸다. 증산 작용은 온도가 높거나 빛이 강할 때, 습도가 낮을 때 활발히 일어난다.

🔗 기공, 기화열

물의 물관은 잎에서 뿌리 끝까지 하나의 물기둥으로 연결되어 있어 잎에서 증산 작용이 일어나면 물이 줄기 쪽에서 딸려오게 되고, 또 줄기에서는 뿌리 쪽의 물이 연속해서 올라오게 되어 물과 양분을 식물 전체에 공급하는 힘을 만든다.

# 지각 변동
地殼變動 diastrophism

**지구의 지각이 움직이면서 일어나는 여러 가지 현상**

지각은 지구의 가장 바깥쪽에 단단한 바윗덩어리나 흙으로 이루어진 부분을 말한다. 지각 변동에는 지각이 솟거나 가라앉고 구부러지거나 끊어지는 현상, 화산 활동, 지진 등이 모두 포함된다. 지각 변동의 원인은 판 구조론으로 설명할 수 있다. 즉, 지각을 이루는 판들이 움직이면서 지각이 움직이거나 모양이 바뀌는 것이다.

🔗 판 구조론

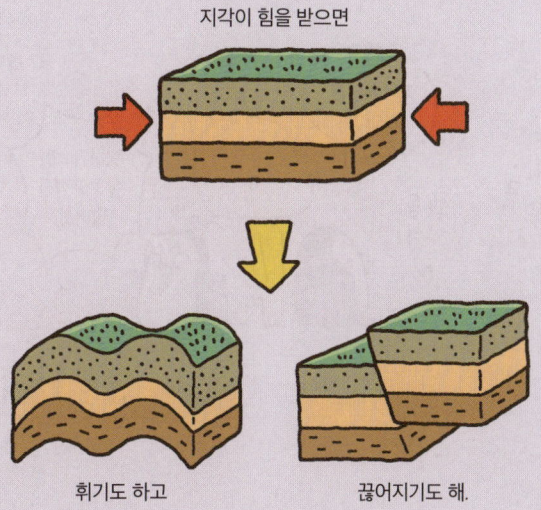

# 지구 온난화
地球溫暖化 global warming

**지구 표면의 평균 기온이 상승하는 현상**

석탄, 석유와 같은 화석 연료를 사용할 때 나오는 이산화 탄소를 비롯한 온실 가스가 지구 대기에서 온실 효과를 과하게 일으켜 생긴 현상이다. 지구의 평균 기온은 지난 100년 동안 0.4~0.8℃ 상승했다. 지구 온난화로 여름이 길어지고 겨울이 짧아지며, 가뭄 기간이 길어지고 있다. 또한 극지방의 빙하가 녹으면서 해수면이 상승하는 등 환경 재앙을 일으키고, 생태계에 좋지 않은 영향을 미치고 있다.

🔗 기온, 온실 효과

# 지구 자기장
地球磁氣場 earth's magnetic field

**지구가 가지고 있는 자기장**

지구를 하나의 커다란 자석이라고 보았을 때, 지구의 북극은 S극을, 남극은 N극을 띠고 있다. S극의 끝부분에 해당하는 지점을 자북극, N극의 끝부분에 해당하는 지점을 자남극이라고 한다. 자북극과 자남극은 지리상의 북극·남극과는 다르다. 자북극과 자남극은 조금씩 움직이고 있으며 그 세기도 약해지고 있다. 지구 자기장이 생기는 이유는 아직 정확히 밝혀지지는 않았지만 철과 니켈이 액체 상태로 존재하는 외핵이 서서히 대류하기 때문이다. 지구 자기장은 지구를 에워싸고 있으며 태양에서 오는 해로운 입자들을 막아 준다. 지구 자기장이 없었다면 지구에는 생명체가 살 수 없었을 것이다.

🔗 자기장

> **하나 더!** 지구 자기장을 이용하는 생물
>
> 박테리아, 비둘기, 벌은 자기에 대한 감각 기능이 있는 것으로 보인다. 비둘기는 뇌에 수많은 자철광 알갱이로 된 자석들이 들어 있어서 지구 자기장의 방향을 인식할 수 있다. 벌의 배에도 자성 물질이 있어서 지구 자기장의 방향으로 위치를 알 수 있다.

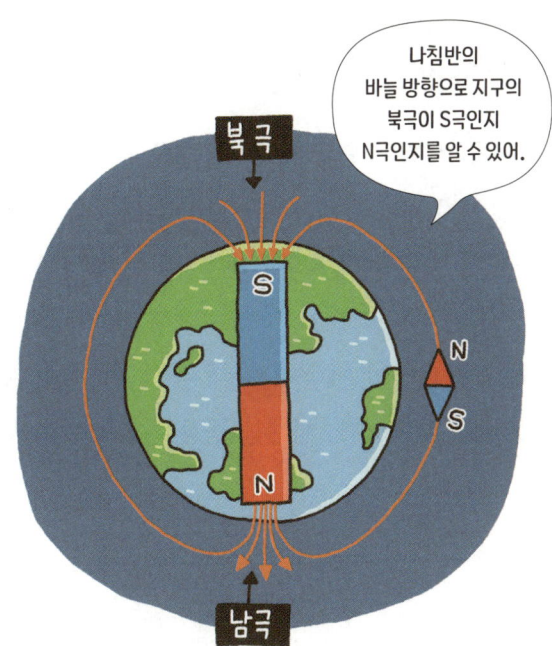

[지구 자석]

[지구 주위의 자기장]

# 지동설 地動說 heliocentric theory

**태양의 위치가 고정되어 있고 지구가 태양 주위를 공전한다는 이론**

태양을 우주의 중심으로 보았기 때문에 태양 중심설이라고도 한다. 지동설이 나오기 전에는 지구가 우주의 중심이라고 생각하는 천동설이 우주를 설명하는 이론이었다. 16세기에 코페르니쿠스가 지동설을 주장했고, 이후 티코 브라헤, 갈릴레오 갈릴레이, 케플러, 뉴턴 같은 학자들이 관측을 바탕으로 지동설의 근거를 찾아냈다. 현재는 지동설이 옳다는 것이 증명됐다.

🔗 천동설

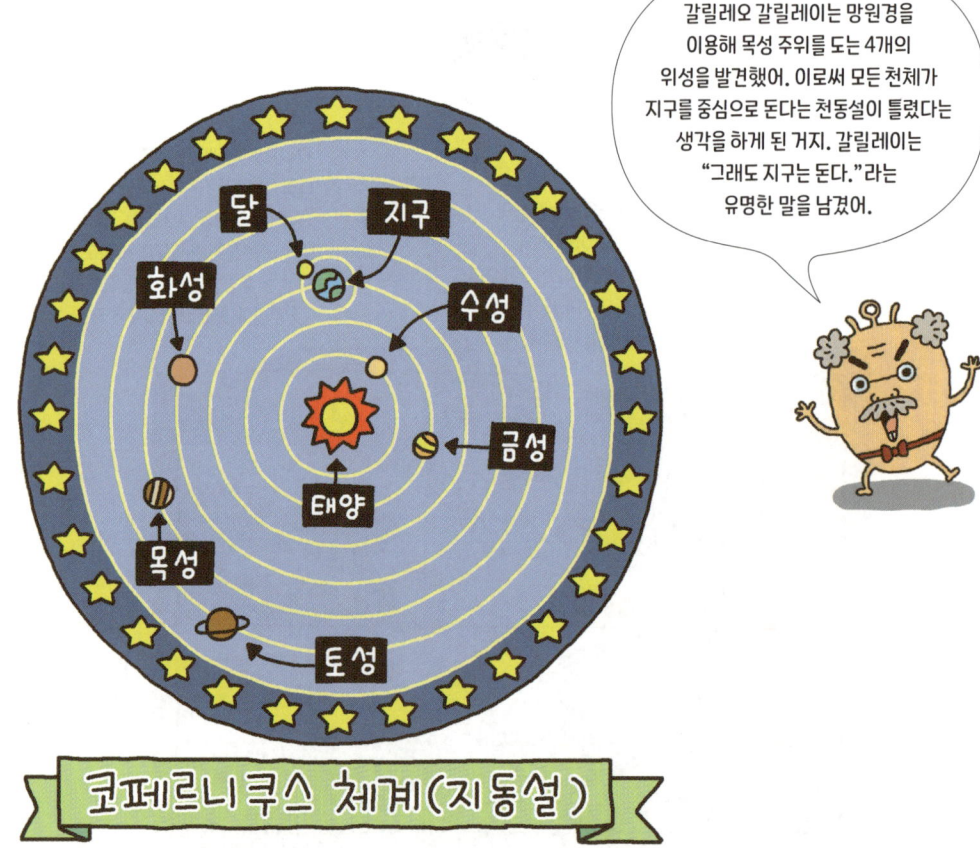

갈릴레오 갈릴레이는 망원경을 이용해 목성 주위를 도는 4개의 위성을 발견했어. 이로써 모든 천체가 지구를 중심으로 돈다는 천동설이 틀렸다는 생각을 하게 된 거지. 갈릴레이는 "그래도 지구는 돈다."라는 유명한 말을 남겼어.

코페르니쿠스 체계(지동설)

# 지레 lever

**무거운 물체를 쉽게 들어 올릴 수 있게 해 주는 도구**

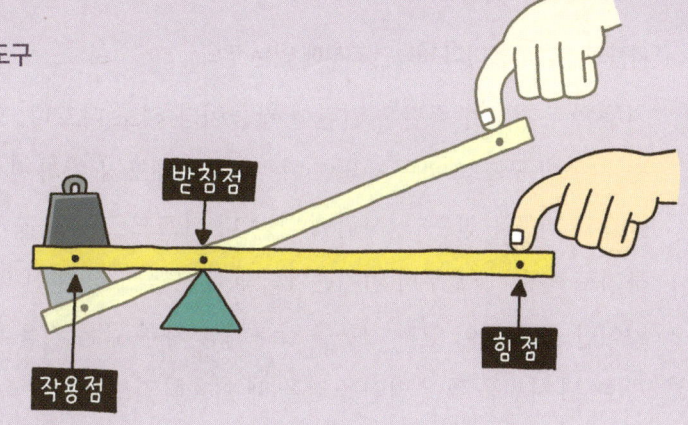

같은 일을 할 때 힘이 적게 들도록 도와주는 도구이다. 지레에는 힘점(힘을 주는 지점), 받침점(지렛대를 받치는 지점), 작용점(물체를 들어 올리는 지점)이 있다. 지레의 원리는 지레 양 끝에 작용하는 힘의 크기와 받침점까지의 길이를 각각 곱한 값이 서로 같다는 것이다. 힘점, 받침점, 작용점의 위치에 따라 1종 지레, 2종 지레, 3종 지레로 나뉜다. 1종 지레는 힘점과 작용점 사이에 받침점이 위치하는 지레로, 물체를 들어 올리려면 힘을 아래로 주어야 한다. 시소, 양팔저울, 가위가 있다. 2종 지레는 받침점과 힘점 사이에 작용점이 있는 지레로, 물체가 움직이는 방향과 힘을 주는 방향이 같다. 병따개, 손톱깎이가 있다. 3종 지레는 받침점과 작용점 사이에 힘점이 있는 지레로, 물체를 들어 올리려면 원래보다 더 많은 힘이 든다. 대신 세밀하고 정교한 작업을 할 수 있다. 젓가락, 핀셋이 있다.

🔗 도르래, 빗면, 일

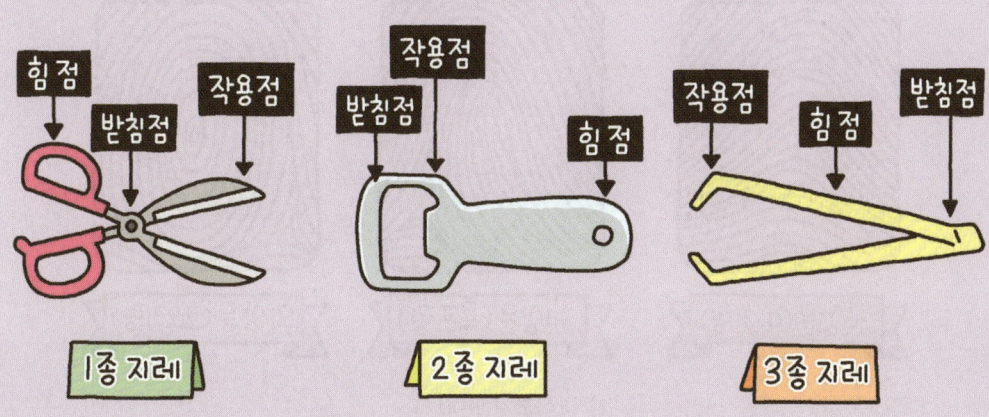

# 지문 指紋 finger print

**사람의 손가락 끝마디 바닥면 피부에 있는 무늬**

지문은 유전자가 똑같은 일란성 쌍둥이라 해도 다르다. 또한 작은 상처는 지문의 구조를 바꾸지 않으며, 새로운 세포가 자라면서 다시 이전과 똑같은 지문을 만든다. 사람에 따라 다 다르므로 사람을 구별할 때 이용하기도 하며, 옛날부터 엄지손가락의 지문을 도장 대신 써 왔다. 범죄가 일어난 곳에 묻어 있는 지문을 알루미늄 가루 같은 것을 뿌려서 잘 보이게 한 뒤 사진을 찍어 범인을 잡을 때 이용하기도 한다.

[지문을 이용한 출입문]

[지문의 형태]

# 지방 脂肪 fat

**탄수화물, 단백질과 함께 3대 영양소로, 우리 몸에서 사용되는 에너지원**

지방 1g에 9kcal의 열량을 내 단백질이나 탄수화물보다 약 2배의 에너지를 낼 수 있다. 쓰고 남은 지방은 몸속에 쌓이며, 쌓인 지방은 체온의 손실을 막아 주는 역할을 한다. 또한 지방은 외부의 충격으로부터 신체를 보호하고 위장 안에 오래 남아 있으므로 포만감을 느끼게 해 주고, 식품에 특별한 맛과 향기를 주어 아이스크림이나 케이크가 부드러운 맛이 나게 해 준다. 몸에 너무 많은 지방이 쌓이면 비만이 되어 건강이 나빠질 수 있다.

🔗 단백질, 영양소, 지방

[동물성 지방과 식물성 지방]

# 지시약 指示藥 indicator

**용액이 산성인지 염기성인지 알아보기 위해 쓰는 약품**

지시약은 수소 이온의 농도에 따라 색깔이 달라지기 때문에 용액이 산성인지 염기성인지 알 수 있다. 리트머스 종이, 페놀프탈레인 용액, BTB 용액, 메틸 오렌지 용액 등이 많이 쓰이며, 붉은 양배추처럼 식물에서 얻는 천연 지시약도 있다.

🔗 산, 염기

| 지시약 | 산성 | 중성 | 염기성 |
|---|---|---|---|
| 푸른 리트머스 종이 | 붉은색 | 푸른색 | 푸른색 |
| 붉은 리트머스 종이 | 붉은색 | 붉은색 | 푸른색 |
| BTB 용액 | 노란색 | 초록색 | 파란색 |
| 페놀프탈레인 용액 | 무색 | 무색 | 붉은색 |
| 메틸 오렌지 용액 | 빨간색 | 주황색 | 노란색 |

# 지열 발전 地熱發電 geothermal power generation

**땅속 마그마에서 나오는 열을 이용해 전기를 만드는 것**

마그마의 열로 물을 끓여 수증기를 만든 뒤 발전기에 쏘아 주면 발전기가 회전하면서 전기가 만들어진다. 석탄이나 석유 같은 연료를 사용할 필요가 없고 연료가 탈 때 생기는 오염 물질도 거의 나오지 않는 친환경 발전이다. 하지만 마그마가 비교적 지표면 가까이에 있는 지역에서만 할 수 있다.

🔗 마그마, 발전, 발전소

# 지진 地震 earthquake

**큰 힘을 받은 지층이 끊어지면서 땅이 갈라지며 흔들리는 현상**

지층이 지구 내부의 힘을 받으면 휘어지게 되는데, 점점 힘이 쌓여 버틸 수 없게 되면 지층이 끊어지고, 원래의 모습으로 돌아가려는 힘 때문에 진동이 생긴다. 이 진동이 사방으로 퍼지면서 땅이 갈라지고 흔들리는 것이 지진이다. 지진이 일어난 지구 내부의 지점을 진원이라고 하고, 진원으로부터 수직 위의 지표면을 진앙이라고 한다. 지진의 크기는 리히터 규모로 나타낸다. 리히터 규모의 숫자가 클수록 강한 지진이다. 지진이 일어났을 때 생기는 피해를 기준으로 지진의 세기를 나타내는 진도를 사용하기도 한다.

🔗 지진계, 지진파, 판 구조론

| 진도 | 현상 | 진도 | 현상 |
|---|---|---|---|
| I | 대부분 사람은 느낄 수 없다. 지진계에는 기록된다. | VII | 일반 건물에 약간의 피해가 발생한다. 부실한 건물에 상당한 피해가 발생한다. |
| II | 조용한 상태나 건물 높은 층에 있는 소수의 사람만 느낀다. | VIII | 일반 건물에 상당한 피해가 발생한다. 부실한 건물에 심각한 피해가 발생한다. |
| III | 실내, 특히 높은 층에 있는 사람이 확실히 느낀다. 정지하고 있는 차가 약간 흔들린다. | IX | 잘 설계된 건물에 상당한 피해가 발생한다. 일반 건물에 큰 피해가 발생한다. |
| IV | 실내에서 많은 사람이 느낀다. 그릇과 창문 등이 흔들린다. | X | 대부분의 석조, 골조 건물이 파괴된다. 기차선로가 휘어진다. |
| V | 거의 모든 사람이 느낀다. 불안정한 물체가 넘어진다. | XI | 남아 있는 구조물이 거의 없다. 다리가 무너지고 기차선로가 심각하게 휘어진다. |
| VI | 모든 사람이 느낀다. 일부 무거운 가구가 움직인다. | XII | 모든 것이 피해를 입는다. 지표면이 심각하게 뒤틀린다. |

[진도별 현상]

# 지진계 地震計 seismograph

**지진이 일어날 때 생기는 지진파를 기록하는 기계**

지진계는 관성을 이용한다. 무거운 추에 펜을 달아 두면 지진이 일어나도 무거운 추는 관성 때문에 움직이지 않고 종이만 움직이기 때문에 지진으로 흔들린 정도에 따라 그래프가 그려진다. 수평 방향과 수직 방향 지진계를 이용해 지진파를 입체적으로 파악할 수 있다.

🔗 관성, 지진, 지진파

## 하나 더! 지진대

지진이 활발하게 발생하는 지역을 지진대라고 한다. 지진대는 지구 지각을 이루는 큰 조각인 판의 경계를 따라 가늘고 좁은 띠 모양으로 있다. 판과 판이 서로 가까워지거나 멀어지면서 내부에 쌓인 에너지가 방출되어 그 충격으로 지진이 일어나기 때문이다. 대표적인 지진대로는 환태평양 지진대, 알프스 지진대가 있다. 지진대는 화산이 자주 일어나는 지역인 화산대와 거의 일치한다.

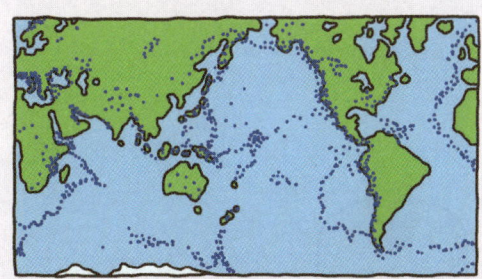

[지진대]

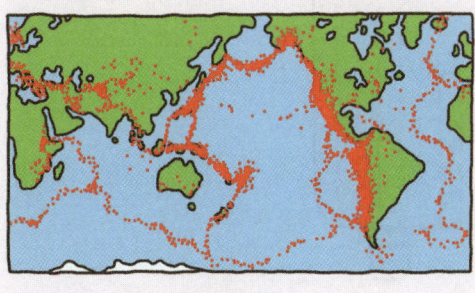

[화산대]

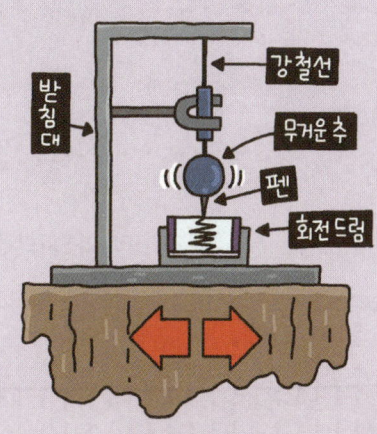

[수평 지진계]

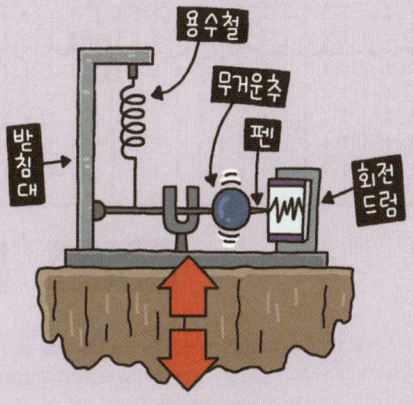

[수직 지진계]

# 지진파 地震波 seismic wave

**지진이 발생할 때 생긴 진동이 사방으로 전달되는 파동**

잔잔한 수면에 돌을 던지면 물결이 일어 파동이 주변으로 퍼지듯, 땅속에서 생긴 충격으로 지진이 생기면 지층과 암석에도 흔들림이 나타나 진동이 일어난다. 이 진동이 지진파로 파동의 형태로 사방에 전달된다. 지진파에는 P파와 S파가 포함되어 있는데, 진원에서는 이 두 가지 지진파가 동시에 발생한다.

🔗 지진, 지진계

| 지진파 | 전파 속도 | 진폭 | 통과 물질 | 피해 |
|---|---|---|---|---|
| P파 | 빠르다.<br>(1초당 약 7~8km) | 작다. | 고체, 액체, 기체 | S파보다 작다. |
| S파 | 느리다.<br>(1초당 약 3~4km) | 크다. | 고체 | P파보다 크다. |

[P파와 S파의 성질]

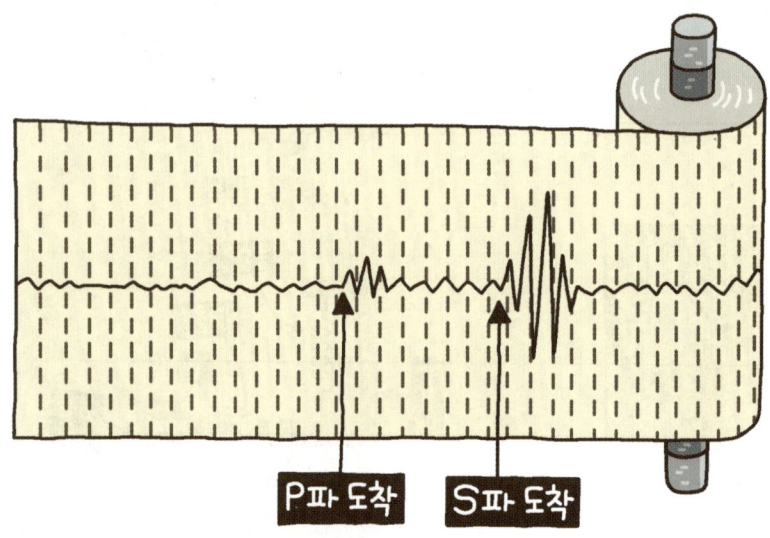

진원에서 P파와 S파가 한꺼번에 생기지만, P파가 S파보다 전파 속도가 빠르기 때문에 지진계에서 늘 먼저 기록된다.

[지진계에 기록된 지진파]

# 지질 시대 地質時代 geographical age

**지각이 생긴 약 38억 년 전부터 인류의 역사 기록이 시작된 약 1만 년 전까지의 시대**

지구는 약 46억 년 전에 생겼지만, 지각이 형성된 것은 약 38억 년 전이다. 전 지구적으로 일어난 대규모의 지각 변동과 화석으로 알 수 있는 생물의 변화를 통해 지구의 역사를 여러 시대로 구분한다.

🔗 지층, 화석

**선캄브리아대(지구 탄생~5억 4천만 년 전)**
단세포생물 같은 원시 생물이 나타난 시기. 당시에는 태양의 자외선을 막아줄 대기층이 없었기 때문에 생물들은 바다 속에서만 살았다.

**고생대(5억 4천만 년 전~2억 4천만 년 전)**
지구의 기온이 따뜻해져 생물의 수가 폭발적으로 늘었다. 바다에서는 최초의 척추동물인 어류가 등장했고, 삼엽충 같은 절지동물도 번성했다. 양서류가 최초로 나타났고, 육지에서는 고사리 같은 양치식물이 많이 살았다.

**중생대(2억 4천만 년 전~6,500만 년 전)**
공룡과 같은 파충류가 번성하던 시기. 바다에서는 조개류인 암모나이트가 많이 살았다. 소나무, 은행나무 같은 겉씨식물이 많았고, 중생대 끝 무렵에 속씨식물이 등장했다.

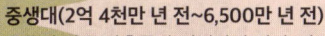

**신생대(6,500만 년 전~현재)**
지구의 생물과 수륙 분포가 지금과 같은 모습으로 변화한 시기. 공룡이 사라지고 포유류와 조류가 번성했다. 식물에서는 속씨식물이 많아졌다. 인류가 등장한 시기이기도 하다.

# 지층 地層 stratum

**흙, 모래, 돌, 화산재와 같은 퇴적물이 층층이 쌓여서 굳어져 만들어진 층**

진흙, 모래, 자갈이 강이나 바다로 흘러가다가 물이 느려지는 강바닥이나 바다 밑에 쌓이게 된다. 이때 먼저 운반된 물질이 나중에 운반된 물질보다 아래에 쌓이게 되고 오랜 시간 동안 굳어지면 지층이 된다. 중력 때문에 지층은 아래에서 위로 생긴다. 따라서 지각 변동으로 지층이 뒤집어지지 않았다면 지층이 쌓인 순서를 보고 먼저 생긴 지층을 알 수 있다. 또한 지층이 끊어지거나 휘어진 모습으로 과거에 있었던 지각 변동을 알 수 있다.

🔗 층리, 퇴적암, 퇴적 작용

만약 지층에서 화산재가 나오면 화산 활동이 있었음을 알 수 있지.

소금으로 된 암염이 나오는군. 여긴 과거에 바다였어.

지층은 지구의 역사를 파악할 수 있는 정보를 많이 담고 있어.

# 지하수 地下水 groundwater

**땅속에 있는 물**

주로 비나 눈의 일부가 땅속으로 스며들어 지층이나 암석의 빈 곳을 메우고 있는 물이다. 육지의 물인 담수 중 빙하 다음으로 많은 양을 차지한다. 석회암 지대에 흐르는 지하수는 석회 동굴을 만들기도 한다.

🔗 담수, 석회 동굴

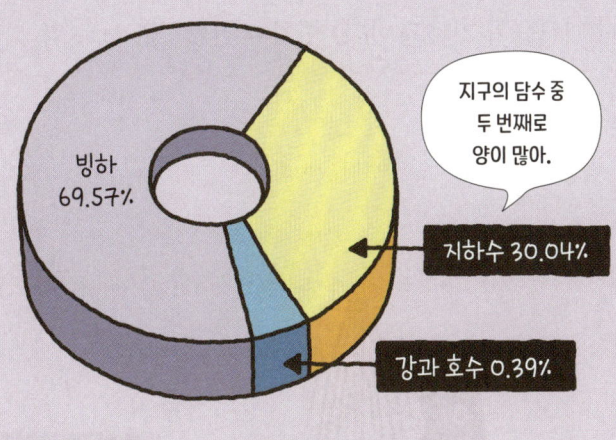

[담수의 분포]

# 지형 地形 topography

**땅의 생긴 모양**

넓게는 우리가 자연에서 볼 수 있는 산, 평야, 골짜기, 강, 호수, 바다 등을 말하고 좁게는 땅의 높고 낮음, 경사 등을 말한다. 지형이 만들어지는 데에는 지질 구조, 지각 변동, 화산 활동, 기후, 암석의 성질 등 다양한 요소가 영향을 미친다.

🔗 바다, 육지

# 진공 眞空 vacuum

**물질이 전혀 없는 공간**

실제로 물질이 전혀 없는 공간을 만들기는 어렵기 때문에 보통 진공은 기압이 아주 낮은 상태를 뜻한다. 우주 공간을 진공 상태로 본다. 진공에서는 소리가 들리지 않고, 연소가 안 되며, 생명체가 살 수 없다. 하지만 빛은 통과한다.

🔗 공기

# 진동 振動 oscillation

**물체가 시간에 따라 기준점을 중심으로 반복적으로 왔다 갔다 하면서 움직이는 상태**

한쪽이 고정된 용수철을 늘였다가 놓았을 때나 고무줄을 튕겼을 때, 시계추와 같은 진자를 들었다가 놓았을 때 진동을 관찰할 수 있다. 물체가 1초 동안 진동한 횟수를 진동수라 하고, 단위는 Hz(헤르츠)를 쓴다. 예를 들어, 어떤 물체가 1초에 30번 진동했다면, 이 물체의 진동수는 30Hz이다. 한 번 진동하는 데 걸린 시간을 주기라고 한다. 주기와 진동수는 서로 역수 관계이다.

🔗 진자

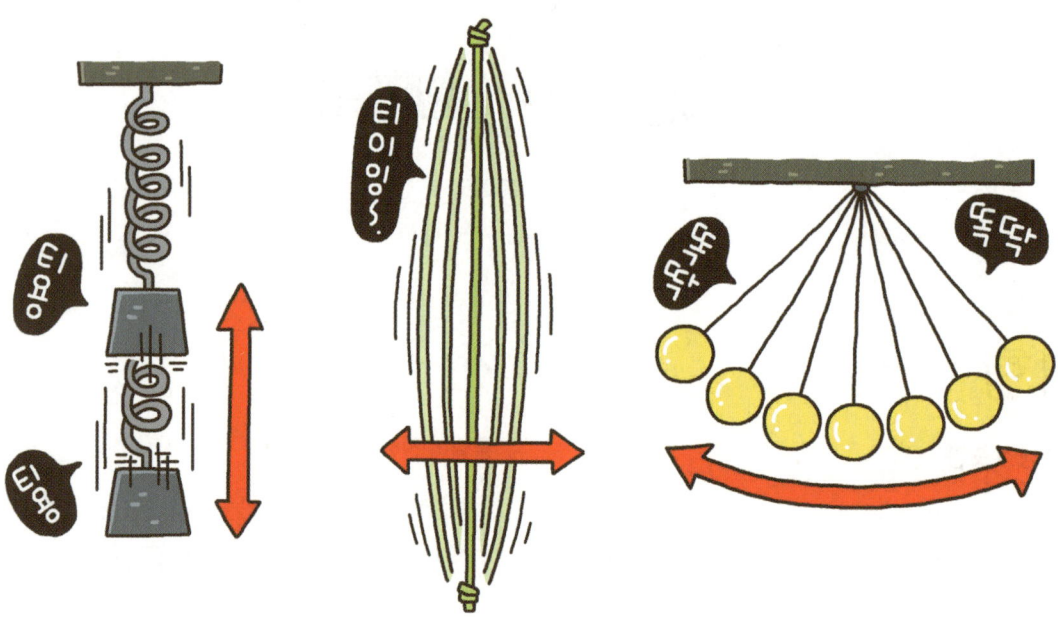

# 진동수 振動數 frequency

**파동에서 매질이 1초 동안 진동한 횟수**

단위는 Hz(헤르츠)이며, 주파수라고도 한다. 진동수가 클수록 매질이 더 빠르게 진동한다는 뜻이다. 음파에서 진동수가 크면 높은 소리이고, 진동수가 작으면 낮은 소리이다. 빛도 진동수에 따라 여러 종류로 나뉘는데 가시광선은 우리가 볼 수 있는 진동수 범위에 있는 빛이다. 적외선은 진동수가 가시광선보다 작아서, 자외선은 진동수가 가시광선보다 커서 우리 눈으로 볼 수 없다.

🔗 소리, 빛, 파동

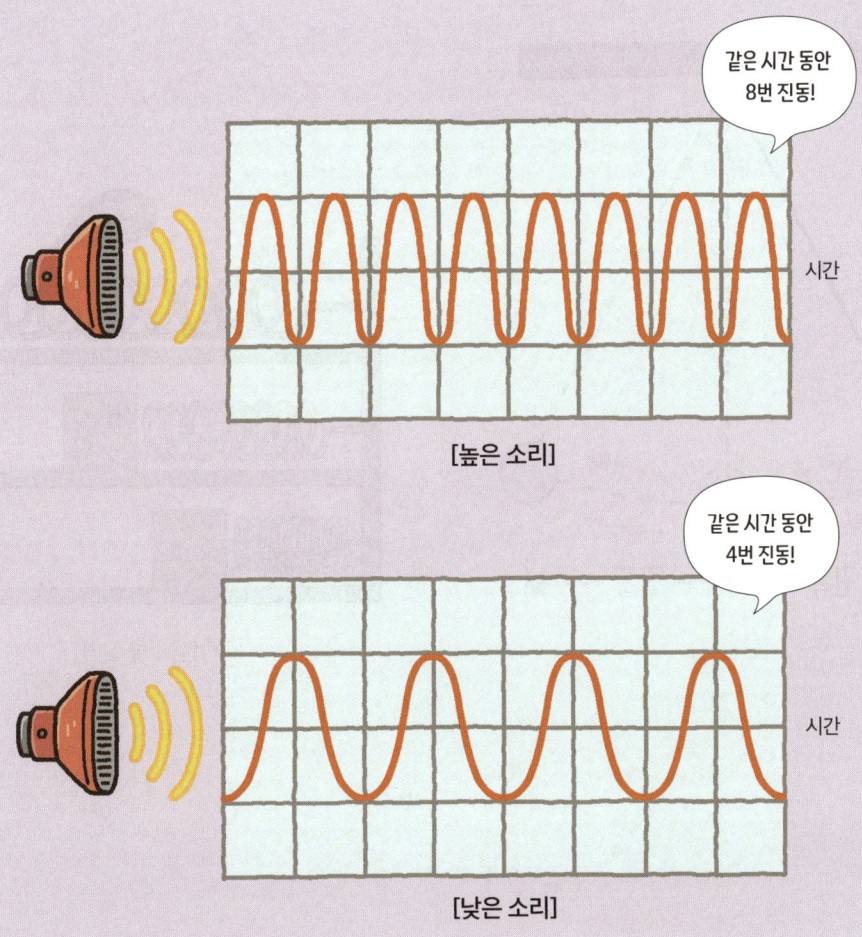

[높은 소리]

같은 시간 동안 8번 진동!

[낮은 소리]

같은 시간 동안 4번 진동!

# 진자 振子 pendulum

**기준점이나 기준선 주위를 반복적으로 왔다 갔다 하면서 움직이는 물체**

대표적인 진자로 시계추를 들 수 있다. 실에 추를 한 개 매단 진자를 단진자라 한다. 단진자는 양쪽 끝에서 순간 정지하며 가장 낮은 위치에서 가장 빠르게 움직인다. 용수철에 물체를 매달아 왕복 운동하는 진자는 용수철 진자라고 한다. 용수철 진자는 양쪽 끝에서 순간 정지하며 용수철의 원래 길이에 해당하는 지점에서 가장 빠르게 움직인다.

🔗 진동

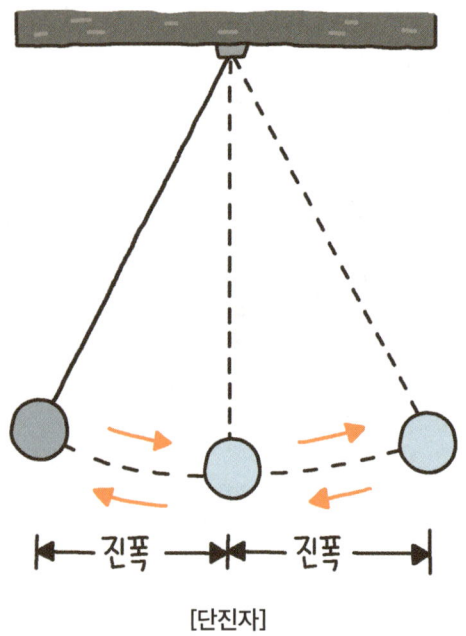

[단진자]

[용수철 진자]

# 진화 進化 evolution

**오랜 시간 동안 생물이 환경에 적응하여 몸의 구조나 형태가 서서히 변하면서 다양한 종들이 생기고 세대를 지속하는 현상**

진화는 몸의 구조가 간단한 것에서 복잡한 것으로, 하등한 생물에서 고등한 생물로 이루어진다. 진화를 설명할 수 있는 가장 중요한 자료는 화석이다. 진화의 이론을 확립한 사람은 다윈이다. 그는 《종의 기원》이라는 책에서 생물은 진화하며 대부분의 진화는 수천만 년에 걸쳐 아주 느리게 점진적으로 이루어진다고 했다. 다윈은 진화의 주된 요인으로 자연 선택설을 들었다. 그리고 오늘날 지구 상에 존재하는 수많은 생물의 종은 위로 거슬러 올라가면 단 하나의 원시 생명에서 종분화 과정을 거쳐 갈라져 나왔다고 주장했다.

🔗 생물

[자연 선택설에 의한 기린의 진화 과정]

# ㅈ

## 질량 質量 mass

**어떤 물체에 포함되어 있는 물질의 고유한 양**

장소나 상태에 따라 달라지지 않는 물질의 고유한 양이며, 양팔저울이나 윗접시저울로 잰다. 단위는 kg(킬로그램)이다. 예를 들어 달의 중력은 지구 중력의 $\frac{1}{6}$이므로, 어떤 물체를 달에 가져가면 무게는 $\frac{1}{6}$로 줄어들지만 질량은 변하지 않는다.

🔗 무게

### ➕ 하나 더! 국제 킬로그램 원기

1kg의 정확한 정의를 위해 만든 분동을 국제 킬로그램 원기라 한다. 국제 킬로그램 원기는 백금 90%와 이리듐 10%의 합금으로 만들었다. 국제 킬로그램 원기의 모양은 지름과 높이가 각각 3.9cm인 원기둥이다. 현재 프랑스 파리 교외에 있는 국제 도량형국에 보관되어 있다. 원기와 똑같이 만든 것을 부원기라 한다. 부원기는 미터 조약에 가맹한 나라에 분배되어 각각 그 나라의 원기로 쓰였다. 2018년 킬로그램이 새롭게 정의되면서 원기는 더이상 쓰이지 않는다.

## 질소 窒素 Nitrogen

**지구 대기의 78% 정도를 차지하는, 색과 냄새와 맛이 없는 기체**

단백질의 구성 성분으로, 공기보다 조금 가볍고 물에 잘 녹지 않는다. 식물이 자라는 데 필요한 비료를 만들 때, 과자가 눅눅해지거나 잘 부서지지 않도록 포장할 때 사용한다.

🔗 기체, 대기, 원소

# 짝짓기 mating

**동물의 암컷과 수컷이 자손을 남기기 위해 짝을 이루는 행위**

주로 육지나 공중에서 사는 동물들이 번식하는 방법이다. 둥지를 지어 짝짓기를 하는 종류도 있으며, 오리 종류의 일부는 물속에서 짝짓기를 하기도 한다. 물속에 사는 일부 곤충이나 어류, 갑각류는 암컷이 물속에 알을 낳으면 수컷이 그 주위에 정자를 뿌려서 수정시키는 방법으로 번식을 한다.

[잠자리의 짝짓기]

🔗 갑각류, 곤충, 어류

---

### 잘못된 개념

### 암컷과 수컷이 있어야만 자손을 남길 수 있다?

대부분의 동물은 암컷과 수컷이 있어야 알이나 새끼를 낳아서 자손을 번식시킨다. 그러나 혼자서 자손을 만들어 내기도 한다. 히드라, 말미잘과 같은 동물은 하나의 생명체가 혼자서 새로운 생명체를 만든다. 이것을 무성생식이라고 한다. 이분법, 출아법, 영양생식 같은 무성생식을 하는 동물들이 이에 해당된다.

몸의 옆면이 부풀어 오르면서 커져서 몸의 일부가 생겨.

볼록

어미의 모습과 비슷해지면 아래쪽이 잘려나가. 몸이 커져서 새로운 히드라가 돼.

똑!

[히드라의 무성생식 출아법]

# 창자 intestine

**소화와 흡수, 배설을 담당하고 있는 몸속 기관**

작은창자와 큰창자가 있다. 작은창자에서는 탄수화물, 지방, 단백질 소화액이 모두 분비되며 소화된 영양소는 융털로 흡수된다. 큰창자는 음식물에 남은 물을 흡수하고 찌꺼기인 대변을 만들어 항문으로 내보낸다.

🔗 소화, 작은창자

# 척추 脊椎 vertebra

**몸을 지지하고 척수를 보호하는 척추동물의 등에 있는 뼈**

척주라고도 하며 32~34개의 척추뼈로 구성되어 있다. 위쪽으로는 머리를 받치며, 갈비뼈, 어깨뼈 등과 연결되고, 아래쪽으로는 엉덩이 뼈와 연결된다. 몸을 지지하는 역할과 중추신경인 척수를 보호하는 역할을 한다. 사람의 경우 척추는 서 있을 수 있도록 몸을 지탱해 준다.

🔗 뼈, 척추동물

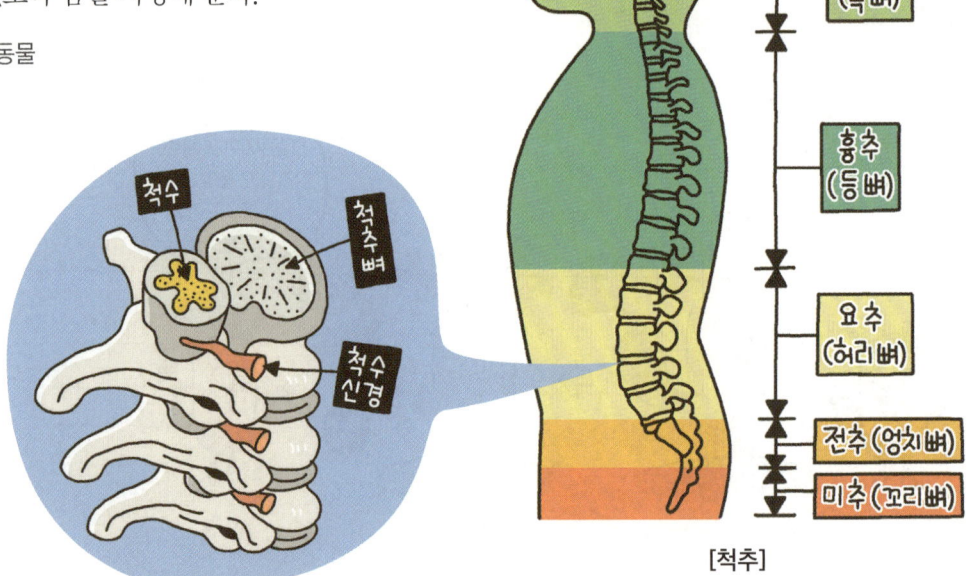

[척추]

# 척추동물 脊椎動物 vertebrates

**등뼈가 있는 동물**

몸의 모양과 기능이 가장 복잡하고 다양한 생활 방식을 나타내는 가장 진화된 동물이다. 몸은 좌우대칭으로 머리, 몸통, 다리와 꼬리로 구분한다. 머리에는 머리뼈가 있어 뇌를 보호한다. 눈, 코, 귀 같은 감각기관이 있고, 앞 끝에 입이 있다. 현재 지구 상에 4만 종이 넘으며 포유류, 조류, 파충류, 양서류, 어류로 나눌 수 있다.

🔗 어류, 양서류, 조류, 척추, 파충류, 포유류

[척추동물의 종류와 특징]

# 천구 天球 celestial sphere

**천체를 관측하는 사람을 중심으로 하는 상상의 구**

하늘을 보면 모든 천체는 관측자를 중심으로 하는 커다란 구의 안쪽에 붙어 있는 것처럼 보인다. 옛날에는 천구가 실제로 있다고 생각했지만 사실은 그렇지 않다. 하지만 천체의 방향과 이동을 연구하기에 편리하므로 지금도 천구를 쓰고 있다.

지구의 극을 연장했을 때 천구와 만나는 지점을 천구의 극이라 하고, 지구의 적도면을 확장한 커다란 원을 천구의 적도라 한다. 관측자의 머리 위쪽을 천정, 반대쪽을 천저라 한다.

🔗 별자리, 항성

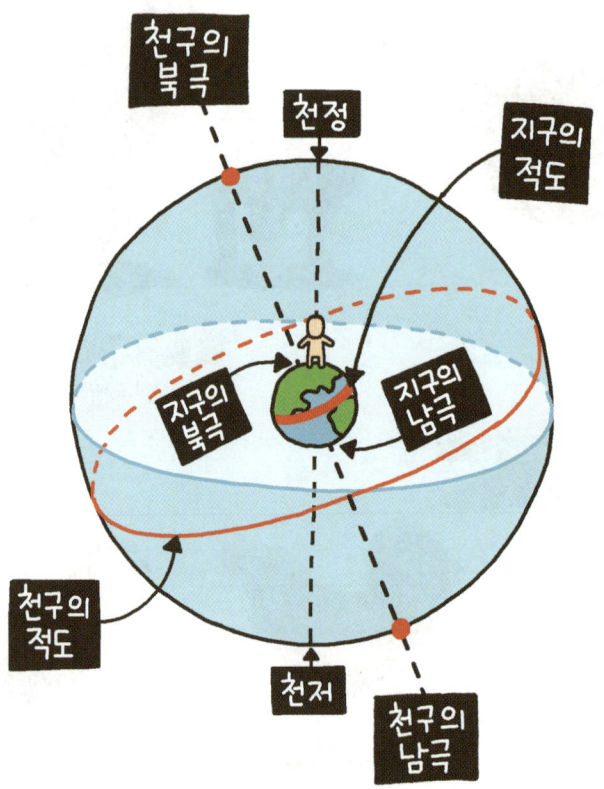

# 천동설 天動說 geocentric theory

**지구의 위치가 고정되어 있고 모든 천체가 지구 주위를 공전한다는 이론**

지구를 우주의 중심으로 보았기 때문에 지구 중심설이라고도 한다. 지구에서 생활하는 사람들은 지구가 움직이는 것을 느낄 수 없었고 태양과 별들이 움직이는 것으로 보였기 때문에 가장 자연스러운 우주관이었다. 따라서 고대부터 우주의 모습을 설명하는 데 사용되었다. 2세기 무렵 프톨레마이오스가 그전까지의 우주관을 종합한 천동설로 우주 현상을 체계적으로 설명하면서 16세기까지 우주를 설명하는 이론이었다. 하지만 천동설로 설명할 수 없는 천체의 움직임이 계속 관측되다가 결국 코페르니쿠스의 지동설이 옳다는 것이 밝혀졌다.

🔗 지동설

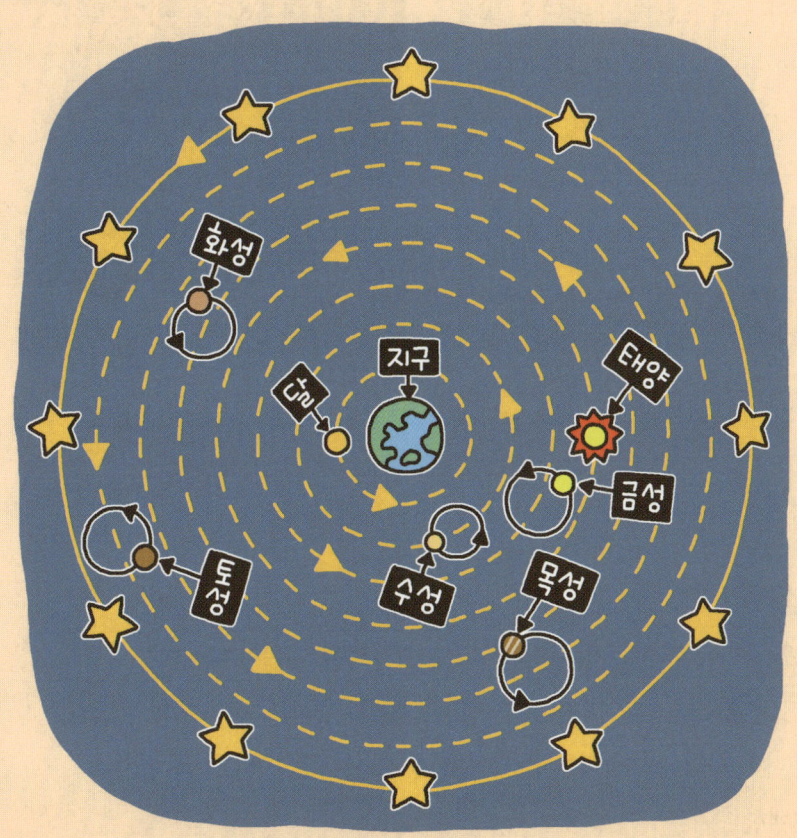

[천동설의 모형도]

# 천문단위 天文單位 astronomical unit

**태양과 지구 사이의 평균 거리를 1로 잡은 거리 단위**

천체 간의 거리는 지구 상에서 사용하는 거리 단위로 나타내기에는 매우 멀다. 따라서 태양계 내에 있는 천체의 거리를 나타낼 때는 태양과 지구 사이의 평균 거리를 기준으로 나타내는 것이 편리하다. 태양과 지구 사이의 평균 거리는 약 1억 4,960만 km이며, 1AU로 표시한다. 태양에서 해왕성까지 거리는 약 44억 9,700만 km이지만 30.06AU로 간단히 나타낼 수 있다. 태양계 외부에 있는 천체들의 거리는 AU로 나타내기에는 멀다. 이 경우에는 광년(LY)이라는 단위를 사용한다. 1광년은 빛이 진공에서 1년 동안 진행한 거리를 의미한다. 이것은 약 9조 4,630억 km이다.

🔗 태양계

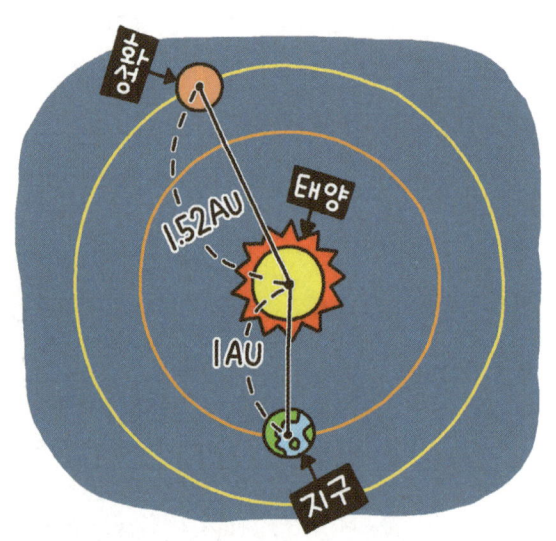

# 천문학 天文學 astronomy

**우주, 천체 등을 연구하는 학문**

인류가 밤하늘을 바라보며 지구 밖 천체에 대한 호기심을 키우던 아주 옛날부터 존재한, 역사상 가장 오래된 학문이다. 단순히 천체의 관측에만 그치는 것이 아니라 수학과 슈퍼컴퓨터를 이용한 이론적인 방법을 통해서도 연구를 진행한다.

🔗 천체

# 천연가스 natural gas

**땅속에서 자연적으로 나는, 불에 잘 타는 가스**

대부분 메테인으로 이루어져 있으며, 석유와 함께 땅속에 묻혀 있는 경우가 많다. 석탄, 석유와 같은 화석 연료로 불에 탈 때 이산화 탄소를 배출하는 것은 같지만 다른 오염 물질은 거의 나오지 않는다. 도시가스와 버스의 연료로 사용된다.

🔗 석유, 이산화 탄소, 화석 연료

# 천연 지시약 天然指示藥 natural indicator

**주변에서 쉽게 구할 수 있는 천연 재료로 만든 지시약**

자주색 양배추, 장미꽃, 검은콩, 포도 등에 있는 몇몇 색소는 산과 염기에 따라 색이 다르게 변한다. 이 성질을 이용해 산과 염기를 구별하는 지시약으로 사용할 수 있다. 이들 식물에 들어 있는 색소는 주로 안토사이아닌인데, 식물을 물 또는 알코올과 함께 끓여 색소를 추출한 후 지시약으로 사용한다.

🔗 지시약

| 지시약 | 색 변화 | | |
|---|---|---|---|
| | 산성 | 중성 | 염기성 |
| 포도주스 | 붉은색 | 보라색 | 녹색 |
| 자주색 양배추 | 붉은색 | 보라색 | 푸른색 또는 노란색 |
| 장미꽃 | 붉은색 | 분홍색 | 노란색 |
| 검은콩 | 붉은색 | 분홍색 | 적갈색 |

[천연 지시약의 색 변화]

# ㅊ

## 천적 天敵 natural enemy

**어떤 생물을 주된 먹이로 삼는 생물**

생태계의 모든 생물은 서로 먹고 먹히는 관계에 있다. 따라서 생태계의 최종소비자를 제외하면 모든 생물들은 자신을 잡아먹고 사는 천적이 있다. 만일 어느 지역에 천적이 없다면 먹이인 동물의 수가 너무 많아진다. 또 해충의 천적이 줄어들면 병충해가 크게 발생한다. 이렇게 천적은 생태계의 균형을 유지하는 중요한 구실을 한다.

🔗 먹이사슬, 먹이그물, 생태계

## 천체 天體 celestial body

**우주에 있는 물체를 통틀어 일컫는 말**

성단, 성운, 별, 행성, 위성, 소행성, 우주 먼지 등 우주에 존재하며 천문학의 연구 대상이 되는 것을 뜻한다.

🔗 별, 성단, 성운, 소행성, 행성

진드기는 농작물에 피해를 줘. 농약 대신 진드기의 천적인 무당벌레를 농사에 이용하면 좋지.

[천적을 이용한 천적 농법]

이 한 장의 사진에 무수히 많은 천체가 담겨 있어.

# 체관 篩管 sieve tube

**식물체의 잎에서 광합성으로 만들어진 양분이 줄기나 뿌리로 이동하는 통로**

체관에는 많은 구멍이 있는데, 이것이 체와 비슷하게 생겼다 하여 체관이라 한다. 물관과 함께 식물의 뿌리와 줄기의 관다발에 있다.

🔗 광합성, 물관, 관다발

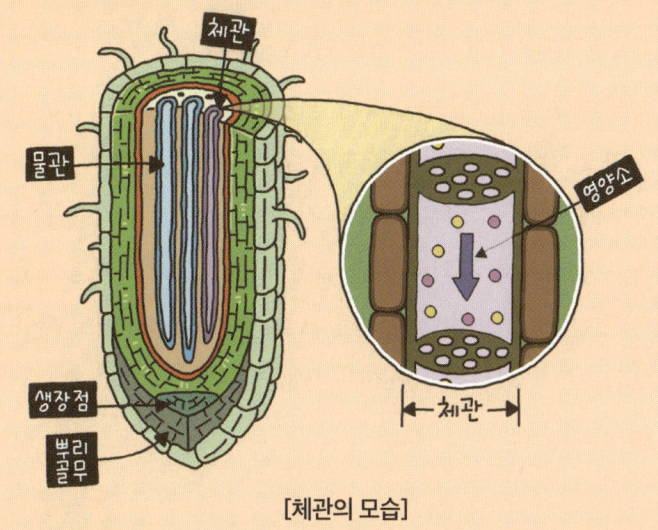

[체관의 모습]

# 체온 體溫 body temperature

**몸속의 온도**

몸속에서 발생하는 열과 밖으로 방출하는 열이 평형을 이루면서 결정된다. 동물은 체온이 거의 변하지 않도록 조절하는 능력이 있는 정온동물과 환경에 따라 체온이 변하는 변온동물로 나뉜다. 포유류와 조류는 정온동물이며, 사람도 정온동물이다. 사람의 체온은 약 37℃인데, 신체 부위와 활동 등에 따라 조금씩 달라진다.

🔗 온도

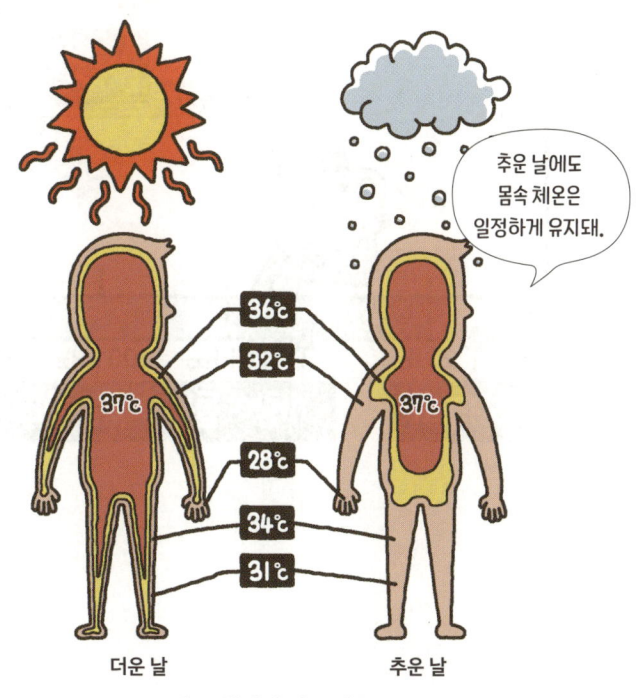

[외부 환경에 따른 체온 분포]

# 초음파 超音波 ultrasonic wave

**진동수가 매우 커서 사람이 들을 수 없는 소리**

사람이 들을 수 있는 소리의 진동수 범위는 약 20~20,000Hz이다. 진동수가 20,000Hz보다 큰 소리를 초음파라 한다. 개, 쥐, 고양이 같은 동물은 사람보다 더 넓은 범위의 진동수를 가진 소리를 들을 수 있다. 박쥐는 초음파로 물체의 위치를 알아내며 돌고래는 초음파를 이용해 의사소통도 한다. 물고기 탐지, 병원의 초음파 검사 등에도 사용된다. 진동수가 20Hz보다 낮은 소리는 초저주파라 한다.

🔗 소리, 진동수

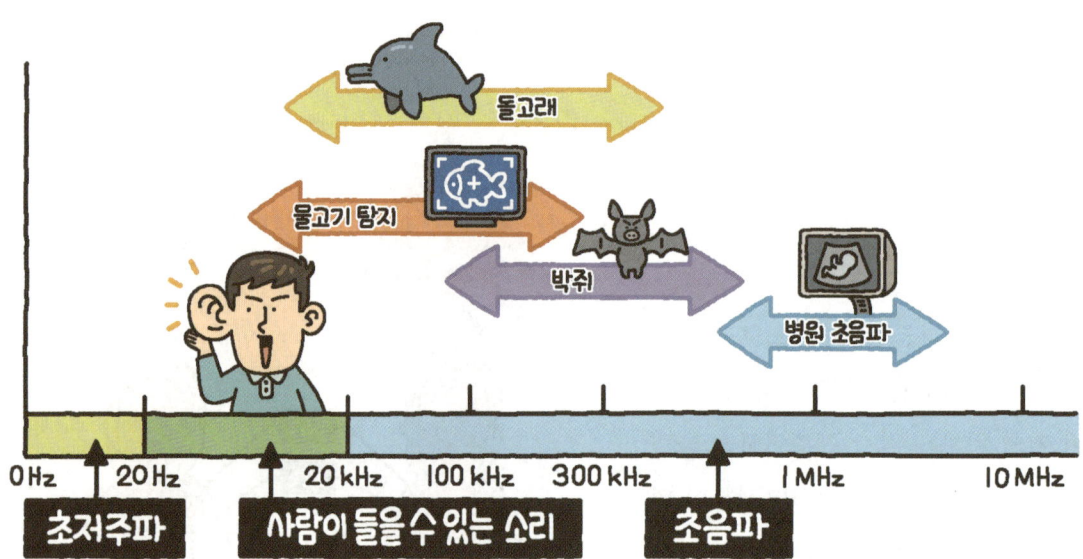

# 촉매 觸媒 catalyst

**자신은 변하지 않으면서 다른 반응을 빠르게 또는 느리게 조절해 주는 물질**

반응이 끝난 뒤에도 촉매의 질량 변화는 일어나지 않는다. 반응을 빠르게 해 주는 것을 정촉매, 느리게 해 주는 것을 부촉매라고 한다. 정촉매인 이산화 망가니즈를 과산화 수소수에 조금 넣으면 과산화 수소수가 빨리 분해되어 물과 산소가 생긴다. 빵에 넣는 방부제는 빵이 상하는 속도를 느리게 하는 부촉매이다.

🔗 과산화 수소수

# 추출 抽出 extraction

**혼합물 중에서 특정한 것만 녹이는 용매를 이용해서 분리하는 방법**

추출에 흔히 쓰이는 용매로는 알코올, 에테르, 벤젠이 있다. 물로 지워지지 않는 기름때가 옷에 묻었을 때는 아세톤을 묻혀 지울 수 있다. 콩에서 콩기름을 추출할 때도 기름 성분을 녹이는 성질이 있는 아세톤이나 에테르를 이용한다.

🔗 혼합물, 용매

# 충돌 구덩이 (운석 구덩이)
meteor crater

**단단한 천체 표면에 다른 작은 천체가 충돌하여 발생하는 구덩이**

달 표면에 다른 작은 천체가 떨어지면 큰 충격으로 땅이 패여 충돌 구덩이가 생겨난다. 달은 지구와 달리 공기가 없으므로 작은 천체들이 방해받지 않고 곧장 달 표면에 떨어져 커다란 충돌 구덩이가 많이 생겼다. 또한 달에서는 물이나 공기가 땅을 깎고 부스러뜨리는 일이 없으므로 충돌 구덩이가 한번 생기면 거의 변하지 않고 유지된다.

🔗 달, 운석, 유성

[달의 충돌 구덩이]

# 층리 層理 stratification

**지층을 이루는 암석이 층을 이루어 쌓여 있는 상태**

층리는 각 지층을 이루는 입자의 종류, 크기, 색이 다르기 때문에 나타난다. 대부분 퇴적암층에서 볼 수 있다. 층리는 거의 평행하게 나타나지만 층리가 만들어진 환경에 따라 곡선이나 파동 모양으로 나타나기도 한다.

🔗 지층, 퇴적암, 퇴적 작용

**점이층리**: 안정적인 퇴적 환경에서 입자가 굵을수록 아래에 쌓여 생긴 구조.

**사층리**: 사막이나 얕은 물 밑에서 바람이나 물결에 쓸려 한 방향으로 기울어져 퇴적된 구조.

**연흔**: 바람이나 물에 의해 퇴적될 때 생긴 물결 무늬.

**건열**: 건조한 지역에서 퇴적면이 갈라져 만들어진 구조.

[층리의 종류]

# 침식 작용 浸蝕作用 erosion process

**움직이는 물질의 힘으로 땅이나 암석이 깎이는 현상**

물은 높은 곳에서 낮은 곳으로 흐르면서 강바닥과 주변에 있는 땅이나 암석을 깎아 낸다. 강의 상류일수록 물의 흐름이 빠르므로 침식 작용이 활발하게 일어난다. 물과 함께 자갈, 모래 따위가 함께 떠내려가면 침식 작용은 더욱 강하게 일어난다. 침식 작용으로 생긴 지형으로는 폭포, 브이(V)자곡이 있으며, 바닷가에는 절벽과 동굴이 있다. 빙하가 있는 지역은 빙하가 흘러내리면서 침식 작용을 일으켜 유(U)자 모양의 계곡을 만든다. 또한 빙하가 떨어져 나간 산봉우리에는 날카로운 모양의 혼 지형이 형성된다.

🔗 브이자곡, 운반 작용, 퇴적 작용

[유(U)자곡]

[혼]

# 침엽수 針葉樹 conifer

**잎이 좁고 단단한 바늘 모양으로 된 나무**

잎이 대개 바늘같이 뾰족해 바늘잎나무라고도 한다. 원뿔 모양의 열매가 열려 구과 식물이라 하고, 송진이라고 하는 끈적끈적한 액체를 만들어 낸다. 건조와 추위에 강하므로 북반구의 위도가 높은 지대에 많고 시베리아와 캐나다에 침엽수림이 넓게 우거져 있다. 대표적인 침엽수로는 소나무, 잣나무, 전나무 등이 있는데, 이 중 소나무는 전국에 퍼져 있다.

🔗 잎, 활엽수

소나무

전나무

잣나무

[침엽수의 종류]

# 침전 沈澱 precipitation

**액체 속의 작은 고체 알갱이가 녹지 않고 바닥에 가라앉아 쌓이는 것**

서로 다른 성질의 용액을 섞으면 화학 반응이 일어나 고체 알갱이가 생기기도 한다. 또한 포화 용액을 냉각시키면 녹지 못한 고체 알갱이가 생긴다. 이러한 고체 알갱이가 바닥에 쌓이는 일을 침전이라고 하고, 이때 생긴 고체 알갱이를 침전물이라고 한다.

🔗 고체, 화합물

수돗물 정수장에서는 물에 약품을 넣어 작은 불순물을 침전시켜.

[침전지]

# ㅋ

## 코로나19 COVID-19

**코로나19 바이러스 감염에 의한 급성 호흡기 질환**

한글 공식 명칭은 '코로나바이러스감염증-19'이다. 호흡기 비말에 의해 전파된다. 코로나19에 걸리면 발열, 기침, 호흡곤란, 오한, 근육통, 두통, 인후통, 후각 및 미각 상실 등의 증상이 나타난다. 예방을 위해 백신을 맞는 것이 좋으며, 올바른 손 씻기, 기침 예절 지키기 등 생활 습관에 주의해야 한다.

🔗 감염, 감염병, 바이러스, 전염

> 코로나는 왕관이라는 뜻이야. 내가 좀 왕관처럼 생겼지?

[코로나19 바이러스]

### ➕ 하나 더! 팬데믹이란?

사람들이 면역력을 가지고 있지 않은 질병이 전 세계로 전염 및 확산되는 현상이다. 최근 세계보건기구(WHO)가 코로나19를 팬데믹으로 발령하여 널리 알려졌다. 과거 팬데믹의 예로는 장티푸스, 천연두, 페스트, 콜레라 등이 있다.

## 콩팥 kidney

**몸에 생긴 노폐물을 오줌으로 만들어 배설하는 기관**

허리 뒤편의 양쪽에 있으며, 주먹 정도의 크기이다. 강낭콩 모양이고 색깔이 팥과 같은 검붉은색을 띠고 있다. 신장이라고도 한다. 우리 몸속에서 노폐물을 운반해 온 혈액을 깨끗하게 걸러 돌려보낸다. 하루에 여과되는 혈액량은 약 180L이고, 이 중 1~2L 정도가 오줌으로 배설된다.

🔗 배설, 배설기관, 신장

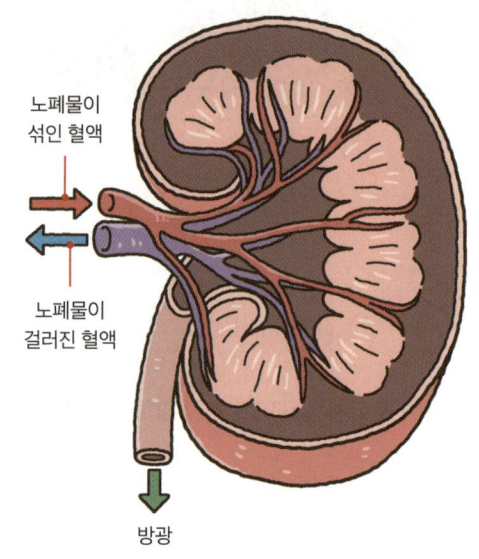

노폐물이 섞인 혈액
노폐물이 걸러진 혈액
방광

# 크로마토그래피 chromatography

**혼합물을 이루고 있는 각 물질이 용매에 녹아 종이나 얇은 막을 따라 이동할 때 그 속도의 차이를 이용해 혼합물을 분리하는 방법**

적은 양의 혼합물을 분리할 때 주로 이용한다. 사인펜 잉크나 꽃잎에 섞여 있는 색소는 성질이 매우 비슷하고 분리할 물질의 양이 매우 적다. 이러한 색소를 종이에 묻힌 뒤 한쪽 끝을 물에 담그면 각 색소마다 종이에서 이동하는 속도가 달라져 분리가 된다. 농산물의 잔류농약 분리, 체내 혈액의 약물 분석, 운동선수들의 도핑 테스트 등에 사용한다.

🔗 혼합물

# 큰창자 large intestine

**작은창자와 항문 사이에 위치한 소화기관**

대장이라고 하며 굵기가 7~8m이고 길이는 1.5m 정도이다. 작은창자 주위를 둘러싼 모양을 하고 있다. 작은창자에서 넘어온 음식물 찌꺼기에 남아 있는 약간의 영양소와 물을 흡수한 다음, 음식물 찌꺼기를 똥으로 만들어 몸 밖으로 내보낸다.

🔗 소화기관, 작은창자

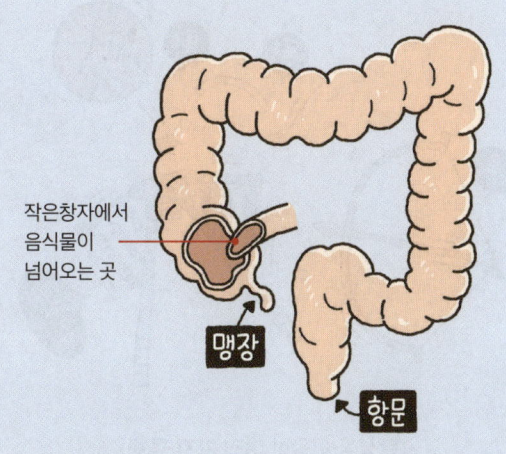

# E

## 탄성 彈性 elasticity

**용수철이나 고무줄 같은 물체가 모양이 바뀌었다가 다시 원래 모양으로 되돌아가는 성질**

용수철을 늘인 다음 손을 놓으면 용수철은 원래 모양으로 되돌아간다. 이를 용수철의 탄성이라고 하며 이때 작용하는 힘을 탄성력이라고 한다. 용수철의 탄성력은 늘어난 길이에 비례한다. 즉, 용수철을 많이 늘일수록 탄성력은 커진다. 하지만 용수철을 어느 길이 이상으로 늘이면 용수철이 다시 원래 길이로 돌아가지 못할 때도 있다. 용수철의 탄성을 유지하면서 늘일 수 있는 최대 길이를 탄성 한계라고 한다. 용수철의 재료나 두께 같은 성질에 따라서도 탄성력은 달라진다. 똑같은 모양의 용수철이라 해도 하나는 플라스틱으로 만들고 하나는 강철로 만들었다면 두 용수철을 같은 길이로 늘여도 탄성력은 다르다.

[탄성을 이용한 여러 가지 물체]

## 탄소 炭素 Carbon

**생명체를 이루는 분자들의 구성 원소 중의 하나**

수소, 산소, 질소와 결합해 생체 분자의 기본 요소로 쓰인다. 대기 중에서 이산화 탄소로 존재하고, 물속에서는 탄산 이온의 상태로 있다. 석탄과 석유의 주성분이며, 흑연과 다이아몬드는 탄소로만 이루어져 있다. 화석이나 암석, 유물이 만들어진 시기를 추측할 때도 이것들에 들어 있는 탄소의 특징을 분석해 알 수 있다.

🔗 수소, 산소, 질소, 이산화 탄소, 화석, 기체, 원소

[다이아몬드]    [연필심(흑연)]

### ➕ 하나 더! 탄소 섬유

탄소가 주성분인 섬유로 굵기가 매우 가늘고 가벼우면서 매우 강하여 골프채나 낚싯대, 항공기 부품에 쓰인다.

# 탄소 발자국 carbon footprint

**제품을 생산하는 모든 과정에서 발생하는 이산화 탄소의 양을 제품에 표시하는 제도**

동물이 걸을 때 발자국을 남기는 것처럼 제품을 만들 때 생기는 이산화 탄소의 양을 제품에 표시하는 것이다. 이산화 탄소가 많이 발생할수록 탄소 발자국의 수가 크다. 제품에 표시된 탄소 발자국을 보고 소비자가 친환경 제품을 선택하도록 하여 지구 온난화를 줄이고자 하는 것이다.

🔗 기체, 지구 온난화, 탄소

# ㅌ

## 탄수화물
炭水化物 carbohydrate

**탄소, 수소, 산소로 이루어진 화합물로 생물의 몸에 필요한 에너지를 만들고 몸을 구성하는 물질**

단백질, 지방과 함께 3대 영양소 중 하나다. 식물의 엽록체에서 이산화 탄소, 물, 햇빛을 이용한 광합성 과정으로 생긴다. 탄수화물은 녹말, 포도당, 엿당을 비롯해 종류가 다양하며 쌀, 밀, 사과, 배, 바나나, 감자, 고구마, 설탕, 꿀, 엿에 많이 들어 있다. 에너지로 사용되고 남은 탄수화물은 지방으로 바뀌어 몸속에 저장되어 비만의 원인이 되기도 한다.

🔗 단백질, 영양소, 지방

## 태생 胎生 viviparity

**어미의 배 속에서 새끼를 조금 키워 낳는 것**

포유류는 짝짓기가 끝나면 어미 배 속에서 새끼가 생겨나 일정 기간 자란 다음 태어난다. 이때 태어난 새끼는 부모와 비슷한 모양을 하고 있으며 젖을 먹고 자란다. 소, 말과 같이 태어나서 곧 걸을 수 있을 정도로 많이 자란 다음 태어나기도 하고, 캥거루처럼 미성숙한 상태의 작은 새끼로 태어나기도 한다. 새끼가 배 속에 있는 동안은 탯줄을 통해 어미에게서 영양분과 산소를 공급받는다.

🔗 포유류, 난생

# 태양 太陽 sun

**태양계 중심에 있는 스스로 빛을 내는 별**

태양은 약 45억 6,720만 년 전에 만들어졌고, 수명은 약 123억 6,500만 년이다. 태양 표면의 온도는 약 6,000℃이며 노란색으로 보인다. 태양은 대부분 수소와 헬륨으로 이루어져 있으며, 중심핵에서 수소가 헬륨으로 바뀔 때 엄청난 에너지가 생성된다. 태양에서 나오는 에너지는 지구에 빛과 열을 제공한다. 태양 에너지는 식물의 광합성을 일으켜 지구 상의 거의 모든 생명체가 살아갈 수 있게 한다.

🔗 수소, 태양계, 항성, 헬륨, 황도

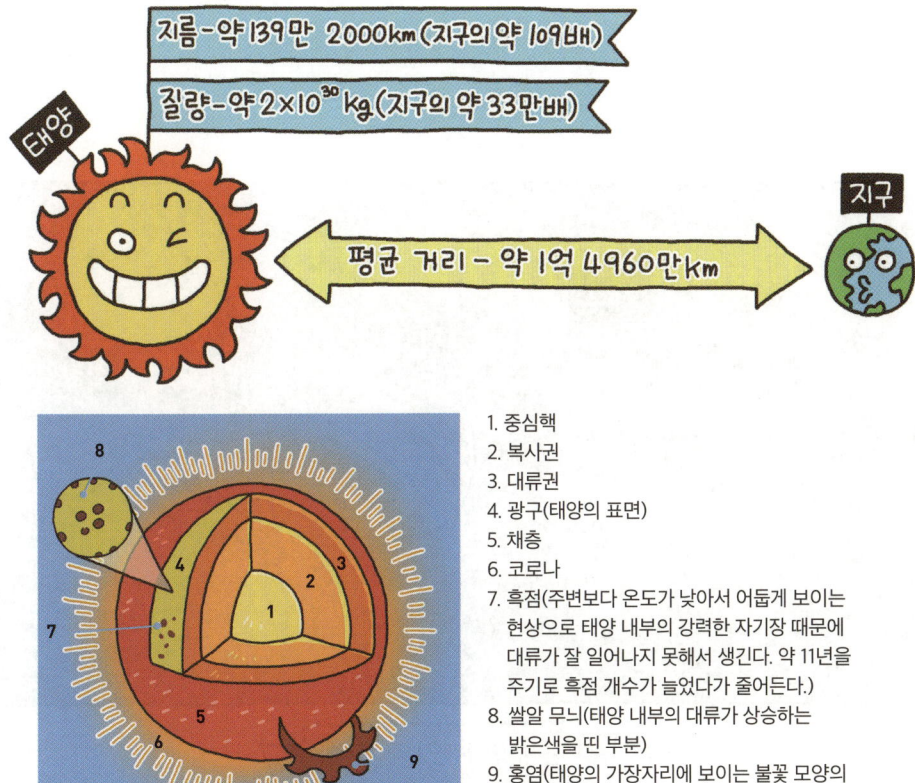

[태양의 내부 구조]

# 태양계 太陽系 solar system

**태양과 태양의 중력에 의해 태양 주위를 도는 행성, 소행성, 유성체, 왜소행성, 혜성을 포함한 천체들의 집단**

태양계에는 수성, 금성, 지구, 화성, 목성, 토성, 천왕성, 해왕성이라 하는 행성 8개, 화성과 목성 사이에 있는 소행성대, 태양을 중심으로 길쭉한 타원 궤도를 그리는 혜성, 행성으로 보기에는 중력이 약한 왜소행성, 행성 주위를 도는 위성, 태양계를 떠돌아다니는 암석 조각이나 먼지 같은 유성체가 있다.

🔗 달, 유성, 위성, 태양, 행성, 혜성

> ➕ **하나 더!** **행성에서 빠진 명왕성**
>
> 명왕성은 1930년 발견된 이후 태양계의 아홉 번째 행성이었으나 2006년 국제천문연맹에서 왜소행성으로 분류했다. 명왕성은 달보다도 작아 공전 구역 안에서 지배적인 구실을 못하기 때문에 행성의 지위를 잃었다.

태양계의 행성

# 태양 고도 太陽高度 elevation angle of the sun

**태양이 지표면과 이루는 각**

태양이 떠 있는 높이를 나타내는 값이다. 아침에 태양이 동쪽에서 떠오를 때부터 태양의 고도는 점점 높아져서 남쪽 하늘에 떠 있는 한낮에 가장 높고, 다시 점점 낮아져서 결국 서쪽으로 해가 진다. 태양 고도가 높으면 그림자 길이가 짧고, 태양 고도가 낮으면 그림자 길이가 길다.

🔗 태양, 태양의 남중 고도

> **하나 더!** 태양 고도 측정하기
>
> 각도기와 막대, 실을 이용해 측정할 수 있다. 평평한 바닥에 막대를 세우고 그림자 끝부분에 각도기의 중심이 오게 한 뒤, 막대의 꼭대기에서 각도기 중심까지 실을 팽팽하게 놓으면 바닥과 실이 이루는 각의 크기가 바로 태양 고도이다.

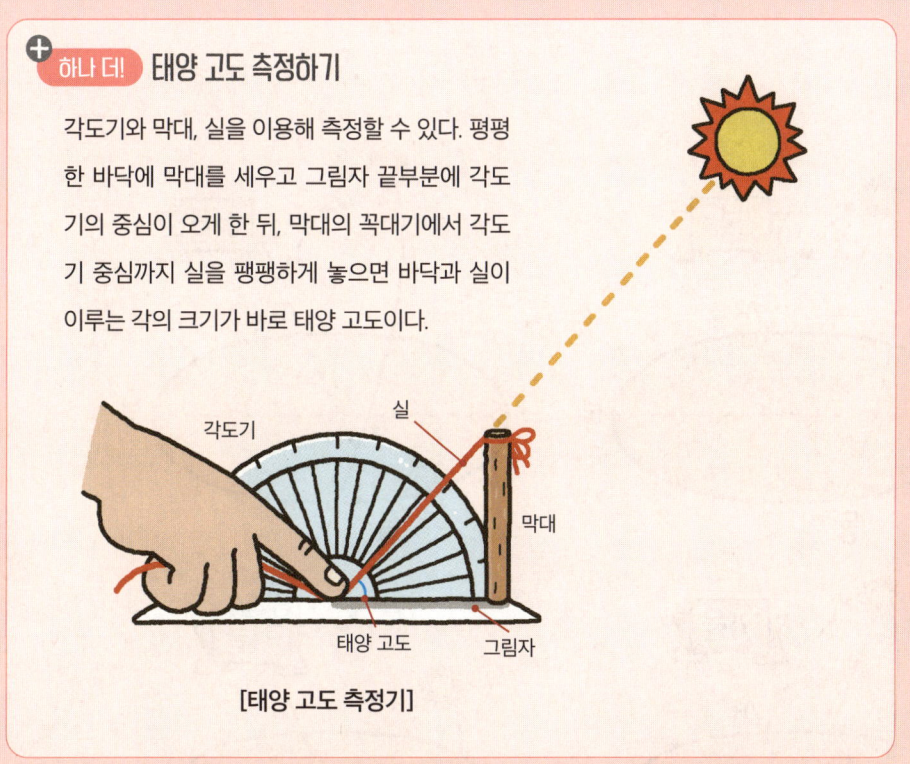

[태양 고도 측정기]

# 태양의 남중 고도
太陽의 南中高度 solar altitude at meridian passage

**태양이 남중했을 때의 고도**

하루 중 태양은 정남쪽에 있는 한낮에 고도가 가장 높다. 따라서 태양의 남중 고도는 하루 중 가장 높은 태양 고도를 뜻한다. 우리나라는 낮 12시 30분 무렵에 태양이 남중 고도에 있다. 태양 고도는 관측하는 장소나 날짜에 따라 달라지므로, 서로 다른 장소나 날짜의 태양 고도를 비교할 때 남중 고도를 이용한다. 태양의 남중 고도는 여름에 가장 높고 겨울에 가장 낮다.

🔗 남중, 태양, 태양 고도

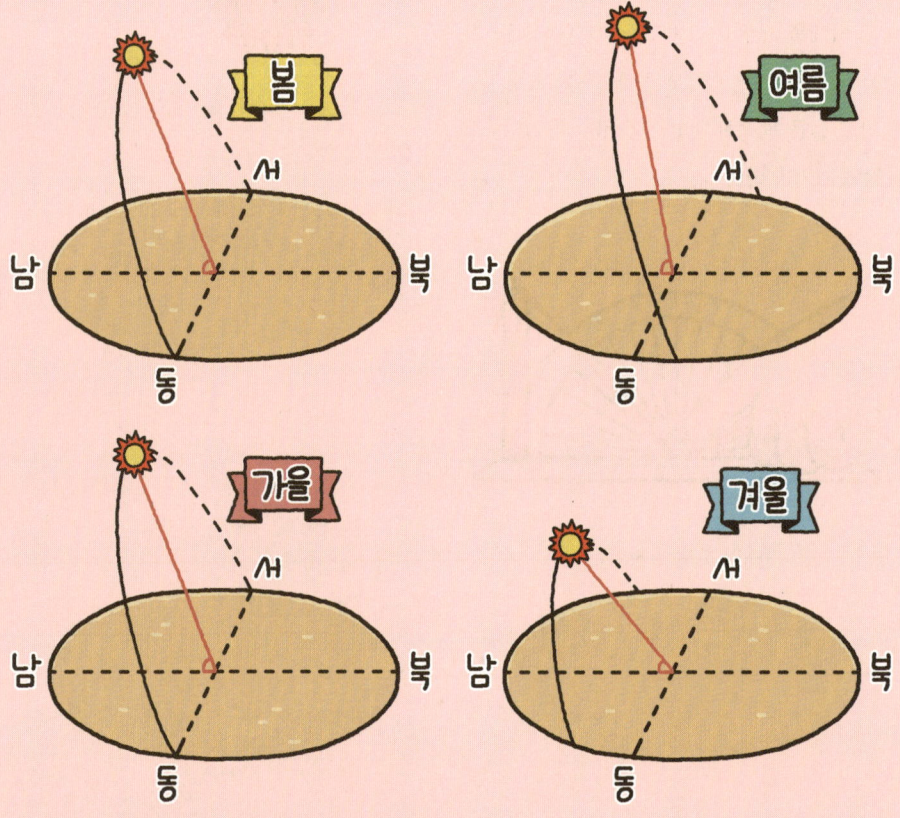

[계절별 태양의 남중 고도]

# 태풍 颱風 typhoon

**열대 해양에서 만들어진 저기압 중에서 중심 부근의 최대 풍속이 17m/s 이상인 저기압**

열대 해상의 수온이 약 27℃ 이상일 때 생긴다. 태풍의 에너지원은 수증기가 물방울로 변할 때 내놓는 열이다. 따라서 태풍이 육지에 상륙하게 되면 수증기 공급이 차단되므로 빠르게 소멸된다. 태풍의 구조를 살펴보면 중심부에는 하강 기류가, 중심부 주변에는 나선형의 상승 기류가 발달한다. 따라서 중심부에는 구름이 없고 바람이 약한데, 이것을 태풍의 눈이라 한다. 중심부 주변에는 두꺼운 적운형 구름이 생기며 강한 바람과 비를 뿌린다. 태풍의 이름은 태풍의 영향을 받는 우리나라, 북한, 일본 등 14개 나라에서 10개씩 제출한 140개의 이름을 번갈아가며 사용한다. 허리케인과 사이클론도 태풍과 같은 원인으로 생기는 현상이지만 발생 장소에 따라 다르게 불리는 것이다.

🔗 기단, 수증기

[태풍의 눈]

### 하나 더! 위험 반원, 안전 반원

- **위험 반원**: 태풍 진행 방향의 오른쪽 반원에서는 태풍의 이동 방향과 태풍 중심으로 불어 들어가는 바람의 방향이 거의 같기 때문에 바람이 매우 강해진다.
- **안전 반원**: 태풍 진행 방향의 왼쪽 반원에서는 태풍의 이동 방향과 태풍 중심으로 불어 들어가는 바람의 방향이 반대이기 때문에 바람이 약해진다.

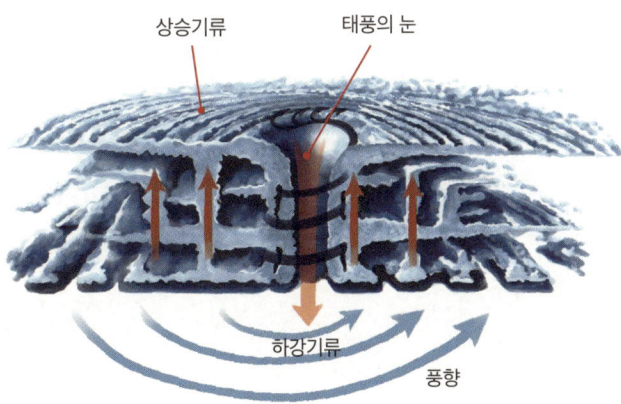

[태풍의 구조]

## 테라리엄 terrarium

**완전히 막힌 유리그릇이나 입구가 작은 유리병 안에서 작은 식물을 키우는 방법**

식물은 빛과 공기, 물, 양분이 있으면 광합성을 하며 생장한다. 닫힌 유리병 안에서 식물을 키우면 광합성 반응에는 햇빛이나 전등 빛이 이용되고, 병 속의 공기에서 이산화 탄소를 얻는다. 또 뿌리를 통해 흙 속의 물과 양분을 공급받는다. 식물이 잎을 통해 배출하는 수증기는 안개처럼 이슬이 되어 맺혔다가 흙으로 다시 돌아가 뿌리로 흡수된다. 이렇듯 식물이 사는 데 필요한 것들을 용기 속에서 재사용하게 된다.

🔗 생태계, 식물

## 토양 산성화

土壤酸性化 soil acidification

**화학 비료와 산성비 때문에 토양이 점점 산성으로 변해 가는 현상**

식물이 화학 비료에 들어 있는 성분 중 성장하는 데 필요한 질소, 인, 칼륨을 이용하고 나면 황산만 남게 된다. 이 황산 때문에 흙이 점차 산성으로 변하게 된다. 또한 오염된 공기 속에 들어 있던 황산과 질산 같은 물질이 비와 함께 내리면 산성비가 되는데 이것이 토양을 산성으로 변하게 한다. 토양이 산성화되면 식물이 잘 자라지 못하고 땅속에 사는 동물이 살기 어렵다. 토양이 산성화되면 염기성 성분의 석회를 뿌려 중화시킨다.

🔗 산성

# 퇴적물 堆積物 sediment

**운반되어 바닥에 쌓인 자갈, 모래, 진흙 같은 알갱이**

강 상류에서는 강물이 빠르게 흐르면서 지표를 깎아내는 침식 작용이 활발히 일어나므로 자갈이나 모래 같은 알갱이들이 많이 생겨난다. 강 상류에서 생겨난 알갱이들은 빠른 물살로 인해 바다에 잘 가라앉지 못하고 강물에 실려 강 하류로 운반된다. 강 하류에 접어들면 물의 흐름이 느려지므로 알갱이들이 바닥에 가라앉는 퇴적 작용이 활발히 일어난다. 이처럼 바다에 쌓이는 알갱이들을 퇴적물이라고 한다. 퇴적물은 오랜 시간에 걸쳐 서서히 굳으면서 퇴적암과 지층을 형성한다.

🔗 지층, 퇴적암

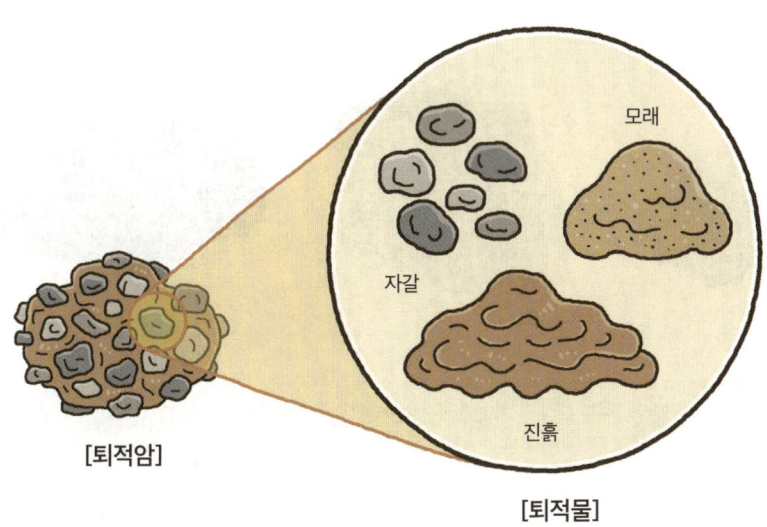

# 퇴적암 堆積岩 sedimentary rock

**진흙, 모래, 자갈 따위가 쌓여서 단단하게 굳어진 암석**

기존 암석(화성암, 변성암, 퇴적암)이 오랜 시간 공기 중에 노출되면 생물·비·눈·바람·해수·빙하·지하수에 깎이고, 부서지고 쪼개져서 작은 알갱이로 변한다. 이런 알갱이들이 쌓이고 모여 있는 것을 퇴적물이라고 한다. 오랜 시간 쌓인 퇴적물이 압력을 받으면 단단하게 굳어져 퇴적암이 된다. 지표면 근처에 퇴적물이 많기 때문에 지표면 쪽 암석의 약 75%가 퇴적암이다. 퇴적암에서는 지층이 쌓여 있는 층리를 볼 수 있으며, 과거에 살았던 생물의 흔적인 화석이 발견되기도 한다.

🔗 변성암, 암석, 지층, 층리, 퇴적 작용

| 퇴적암 |  역암 |  사암 |  셰일 |
|---|---|---|---|
| 퇴적물 | 자갈, 모래, 진흙 | 모래, 진흙 | 진흙 |
| 퇴적암 |  석회암 |  암염 |  응회암 |
| 퇴적물 | 조개껍데기와 같은 석회질 물질 | 소금 | 화산재 |

# 퇴적 작용 堆積作用 sedimentation

**운반된 물질들이 쌓이는 작용**

강 하류에서 물의 흐름이 느려지면 강물이 운반한 여러 가지 물질들이 강바닥에 쌓인다. 퇴적 작용은 물의 속도가 느릴수록 활발하게 일어나며, 무거운 것부터 차례로 가라앉는다. 퇴적 작용으로 만들어진 대표적인 지형으로는 선상지와 삼각주가 있다. 알갱이의 크기에 따라 운반되는 정도가 다르기 때문에 퇴적되는 위치도 다르다. 진흙과 같은 가벼운 알갱이는 자갈보다 멀리 운반되기 때문에 해안에서 먼 곳에 쌓인다.

🔗 삼각주, 선상지, 운반 작용, 침식 작용, 퇴적암

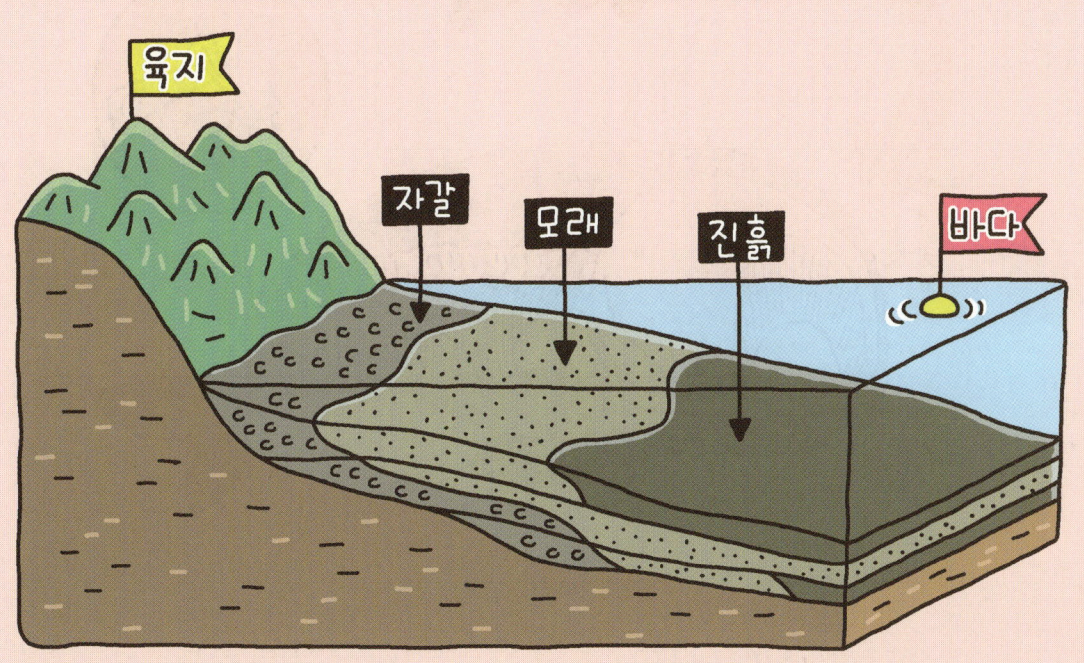

# 퇴화 退化 degeneration

**생물의 크고 복잡한 기관이 점점 작고 단순해지거나 사라지는 것**

선인장의 줄기에 있는 가시는 잎이 퇴화하여 생긴 것이다. 조류의 이빨은 퇴화하여 없어졌고, 고래의 뒷다리도 퇴화했다. 뱀의 다리, 박쥐의 눈도 모두 퇴화한 기관이다.

🔗 진화

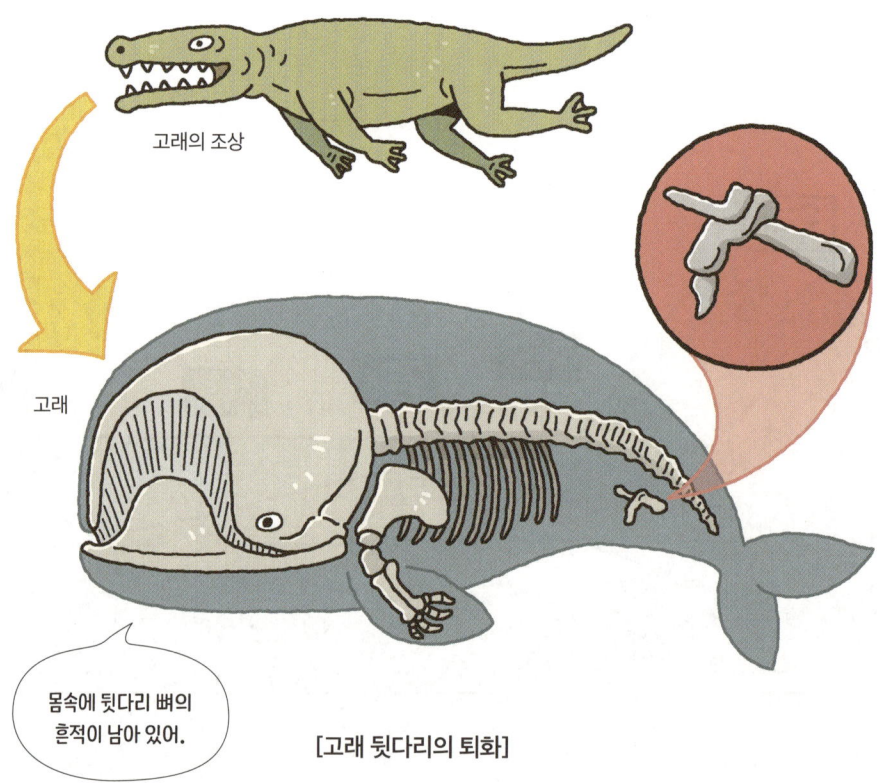

고래의 조상

고래

몸속에 뒷다리 뼈의 흔적이 남아 있어.

[고래 뒷다리의 퇴화]

# 투명 透明 transparent

**빛을 대부분 통과시키는 성질**

빛을 일부만 통과시키는 성질을 반투명, 빛을 통과시키지 않는 성질을 불투명이라 한다. 빛이 물체를 통과하지 못하면 그림자가 생기므로, 반투명 물질과 불투명 물질 뒤에는 그림자가 생긴다. 투명한 물체는 빛을 대부분 통과시키므로 연한 그림자가 생긴다.

🔗 그림자, 불투명, 빛

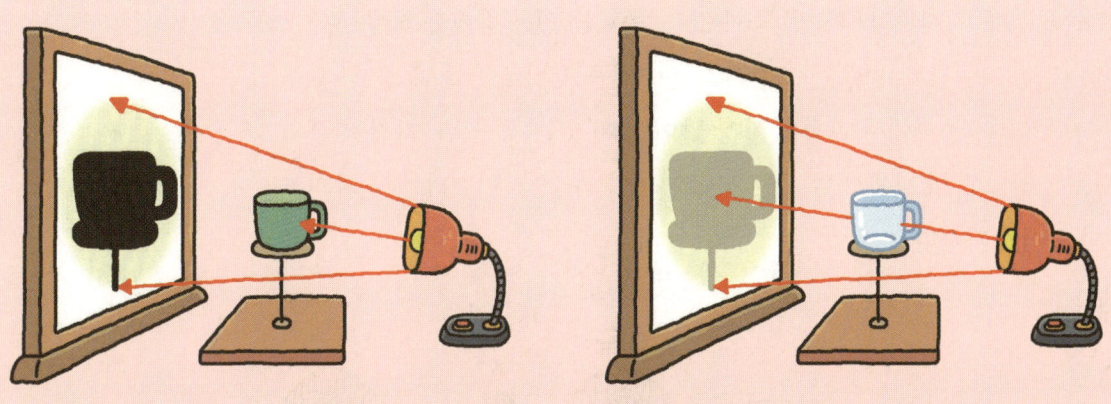

[투명]

[반투명]

[불투명]

# 파동 波動 wave

**한 곳에서 생긴 진동이 시간에 따라 주위로 퍼져 나가는 현상**

잔잔한 수면에 돌을 던지면 돌이 떨어진 곳을 중심으로 물결이 퍼져 나간다. 이것을 파동이라 한다. 이때 매질인 물이 직접 이동하는 것이 아니라 에너지만 전달한다. 파동은 횡파와 종파로 나눌 수 있다. 횡파는 진동 방향과 진행 방향이 수직인 파동으로, 한쪽을 고정시킨 용수철을 위아래로 흔들 때 볼 수 있다. 횡파의 가장 높은 부분을 마루, 가장 낮은 부분을 골이라 한다. 파동의 중심(평형점)에서 마루나 골까지의 거리를 진폭이라고 한다. 마루에서 마루, 골에서 골까지의 거리를 파장이라고 한다. 횡파로는 물결파, 지진파의 S파, 빛 등이 있다. 종파는 진동 방행과 진행 방향이 나란한 파동으로, 한쪽을 고정시킨 용수철을 앞뒤로 흔들 때 볼 수 있는 파동이다. 종파에서 파동이 가장 많이 모여 있는 곳을 밀, 가장 적은 곳을 소라고 하며 밀에서 밀, 소에서 소까지가 파장이다. 소리, 지진파의 P파 등이 종파이다.

🔗 진동

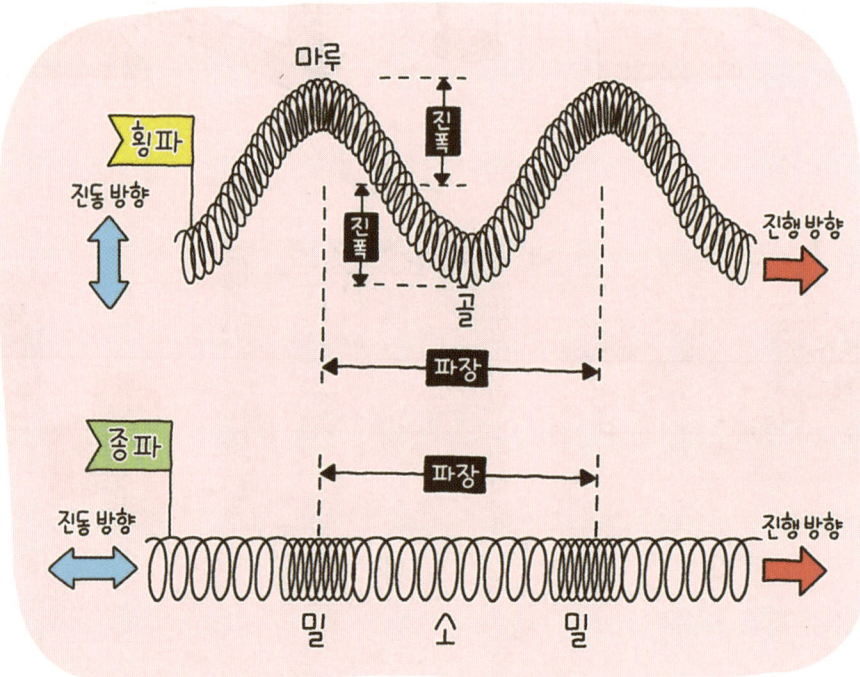

# 파충류 爬蟲類 reptiles

**비늘로 덮여 있거나 딱딱한 피부를 가진 척추 동물**

악어, 거북, 도마뱀, 뱀처럼 폐로 호흡을 하고 체온이 주위 환경에 따라 변하며, 알을 낳아 번식하는 동물이다. 비늘 또는 딱딱한 피부 덕분에 몸속 수분이 밖으로 빠져나가지 않아 사막과 같은 건조한 지역에서도 잘 살 수 있다. 보통 다리가 두 쌍이고 발가락이 다섯 개씩 있다. 다리가 몸 옆에 붙어 있어서 배를 거의 땅에 대고 기어다닌다. 뱀은 다리가 퇴화되어 없다. 지질 시대의 공룡도 파충류에 속한다.

🔗 척추동물

# 판막 瓣膜 valve

**심장과 정맥 속에서 혈액이 거꾸로 흐르는 것을 막는 구조**

혈액 순환은 심장의 수축과 확장으로 일어난다. 심장에서 혈액이 한 방향으로 흐르기 위해서는 혈액이 거꾸로 흐르는 것을 방지해야 하는데 이 일을 하는 것이 판막이다. 심장에는 심방과 심실 사이, 심실과 동맥 사이에 판막이 있다. 또한 혈압이 낮은 정맥에도 혈액이 거꾸로 흐르는 것을 막기 위해 판막이 있다.

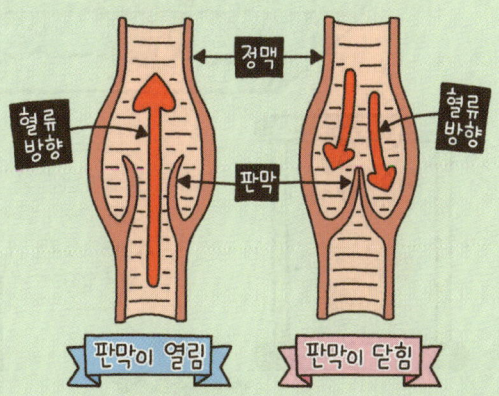

🔗 심장, 정맥, 혈액

# 판 구조론 板構造論 plate tectonics

**지각이 크고 작은 여러 개의 판들로 이루어져 있고, 이들 판이 이동하면서 화산 활동이나 지진과 같은 지각 변동이 일어난다는 이론**

판은 지각과 상부 맨틀의 일부를 포함한 약 100km 두께의 단단한 암석으로 구성된다. 판의 아래에는 상부 맨틀의 일부가 녹아 움직일 수 있는 연약권이 있다. 판은 연약권 위에서 맨틀 대류에 의해 이동한다. 판들은 각각 서로 다른 속도와 방향으로 움직이기 때문에 판과 판이 서로 충돌하거나 멀어지면서 여러 가지 현상이 나타난다. 판이 움직이는 속도는 1년에 수 cm에 불과하지만, 수억 년의 시간이 지나면 대륙의 위치와 모양이 크게 변한다.

🔗 대륙 이동설, 맨틀, 지진, 화산

# 페놀프탈레인 용액 phenolphthalein solution

페놀프탈레인을 알코올에 녹인 것으로, 용액의 성질을 구별하는 데 쓰이는 지시약

산성과 중성 물질에서는 색깔의 변화가 없지만 비눗물, 수산화 나트륨, 석회수와 같은 염기성 물질에서는 붉은색으로 변한다. 따라서 페놀프탈레인 용액으로는 염기성을 구별할 수 있지만 중성과 산성은 구별할 수 없다.

🔗 산, 산성, 염기, 염기성, 지시약

# 폐 肺 lung

**공기로 호흡하는 동물의 호흡기관**

공기 중의 산소를 받아들이고 이산화 탄소를 내보내는 기능을 한다. 사람의 폐는 양쪽 가슴에 한 개씩 있고 수많은 폐포로 이루어져 있다. 폐는 근육이 없어 스스로 움직일 수 없기 때문에 갈비뼈와 횡격막이 위아래로 움직여 공기를 들여보내고 내보낸다.

🔗 호흡

### ➕ 하나 더! 폐활량

한 번의 호흡으로 폐에 출입하는 최대의 공기량을 폐활량이라고 한다. 폐활량이 크면 공기를 많이 들이마셔 산소를 많이 흡수할 수 있다. 축구나 오래달리기를 할 때 숨이 덜 차는 사람은 폐활량이 크기 때문이다.

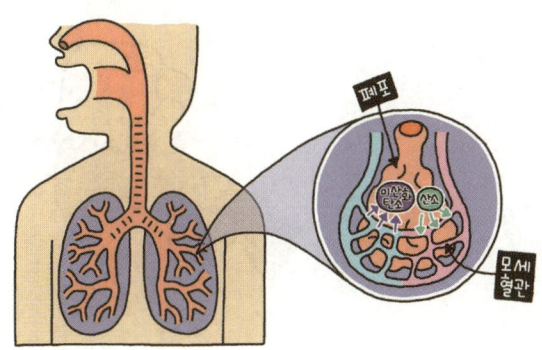

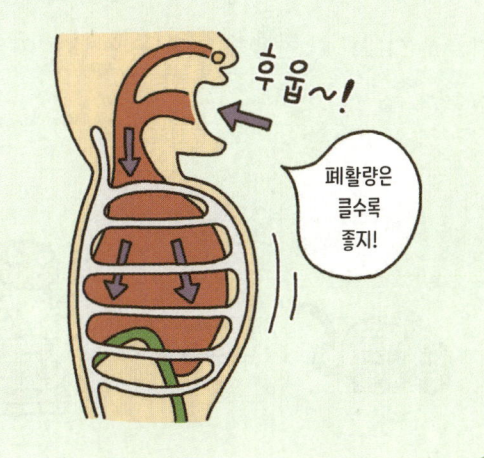

# 포도당 葡萄糖 glucose

**흰색이고 단맛이 나는, 탄수화물의 가장 단순한 형태의 한 종류**

식물의 광합성으로 생기고 사람을 포함한 거의 모든 생물의 중요한 에너지원으로 쓰인다. 꿀이나 과일에 많이 들어 있다. 탄수화물이 많은 음식을 먹으면 혈액 중 포도당 양이 증가한다. 사용하고 남은 포도당은 혈액을 빠져나가 간과 근육에 글리코젠이라는 복잡한 구조의 탄수화물로 저장되었다가 포도당으로 분해해 쉽게 사용한다. 포도당은 우리 몸에서 가장 빨리 에너지로 바꿀 수 있는 물질이므로 환자의 혈관에 직접 주사하기도 한다. 🔗 광합성, 탄수화물

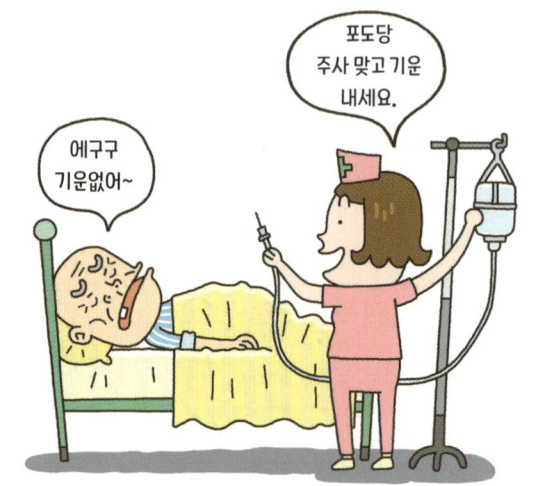

# 포식자 捕食者 predator

**생물끼리 먹고 먹히는 관계에서 다른 생물을 잡아먹는 생물**

뱀은 쥐를 잡아먹는데, 이때 뱀을 포식자라고 한다. 피식자에서 포식자 방향으로 화살표를 그려 먹이 관계를 표현하면 생물끼리 먹고 먹히는 관계를 순서대로 표현할 수 있다. 이것을 먹이사슬이라 한다.

🔗 먹이사슬, 피식자

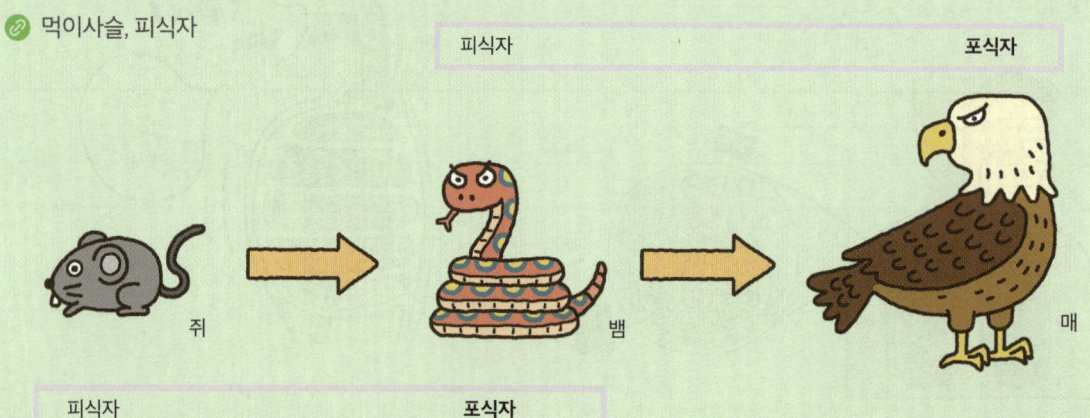

# 포유류 哺乳類 mammalia

**새끼를 낳아 젖을 먹여 키우는 척추동물**

온몸이 털로 덮여 있고 폐로 호흡한다. 주위의 온도와 관계없이 체온이 항상 일정하게 유지된다. 대부분의 포유류는 땅에 살지만 고래처럼 바다에 사는 것도 있고, 박쥐처럼 하늘을 나는 것도 있다. 개, 고양이, 말, 소, 사슴, 호랑이 등 현재 지구에 4천여 종이 있다.

🔗 척추동물

# 포자 胞子 spore

**고사리나 이끼, 균류 등이 번식을 위해 만드는 씨 같은 것**

홀씨라고도 한다. 꽃가루와 밑씨가 수정되어 만들어지는 씨와 달리, 포자는 수정 과정 없이 만들어진다. 포자는 포자낭에서 만들어진 뒤 밖으로 떨어져 나온다. 물과 영양분이 충분하고 온도가 적당한 곳에 도착하면 자리를 잡고 싹을 틔워 새로운 개체로 자란다. 포자는 크기가 매우 작고 가벼워 바람이나 물에 의해 멀리 퍼져 나갈 수 있다. 또한 두껍고 단단한 벽으로 싸여 있어 살아남기 어려운 환경에서도 오래 견딜 수 있다.

🔗 균류, 선태식물, 양치식물, 이끼

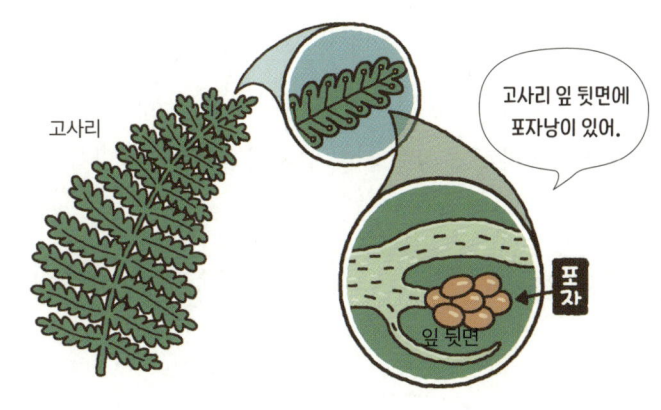

[고사리의 포자]

## 포화 용액 飽和溶液 saturated solution

**어떤 온도에서 용매에 용질이 최대로 녹아, 더 이상 녹을 수 없는 상태의 용액**

물에 붕산을 계속 녹이다 보면 녹지 않고 가라앉는 것이 생긴다. 이때 녹지 않고 가라앉은 붕산을 뺀 용액이 포화 용액이다. 어떤 온도에서 용매 100g에 최대로 녹을 수 있는 용질의 양을 용해도라고 한다. 포화 용액은 그 온도에서의 용해도에 이른 용액을 말한다.

🔗 용매, 용액, 용질

## 표면 장력 表面張力 surface tension

**액체가 자신의 표면적을 작게 하려고 작용하는 힘**

액체 내부의 분자들은 서로 끌어당기는 힘을 받지만, 표면에 있는 분자들은 표면 바깥쪽으로 당겨지는 힘이 없어 안쪽으로 끌어당겨진다. 이 힘을 표면 장력이라고 한다. 컵에 물을 가득 담으면 가장자리에 물이 동그랗게 올라간 모양이 되어 넘치지 않는 것, 물방울, 비눗방울, 이슬이 둥근 모양인 것도 표면 장력 때문이다.

🔗 분자, 화합물

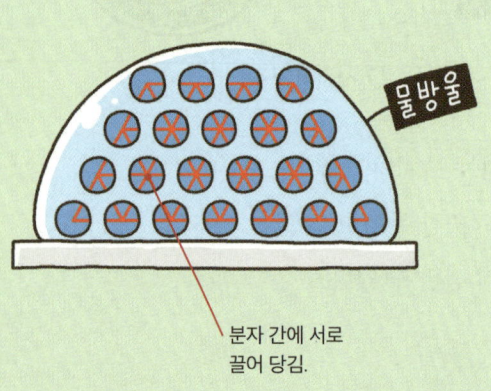
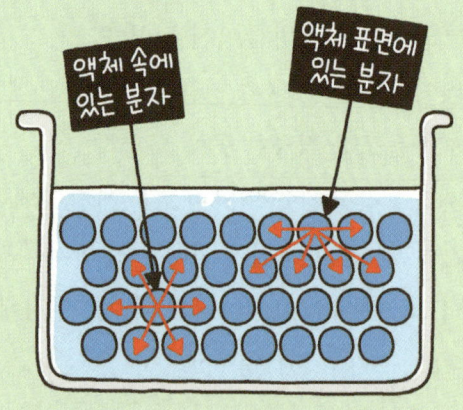

# 표준시 | 標準時 standard time

**태양이 정남쪽에 온 시각을 낮 12시로 정해서 나라 또는 지역에서 공통으로 사용하는 표준 시각**

지구가 자전함에 따라 태양이 지구 주위를 한 바퀴 도는 것으로 보인다. 태양의 움직임을 기준으로 하루를 24시간으로 정해 사용한다. 360°를 도는 데 24시간이 걸리므로, 경도 15° 당 1시간 차이가 난다. 전 세계적으로 경도 0°인 영국 그리니치 천문대를 기준으로 동쪽으로 15° 멀어질 때마다 1시간씩 더해진다. 우리나라는 동경 135°를 기준으로 하는 표준시를 쓰므로, 영국이 밤 12시이면 우리나라는 오전 9시이다. 미국, 러시아, 캐나다처럼 국토가 넓은 나라는 지역을 나누어 여러 개의 표준시를 사용한다.

🔗 경도, 자전

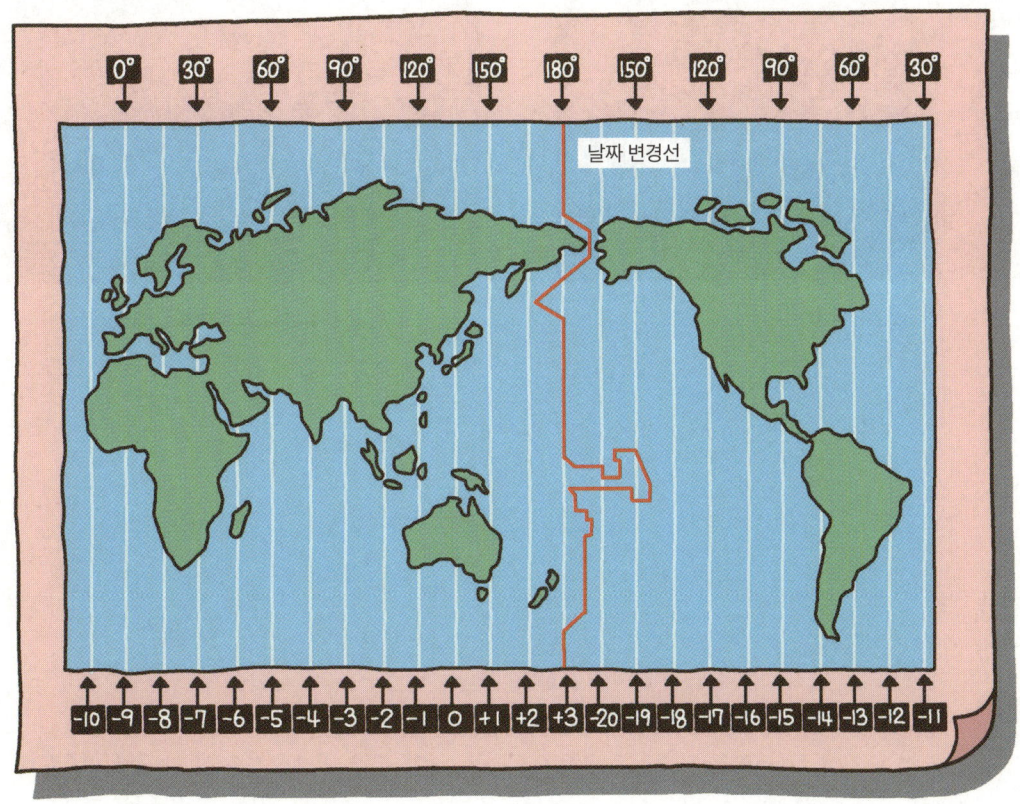

# 표피세포 表皮細胞 epidermal cell

**동물과 식물의 표면을 덮고 있는 세포층**

식물의 표피세포에는 엽록체가 없으며 잎의 내부 조직을 보호하고 수분의 증발을 막는 일을 한다. 양파의 겉껍질을 잘라 현미경으로 보면 육각형으로 배열된 표피세포를 볼 수 있다. 동물의 표피세포는 몸속의 조직을 보호하는 구실을 한다. 입의 안쪽을 면봉으로 긁어내어 현미경으로 관찰하면 둥그런 모양의 표피세포를 관찰할 수 있다.

🔗 광합성, 상피세포, 세포, 엽록체

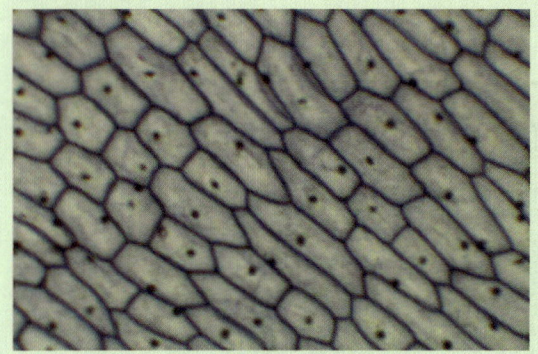

[양파의 표피세포]

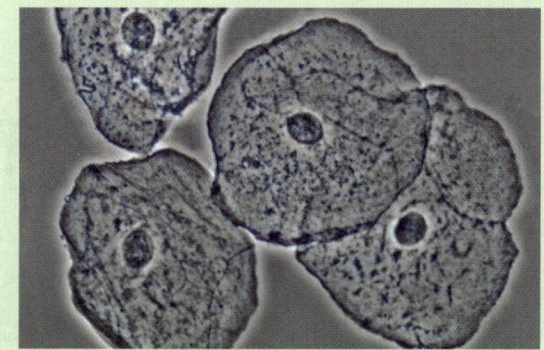

[입 안의 표피(상피)세포]

# 풍화 작용 風化作用 weathering

**암석이 공기와 물, 생물들의 힘으로 부서져 흙으로 변하는 현상**

풍화 작용을 일으키는 원인에 따라 물리적 풍화와 화학적 풍화로 나뉜다. 물리적 풍화는 지표에서 일어나는 온도와 압력의 변화로 알갱이의 크기가 점점 작게 부서지는 작용이다. 땅 속에 있던 암석이 밖으로 노출되면 압력이 낮아져 암석이 갈라진다. 또한 암석의 작은 틈에 물이 들어가 얼면 부피가 늘어나면서 암석이 갈라지기도 한다. 식물의 뿌리가 암석을 파고 들어 암석이 잘게 부서지는 경우도 있다. 강물의 흐름이나 바람에 실려 온 모래 때문에 암석이 부서지기도 한다. 물리적 풍화는 사막이나 고산 지대처럼 일교차가 큰 지역에서 많이 나타난다. 화학적 풍화는 화학 변화로 암석이 녹아내리는 현상이다. 물에 이산화 탄소나 산소가 녹아 있으면 암석과 반응을 일으키는 경우가 많다. 대표적인 예가 석회 동굴이다. 화학적 풍화는 기온과 습도가 높은 지역에서 활발하게 일어난다.

🔗 석회 동굴, 침식 작용

바람에 실려 온 모래에 의해 바위에 구멍이 났다.

큰 일교차 때문에 늘어나고 줄어들기를 반복하다 암석이 갈라진다.

식물의 뿌리가 암석을 파고들어 암석이 부서진다.

# ㅍ

## 퓨즈 fuse

**전선에 정해진 값 이상의 큰 전류가 흐르지 못하게 자동으로 차단하는 장치**

전기 회로에 합선이나 누전이 일어나면 전선에 허용되는 값 이상의 전류가 흐를 수 있다. 이 경우 전기 회로에 연결된 전기 기구들이 고장나거나 감전 사고가 생길 수 있다. 이것을 방지하기 위해 사용하는 것이 퓨즈이다. 전선에 정해진 값 이상의 큰 전류가 흐르면 그때 발생하는 열로 퓨즈가 녹아서 전기 회로가 끊어진다. 퓨즈는 쉽게 녹을 수 있도록 녹는점이 낮은 물질로 만든다. 주로 납과 주석 또는 아연과 주석의 합금으로 만든다.

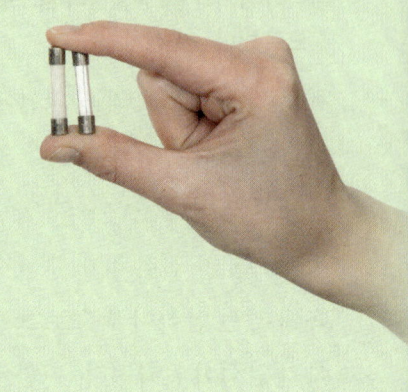

🔗 전기 회로, 전류

## 프리즘 prism

**유리나 플라스틱 등으로 만든 투명한 삼각기둥 모양의 기구**

흰색인 햇빛이 프리즘을 통과하면 무지개처럼 다양한 색으로 나뉜다. 햇빛 속에는 다양한 색의 빛이 포함되어 있는데, 프리즘을 통과할 때 각 빛이 굴절되는 정도가 다르기 때문이다. 이렇게 나뉜 빛은 프리즘을 통해 합칠 수 있으며 다시 흰색을 띤다. 영국의 과학자 아이작 뉴턴이 프리즘으로 이와 같은 실험을 하여 빛의 본질을 밝혔다.

🔗 가시광선, 빛, 빛의 굴절

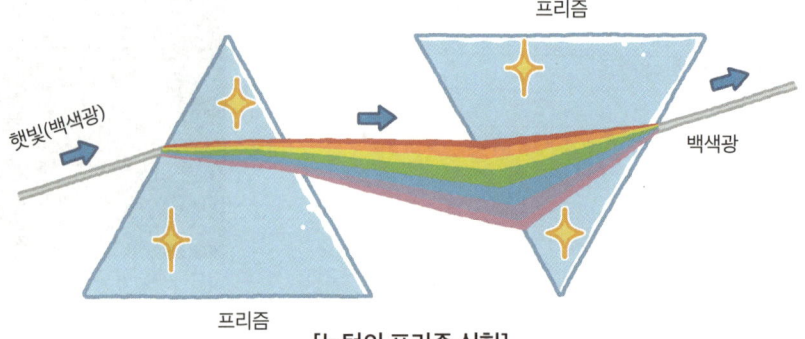

[뉴턴의 프리즘 실험]

# 플라나리아 planaria

**몸은 1~3cm로 편평하고 길쭉하며 머리는 삼각형 모양인 작은 생물**

하천과 호수의 바닥이나 돌 위를 기어 다닌다. 머리 양쪽에는 눈 역할을 하는 안점이 한 쌍 있다. 작거나 죽은 동물을 먹고, 항문이 없어 먹고 남은 찌꺼기는 다시 입으로 내보낸다. 몸을 작은 조각으로 잘라도 각 조각이 자라 새로운 플라나리아가 된다.

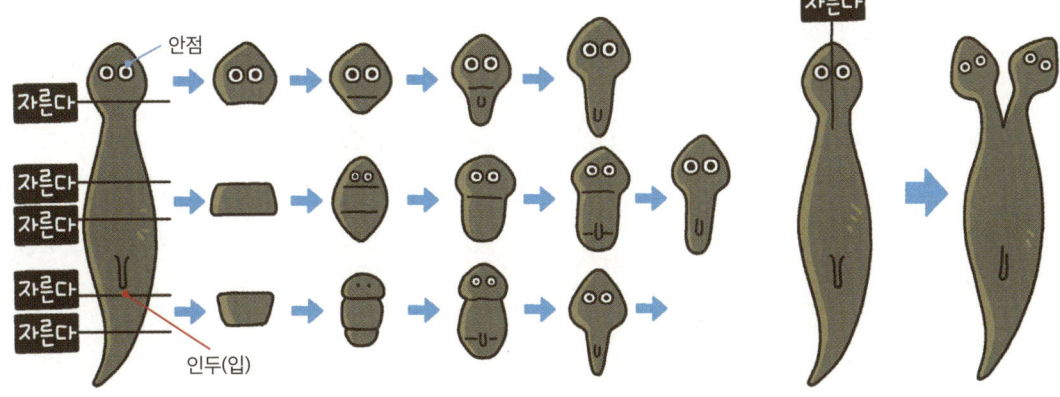

# 피식자 被食者 prey

**생물끼리 먹고 먹히는 관계에서 다른 생물에게 잡아먹히는 생물**

메뚜기는 개구리에게 잡아먹히는데, 이때 메뚜기를 피식자라고 한다. 피식자에서 포식자 방향으로 화살표를 그려 먹이 관계를 표현하면 생물끼리 먹고 먹히는 관계를 순서대로 표현할 수 있다. 이것을 먹이사슬이라 한다.

🔗 먹이사슬, 포식자

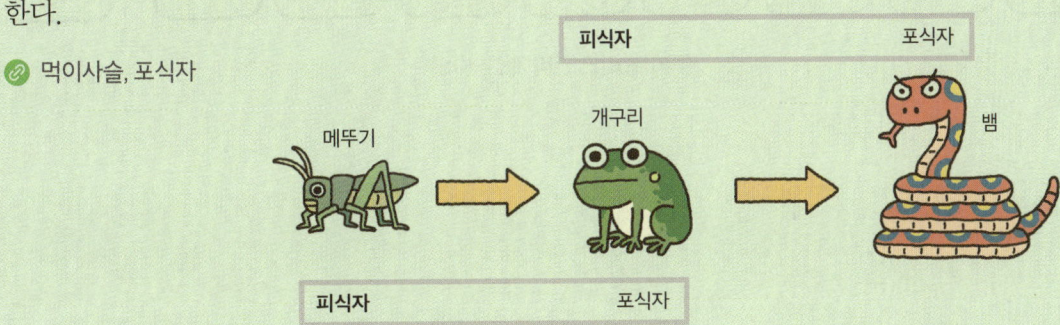

# 하이브리드 자동차 hybrid car

**두 가지 이상의 동력을 결합해서 연비와 배기가스를 개선하고 출력을 높인 자동차**

디젤 엔진과 전기 모터, 가솔린 엔진과 전기 모터 등을 결합해서 만든다. 일반 자동차에 비해 배기가스를 덜 내고 적은 양의 연료로 멀리까지 갈 수 있는 장점이 있다. 하이브리드 자동차는 일정 속도까지는 전기로 움직이고, 그 다음은 기름으로 움직인다. 자동차가 출발할 때 연료가 낭비되지 않도록 전기를 이용하고, 신호 대기 등으로 잠시 멈추어 있을 때는 엔진과 모터 모두 가동을 중단하여 에너지 낭비를 줄일 수 있다. 하지만 배터리가 매우 크고 가격이 비싼 단점이 있어 널리 이용되고 있지는 않다.

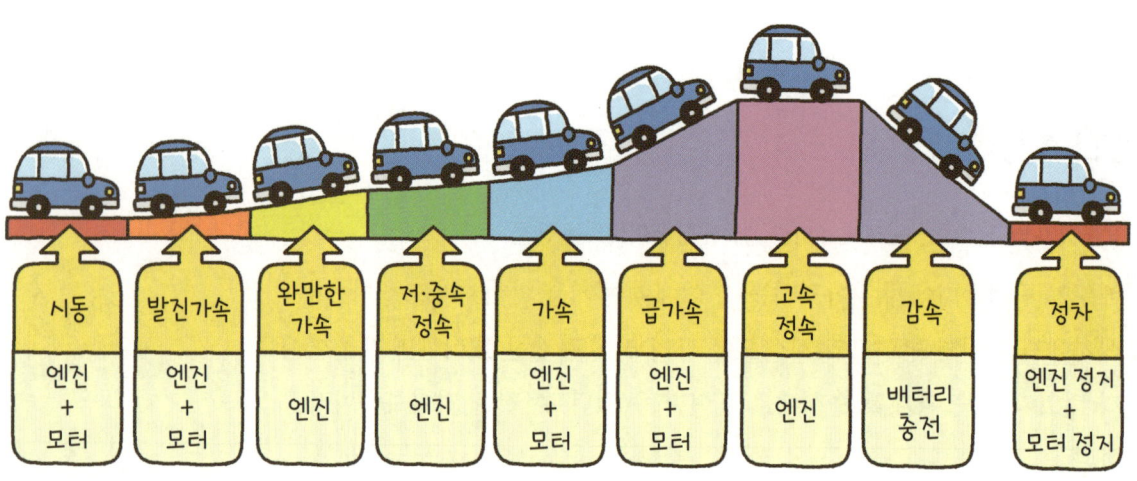

[하이브리드 연비 개선 원리]

# 학명 學名 scientific name

**생물학에서 분류를 위해 생물에 붙이는 공식적인 이름 체계**

스웨덴의 식물학자 칼 폰 린네가 처음으로 정했다. 그는 언어에 따라 식물의 이름이 다 달라 모든 나라에서 똑같이 쓸 수 있는 이름이 필요하다고 생각했다. 이후 모든 생물은 일정한 체계에 따른 학명을 가지게 되었다. 예를 들어 인간의 학명은 '호모 사피엔스'이며, 무궁화의 학명은 '히비스커스 시리아쿠스 린네'이다.

🔗 분류

# 한살이 life cycle

**생물이 태어나고 자라 자손을 남기고 죽을 때까지의 과정**

생물에 따라 한살이의 유형은 다양하다. 배추흰나비는 알, 애벌레, 번데기, 어른벌레의 한살이 과정을 거치지만 잠자리는 번데기 단계를 거치지 않는다. 닭은 알에서 나온 병아리 단계를 거쳐 닭으로 변하지만, 개는 태어날 때부터 다 자란 개와 비슷한 생김새를 가진다. 벼는 1년 안에 씨를 남기고 죽지만, 사과나무는 나무의 형태로 여러 해를 보낸다.

🔗 곤충, 번데기, 여러해살이식물, 한해살이식물

# 한해살이식물 annual plant

**한살이 기간이 일 년인 식물**

모두 풀이며, 대부분 봄에 싹이 터서 꽃이 피고 진 후 열매를 맺고 죽는다. 일 년만 살기 때문에 씨를 많이 남긴다. 벼, 해바라기, 봉숭아, 옥수수, 강낭콩이 있다.

🔗 여러해살이식물, 한살이

# 항생제 抗生劑 antibiotics

**세균과 미생물이 옮기는 병의 치료에 사용하는 약의 한 종류**

세균이나 미생물이 자라는 것을 막거나 죽인다. 1928년 플레밍이 푸른 곰팡이에서 발견한 페니실린이 최초의 항생제이다. 2차 세계 대전을 거치면서 대규모로 항생제를 생산했다. 오늘날 사용하는 항생제는 대부분 1950~60년대에 미국과 일본에서 발견된 것이다. 항생제는 균, 곰팡이, 세균, 식물에서 얻으며, 식품 보존, 물고기 양식, 동물 치료에도 쓰인다.

🔗 미생물, 세균

# 항성 恒星 fixed star

**스스로 빛을 내는 천체**

별이라고도 한다. 항성이 스스로 빛을 낼 수 있는 이유는 내부에서 에너지를 만들어 내기 때문이다. 항성은 고온의 가스 덩어리로 크기만큼 엄청난 질량을 갖고 있어 그로 인한 중력으로 형태를 유지한다. 항성의 색깔은 온도에 따라 달라진다. 예를 들어, 태양의 표면 온도는 약 6,000℃이며 노란색을 띤다.

🔗 별, 별자리, 태양

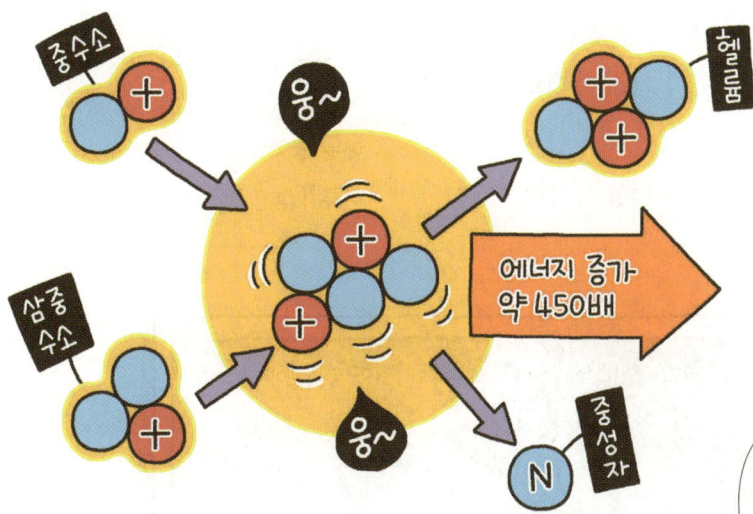

항성 내부에서 수소들이 만나 헬륨이 되는데, 이때 엄청난 에너지가 나온다.

태양을 제외한 대부분의 항성은 지구에서 매우 멀리 떨어져 있어서 늘 같은 자리에 있는 것처럼 보여. 그래서 항상 같은 자리에 있는 별이라는 뜻으로 항성이라는 이름이 붙은 거야.

# 해류 海流 oceanic current

## 바닷물의 일정한 흐름

바닷물은 일정한 방향으로 끊임없이 흐른다. 바닷물 표면에서 흐르는 해류를 표층 해류라고 한다. 표층 해류는 바닷물의 표면 위에서 바람이 계속 불기 때문에 생긴다. 적도에서 위도 30° 사이에는 동풍인 무역풍이, 위도 30°에서 60° 사이에는 서풍인 편서풍이, 위도 60°에서 극 사이에는 동풍인 극동풍이 분다. 이 바람의 방향에 따라 바닷물의 흐름도 결정된다. 바닷물이 가라앉거나 떠오르면서 발생하는 해류를 심층 해류라고 한다. 심층 해류는 바닷물의 수온과 염분 차이 때문에 생긴다. 수온이 낮고 염분이 높은 바닷물은 밀도가 커서 아래로 가라앉고, 수온이 높고 염분이 낮은 바닷물은 밀도가 작아져 위로 떠오른다. 바닷물은 표층 해류와 심층 해류를 타고 바다 전체를 순환한다.

> **하나 더! 난류와 한류**
>
> 해류는 수온을 기준으로 난류와 한류로 분류할 수 있다. 저위도에서 고위도로 이동하는 해류는 따뜻하기 때문에 난류라고 하며 수온이 높아 염분이 많이 녹아 있지만, 산소량은 많지 않다. 영양 염류 또한 풍부하지 않다. 반대로 고위도에서 저위도로 이동하는 차가운 해류는 한류라고 한다. 한류는 난류와 반대로 염분은 낮지만 산소와 영양 염류가 풍부하다.
>
> 난류와 한류가 만나게 되면, 차가운 물이 아래로, 따뜻한 물이 위로 움직이면서 해수의 혼합이 활발해진다. 이 지역에는 영양 염류와 플랑크톤이 풍부해 어류가 늘고 좋은 어장이 된다.

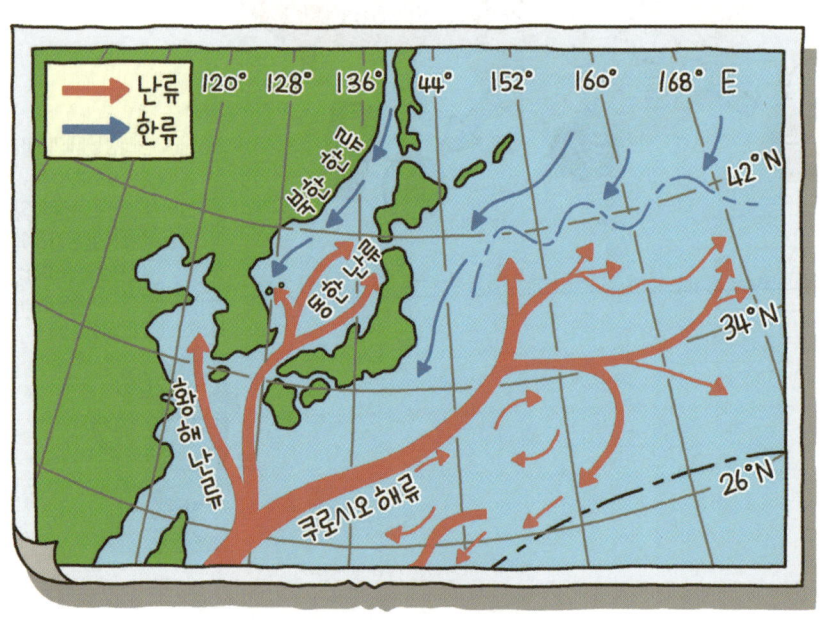

[우리나라 주변의 해류]

# 해륙풍 海陸風 land and sea breeze

해안 지역에서 바다와 육지가 가열되고 냉각되는 속도 차이로 하루를 주기로 바람의 방향이 바뀌는 바람

육지가 바다보다 빨리 가열되고 빨리 식는다. 낮에는 육지가 먼저 뜨거워지므로 공기가 위로 올라가서 저기압이 된다. 상대적으로 온도가 낮은 바다에는 고기압이 형성되며 공기가 내려온다. 육지 쪽의 부족한 공기를 채우기 위해 고기압인 바다에서 바람이 불어오는데, 이 바람을 해풍이라 한다. 밤에는 반대 현상이 일어난다. 천천히 식는 바다가 저기압이 되고 빨리 식는 육지가 고기압이 된다. 따라서 밤에는 고기압인 육지에서 저기압인 바다 쪽으로 바람이 불며, 이 바람을 육풍이라고 한다.

🔗 기압, 비열

바람이 불어 오는 방향을 기준으로 이름을 붙여. 바다에서 불어 오면 해풍, 남서쪽에서 불어 오면 남서풍~.

낮-해풍

밤-육풍

# 해부 解剖 dissection

**생물 몸체의 일부 또는 전부를 잘라 내부 구조를 조사하는 일**

해부는 크게 세 가지 목적으로 행해진다. 생물학 또는 의학 연구를 위해, 병의 원인을 조사하기 위해, 그리고 범죄 등으로 인한 사망 과정을 조사하기 위해서이다.

해부를 할 때는 해부 대상이 되어 준 생명에 감사하는 마음을 가지고 날카로운 해부 도구에 다치지 않도록 신경 쓰면서 순서와 절차에 따라 진지하게 임해야 해요.

# 해수 海水 seawater

**바다에 있는 짠물**

지구의 물 중 약 97%를 차지하고 있으며, 그 양은 약 13억 $km^3$이다. 짠맛과 쓴맛을 내는 여러 가지 물질인 염류가 녹아 있다. 따라서 마시는 물로 사용할 수 없을뿐더러 농작물을 키우는 데에도 적합하지 않다. 또 금속을 쉽게 녹슬게 해서 금속에 함부로 닿게 해서도 안 된다. 해수에서 물을 증발시키면 소금을 얻을 수 있다.

🔗 담수, 바다

[지구의 물 분포]

# 해수 담수화 海水淡水化 seawater desalination

**바닷물에서 염분을 제거해 일상 생활이나 공업용으로 쓸 수 있는 물을 만드는 방법**

지구에 있는 물의 98%를 차지하는 바닷물을 경제적인 방법으로 민물로 만드는 것을 해수 담수화라고 한다. 바닷물을 가열해 생긴 수증기를 냉각시켜 만드는 방법과 삼투막을 이용해 염분을 제거하는 방법을 주로 쓴다.

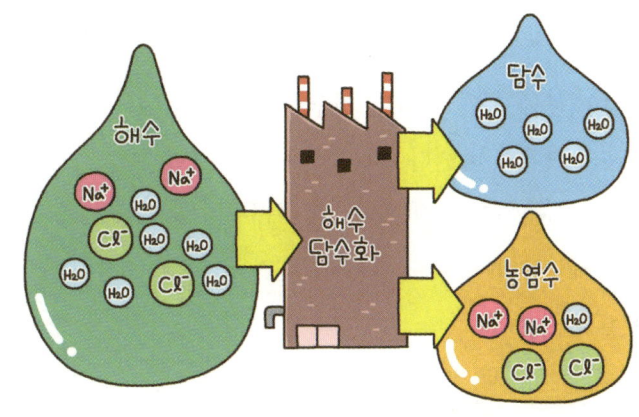

# 해수면 海水面 sea surface

**바다의 표면**

바다와 대기가 접하는 표면이다. 해수면의 높이는 밀물과 썰물, 홍수와 해일 등 다양한 원인에 의해 계속 변하므로 평균을 낸 평균해수면 값을 사용한다. 평균해수면은 육지의 고도를 잴 때 기준으로 삼으며, 이렇게 측정한 고도를 해발고도라 한다.

🔗 해수

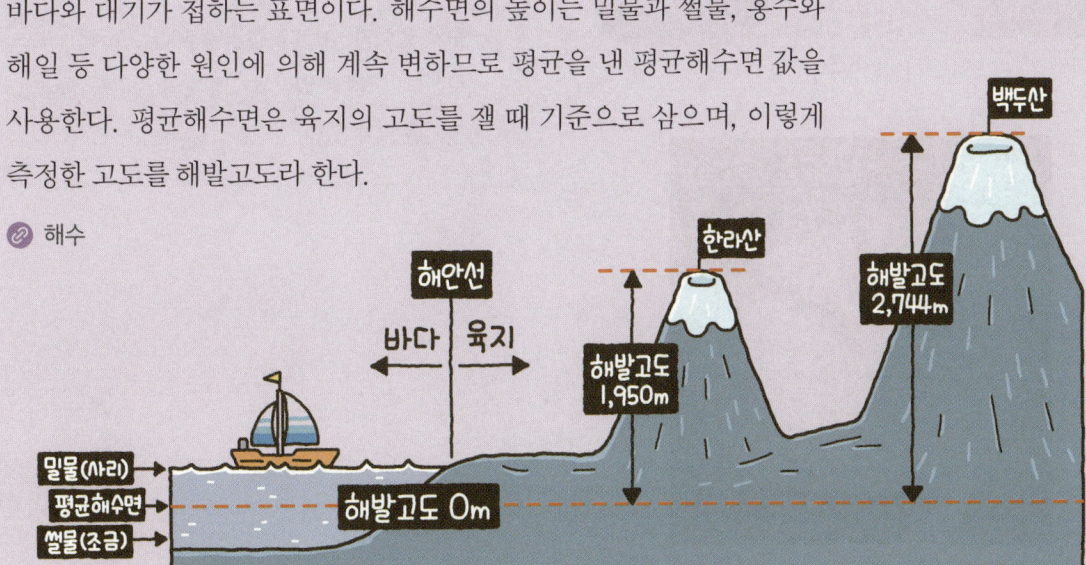

# 해시계 sundial

**해의 움직임으로 시간을 재는 기구**

인간이 만든 최초의 시계이다. 지구는 자전을 하기 때문에 시간에 따라 지구에서 바라보는 태양의 위치가 바뀐다. 따라서 물체의 그림자 방향이 시간에 따라 바뀐다. 이 원리를 이용한 것이 해시계이다.

🔗 물시계, 자전

[앙부일구]

[서양의 해시계]

> **하나 더!** 앙부일구
>
> 우리나라에서는 삼한 시대부터 해시계를 만들었으며, 가장 유명한 것은 조선 시대의 앙부일구다. 앙부일구는 시간뿐만 아니라 절기도 읽을 수 있어서 해시계와 달력의 몫을 다 했다.
>
> - **시각을 읽는 방법:** 아침에 태양이 떠오르면 그림자는 서쪽에 생기고, 정오의 그림자는 정북쪽으로 생기며, 오후의 그림자는 동쪽에 생긴다. 그림자가 지나가는 시선(세로선)을 읽으면 시각을 알 수 있다. 지금과는 달리 자시(밤 11시~1시), 축시(새벽 1시~3시) 같은 시각 단위를 썼다.
> - **절기를 읽는 방법:** 일 년 중 해가 가장 높이 뜨는 날은 하지(6월 21일경), 가장 낮게 뜨는 날은 동지(12월 22일경)이다. 따라서 하짓날 그림자가 가장 짧고 동짓날 그림자가 가장 길다. 같은 낮 12시라도 여름의 그림자 길이와 겨울의 그림자 길이가 다르다. 앙부일구에는 절기선(가로선)이 그려져 있어서 그림자의 길이를 통해 절기를 알 수 있다.

# 해일 海溢 surge, tsunami

**지진이나 태풍 등에 의해 바닷물이 갑자기 크게 일어 육지로 넘쳐 들어오는 현상**

지진에 의한 지진 해일과 태풍에 의한 폭풍 해일이 있다. 두 경우 모두 바닷물이 방파제를 넘어 덮치므로 크나큰 피해를 일으킨다. 지진 해일을 쓰나미라고도 한다.

🔗 지진

[지진 해일(쓰나미)의 발생]

# 해캄 spirogyra

**수온이 높은 계절에 물가에서 볼 수 있는 짙은 녹색을 띤 머리카락 모양의 작은 생물**

손으로 만지면 가늘고 매끄러운 느낌이 든다. 1m 이상까지 자라기도 하고 덩어리를 이룬다. 세포 속에는 나선 모양으로 감긴 가늘고 긴 엽록체가 있으며 몸이 잘리면 각각 새로운 해캄이 되는 무성생식을 한다. 논에 많이 있으면 벼가 자라는 것을 방해하고, 연못이나 양어장에서는 물고기가 움직이거나 먹이를 먹는 데 방해가 된다.

🔗 생식, 무성생식

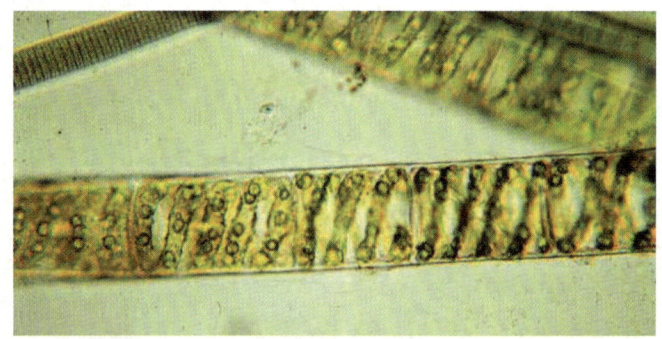

[해캄의 내부 구조]

# 해풍 海風 see breeze

**낮에 바다에서 육지로 부는 바람**

바닷가에서 낮에는 바다에 고기압이, 육지에 저기압이 형성된다. 따라서 바다에서 육지로 바람이 부는데 이를 해풍이라 한다. 바닷가에서 밤에 부는 육풍과 함께 묶어서 해륙풍이라고 한다.

🔗 계절풍, 바람, 육풍

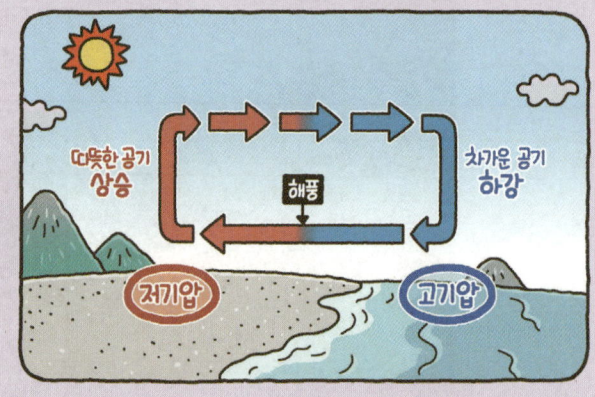

# 행성 行星 planet

**스스로 빛을 내지 못하고 항성 주위를 도는 천체**

태양계에는 수성, 금성, 지구, 화성, 목성, 토성, 천왕성, 해왕성이라 하는 8개의 행성이 있다. 위치를 기준으로 내행성과 외행성으로 분류하고, 행성을 이루는 물질에 따라 지구형 행성과 목성형 행성으로도 나눈다. 태양계 밖에도 태양이 아닌 다른 별의 주위를 돌고 있는 행성이 있다. 이러한 행성을 외계 행성이라 부른다. 지금까지 발견된 외계 행성은 수천 개에 이른다.

🔗 위성, 태양계, 항성

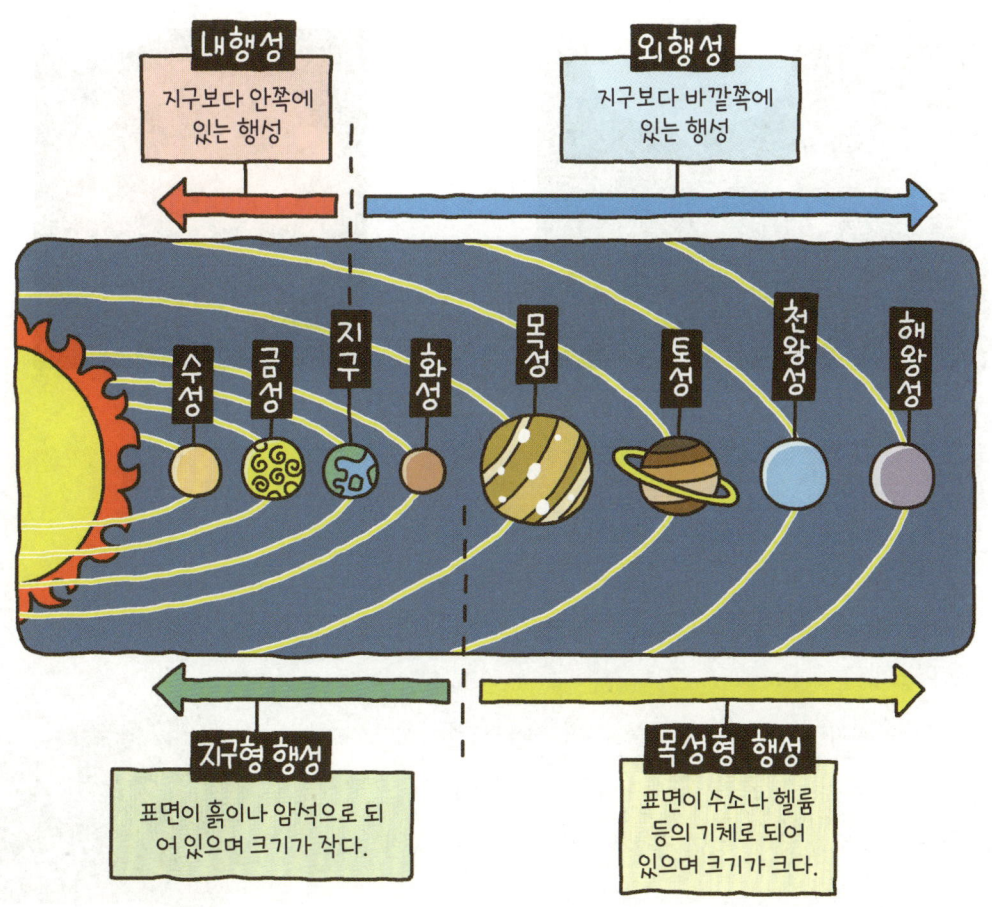

## 허물벗기 ecdysis

**곤충이 몸의 가장 바깥쪽 표피를 벗는 것**

탈피라고도 한다. 곤충의 껍데기는 딱딱해서 몸과 함께 자라지 못한다. 그래서 곤충은 보통 애벌레 상태에서 3~5회 허물벗기를 해 성장하며, 번데기에서 성충이 될 때에도 허물벗기를 한다. 척추동물 중에서 파충류인 뱀도 몸이 커짐에 따라 허물을 벗고 자란다.

🔗 곤충, 파충류, 번데기

매미가 벗어 놓은 허물이야. 여름에 나무에서 많이 볼 수 있어.

## 헬륨 Helium

**색과 냄새가 없고 불에 타지 않으며, 안정되고 가벼운 기체**

수소 다음으로 가볍고 불에 타지 않아 풍선, 비행선 같은 기구에 넣는 기체로 쓰인다. 액체 헬륨은 매우 낮은 온도를 가지고 있어 초전도체 연구에 이용된다.

🔗 기체, 원소

태양의 $\frac{1}{4}$은 헬륨으로 되어 있어!

[태양]

## 현무암 玄武岩 basalt

**지표면 근처에서 용암이 빠르게 식어 만들어진, 전체적으로 어두운색을 띠는 암석**

화성암의 한 종류이다. 어두운색 광물로 이루어져 전체적으로 어두운색을 띤다. 용암이 빠르게 식었기 때문에 광물이 뭉칠 시간이 부족해 광물의 크기가 작다. 겉이 거칠고 단단하며 제주도에 많다.

🔗 용암, 화강암, 화성암

# 현미경 顯微鏡 microscope

**작은 물체나 물체의 일부분을 확대해서 관찰하는 기구**

빛과 렌즈를 이용한다. 눈 쪽의 볼록 렌즈를 접안렌즈, 물체 쪽의 볼록 렌즈를 대물렌즈라고 한다. 대물렌즈에 의해 확대된 물체의 모습을 접안렌즈가 다시 확대해서 물체를 크게 볼 수 있다. 가장 많이 쓰는 것은 광학 현미경이며, 경통이 움직이는 경통 이동식 현미경과 재물대가 움직이는 재물대 이동식 현미경이 있다. 1600년 경 네덜란드의 얀센이 발명했다.

🔗 렌즈, 빛, 현미경표본

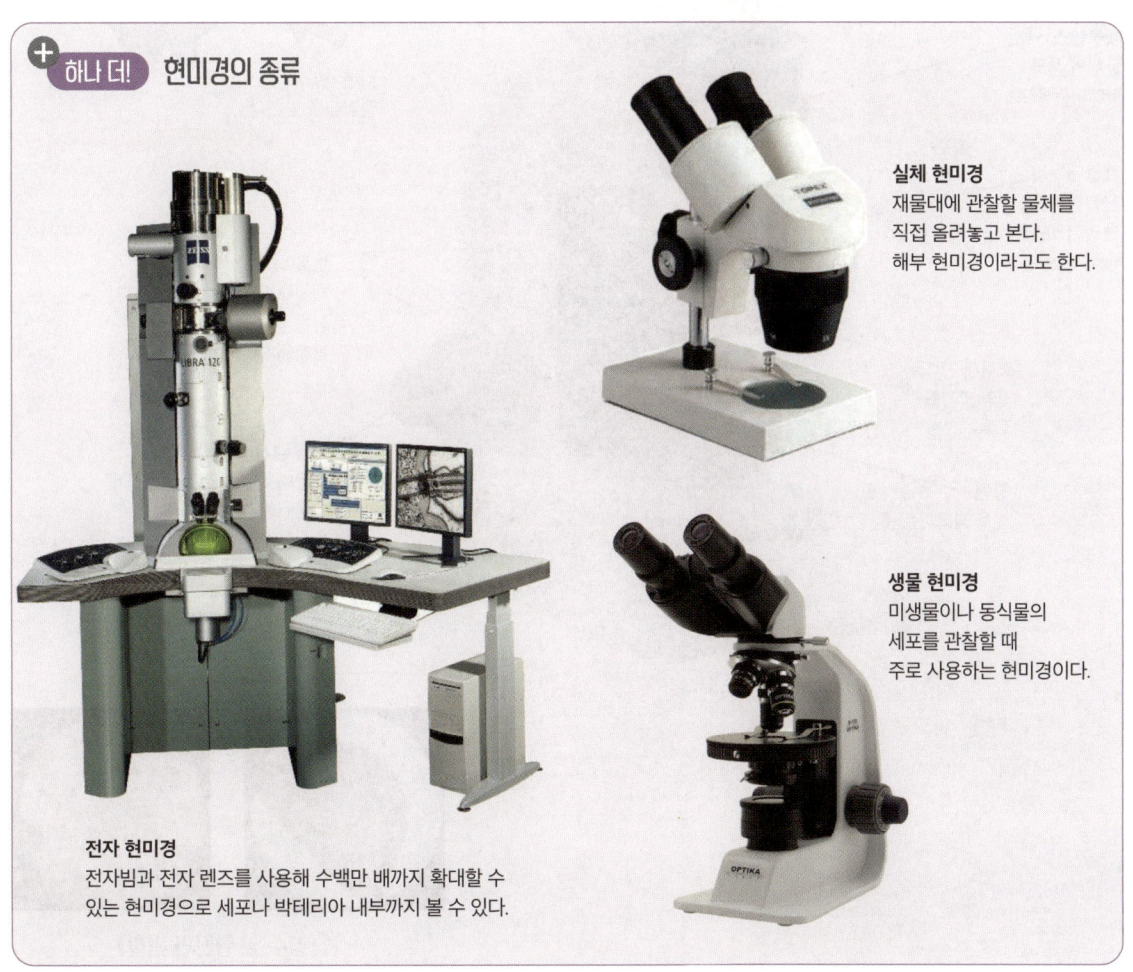

**하나 더! 현미경의 종류**

**실체 현미경**
재물대에 관찰할 물체를 직접 올려놓고 본다. 해부 현미경이라고도 한다.

**생물 현미경**
미생물이나 동식물의 세포를 관찰할 때 주로 사용하는 현미경이다.

**전자 현미경**
전자빔과 전자 렌즈를 사용해 수백만 배까지 확대할 수 있는 현미경으로 세포나 박테리아 내부까지 볼 수 있다.

## 광학 현미경의 구조

**접안렌즈**
눈을 대고 보는 렌즈로 대물렌즈와 함께 물체의 상을 확대시키는 렌즈

**대물렌즈**
물체의 상을 확대하는 렌즈

**재물대**
관찰하려는 현미경표본을 올려 놓는 부분

**조리개**
빛의 밝기를 조절

**광원**
빛을 공급하는 곳

**조동 나사**
재물대를 위아래로 이동시켜 상을 찾은 후 대략적인 초점을 맞추는 나사

**미동 나사**
재물대를 위아래로 미세하게 이동시켜 상의 정확한 초점을 맞추는 나사

한 손으로 손잡이의 중앙 부분을 잡는다.

다른 손으로 밑받침을 받친다.

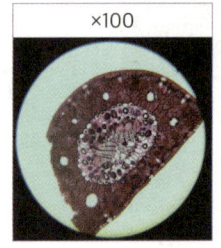

×100

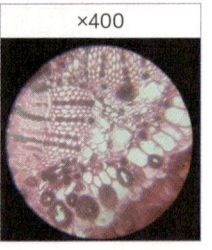

×400

[침엽수 잎 횡단면 관찰]

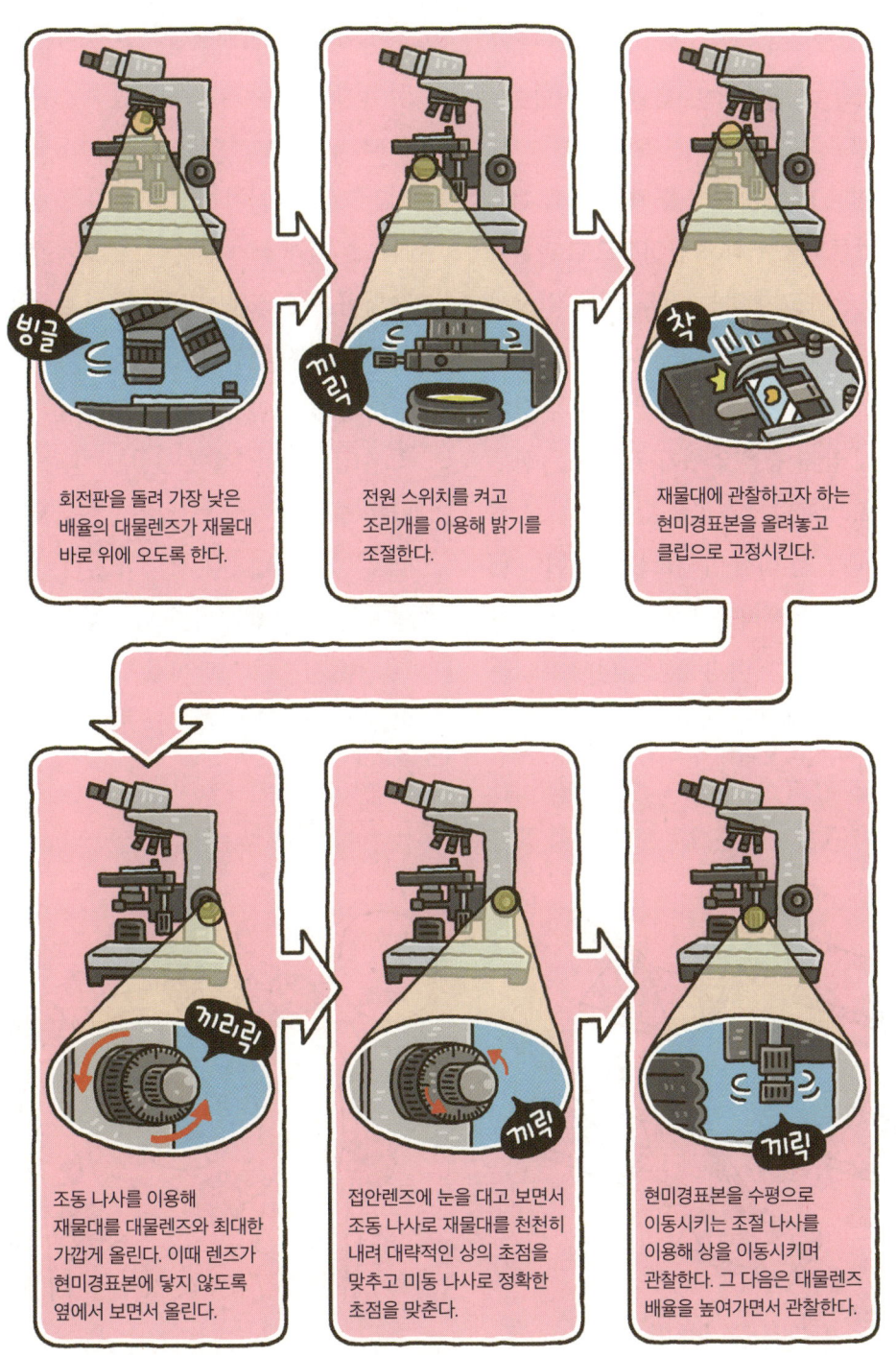

## 현미경표본
顯微鏡標本 preparation

**세포, 광물, 암석 따위를 현미경으로 관찰할 수 있도록 만든 것**

작은 물질이나 미세한 부분을 관찰할 때 현미경표본을 만들면 간편하고 안정적으로 관찰할 수 있다. 관찰하고자 하는 것을 빛이 잘 통과할 수 있도록 얇게 잘라 받침 유리에 올려놓고, 덮개 유리로 덮어 만든다. 받침 유리와 덮개 유리 사이에 공기 층을 없애기 위해 물을 한두 방울 떨어뜨리고 덮개 유리를 덮는다. 세포 표본을 만들 때는 물 대신 아세트산 카민이나 메틸렌 블루 같은 염색약을 사용하여 표본이 잘 보이도록 한다. 또 현미경표본의 덮개 유리는 대물렌즈가 재료에 닿는 것을 막는다.

🔗 현미경

[현미경표본 만들기]

## 혈관 血管 blood vessel

**동맥, 정맥, 모세혈관 등 혈액이 이동하는 통로**

심장에서 나온 혈액이 이동하는 통로로 크게 동맥, 정맥, 모세혈관이 있다. 동맥은 심장에서 나가는 혈액이 흐르는 혈관이며, 정맥은 심장으로 들어오는 혈액이 흐르는 혈관이다. 모세혈관은 온몸에 그물처럼 퍼져 있으며 동맥과 정맥을 연결한다. 동맥은 심장에서 나오는 혈액의 높은 압력을 견디기 위해서 두껍고 탄력이 강하지만, 정맥은 얇고 탄력이 적다. 정맥은 혈압이 약해 혈액이 거꾸로 흐르는 것을 막기 위해 군데군데 판막이 있다. 모세혈관은 혈관 중 표면적이 가장 넓고 한층의 세포층으로 되어 있으며 혈류의 속도가 느려 물질 교환이 잘 일어난다.

🔗 혈액, 동맥, 정맥, 모세혈관

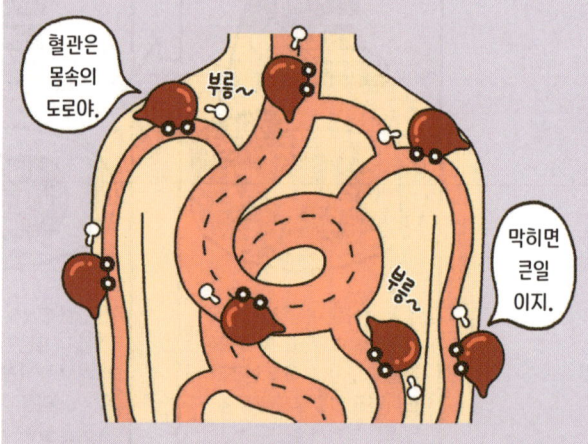

# 혈액 血液 blood

**혈관 속을 흐르는 붉은색 액체**

혈액은 폐에서 받은 산소와 소화기관에서 흡수한 영양소를 온몸에 전달한다. 또한 온몸의 세포에서 생긴 찌꺼기를 폐나 배설기관으로 보내 몸 밖으로 내보낼 수 있도록 해 준다. 혈액은 적혈구, 백혈구, 혈소판과 혈장으로 되어 있다. 적혈구는 산소를 운반하고, 헤모글로빈이라는 색소가 있어서 붉은색을 띤다. 백혈구는 세균을 잡아먹고 혈소판은 상처가 났을 때 피가 굳게 한다. 혈장은 대부분 물로 되어 있으며, 영양분, 노폐물, 이산화 탄소를 운반하고, 체온을 조절한다. 사람의 전체 혈액량은 약 4~6L 정도이다.

🔗 혈관

## 하나 더! 혈액 순환

심장의 주기적인 펌프 작용으로 몸속의 혈액이 일정한 방향으로 도는 것으로, 폐를 도는 폐순환과 온몸을 도는 체순환이 있다. 혈액이 체순환과 폐순환을 마치는 데 1분도 걸리지 않는다.

- **폐순환**: 우심실 → 폐동맥 → 폐 → 폐정맥 → 좌심방. 우심실을 통해 나온 혈액이 폐에서 이산화 탄소를 내보내고, 산소를 받은 뒤 좌심방으로 돌아오는 순환
- **체순환**: 좌심실 → 대동맥 → 온몸 → 대정맥 → 우심방. 좌심실을 통해 나온 혈액이 온몸을 돌면서 산소와 영양소를 공급하고 이산화 탄소와 노폐물을 가져와 우심방으로 돌아오는 순환

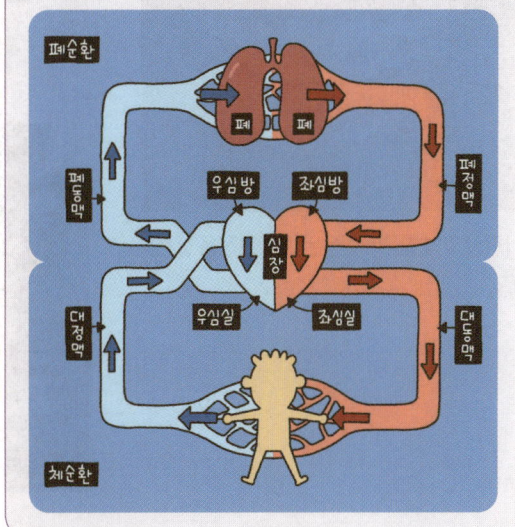

# 형상 기억 합금 形狀記憶合金 shape memory alloy

**다른 모양으로 바꾸어도 가열하면 원래의 모양으로 되돌아오는 성질이 있는 합금**

일반적으로 금속은 모양을 바꾸면 온도를 변화시켜도 원래의 모양으로 되돌아가지 않는다. 하지만 용수철처럼 생긴 형상 기억 합금을 똑바로 펴서 더운물에 넣으면 이전 모양을 기억하고 있는 것처럼 다시 용수철 모양이 된다. 타이타늄과 니켈 합금이 대표적이다.

🔗 금속

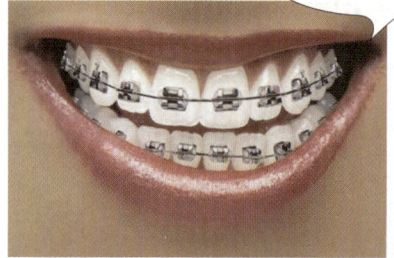

[형상 기억 합금이 이용된 치아 교정용 철사]

체온에 의해 철사의 모양이 변해서 이를 가지런하게 만들어.

[형상 기억 합금이 처음 이용된 1969년 아폴로 11호의 안테나]

달에 가져갈 때는 안테나가 접혀 있다가 달에서 햇빛을 받으면 온도가 올라가 우산처럼 펴져.

# 형성층 形成層 cambium

**식물 줄기에서 새로운 세포를 만드는 곳이 띠처럼 층을 이루고 모여 있는 것**

쌍떡잎식물의 물관과 체관 사이에 위치한다. 형성층 안쪽으로는 물관 세포가, 바깥쪽으로는 체관 세포가 새로 생겨나면서 줄기가 굵어지는 성장을 한다. 외떡잎식물처럼 형성층이 없는 식물은 새로운 물관과 체관을 만들지 않고 줄기의 굵기가 거의 늘어나지 않는다.

🔗 관다발, 물관, 쌍떡잎식물, 외떡잎식물, 체관

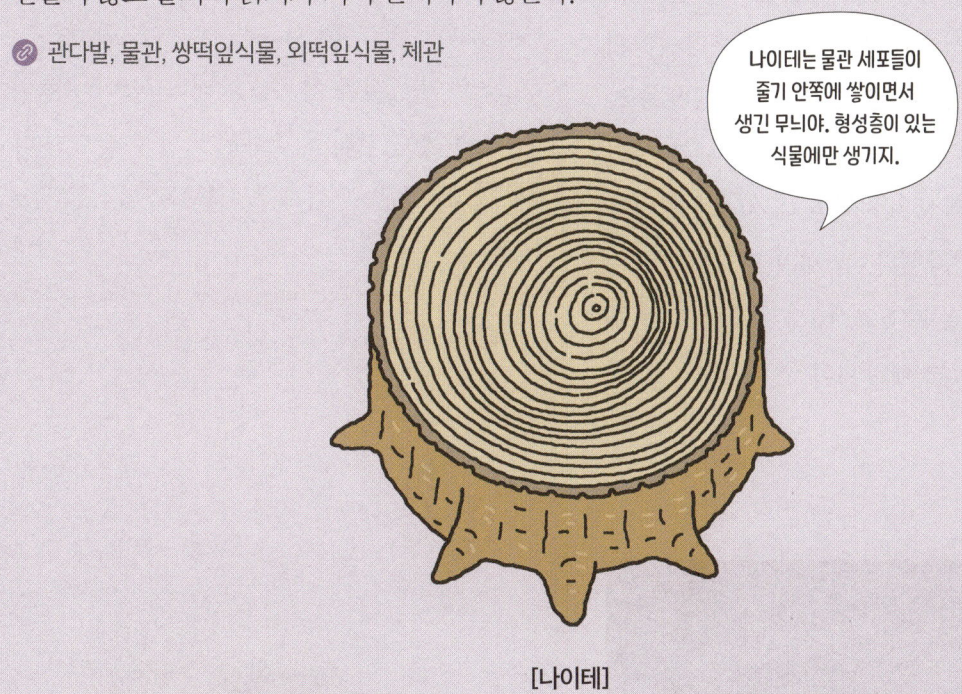

나이테는 물관 세포들이 줄기 안쪽에 쌓이면서 생긴 무늬야. 형성층이 있는 식물에만 생기지.

[나이테]

# 형질 形質 character

**생물이 가지고 있는 여러 가지 모양이나 성질**

유전으로 나타난다. 곱슬머리, 보조개, 쌍꺼풀, 혀말기 능력, 콩의 모양이나 색처럼 겉으로 드러나는 형질인 표현형과 혈액형처럼 유전자의 조합으로 설명할 수 있는 유전자형이 있다.

🔗 디엔에이

# ㅎ

## 혜성 彗星 comet

**밝은 꼬리를 끌고 태양 주위를 타원 궤도로 도는 천체**

혜성의 중심 부분인 핵은 먼지와 얼음으로 만들어져 있다. 혜성이 태양에 접근하면 태양열에 의해 핵 표면에서 증발이 일어나 기체와 먼지가 핵 주위를 구름처럼 감싸는 코마를 만든다. 코마의 먼지들이 우주 공간에 뿌려지면서 꼬리가 만들어진다. 혜성의 꼬리는 태양의 복사압과 태양풍 때문에 태양 반대쪽으로 생긴다. 옛날에는 혜성을 지구의 대기에서 일어나는 현상으로 생각했다. 16세기 티코브라헤는 혜성이 천체임을 밝혔고, 18세기 초 핼리는 주기와 궤도가 있는 태양계의 구성원임을 증명했다.

🔗 태양계

[핼리 혜성]

## 호화 糊化 gelatinization

**녹말을 물과 함께 가열했을 때 녹말 입자가 파괴되어 풀처럼 변하는 현상**

녹말에 물을 붓고 가열하기 시작하여 60~70℃가 되면 녹말 입자가 풀어져 부드럽고 끈적끈적한 상태가 되는데 이를 녹말의 호화라고 한다. 호화된 녹말은 소화가 잘 된다. 밥, 죽, 떡이 녹말의 호화를 이용한 예이다. 밥이나 떡이 식으면 굳는 것처럼 호화된 녹말이 식으면 다시 원래와 비슷한 상태로 되돌아간다.

🔗 녹말

[호화의 일종인 죽]

# 호흡 呼吸 respiration

**생물이 숨을 내쉬고 들이마시는 일**

호흡에는 외호흡과 내호흡, 세포호흡이 있다. 외호흡은 폐에서 폐포와 모세혈관 사이에 산소와 이산화 탄소의 교환이 일어나 몸속으로 산소를 받아들이고, 몸 밖으로 이산화 탄소를 내보내는 것이다. 내호흡은 몸속으로 들어온 산소를 혈액을 통해 온몸의 조직 세포로 보내고, 조직 세포에서 세포호흡의 결과로 생긴 노폐물인 이산화 탄소를 혈액으로 내보낸다. 세포호흡은 세포에서 산소를 이용해 영양소를 분해해서 생활에 필요한 에너지를 얻는 과정을 말한다.

🔗 산소, 이산화 탄소, 폐

# 호흡기관
呼吸器官 respiratory organ

**우리 몸에서 호흡을 담당하는 기관**

코, 기관, 기관지, 폐가 호흡기관에 속한다. 코로 들어온 공기는 코털과 콧물에 먼지와 세균이 걸러지고 콧속을 통과하면서 우리 몸의 체온과 습도가 비슷해진다. 이 공기는 기관과 기관지를 거쳐 폐로 간다. 기관과 기관지 안쪽 벽에 있는 미세한 털과 액체는 공기 속 먼지와 세균을 걸러낸다. 폐는 매우 작은 폐포 수억 개로 이루어져 모세혈관과 닿는 면이 매우 넓다. 폐포와 모세혈관은 산소와 이산화 탄소를 교환한다.

🔗 기관, 폐, 호흡

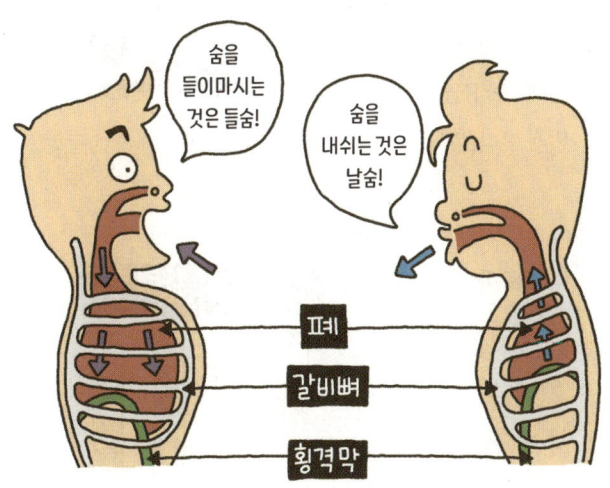

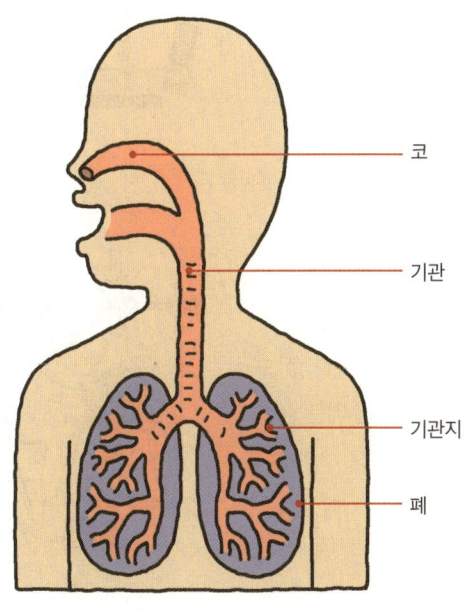

# 혼합물 混合物 mixture

**두 가지 이상의 물질이 섞여 있는 것**

섞여 있는 각 물질이 고유의 성질을 잃지 않고 그대로 가지고 있다. 예를 들어 소금과 철가루가 섞여 있는 혼합물은 소금과 철가루의 성질을 그대로 가지고 있어, 자석으로 철가루를 분리할 수 있다. 공기, 소금물과 같이 각 물질이 고르게 섞이는 경우를 균일 혼합물이라 하고, 흙탕물, 우유와 같이 고르지 않게 섞인 경우를 불균일 혼합물이라고 한다.

🔗 거름, 밀도, 증류, 크로마토그래피

---

### ➕ 하나 더! 혼합물의 분리

**거름**

소금과 나프탈렌이 섞인 혼합물을 물에 녹인 후 걸러 나프탈렌을 분리한다.

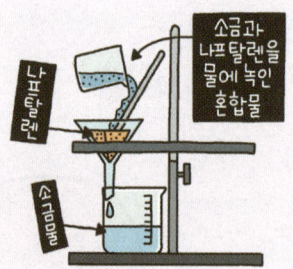

**밀도 차이 이용**

물과 기름이 섞인 혼합물은 층이 지는데 이것을 분별 깔때기에 넣은 다음, 밀도가 커 밑에 가라앉은 물을 먼저 분리한다.

**분별 증류**

물과 에탄올의 혼합물을 증류 장치에 넣고 가열하면 끓는점이 낮은 에탄올이 먼저 끓어 나와 이를 액화시켜 분리한다.

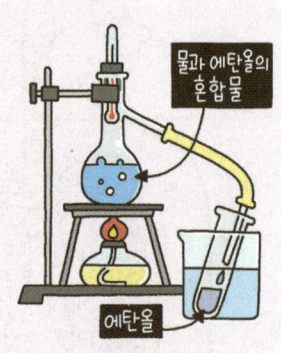

**크로마토그래피**

사인펜 잉크의 색소를 물에 녹인 후 종이에서 이동하는 속도 차이를 이용해서 분리한다.

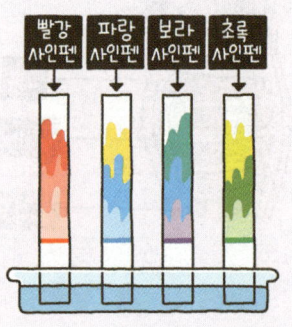

# 화강암 花崗岩 granite

**땅속에서 마그마가 천천히 식어 만들어진, 전체적으로 밝은색을 띠는 암석**

화성암의 한 종류이다. 대부분 밝은색 광물로 이루어져 전체적으로 밝은색을 띤다. 마그마가 천천히 식었기 때문에 광물이 뭉칠 수 있는 시간이 충분해서 광물의 크기가 크다. 매우 단단할 뿐만 아니라 표면을 잘 갈면 윤이 나는 성질이 있다. 비석이나 탑, 건물 바깥쪽 벽 등을 만들 때 사용한다. 우리나라 전 지역에 풍부한 편이다.

🔗 마그마, 현무암, 화성암

# 화산 火山 volcano

땅속 깊은 곳에서 만들어진 마그마가 지각의 틈을 통해 지표 밖으로 분출하여 만들어진 산

🔗 마그마, 용암

[화산 분출 때 나오는 여러 가지 물질]

➕ **하나 더!** 화산이 우리에게 주는 피해와 이로운 점

**피해**
- 화산재가 대기 중에 퍼지면 항공기가 다닐 수가 없어.
- 사람이 죽거나 화산재, 용암으로 집, 건물, 농작물이 피해를 입지.

**이로운 점**
- 뜨거운 열로 전기를 만들어.
- 화산에서 나온 물질로 지구 내부의 정보를 알 수 있지.
- 온천으로 이용해. 시원하다.
- 유명한 관광지가 되기도 하지. 찰칵!

# 화산 분출물 火山噴出物 volcanic ejecta

**화산 활동으로 나오는 여러 가지 물질**

기체, 액체, 고체가 모두 포함되어 있다. 마그마가 분화구에서 나오면 마그마에 포함되어 있던 기체가 공기 중으로 날아가는데, 이를 화산 가스라 한다. 화산 가스는 대부분 수증기이고 이산화 탄소도 포함되어 있다. 마그마에서 기체가 빠져나가고 남은 액체 성분이 용암이다. 고체 분출물은 크기가 매우 작은 화산재, 다양한 크기의 화산 암석 조각이 있다. 고체 분출물은 대부분 마그마가 뿜어져 나올 때 지표면의 암석이 부서지면서 생겨난다.

🔗 마그마, 용암, 화산

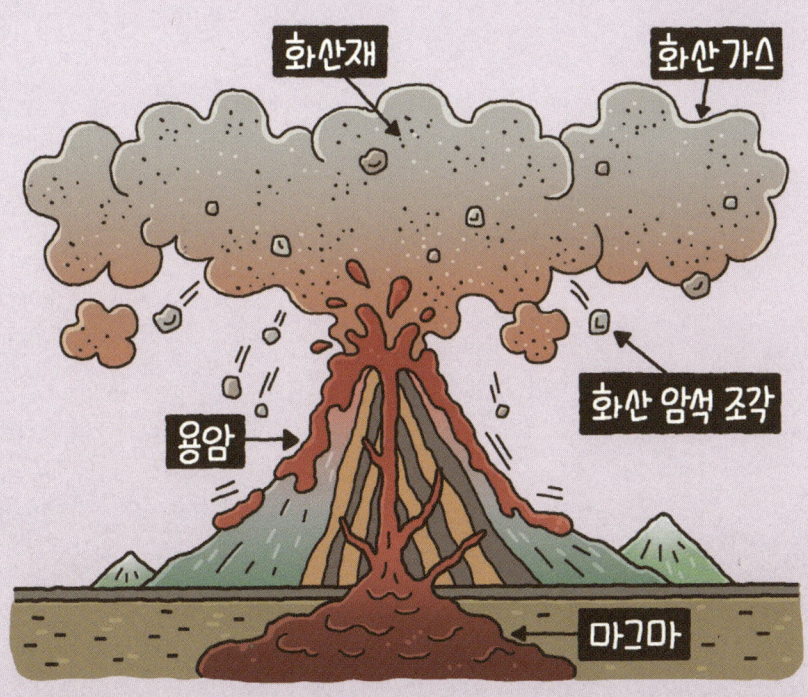

# 화산 활동 火山活動 volcanism

**화산의 산꼭대기에서 마그마와 함께 여러 가지 물질이 나오는 현상**

화산 활동으로 다양한 화산 분출물이 발생하고, 이로 인한 피해가 발생한다. 용암은 도시와 농경지를 파괴하고 숲과 가옥을 태워 화재를 발생시킨다. 화산재는 햇볕을 차단하여 기온을 낮추고 비행기 운항을 방해한다. 또한 산사태가 일어나 커다란 재해가 발생할 수 있다. 화산 활동이 자주 일어나는 화산대는 판의 경계에 위치하며 지진이 자주 일어나는 지진대와 거의 일치한다.

🔗 지진, 화산, 화산 분출물

# 화석 化石 fossil

**지질 시대에 살았던 생물의 몸체나 흔적이 지층 속에 남아 있는 것**

고생물이 화석으로 남기 위해서는 몇 가지 조건이 필요하다. 먼저 생물의 개체 수가 많아야 하며, 생물체에 뼈나 껍데기 같은 단단한 부분이 있어야 한다. 또한 생물체의 유해가 썩기 전에 빨리 퇴적물에 묻혀 보존되어야 한다. 화석이 만들어지는 과정은 다음과 같다.

🔗 지질 시대, 퇴적암, 퇴적 작용

| 죽은 생물이 바다에 가라앉아 퇴적물 속에 파묻힌다. | 파묻힌 유해가 지하수에 녹아 없어진다. | 유해가 녹아 없어진 빈 공간에 진흙 등의 물질이 채워진다. | 채워진 물질이 굳는다. | 지층이 큰 힘을 받아 솟아오른다. | 지층이 깎여 화석이 지표에 나타난다. |

## ➕ 하나 더! 화석의 분류 – 표준 화석과 시상 화석

표준 화석은 지층이 만들어진 시기를 알려 주는 화석으로, 생물이 생존한 기간이 짧고 넓은 지역에 걸쳐 발견되는 화석을 말한다. 시상 화석은 지층이 만들어질 당시의 환경을 알려 준다. 산호와 고사리가 대표적인 시상 화석이다.

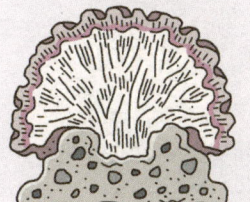 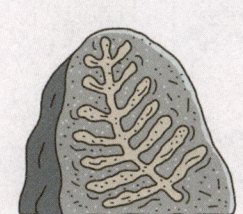

산호 화석이 발굴된 지역은 수심이 얕고 물이 맑고 온난한 바다이다.

고사리 화석이 발굴된 지역은 따뜻하고 습기가 많은 늪지대이다.

# 화석 연료 化石燃料 fossil fuel

과거 지질 시대에 살던 동식물의 유해에서 얻는 석탄, 석유 같은 연료

석탄은 고생대에 번성하던 양치 식물이 묻혀서 된 것이고 석유와 천연가스도 과거 지질 시대에 살던 생물이 남긴 유해이다. 오늘날 전체 연료의 85% 이상을 화석 연료가 차지하고 있다. 화석 연료는 묻혀 있는 양이 한정되어 있어서 언젠가는 모두 다 쓰고 없어질 것으로 예상된다. 대기 오염을 일으키는 등 많은 부작용도 있다.

🔗 지질 시대, 화석

[석유, 천연가스가 만들어지는 과정]

따뜻한 바다에 살았던 미생물의 잔해가 열과 압력을 받아 변화된 것이다.

[석탄이 만들어지는 과정]

수억 년 전 거대한 열대 밀림 지대를 이뤘던 식물의 유해가 변형된 것이다.

# 화성암 火成岩 igneous rock

**마그마가 식어 만들어진 암석**

마그마에는 여러 가지 물질들이 녹아 있으며 이 물질들이 굳어 광물이 되고, 이 광물들이 모여 화성암을 이룬다. 화성암은 굳는 데 걸린 시간에 따라 심성암과 화산암으로 나뉜다. 심성암은 천천히 식으면서 큰 결정이 만들어지지만 화산암은 급하게 식어서 결정이 작다. 또, 구성 광물의 종류에 따라 화성암의 밝기가 달라진다. 장석이나 석영 같은 밝은색 광물이 많이 포함되어 있으면 밝은색을 띠고, 흑운모나 휘석 같은 어두운색 광물이 많이 포함되어 있으면 어두운색을 띤다.

🔗 마그마, 변성암, 암석, 용암, 퇴적암

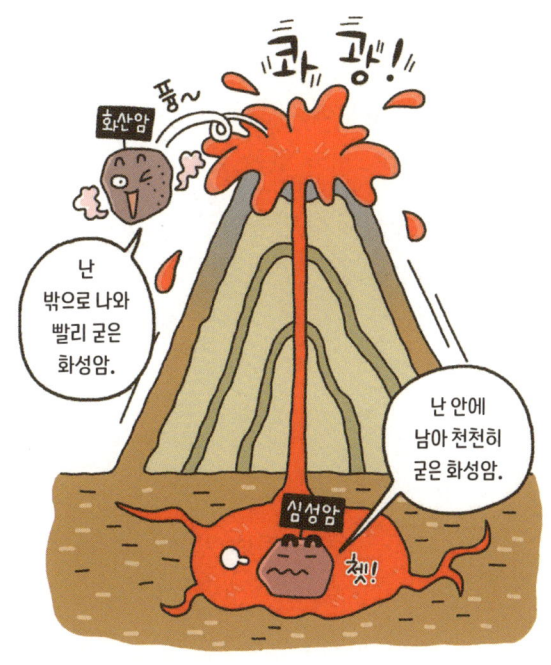

# 화학 변화 化學變化 chemical change

**물질이 원래의 성질과 전혀 다른 새로운 물질로 변하는 현상**

물질을 구성하는 원자들 사이에 결합이 깨진 다음 재배열해 새로운 물질이 만들어지기 때문에 원래의 성질을 잃어버린다. 물질의 연소, 철이 녹스는 현상, 음식물이 소화되는 현상이 화학 변화에 속한다. 화학 변화가 일어나는 과정을 화학 반응이라 하고, 화학 변화를 통해 만들어진 물질을 화합물이라 한다.

🔗 연소, 원자

# 화학 에너지 chemical energy

**물질 속에 저장되어 있으며, 한 물질이 다른 물질로 변화할 때 나타나는 에너지**

연료나 음식물 내부에 저장된 에너지를 말한다. 평소에는 드러나지 않다가 연소나 소화 같은 화학 변화에 의해 다른 에너지로 전환된다. 석유가 연소되면 석유의 화학 에너지는 열에너지로 전환된다. 음식물의 화학 에너지는 소화를 통해 체온 유지에 필요한 열에너지와 운동 에너지로 전환된다.

🔗 에너지, 화학 변화

# 화학적 산소요구량(COD)
化學的酸素要求量 Chemical Oxygen Demand

**오염 물질을 산화제로 분해시켜 정화하는 데 쓰이는 산소의 양**

물이 많이 오염될수록 오염 물질의 분해에 필요한 산소의 양도 늘어난다. 따라서 화학적 산소요구량이 클수록 오염이 심한 것이다. 공장 폐수로 인한 오염 정도를 잴 때 많이 사용한다. 단위는 ppm 또는 mg/L이다.

🔗 생물학적 산소요구량, 용존산소량

# 화학 전지
化學電池 chemical cell

**화학 반응이 일어날 때 발생하는 에너지를 전기 에너지로 바꾸는 장치**

최초의 화학 전지는 1800년 볼타가 개발한 볼타 전지이다. 충전할 수 없는 1차 전지와 충전하여 다시 사용할 수 있는 2차 전지가 있다. 1차 전지는 반응 물질의 화학 변화가 끝나면 다시 쓸 수 없다. 볼타 전지, 건전지 따위가 있다. 2차 전지는 전지에 전기 에너지를 공급하면 반응 물질이 원래 상태로 되돌아가 다시 쓸 수 있다. 니켈-카드뮴 전지, 납축전지 따위가 있다.

🔗 볼타 전지, 전지

# 화합물
化合物 compound

**두 종류 이상의 원소가 결합하여 만들어진 순물질**

산소 원자 한 개와 수소 원자 두 개가 결합하여 만들어진 물처럼 화학 결합을 통해 만들어진 물질이다. 두 가지 이상의 물질이 단순히 섞여 있는 혼합물과는 다르다. 화합물을 더 단순한 물질로 분리하려면 화학 반응을 이용해야 한다.

🔗 순물질, 일정 성분비 법칙, 혼합물, 화학 변화

[물을 이루는 원소]

# 환원 還元 reduction

**어떤 물질이 산소를 잃거나 수소 또는 전자를 얻는 것**

양초가 연소할 때 산소가 수소를 얻어 물이 생기는 반응, 전지가 전자를 얻어 충전되는 것 등이 환원 반응이다. 자연적으로 얻는 대부분의 광물은 산소와 결합하고 있기 때문에 산소를 제거하는 환원 과정을 거쳐 순수한 광물을 얻는다.

🔗 산소, 수소, 전자

## 활엽수 闊葉樹 broad-leaved tree

**잎이 편평하고 넓은 모양으로 된 나무**

단단하고 무늬가 아름다워 가구, 실내 장식용 목재로 많이 쓴다. 속씨식물 중 쌍떡잎식물에 해당되는 나무로, 느티나무, 단풍나무, 오동나무, 참나무 등이 있다. 잎이 넓은 은행나무나 야자나무는 외떡잎식물이기 때문에 활엽수가 아니다.

🔗 쌍떡잎식물, 외떡잎식물, 침엽수

[활엽수]

나무의 종류는 크게 활엽수, 침엽수, 유실수(과일나무)로 분류할 수 있어.

## 황도 黃道 ecliptic

**지구에서 보았을 때 태양이 일 년 동안 지나가는 것으로 보이는 경로**

지구는 일정한 길을 따라 태양 주위를 공전하기 때문에 지구에서 바라보는 태양은 1년 동안 일정한 경로를 따라 움직이는 것처럼 보인다. 황도는 천구의 적도보다 23.5° 기울어져 있다. 춘분과 추분일 때 태양은 천구의 적도와 만나게 되므로 이때 태양의 위치를 각각 춘분점, 추분점이라 하고, 하지일 때를 하지점, 동지일 때를 동지점이라 한다. 황도를 이용해 태양계 안에서 천체의 위치를 나타낼 수 있다.

🔗 천구, 태양

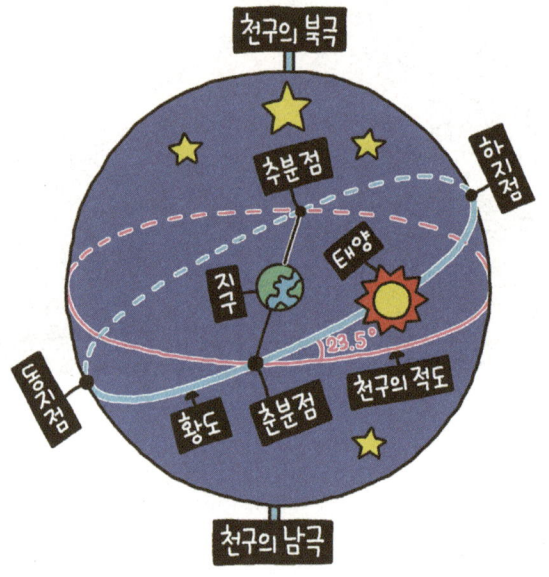

# 황사 현상
黃砂現象 yellow sand phenomenon

**중국 북부의 황토 지대에서 생긴 흙먼지가 바람을 타고 공기 중에 떠다니는 현상**

중국에서 발생한 작은 흙먼지가 동쪽으로 부는 바람을 타고 우리나라까지 온다. 황사는 대체로 타클라마칸 사막과 고비 사막, 황허 유역의 황토 고원에서 생긴다. 우리나라의 황사 현상은 4월과 5월에 주로 나타난다. 황사 현상이 지속되면 호흡기 질환, 눈 질환 그 밖의 각종 병에 걸리기 쉬우며 반도체, 항공기 등의 정밀한 기계 장치를 고장나게 한다. 하지만 토양과 바다에 영양분을 공급하고 산성비와 산성 토양을 중화시키기도 한다.

🔗 산성비, 중화 반응

[황사 현상이 심한 도시]

# 효모 酵母 yeast

**빵, 맥주를 만드는 데 쓰이는 미생물**

하나의 세포로 된 곰팡이로 크기는 0.008 mm이고 둥글거나 달걀 모양이다. 효모가 발효를 할 때 이산화 탄소를 만들기 때문에 빵을 만들려고 밀가루에 효모를 넣으면 반죽이 부풀게 된다.

🔗 곰팡이, 출아법

혹이 자라서 분리되는 출아법으로 번식을 해.

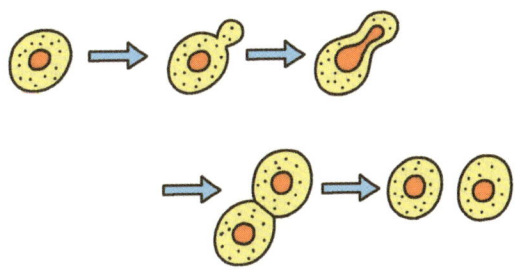

[효모의 출아법]

# 흡열 반응

吸熱反應 endothermic reaction

**주위에서 열을 흡수하는 반응**

물질이 반응한 뒤 가지고 있는 에너지가 처음 물질이 가지고 있던 에너지보다 많을 때 그 에너지 차이만큼 주변의 열을 흡수해야 반응이 일어난다. 얼음이 녹는 것, 물이 끓는 것도 모두 흡열 반응이다.

🔗 발열 반응, 열

# 희토류

稀土類 rare earth resources

**매장량은 적지만 전자 제품을 만드는 데 반드시 필요한 희귀한 금속 광물**

일반적으로 란타넘, 세륨, 프라세오디뮴, 네오디뮴, 프로메튬, 사마륨, 유로퓸, 가돌리늄, 터븀, 디스프로슘, 홀뮴, 어븀, 툴륨, 이터븀, 루테튬, 스칸듐, 이트륨의 17개 원소를 희토류라고 한다. 희토류는 휴대 전화 부품, 전지, 액정 화면, 카메라 렌즈, 광섬유, 레이저 발생 장치에 쓰인다.

🔗 광물, 원소

[희토류가 사용되는 제품]

# 힘 force

**물체의 운동 상태를 변하게 하거나, 물체의 모양을 변화시키는 원인**

과학에서 말하는 힘은 물체의 운동 상태를 변하게 하거나 모양을 변하게 할 수 있고, 둘 다를 동시에 변하게 할 수도 있다. 힘의 크기, 힘의 방향, 힘의 작용점을 힘의 3요소라고 하며 화살표로 나타낸다. 힘의 단위는 N (뉴턴)으로, 1N은 질량이 1kg인 물체의 속도를 1초당 1m/s 늘리는 데 필요한 힘이다. 힘을 측정할 때는 용수철저울을 쓴다. 용수철의 길이는 주어진 힘에 비례하여 늘어나므로, 용수철이 늘어난 길이를 이용해 힘을 알 수 있다.

🔗 가속도, 알짜힘, 질량

## 찾아보기

✦ 설명이나 그림 속에 있는 개념들을 찾아보세요.

### ㄱ

| 가변 저항 | 335 |
| 가속도 법칙 | 095 |
| 가지돌기 | 239 |
| 간뇌 | 094 |
| 간조 | 352 |
| 갈릴레이 위성 | 296 |
| 갈비뼈 | 188 |
| 감각뉴런 | 239 |
| 감각신경 | 123 |
| 감는줄기 | 356 |
| 갑각류 | 349 |
| 강설량 | 028 |
| 강장동물 | 135 |
| 개기월식 | 294 |
| 개기일식 | 316 |
| 건구 온도계 | 035 |
| 건열 | 395 |
| 건조 기후 | 080 |

| 경통 이동식 현미경 | 439 |
| 계통 | 043 |
| 고산 기후 | 080 |
| 고생대 | 375 |
| 고정 도르래 | 106 |
| 고정 저항 | 335 |
| 곧은뿌리 | 243 |
| 곧은줄기 | 356 |
| 골다공증 | 133 |
| 관성 법칙 | 095 |
| 관절염 | 061 |
| 광년 | 388 |
| 광속 | 184 |
| 광학 현미경 | 440 |
| 교류 전류 | 339 |
| 구과 식물 | 397 |
| 구상 성단 | 212 |
| 균사체 | 067 |
| 균일 혼합물 | 448 |

| 그믐달 | 102 |
| 극동풍 | 430 |
| 극성 분자 | 218 |
| 극피동물 | 135 |
| 근시 | 275 |
| 글리코겐 | 024 |
| 기관지 | 072 |
| 기권 | 103 |
| 기는줄기 | 356 |
| 기류 | 145 |
| 기상 요소 | 074 |
| 기상 재해 | 315 |
| 기상 특보 | 315 |
| 기생 생물 | 074 |
| 기화열 | 079 |
| 꽃가루 | 083 |
| 꽃받침 | 082 |
| 꽃밥 | 228 |
| 꽃잎 | 082 |

## ㄴ

| | |
|---|---|
| 나사선 | 180 |
| 나이테 | 445 |
| 난류 | 430 |
| 난반사 | 186 |
| 난자 | 230 |
| 난치 | 167 |
| 난태생 동물 | 158 |
| 날씨 | 074 |
| 남위 | 295 |
| 내행성 | 437 |
| 내호흡 | 447 |
| 냉대 기후 | 080 |
| 노폐물 | 154 |
| 녹로 | 034 |
| 녹조류 | 093 |
| 누룩곰팡이 | 048 |
| 뉴런 | 239 |

## ㄷ

| | |
|---|---|
| 다결정 | 038 |
| 다리뼈 | 188 |
| 다세포생물 | 215 |
| 단결정 | 038 |
| 단세포생물 | 215 |
| 단열 변화 | 099 |
| 단열 압축 | 099 |
| 단열 팽창 | 099 |
| 단진자 | 380 |
| 닫힌회로 | 336 |
| 담수서식지 | 207 |
| 대기권 | 103 |
| 대기압 | 075 |
| 대뇌 | 094 |
| 대동맥 | 107 |
| 대류권 | 103 |
| 대륙 | 302 |
| 대멸종 | 131 |
| 대물렌즈 | 124 |
| 대장 | 399 |
| 대장균 | 214 |
| 대정맥 | 350 |
| 더듬이다리 | 032 |
| 돌려나기 | 319 |
| 동경 | 039 |
| 동물성 지방 | 369 |
| 동물성 플랑크톤 | 208 |
| 동전기 | 351 |
| 동지점 | 460 |
| 등뼈 | 188 |
| 디지털 온도계 | 277 |
| 따뜻한 비 | 161 |
| 땅속줄기 | 356 |

## ㄹ

| | |
|---|---|
| 뢴트겐선 | 262 |
| 리히터 규모 | 372 |

## ㅁ

| | |
|---|---|
| 마주나기 | 319 |
| 만조 | 352 |
| 말초신경계 | 239 |
| 맥박 | 242 |
| 머리뼈 | 188 |
| 명반 | 125 |
| 모세혈관 | 442 |
| 목성형 행성 | 437 |
| 무극성 분자 | 218 |
| 무기염류 | 133 |
| 무릎 관절 | 188 |
| 무리지어나기 | 319 |
| 무역풍 | 430 |
| 물가꾸기 | 227 |
| 물렁뼈 | 048 |
| 물리적 자극 | 320 |

| | | | | | |
|---|---|---|---|---|---|
| 물리적 풍화 | 423 | 변위 | 224 | **ㅅ** | |
| 물재배 | 227 | 별똥별 | 300 | 사이클론 | 407 |
| 미네랄 | 133 | 병렬 회로 | 336 | 사층리 | 395 |
| 미동 나사 | 440 | 병원균 | 141 | 사행천 | 046 |
| | | 병원소 | 161 | 산개 성단 | 212 |
| **ㅂ** | | 보름달 | 102 | 산성 식품 | 193 |
| 바늘잎나무 | 397 | 복사 에너지 | 163 | 상리 공생 | 054 |
| 바이메탈 온도계 | 277 | 복사열 | 163 | 상반 | 100 |
| 바이타민 | 179 | 볼록 거울 | 033 | 상방 치환 | 078 |
| 박테리아 | 214 | 부분월식 | 294 | 상승 기류 | 145 |
| 반고정 저항 | 335 | 부분일식 | 316 | 상현달 | 102 |
| 반사 법칙 | 186 | 부촉매 | 393 | 생물 현미경 | 439 |
| 반사 성운 | 213 | 부패 | 153 | 생식세포 | 301 |
| 반영식 | 294 | 부피 팽창률 | 167 | 생태계파괴 | 206 |
| 반투막 | 198 | 북위 | 295 | 생태계평형 | 202 |
| 발전기 | 150 | 북태평양 기단 | 073 | 서경 | 039 |
| 방출 성운 | 213 | 분말 소화기 | 222 | 서리 | 235 |
| 배사 | 233 | 분별 증류 | 361 | 석순 | 209 |
| 배설물 | 154 | 불균일 혼합물 | 448 | 석영 | 062 |
| 배양액 | 227 | 비결정 | 038 | 석주 | 209 |
| 배젖 | 245 | 비말 | 176 | 선캄브리아대 | 375 |
| 백혈구 | 443 | 뿌리골무 | 189 | 섭씨온도 | 276 |
| 벌레잡이 식물 | 238 | 뿌리털 | 189 | 성간 물질 | 213 |
| 변성 작용 | 159 | 뿌리혹세균 | 214 | 성층권 | 103 |
| 변온동물 | 391 | | | 세포체 | 239 |

| | | | | | |
|---|---|---|---|---|---|
| 세포호흡 | 447 | 스테고사우루스 | 053 | 아미노산 | 096 |
| 소뇌 | 094 | 습구 온도계 | 035 | 아파토사우루스 | 053 |
| 소장 | 328 | 승화성 물질 | 235 | 안전 반원 | 407 |
| 소행성대 | 290 | 시베리아 기단 | 073 | 안토사이아닌 | 389 |
| 소화효소 | 220 | 시상 화석 | 453 | 알뿌리 | 273 |
| 솔이끼 | 308 | 식도 | 221 | 암석의 순환 | 251 |
| 송진 | 397 | 식물성 지방 | 369 | 암수딴그루 | 097 |
| 수경법 | 227 | 식물의 한살이 | 237 | 암수딴몸 | 324 |
| 수력 발전 | 150 | 신생대 | 375 | 암수한그루 | 097 |
| 수매화 | 083 | 신에너지 | 241 | 암술대 | 250 |
| 수분 | 083 | 실시 등급 | 036 | 암술머리 | 250 |
| 수상 치환 | 078 | 실체 현미경 | 439 | 암흑 성운 | 213 |
| 수소 이온 농도 | 194 | 심방 | 242 | 앙금 | 253 |
| 수소 이온 지수 | 194 | 심성암 | 455 | 앙부일구 | 434 |
| 수술대 | 228 | 심실 | 242 | 액포 | 215 |
| 수염뿌리 | 280 | 심장 박동 | 242 | 액화열 | 255 |
| 수용성 비타민 | 179 | 심층 해류 | 430 | 양성자 | 347 |
| 수은 기압계 | 076 | 쓰나미 | 435 | 양이온 | 310 |
| 수정란 | 230 | 쓸개즙 | 244 | 양쯔강 기단 | 073 |
| 수직 단층 | 100 | 씨껍질 | 245 | 어긋나기 | 319 |
| 수평잡기 | 231 | 씨방 | 250 | 어류 | 259 |
| 숙주 | 074 | 씨앗 | 245 | 역단층 | 100 |
| 순간 속력 | 225 | | | 역학적 에너지 보존 | 264 |
| 숨관 | 072 | **ㅇ** | | 연골 | 048 |
| 숨관가지 | 072 | 아네로이드 기압계 | 076 | 연수 | 094 |

| | | | | | |
|---|---|---|---|---|---|
| 연약권 | 416 | 운동뉴런 | 239 | 이분법 | 134 |
| 연합뉴런 | 239 | 운동신경 | 123 | 이산화 탄소 소화기 | 222 |
| 연흔 | 395 | 운동 제1법칙 | 095 | 이온화 경향 | 310 |
| 열권 | 103 | 운동 제2법칙 | 095 | 이자액 | 311 |
| 열대 기후 | 080 | 운동 제3법칙 | 095 | 익룡 | 052 |
| 열린회로 | 336 | 운석 충돌설 | 052 | 인공 자석 | 273 |
| 열선 | 332 | 움직도르래 | 106 | 인대 | 048 |
| 열에너지 | 260 | 원소 기호 | 291 | 인슐린 | 311 |
| 염기성 식품 | 193 | 원자력 발전 | 150 | 일기 | 074 |
| 엽리 | 159 | 위액 | 221 | 일시 자석 | 322 |
| 영양기관 | 071 | 위험 반원 | 407 | 잎맥 | 319 |
| 오대양 | 144 | 유(U)자곡 | 396 | 잎몸 | 319 |
| 오목 거울 | 033 | 유동성 | 249 | 잎자루 | 319 |
| 오존 구멍 | 276 | 유성체 | 404 | 잎차례 | 319 |
| 오호츠크해 기단 | 073 | 유전자형 | 445 | | |
| 온난 전선 | 340 | 유형거 | 034 | **ㅈ** | |
| 온대 기후 | 080 | 육상 서식지 | 207 | 자격루 | 138 |
| 온실 가스 | 081 | 윤년 | 256 | 자극 | 323 |
| 외행성 | 437 | 융해열 | 303 | 자기력선 | 321 |
| 외호흡 | 447 | 은하군 | 304 | 자성 | 322 |
| 용반류 | 052 | 은하단 | 304 | 자연 면역 | 130 |
| 용수철 진자 | 380 | 은하수 | 304 | 자연 발화 온도 | 152 |
| 우리은하 | 304 | 음이온 | 310 | 자연 선택설 | 381 |
| 우산이끼 | 308 | 응고열 | 306 | 자웅동주 | 324 |
| 우화 | 088 | 이끼식물 | 211 | 자웅이주 | 324 |

| | | | | | |
|---|---|---|---|---|---|
| 자웅이체 | 324 | 정단층 | 100 | 중추신경계 | 239 |
| 자율신경 | 123 | 정반사 | 186 | 증발 접시 | 362 |
| 잠수함 | 165 | 정온동물 | 391 | 지각 | 251 |
| 장마 전선 | 340 | 정자 | 230 | 지구 중심설 | 387 |
| 장석 | 062 | 정촉매 | 393 | 지구형 행성 | 437 |
| 재결정 작용 | 159 | 젖산균 | 299 | 지느러미 | 259 |
| 재물대 이동식 현미경 | 439 | 조동 나사 | 440 | 지용성 비타민 | 179 |
| 재생 에너지 | 241 | 조력 발전 | 150 | 지진대 | 373 |
| 잿물 | 125 | 조매화 | 083 | 지진 해일 | 435 |
| 적도 | 295 | 조반류 | 052 | 직렬 회로 | 336 |
| 적도 기단 | 073 | 조석 주기 | 352 | 직류 전류 | 339 |
| 적외선 온도계 | 227 | 조암 광물 | 062 | 진도 | 372 |
| 적운형 구름 | 065 | 조영제 | 262 | 진앙 | 372 |
| 적혈구 | 443 | 조차 | 352 | 진원 | 372 |
| 전기 기호 | 336 | 종유석 | 209 | 진폭 | 414 |
| 전기 에너지 | 260 | 종자 | 245 | | |
| 전기 회로도 | 336 | 종파 | 414 | **ㅊ** | |
| 전반사 | 186 | 주기 | 378 | 착화점 | 152 |
| 전염병 | 342 | 주파수 | 379 | 찬비 | 182 |
| 절대 등급 | 036 | 주향이동 단층 | 100 | 척수 | 384 |
| 절대 영도 | 349 | 중간권 | 103 | 척주 | 384 |
| 절연체 | 165 | 중간뇌 | 094 | 천구의 극 | 386 |
| 점이층리 | 395 | 중력 가속도 | 324 | 천구의 적도 | 386 |
| 접붙이기 | 273 | 중력에 의한 위치 에너지 | 298 | 천연 자석 | 273 |
| 접안렌즈 | 440 | 중생대 | 375 | 천저 | 386 |

| | | | | | |
|---|---|---|---|---|---|
| 천정 | 386 | 탄성 한계 | 400 | 페니실린 | 428 |
| 철장 | 125 | 탄소나노튜브 | 086 | 편리 공생 | 054 |
| 체내수정 | 230 | 탄소 섬유 | 400 | 편서풍 | 430 |
| 체순환 | 443 | 탈바꿈 | 047 | 편형동물 | 135 |
| 체외수정 | 230 | 탈피 | 438 | 평균 속력 | 225 |
| 초승달 | 102 | 태생 동물 | 158 | 평균해수면 | 433 |
| 초은하단 | 304 | 태양 고도 측정기 | 405 | 평면거울 | 033 |
| 초저주파 | 392 | 태양광 발전 | 150 | 평행사변형법 | 249 |
| 추분점 | 460 | 태양 전지 | 151 | 폐동맥 | 107 |
| 축삭돌기 | 239 | 태양 중심설 | 366 | 폐순환 | 443 |
| 춘분점 | 460 | 태풍의 눈 | 407 | 폐정맥 | 350 |
| 출아법 | 383 | 터빈 | 150 | 폐포 | 417 |
| 충매화 | 083 | 턱잎 | 319 | 폐활량 | 417 |
| 측우기 | 286 | 트리케라톱스 | 053 | 포자낭 | 419 |
| 층운형 구름 | 065 | 티라노사우루스 | 053 | 폭풍 해일 | 435 |
| | | | | 표준 화석 | 453 |
| | | | | 표층 해류 | 430 |

## ㅋ

| | |
|---|---|
| 켈빈 온도 | 349 |
| 코마 | 446 |

## ㅍ

| | |
|---|---|
| 파장 | 414 |
| 판 | 416 |
| 판게아 | 104 |
| 팔뼈 | 188 |
| 팡이실 | 156 |
| 팬데믹 | 398 |
| 펩신 | 221 |
| 퍼센트 농도 | 093 |

| | |
|---|---|
| 표현형 | 445 |
| 푸른곰팡이 | 048 |
| 풍력 발전 | 150 |
| 풍매화 | 083 |
| 필라멘트 | 334 |

## ㅌ

| | |
|---|---|
| 탄산 | 309 |
| 탄성력 | 400 |
| 탄성력에 의한 위치 에너지 | 298 |

## ㅎ

| | |
|---|---|
| 하강 기류 | 145 |

| | | | |
|---|---|---|---|
| 하반 | 100 | 화산 암석 조각 | 450 |
| 하방 치환 | 078 | 화산재 | 450 |
| 하지점 | 460 | 화씨온도 | 276 |
| 하현달 | 102 | 화학 반응 | 456 |
| 한대 기후 | 080 | 화학적 자극 | 320 |
| 한랭 전선 | 240 | 화학적 풍화 | 423 |
| 한류 | 430 | 환형동물 | 135 |
| 할론 소화기 | 222 | 획득 면역 | 130 |
| 해면동물 | 135 | 횡압력 | 100 |
| 해발고도 | 433 | 횡파 | 414 |
| 해양 서식지 | 207 | 휘묻이 | 273 |
| 향사 | 233 | 휘석 | 062 |
| 허리케인 | 407 | 흑운모 | 062 |
| 헤모글로빈 | 443 | 힘의 3요소 | 463 |

### 숫자, 영어

| | |
|---|---|
| 혈소판 | 443 |
| 혈액 순환 | 443 |
| 혈장 | 443 |
| 호박 | 334 |
| 혼 | 396 |
| 홀씨 | 419 |
| 홑원소 물질 | 232 |
| 화력 발전 | 150 |
| 화산 가스 | 451 |
| 화산대 | 373 |
| 화산암 | 455 |

| | |
|---|---|
| 1종 지레 | 367 |
| 1차 전지 | 458 |
| 2종 지레 | 367 |
| 2차 전지 | 458 |
| 3대 영양소 | 274 |
| 3종 지레 | 367 |
| IC 저항 | 335 |
| P파 | 374 |
| S파 | 374 |

471

와이즈만 BOOKs

# 이게 바로 물리야

**BUILDING BLOCKS OF PHYSICAL SCIENCE**

총 10권

### 추천사

〈이게 바로 물리야〉 시리즈는 각 권의 물리 개념들이 주인공입니다. 시각적인 이미지로 물리 현상을 쉽게 알려 줘서, 재미있게 물리의 기초를 잡아 줄 것입니다.
이공계 진학을 고려하는 학생들은 물론이며 특히 과학고, 영재고를 목표로 하는 초등학생들이 반드시 읽기를 권장합니다.
내가 궁금해하던 모든 자연 현상들의 관계와 법칙을 명쾌하게 보여 줘서 매력적인 물리의 세계로 쏙 빠져들게 될 것입니다.

— 와이즈만 영재교육연구소 이미경 소장

## 초등학생이 꼭 알아야 할 물리의 모든 것

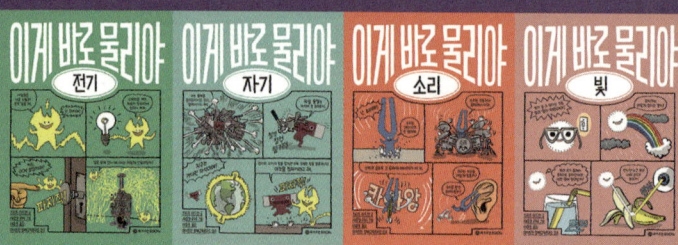

## 미래가 온다 수학

**과거, 현재, 미래를 잇는 경이로운 수학의 세계를 책으로 만나다!**

〈미래가 온다 수학〉 시리즈에서는 수학 개념들의 탄생과 전망을 알아보고, 수학적 사고로 세상을 바라보는 법을 배웁니다. 과거부터 현재까지, 우리 삶에 수학이 가져다준 변화에는 어떤 것이 있을까요? 또 앞으로 수학이 열어갈 미래의 세상은 어떤 곳일까요? 유쾌하고 신비한 '진짜 수학'의 세계를 만나 보세요!

미래를 바꿀 첨단 과학에 숨어 있는 수학의 원리를 배우고, 수학자처럼 사고하는 방법을 만나는 수학 이야기

# 과학으로 미래를 배우는
# 어린이 과학 교양서 '미래가 온다'

2019 출판인회의 우수편집도서상, 2019 소년한국 우수어린이도서, 2019, 2020, 2023 세종도서 선정
2021, 2022, 2023 행복한 아침독서 추천, 2021 올해의 환경책 선정, 2019, 2021 책씨앗 추천
2021 학교도서관사서협의회 추천, 2021 어린이도서연구회 추천, 2022 대교 솔루니 선정, 2022~24 한우리 필독선정

김성화·권수진 글 | 이철민 외 그림 | 각권 150쪽 내외 | 각권 15,000원

01 로봇  02 나노봇  03 뇌 과학  04 바이러스  05 인공 지능  06 우주 과학  07 게놈  08 인공 생태계  09 미래 에너지  10 서기 10001년
11 플라스틱  12 기후 위기  13 신소재  14 스마트 시티  15 매직 사이언스  16 심해 탐사  17 탄소 혁명  18 메타버스  19 미래 식량  20 대멸종

와이즈만 BOOKs